U0497693

河南师范大学学术专著出版基金资助

普通话情感语音
发声及其合成与感知研究

张锐锋 著

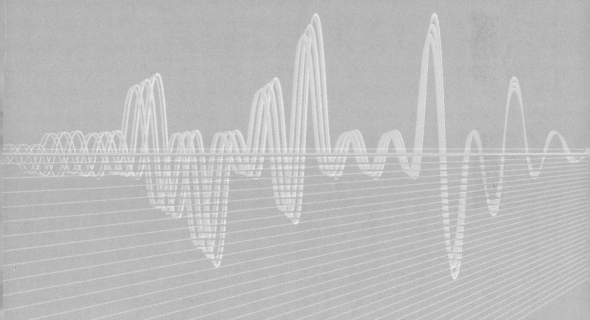

中国社会科学出版社

图书在版编目（CIP）数据

普通话情感语音：发声及其合成与感知研究／张锐
锋著. -- 北京：中国社会科学出版社，2024. 8.
ISBN 978-7-5227-4125-3

Ⅰ. H116

中国国家版本馆 CIP 数据核字第 20242NL534 号

出 版 人　赵剑英
责任编辑　许　琳
责任校对　苏　颖
责任印制　郝美娜

出　　版　中国社会科学出版社
社　　址　北京鼓楼西大街甲 158 号
邮　　编　100720
网　　址　http://www.csspw.cn
发 行 部　010-84083685
门 市 部　010-84029450
经　　销　新华书店及其他书店

印　　刷　北京君升印刷有限公司
装　　订　廊坊市广阳区广增装订厂
版　　次　2024 年 8 月第 1 版
印　　次　2024 年 8 月第 1 次印刷

开　　本　710×1000　1/16
印　　张　26.5
字　　数　408 千字
定　　价　158.00 元

凡购买中国社会科学出版社图书，如有质量问题请与本社营销中心联系调换
电话：010-84083683
版权所有　侵权必究

前　　言

普通话情感语音一直是众多学者所关注的研究课题。在第一章中，我们从以下三个方面对国内外情感语音的研究现状进行了梳理和综述：情感语音声学分析的主流模式；从发声的角度研究情感语音；普通话情感语音的感知与合成研究。有两点发现：第一，汉语情感语音研究多是从基频、时长、音强、共振峰等参数入手的，极少有人从发声的角度来探讨情感语音。尽管基频、时长等参数在区分一些情感类型时确实很有效，但是单靠它们，言语识别与合成都只能取得有限的成功。第二，用逆滤波法研究情感语音，国外已有出现，国内也见端倪，但是由于技术限制，尚不能在大规模语料上展开。于是，我们决定运用 SP 和 EGG 双通道信号在大语料基础上对普通话情感语音予以探讨。

在第二章中，我们首先从生理角度阐述了发声的原理。然后，从以下四个方面对发声的研究方法进行了综述：基于 EGG 信号的发声研究方法；基于 SP 信号的发声研究方法；基于 SP 和 EGG 双路信号的发声研究方法；基于高速数字成像的发声研究方法。这里，我们着重阐述发声研究方法的新进展以及本研究所要用到的发声研究手段。

在第三章中，我们选择用五种基本情感演绎的相同语句进行了预试性研究。在第四章中，我们基于专业演员所演绎的情感语段对男、女声五种基本情感类型进行了研究。尽管这两章所用的发声参数略有差别，但是，它们的方差分析结果却大致相同，也即大多数发声参数在诸情感对之间都存在显著性差异。它们的因子分析结果也基本相同，也即我们可以从声带振动不规则度、声带发声力度、声门打开关闭特征、音节内发声变化这四个发声生理维度入手来厘清不同情感类型的特点。在第五章中，我们又通过 EGG 波形对比对第四章情感语段中每个音节的发声类型进行了判定。结果发现，不同情感语段所用的发声类型及其比重都不相同。这进一步印证了第四章的研究结果，并深化了我们对情感表达的认识。

基于第三、四、五章的成功经验，我们在第六、七、八章当中又将情感语音的研究思路做了进一步深化和完善。该思路包括环环相扣的四个步骤：第一步，从情感语段的 EGG 信号里提取九个发声参数，然后通过统计分析，看看这九个参数能否把情感语段和它所对应的正常语段区分开来。第二步，把这九个发声参数调整为十四个并做因子分析，从而挖掘出这些发声参数背后所隐藏的生理或心理机制。第三步，做 EGG 波形比对，以确定情感语段中的每个音节都运用了什么样的发声类型。用 EGG 波形比对的结果可以很好地解释因子分析的结果。第四步，在情感语句和它所对应的正常语句之间分步做合成，并通过感知实验来判断声门气流信号的开商和速度商对不同情感表达所起的作用。

现将第六、七、八章的研究结果总结如下：第一，九个发声参数都能把抒情语段、官腔语段同它们各自所对应的正常语段区分开来。但是，对于太监腔语段和它所对应的正常语段来说，九个发声参数中只有七个能把它们区分开。第二，这三章的因子分析都大体上把十四个发声参数归结为四个生理维度：声带振动不规则度、声带发声力度、声门打开关闭特征和音节内发声变化。第三，抒情语段多用气嗓音、挤喉音和耳语，官腔语段多用气嗓音、高音调嗓音、紧嗓音和挤喉音，太监腔语段多用高音调嗓音、假声和挤喉音。但是，它们所对应的正常语段都是多用正常嗓音。第四，声门气流信号的开商与速度商对抒情语气的表达起着关键性作用；对官腔语气的表达起着非常重要的作用；对太监腔口吻的表达也起了一定的作用，但是没有基频所起的作用大。

最后，我们认为，在情感语音研究中，应该把基频也看作是发声参数，应该从基频、开商、速度商等多方面去观察。不可以单单观察基频，而不管开商与速度商。因为不管是来自喉头仪信号的基频、开商、速度商，还是来自声门气流信号的基频、开商、速度商，三参数之间都存在着一种互动关系。当一个人从自己音域的最低端一步步把音高渐升到他音域的最高端时，开商与速度商会随着其基频的升高而不断变化。基频是指声带振动速度的快慢，开商与速度商是指声带振动方式的不同，它们描绘的都是声带振动，只不过所针对的侧面不同罢了。在观察情感语音时，难免会见到基频的大幅度变化，这种大幅度变化必然会引起开商与速度商大幅度变化。所以，在研究情感语音时应该把此三者放在一起来考察。这样做可以弥补前人情感语音研究中的不足，比如前人区分得不太好的喜、怒二情感，通过这一方式我们得以将其厘清。

目　　录

第一章　绪论

　　言语是人类交流的重要工具，它在不同层级上传递着说话人和听话人之间的信息：语言层、副语言层和非语言层。语言层（linguistic layer）是指我们意欲表达的内容，也就是话语的文本，它传递的是用语言编码了的语义信息及其语音表现形式。在言语交流的副语言层面上（paralinguistic layer）是不使用语言的，但它却向听话人传递着说话人当下的态度和情感状态。副语言标记（paralinguistic markers）部分地决定于不同的文化，对各标记的解释也一定是后天习得的。比如，在英语中使用假声来模仿男性说话人的话语意在指责他是娘娘腔，但是，在墨西哥迎接客人时运用假声是一种敬重的表现。言语交流的非语言学层面（extralinguistic layer）涉及某一说话人的全部身体和生理特点，包括言语产生过程中的所有器质性特点。在言语中，它标示着说话人是谁、其性别是男是女、其年龄有多大、其嗓音有何特点，其音高、音强范围如何及其有何习惯特征等。现代语音学把言语产生的过程分为发声（phonation）和调音（articulation）两个部分。发声是指声带振动的速率和方式，产生嗓音声源，反映了整个喉头的活动情况，调音是指声道形状的各种变化对嗓音声源的调制，反映了声道及其相关发音器官的活动情况。通过不同的调声发声产生的音色称为发声音质，通过共鸣调制产生的不同音色称为调音音质（孔江平，2001：284—285）。言语交际中的各种情感、情绪、态度和语气等可通过语言、副语言和非语言等手段得以传递，而这些情感因素的变化既影响发声也影响调音，可引起发声音质和调音音质的不同变化。情感语音研究旨在探索与不同情感相关的声学语音学特点以及发声、调音的不同变化在语言、副语言及非语言信息传递中的功能与作用，从而为情感语音的合成与识别研究打下基础。

1.1 情感语音声学分析的主流模式

情感语音的声学研究国外起步较早，国内起步较晚，但都有大量的文献。总的来看，过去对于情感表达的研究都是试图从语音信号中找出能够描述不同情感的韵律模式的声学特征。因此，基频（F0）、音强（intensity）、时长（duration）、音色（quality）、美倒谱系数（MFCCs）以及标示频谱能量分布的各个系数都被进行过测量分析。尽管这些参数在区分一些情感类型时确实很有用，但是，单靠它们，识别算法在预测一个说话人的情感时只能取得有限的成功。下面简单梳理一下在该主流研究模式下所取得的研究成果。

英国学者 Murray 和 Arnott（1993）曾对九三年以前的情感语音声学研究做过长篇幅的梳理与综述。他们看到，用于情感语音研究的语料主要有三种：内容无意义的语料（meaningless content），也就是让被试在读语义上为中性的语料（如字母表中的字母）时表达出不同的情感来；内容不变的语料（constant content），也即让被试在读同一个句子时表达出不同的情感来，再比较所读句子的声学特征有何不同；忽略内容的语料（ignoring content），要么只对具体的非文字特征进行测量，要么对言语本身作数字滤波以消除单词的可辨识特征。他们把受不同情感影响的语音参数划分为三大类：音质（voice quality）也即共振峰等、语句的时间设置（utterance timing）、语句的音高曲线（utterance pitch contour）。他们还看到，在区分喜、怒、哀、惧、恶等基本情感时，音高包络（pitch envelope）也即音高曲线的级别水平及范围、形状、时间设置等，似乎是最重要的参数，在区分较次要的情感如温柔、讽刺、吃惊等时，音质（voice quality）是很重要的参数。并且，对于所有民族来讲，基本情感的特征似乎是相似的，在一些次要的情感类型中才存在民族文化差异。在总结了前人研究结果的基础上，他们给出了五种基本情感和声学语音参数之间的关系，如表 1 - 1 所示。因为其语言为非声调语言，所以，他们没有用到音节基频高线变化和音节基频低线变化这样的概念，而是运用了基频变化这一参数。可以看到，生气与高兴在语速、平均基频、基频范围、声音音质、强度五方面差别很小，只是在基频变化和清晰度上稍有不同，但它们跟其他三类情感的区分却相对容易得多。

表1-1　五种基本情感和语音参数之间的关系（Murray and Arnott，1993）

	Anger	Happiness	Sadness	Fear	Disgust
Speech rate	slightly faster	faster or slower	slightly slower	much faster	very much slower
Pitch average	very much higher	much higher	slightly lower	very much higher	very much lower
Pitch range	much wider	much wider	slightly narrower	much wider	slightly wider
Intensity	higher	higher	lower	normal	lower
Voice quality	breathy, chest tone	breathy, blaring	resonant	irregular voicing	grumbled, chest tone
Pitch changes	abrupt, on stressed syllables	smooth, upward inflections	downward inflections	normal	wide, downward terminal inflections
Articulation	tense	normal	slurring	precise	normal

陶建华（2003）把汉语情感语音的声学特征直接分为三大类：韵律类、音质类和清晰度类。韵律类主要用来表征不同情感状态下语气的变化。它包括：平均基频，即整个语句的基频平均值；基频范围，即整个语句的基频范围；重音的突变特性，这在情感语句中常由情感关键词承载；停顿的连贯性，用以表示语句的停顿是否连贯；语速，用以表征语气的缓急程度；重音频度，这在一定程度上体现情感状态的持续性；音强；音节基频高线倾斜程度，即语句中音节基频高点连线的上升、水平和下降等；音节基频低线倾斜程度，即语句中音节基频低点连线的上升、水平和下降等；基频抖动。

音质类是指情感状态的语音的音质所发生的变化。它涉及的参数为：呼吸声，即在语音流中出现呼吸气等声音；明亮度，即低频能量与高频能量的比值，它反映的是语音的清亮特性；喉化度，即发音时声门出现不连续的脉冲震动特性，经常出现在极度恐惧的情感状态之中。清晰度类主要标示情感信息与人的声道的联系，它描述了语音质量的变化和清辅音是否变成了相应的浊辅音，清晰度可分为正常、焦急、模糊和准确。表 1-2 是上述诸参数在喜悦、发怒、悲伤、恐惧、厌恶这五种基本汉语情感中较为平均的体现。可以看出，喜悦和发怒同悲伤、恐惧、厌恶之间在诸多参数上都有差别，较易区分，但是喜悦与发怒在语速、平均基频、音高范围、音强、音质等参数上几乎没有差别，只是在音节基频高、低线变化及清晰度上才稍有差别。

表 1-2　　汉语五种主要情感的声学特征比较（陶建华，2003）

	喜悦	发怒	悲伤	恐惧	厌恶
语速	较快，但有时较慢	稍快	稍慢	很快	非常慢
平均音高	很高	非常高	稍低	非常高	非常低
音高范围	很宽	很宽	稍窄	很宽	稍宽
音节基频高线变化	平滑，上升变化	陡峭，在重读音节处	下降变化	正常	宽，下降终端变化
音节基频低线变化	平滑，上升变化	没有太多的变化	下降变化	正常	下降终端变化
音强	较高	较高	较低	正常	较低
音质	有呼吸声，响亮	有呼吸声，胸腔声调	共鸣生	不规则发声	嘟囔的胸鸣声
清晰度	正常	焦急	模糊	准确	正常

　　蒋丹宁、蔡莲红（2003）曾试图运用韵律特征对汉语情感语音进行分类。她们只选择了跟汉语韵律有关的基频和时长特征，共有十二个维度的参数：F0 的统计特征，即基频的均值（f0mean）、标准差（f0std）、最大值（f0max）和变化范围（f0range）；基频参数的一阶导数的统计特征，即其均值（df0mean）和标准差（df0std）；基频曲线的斜率

（f0slope），是由线性拟合得到的；句子起始处基频（beginf0）；句末重音节的时长（finald）和基频均值（finalf0mean）；时长参数的平均值（dmean）和标准差（dstd）。之后，她们运用下面的公式来计算各特征在两类情感之间的区别度。

$$J = \frac{(m_1 - m_2)^T (m_1 - m_2)}{S_1^2 + S_2^2}$$

式中的 m_1 和 m_2 分别为特征或特征向量在两类中的均值，S_1 和 S_2 分别为相应的标准差矩阵。公式的分子表示该特征在类间的离散度，分母的含义为类内的离散度。当类间离散度越大，类内离散度越小时，J 值越大，则相应的特征在类间就具有越好的区分性。

表 1-3 中列出了所有特征在每两个情感类型之间 J 值的总和。由表 1-3 可知，害怕与愤怒、害怕与高兴、悲伤与愤怒、悲伤与害怕、悲伤与高兴、惊讶与害怕、惊讶与悲伤以及无情感与愤怒、害怕、高兴、悲伤及惊讶之间都有着相当大的 J 值，也就是说它们之间都有着很高的区别度。然而高兴、愤怒与惊讶这三类情感在两两之间的区别度却小得多，也即从韵律特征入手所得到的 J 值在区分这三类情感时效果不太好。

表 1-3　　所有特征在每两类之间 J 值的总和（蒋丹宁、蔡莲红，2003）

$\sum J$	愤怒	害怕	高兴	悲伤	惊讶	无情感
愤怒	—	15.8	3.0	74.1	7.0	18.4
害怕	15.8	—	28.3	36.9	40.8	10.5
高兴	(3.0)	28.3	—	95.2	2.1	26.8
悲伤	74.1	36.9	95.2	—	112.0	42.9
惊讶	(7.0)	40.8	(2.1)	112.0	—	39.6
无情感	18.4	10.5	26.8	42.9	39.6	—

张立华、杨莹春（2008）也从时间构造、频谱、能量、基音频率和元音共振峰五方面对情感语音的变化规律进行了研究。他们所选择的情感类型为愤怒、惊慌、兴高采烈、悲伤和中性五种，情感语料来自浙江大学 MASC 语音库的 68 位发音人，其中女性 23 人，男性 45 人。经过统

计比较，她们得出了与上文类似的研究结果：时间构造、频谱、能量、基音频率和共振峰此五者在区分情感语音上有着明显的作用；频谱、能量、基音频率特征都能很容易地将悲伤分辨出来，但是在兴高采烈、愤怒和惊慌上并不像前人所写的那样能很好地予以区别，而应求助于其他特征。她们甚至还认为情感语音的变化没有统一的规律，会因说话人的性别而异，甚至因人而异。

李爱军老师及其团队曾以语料库为依托对汉语情感语音进行过一系列的探索，她们把研究对象锁定得更为细致具体，视角也选择得更为独特。通过对友好语音做声学分析，她们（2005）发现：表达友好态度的陈述句和疑问句与对应的中性语句相比较，基频和时长这两个韵律声学参数的变化模式不同，而且这种模式还受到语句重音的影响；友好语音可以通过调整声学参数得到；基频对友好语音的贡献大；仅仅改变时长或语速不能得到友好语音；改变疑问句和陈述句基频和同时改变语速获得友好语音的效果不同，疑问句获得的效果更好；发音人经常在疑问句句末使用边界调 H% 表达友好语气，即使原来的中性调的边界调为低特征 L%。这说明句末边界调除了表达语言功能之外，还有表达语气和情感的语用功能。王海波和李爱军等（2005）还对高兴言语韵律词的基频曲线进行了分析：在表达高兴情绪时，F0 曲线起着重要的作用；它也总体上呈现出递降的模式，但下降的程度不如中性语音 F0 曲线的下倾度大；相比于中性语音，高兴言语的音域较高，各韵律词末音节 F0 曲线的斜率较大，尤其是当它又同时是在句末的时候。后来，李爱军（2008）又从感知的角度分析了字面无情感标记的高兴、害怕、难过、生气这四种情感句的重音模式与对应中性句重音模式之间的关系，发现情感句有重音转移的现象，而且，情感不同转移程度也有所差别。

附加到句末音节的字调之后并且又跟字义无关的音高运动被赵元任（1933；1968：40）称之为连续叠加（successive tonal addition），这是汉语句调与字调的叠加形式之一。2006 年，Patricia Muller-Liu 运用基于交际的自发言语样本第一次通过实验语音学证据证明了这一现象确实存在，并通过研究证实了这种连续叠加形成的边界调（edge tone）从本质上讲是表情的，传递的是说话人的情感与态度信息。之后，李爱军等人

（2011）在单音节语句的声学分析中也从句末的 F0 曲线上看到了这种连续叠加现象，并且发现，在说话人表达不同的情感时叠加部分的音高线的走向也不相同，在厌恶（disgust）和愤怒（anger）的情感句中呈下降型，但是，在惊讶（surprise）和高兴（happiness）的情感句中呈上升型；这些连续叠加成分传递的是说话人的情绪，而非语言学信息。她们（李爱军等，2012a）还进一步把厌恶语调中的这种连续叠加边界调（successive addition boundary tone）划分为两个部分，一部分是表达字义的字调（lexical tone），另一部分是表达厌恶情感的表情调（expressive tone），并且对这两部分的时长和斜率进行了测量。她们发现：当句末音节为阴平字调时，边界调的时长最长，表情调的长度几乎等于字调的长度；当句末音节为阳平和上声时，边界调较短，表情调分别占字调长度的 36% 和 58%；她们所测得的表情调斜率都处在 $-53\,\mathrm{st/s}$ 至 $-33\,\mathrm{st/s}$ 这一范围之内。

　　为了理清楚这种连续叠加边界调的形式与其表情功能之间的确切关系，李爱军和方强等人（2012）又做了合成及感知实验。她们在长度及句末音节声调类各不相同的诸中性语句后分别添加了下降调型，诸下降调型的斜率和时长也都各不一样。通过 20 名被试对 425 个合成语句的听辨，她们得到了有趣的结果。首先，所添加的下降调的斜率和时长、原中性句的长度和句末调类都对表情功能有显著的影响，但是，对于不同类型的情感它们的贡献度各不相同。其次，当下降调的时长及斜率绝对值增大时，中性情感的感知分数会降低，而其他六类基本情感的感知分数会升高，对厌恶、生气、害怕这三种情感来说效果尤为显著。这说明下降调的形式与语用功能之间并不是一一对映的关系，而是一对多的关系，单单依靠下降调并不足以编码情感信息。最后，原中性语句越长，合成后的表情效果越弱，这也证明只靠下降调表达情感是不够的，其他成分如焦点、音质、语速、能量等都可能会对情感编码起作用。

　　这种连续叠加边界调的发现和证实也为许毅先生的汉语语调合成模型 PENTA（平行编码与目标值逼近模型，Parallel Encoding and Target Approximation Model）提供了新的启示。也就是说在汉语情感语调的合成中，应该为连续叠加的边界调同时设置两个目标值（tonal targets），一个用于字调（lexical tone），另一个用于表情调（expressive tone），只有这样才能有效地合成出连续叠加边界调来。李爱军和方强等（2012b）通过基于 PENTA 模型的合成证实了这一必要性。她们（李爱军和贾媛等，2013）还通过分析与合成证明了 PENTA 模型在汉、日两种语言的情感编码中的有效性。

可见，从小处着眼深入分析，更能把问题理清楚。近几年来还出现了不少从小处着手研究情感语音的硕士学位论文。例如，任蕊（2008）利用 Fujisaki 模型对情感语音的分析与合成，刘海霞（2009）对普通话情感语调的声学研究，王宇轩（2010）以汉民族思维模式为基础的情感计算研究，刘艳（2011）对普通话情感语音韵律的分析，张莹（2011）对普通话态度语音韵律的研究，郑鲁（2011）对情感语音发音机理的研究，陈静（2012）对汉语喜悦情绪语调的研究，等等。

由于情感的表达不仅依赖于话语，还依赖于人体动作、面部表情等非语言信息（extra linguistic information），因此也有学者曾尝试用声学分析与人体姿态相结合的方法来研究情感语音。陶建华和谭铁牛（2003）曾从语音和人脸表情的关系入手探讨过情感的表达。李爱军和张利刚等（2008）也对汉语口语中姿态与语音信息的关系进行过探讨。她们发现，语音上重音的表达往往伴随有较强烈的手部动作，而且此时手和头部动作之间存在着互补现象，韵律边界和姿态边界没有时间上的对应关系，但却有很大相关性。

总体上看，目前占主流的情感语音声学分析方法既取得了丰硕的研究成果，也存在着一些不足。我们可以简单地概括如下：首先，基频、时长、韵律模式在区分不同的情感时确实起到了非常重要的作用。但是，依靠这些参数，喜、怒、惊这三种情感还没能得到有效的区分。这可能是因为人们在高兴、愤怒和惊讶时所用的发声类型不同，所以它们的主要差别是在发声参数上。其次，研究者所用的声学参数大多都跟音高、音强、音长、音色有关，他们没有关注发声参数，也没有专门从发声的角度去研究情感语音。最后，研究者大多是把注意力集中在了基本情感上，他们对温柔、害羞、惭愧、撒娇等更为细腻的情感类型涉及得太少。赵元任先生（1980：97）在《语言问题》一书中曾经提到过"语调、语速跟嗓音呐，比较是表示情感、态度的"。他很早就已经注意到了嗓音在情感表达中的作用，这跟我们的直观感觉是非常相符的，因此，很有必要从嗓音声源的角度去探讨一下情感语音的变化规律。

1.2　从发声的角度研究情感语音

从目前的技术状况来看，从发声的角度研究情感语音可以采用两种方法：声门阻抗信号（electroglottography）和逆滤波技术（inverse filtering）。这两种方法各有优缺点。用喉头仪记录的声门阻抗信号能有效地反映声带的接触状况和振动频率，用它界定的基频（F0）、开商（OQ）、速度商（SQ）、接触商（CQ）、PIC、PDC 等参数可以有效地区分不同的发声类型，并可用于大规模语料的情感语音发声研究。但是，该信号跟从口腔内测得的声门体积流速度信号或称声门气流信号是两码事，不可用于语音信号的合成。逆滤波技术是直接通过逆滤波从声音信号中获得的声门气流信号，由该气流信号所界定的基频（F0）、开商（OQ）、速度商（SQ）以及 MFDR 等参数也可以有效地区分不同的发声类型，并且能够用于研究情感语音在嗓音方面的变化规律。但是，目前的逆滤波技术尚存在许多不足之处。自动逆滤波技术是基于线性预测分析的，当声门周期没有一个真正的闭相时，例如在非正常嗓音中，该技术的效果就会很差，甚至无法进行。模型匹配逆滤波技术是利用 LF 模型来匹配声音逆滤波后所得到的声门气流的微分形式。它在处理非正常嗓音时也会有问题，尤其是当真实的声门脉冲形状跟我们通过嗓音模型推出来的声门脉冲形状差别很大时，就比较棘手。逆滤波的交互性手动技术效果很好，但它有两个缺点：一是主观性，需要实验员有丰富的专业知识；二是非常耗费时间，嗓音参数需要一个脉冲、一个脉冲地提取，应用于大规模语料的情感语音研究就不太现实。因此，由于技术手段的限制，情感语音发声研究在国外虽已出现，但还不能算成熟、完善，国内从发声角度研究汉语情感语音的文章也仅仅见到两例。下面简述一下国内外情感语音发声研究的主要成果。

目前，从激发维（arousal）、评价维（valence）和强度维（power）

三个侧面描写情感的三维空间情感模型已基本上被心理学界所接受，也就是说人们已经认定情感从生理或心理来说是一个多维量的复杂结构。在上一节所提到的情感语音声学分析中虽然已经发现不同情感的声学模式存在着一致性的差异，但是，这些模式只反映了生理上的激发度（arousal）这一个维度。这就是为什么他们发现喜和怒的声学特点都是平均基频很高、基频范围很宽、音强较高等，能把激发度相似的两类情感区分开来的可靠声学参数他们没有找到，也似乎不存在。看到这一缺陷，Tom Johnstone 等人决定从更多的参数入手来探索情感语音的特点。

首先，Tom Johnstone 和 Klaus R. Scherer（1999）用 EGG 信号对法语的情感语音进行了预试性研究。其发音人系八位法国大学生。他们采用想象诱导的方法来诱发情感，即要求发音人在录音室内想象自己处于某种具体的情感状态中，然后重复说出许多遍五个数字的字符串、短语以及持续元音/a/等，这时同步录制他们的语音信号和喉头仪信号。他们所选择研究的七种非极端的情感类型 tense、neutral、happy、irritated、depressed、bored、anxious 在日常生活中经常见到。他们从 EGG 信号中提取的参数为：closing quotient，等于 closing time /T0，即声门正在关闭段跟声门周期的比值；opening quotient，等于 opening time/T0，即声门正在打开段跟声门周期的比值。结果发现：第一，在不同的情感类型之间 opening quotient 的差异不显著，而 closing quotient 的差异显著；第二，对于激发度（arousal）高的情感如高兴、恼怒等，F0 和 RMS 能量也高，声门关闭得快，即 closing quotient 也小。在这里，closing quotient 小就相当于速度商（SQ）大。之后，Tom Johnstone（2001）在其博士学位论文中运用声学参数（如基频均值、底值、顶值，音强的方均根值，频谱的高、低频能量比值等），生理参数（如皮肤电级别水平、皮肤导电响应数、心率变异度、手指温度等）和 EGG 参数（如 opening quotient 及 open quotient，closing quotient，closed quotient 等）对不同电脑操控下被试所产出的情感语音进行了分析。其目的主要是检验有关情感导致语音变化的两个相互竞争的模型。最后发现，其研究结果不支持下面这一理论：仅仅是底层生理激发度这一个维度造成了情感语音的变化。也就是说，情感对声音造成的变化反映了两个或两个以上的维度，也可能是反映了两个或两个以上的底层机制。总之，单一的激发维度不能恰当地描述一系列的情感语音变化。一个说话人所做的那些评价如何能够导致其语音产生系统的具体生理变化？这些生理变化又如何能够导致言语信号中声学参数的调制？Scherer（1986）曾对此做过一系列的预测。Tom Johnstone 的研究虽不能完全、但却基本上支持了 Scherer 的预测，这些预测被称作基于先时情感评价结果的多维度变化模型（multi-dimensional pattern of changes based on emotion antecedent appraisal outcomes）。

十多年前，Christer Gobl 和 Ailbhe Ni Chasaide（2003）用合成和听辨的方法研究了瑞典语发声类型在情感、情绪及态度中的功能与作用。他们首先用电容式麦克风对一句中性情感的三音节瑞典话 ja adjÖ 进行了高质量录音。其次，对该句的 106 个脉冲分别逆滤波，得到声源与声道参数。再用 LF 模型去匹配得到的各个声门脉冲并测得 EE、RA、RG、RK 四个参数的值。再次，用 KLSYN88a 合成器合成回去得到正常嗓音的刺激句，合成的句子是一个非常接近原音的复制品，但是，还没有达到跟原音真假难辨的程度。不过，原音的发声音质保留在了合成的语句当中。最后，再通过改动该合成句的参数得到其他几种发声类型的句子：creaky、lax-creaky、harsh、whispery、tense 和 breathy。加上正常嗓音合成句，最后共得到的刺激句为七个。他们的六男六女十二位听辨人只会讲爱尔兰英语不会讲瑞典话，要求他们判断这七个刺激句在下列情感对之间更接近那一种情感，并就接近程度打分。

relaxed-stressed，content-angry，friendly-hostile，sad-happy
bored-interested，intimate-formal，timid-confident，afraid-unafraid

他们的研究结论可归结为三点。首先，单单发声上的差别就能在本来为中性的语句中注入非常不同的感情色彩。其次，对于前人的研究结论，这里的结果有的予以支持：如，生气与紧嗓音相联系；有的不予以支持：如，紧嗓音与害怕相联系。最后，作者提出了一个假说：发声能更有效地区分较为温和的（milder）情感，但生气除外；在表达强烈的情感时，大幅度的音高运动可能更为重要。

Johan Sundberg 等（2011）和 Sona Patel 等（2011）用逆滤波方法对法语情感语音的研究很是精彩。他们的语料来自日内瓦多模态情感演绎语料库，发音人为五男五女十名讲法语的专业演员。发音人在十二种情感语境下演绎情感迸发，即持续的元音/a/。作者在研究中选用了其中的五个情感类型 sadness、joy、panic fear、hot anger 和 relief，他们共用到100 个声音样本，这些元音/a/的时长大约在 700—2000 毫秒。

从这些声音样本中一共得到了十二个噪音声源参数。其中，用 praat 直接从声音样本中提取的参数有三个：基音抖动 jitter rap；振幅抖动 shimmer local；谐波噪音比 HNR，即语音信号中谐音成分与噪音成分能量的比值。然后，他们运用程序 Sound Swell Core Signal Workstation 从语音样本中提取了基频均值 MF0 和等效声级 Leq。用 decap 程序对语音信号逆滤波可得到声门气流图（flow glottogram），有五个参数是从声门气流图中得到的，它们分别是：声门波的振幅 AC_{AMP}；最大气流下降率 MFDR（maximum flow declination rate），即声门气流图的微分形式的负峰点的绝对值；归一化幅度商 NAQ，即声门波振幅值除以基频周期与 MFDR 的乘积也即 AC_{Amp}/（MFDR * T0）；闭商 CQ，即闭相与周期的比值；第一、第二谐波的差值 $H_1—H_2$。另外，还从语音信号的长时平均功率谱中提取两个参数：a 比值，即频谱中 50—1000Hz 与 1000—5000Hz 这两个频段的声能量和的比值，单位是 dB；$H_1—H_{2LTAS}$ 长时平均功率谱上 F0 均值处的声压级与下一个倍频程处的声压级均值的差。图 1-1 对声门波振幅、最大气流下降率和第一、第二谐波差这三个概念进行了图示。

方差分析显示，这十二个发声参数除了 NAQ 之外其他的都能在至少两类情感之间表现出显著性差异。通过因子分析，可以把这些参数从生理上分为三组。第一组：Leq、a 比值和 MFDR 深受声门下压的影响，声门下压用于改变噪音的响度，因此，这一组可称为声门下压组。第二组：两个 $H_1—H_2$ 参数、闭商、AC_{Amp} 和归一化幅度商跟声门关闭度相关，声门关闭度体现着不同的发声类型，这一组可以叫作声门闭合度组。第三组：基频均值、jitter 及 shimmer、HNR 跟声带长度和紧张度有关，体现着声带的振动状况，因此可以称之为声带振动组。判别式分析显示，从声门下压组选 a 比值，从声门闭合度组选 $H_1—H_{2LTAS}$，从声带振动组选

shimmer 就可以很好地把五种情感区分开来。

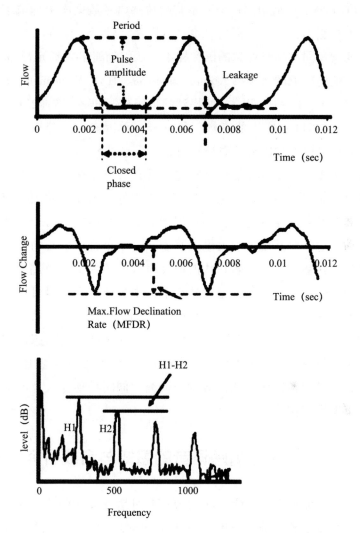

**图 1 - 1   上：声门气流信号；中：声门气流信号的微分形式；
下：声门气流信号的频谱**（Johan Sundberg, et al., 2011）

在国内，有关汉语情感语音发声的研究仅仅见到两例。天津大学信息学院的研究生王磊（2006）在其硕士学位论文中用 jitter 这一参数对喜、怒、哀、惧、中五种情感进行了研究。他把 jitter 分为确定部分和随机部分，并认为确定部分就是由情感决定的部分。李向伟、方强和李爱军、王红（2013）从中国社会科学院的情感语音数据库中选取了一位女性发音人在悲伤、高兴、害怕、生气、厌恶、惊讶、中性七种不同情感状态下朗读相同文本时得到的语音样本，从中分离出阴平元音/a/进行参数提取。他们提取的八个参数 jitter、shimmer、HNR 及 meanF0、Pulse$_{Amp}$、MFDR、NAQ、H$_1$—H$_2$ 跟上文所提到的 Johan Sundberg 等（2011）和 Sona Patel 等（2011）所用的参数一模一样。单因素方差分析显示，所有这些参数都可以至少区分一对情感对。

综上所述，从发声的角度出发进行研究必将会在很大程度上弥补前人情感语音研究中的不足，也因此会有着很好的前景。然而，交互性手动逆滤波技术非常耗费时间，将它用于对单个脉冲或一两个音节进行逆滤波较为合适，要是用之于大量的有着二三十个音节的长句子就很不现实。另外，在基频很高、第一共振峰又很低的情形下，通过逆滤波得到的声源信号会不可靠。这就是为什么上文中的研究者都尽量选择基频不太高的元音/a/进行逆滤波，因为该元音的 F1 较高，可以从中得到较为可靠的声门气流图。鉴于此，在国外运用逆滤波技术对情感语音发声的研究还没大规模展开，国内也还基本没有开始，我们可以考虑用 EGG 信号进行大规模的普通话情感语音发声研究，同时用逆滤波及参数合成技术做些辅助性工作。

1.3　汉语情感语音的感知与合成研究

李爱军、邵鹏飞和党建武（2009）曾对情感表达的跨文化多模态感知进行过探索。她们选取长度为一到五个音节且字面上没有明显情感意义的短语或句子作为感知语料，这些语料都是日汉语对照的，由两男两女四名发音人在专业录音室里进行录音和录像。这四名发音人中两位是来自北京电影学院的中国学生，另外两位是在中国留学的日本学生。要求他们用高兴、难过、生气、厌恶、害怕、惊讶、中性七种情绪来演绎这些短语和句子。用这些录制的语料设计出四种类型的刺激语句：视频和音频信息同步一致的叫作 Congruent AV 刺激组；只有面部视频信息没有音频信息的称为 Video-only；只有音频信息没有视频信息的叫作 Audio-only；通过把一个情感的面部表情配上另外一个情感的声音得到的是 Conflicting AV 刺激组。他们的听辨人也分为四种情况：不会日语的中国大学生、会日语的中国大学生、不会汉语的日本大学生和会汉语的日本大学生。结果发现：面部视频信息的加入有益于情感的解码；视频和音频信息在跨文化情感解码中所起的作用不同，这与情感的激发度（arousal）有着密切的关系；某些情感如难过和惊讶，其解码存在文化的差异；跨文化的情感感知存在着普遍的心理基础。

　　情感语音合成可以用两种方法，共振峰合成法和波形拼接合成法，前者又称为参数合成法，后者包括各种 PSOLA 合成技术。目前，由于逆滤波技术所限，人们对语音信号中的声源发声参数的变化规律尚没有很充分的认识，因此，参数合成法的合成效果还存在很大的缺陷，即合成的语音有明显的机器音，不够自然。而 PSOLA 合成技术是通过对基音脉冲的压缩、拉伸及增加、删减等方法来改变浊音段的基频与时长的，整个过程下来基本上不改变语音信号的发声特征，因而由此合成出来的语音听起来自然度很高。但是，采用 PSOLA 合成需要建立庞大的语音库，这不太适合情感的扩展，另外，还不容易修改声音音质，由声源音质所传递的语言、副语言及非语言信息就很难准确地调控。从上文可知，目前的汉语情感语音研究都着重从音高、音强、音长、共振峰等方面来探寻与情感类型相关的声学特征，很重视能表达不同情感的韵律模式。相应地，眼下的汉语情感语音合成研究多采用波形拼接的合成技术，多运用 PSOLA 算法。陶建华和许晓颖（2003）先以情感语音的韵律和声学特征为指导因素，初步实现了一个情感语音合成系统原型。周洁、赵力和邹蔡荣（2005）首先研究了喜、怒、惊、悲四种情感语句的变调规律。之后，以此为基础运用 PSOLA 算法合成了这四种情感状态下的如下语句：下雨了、你真伟大呀、快点干、这下全完了。图 1－2 是 "下雨了" 在喜、怒、惊、悲这四种情感下合成的语音波形图。通过五位听辨人的评测可知，利用 PSOLA 算法进行汉语情感语音合成效果较好。陶建华和康永国等（2006）曾试图通过韵律合成实现从中性言语向情感言语的转换，他们尝试了 LMM（linear modification model）、GMM（Gaussian mixture model）和 CART（classification and regression tree）三种模型，并对它们的合成效果进行了评估比较。苏庄銮（2006）也以基频特征为研究对象探索提高情感语音合成质量的方法。任蕊和苗振江（2008）基于 PSOLA 算法来改变句子的语气以表达出不同的情感，从而增加了人机语音交互的自然度。任鹏辉（2013）通过对情感语音基频、时长和音强等韵律特征的分析，设计出了一个基于隐马尔科夫模型（hidden Markov model）的可训练情感语音合成系统。

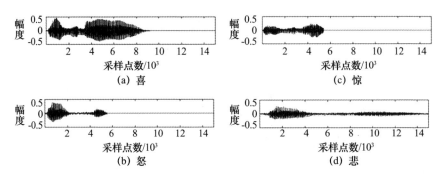

图 1-2 "下雨了"在喜、怒、惊、悲四种情感下的合成
语音波形（周洁等，2005）

　　为了提高参数合成法的效果，以便为声音品质调整和感情色彩语音合成打基础，国内也有学者对逆滤波技术进行了实验研究。周斌、凌震华等（2003）曾对 Alku（1992）提出的迭代自适应逆滤波技术（Iterative adaptive Inverse Filtering, IAIF）进行过探讨。IAIF 算法的基本原理是：首先从原始语音的频谱中消除声门激励对它的影响，其次通过线性预测的方法（LPC）或离散全极点的方法（Discrete All-pole Mode）精确估计出声道的模型，最后通过逆滤波得到声门信号。其中，声门和声道传递函数的估计在 IAIF 算法中重复了两次。作者从两个女声汉语语音合成系统的陈述语气语料库中共选取了 30 个在不同场合下出现的元音。首先，将这些元音进行了 IAIF 逆滤波；其次，把逆滤波得到的微分波形做 LF 模型匹配并提取出相应的发声参数；最后，用这些参数再合成回去，并进行高频补偿，重构出语音波形。非正式主观测听的结果表明，重构

的语音与原始语音的差别较小，可以以此为基础进行发声音质调整的研究。

传统的参数合成系统，多采用单一的源滤波模型，缺少变化，通常会导致在韵律变化较大或生成特定语气时，音质损伤较大。鉴于此，陶建华和康永国（2004）在语音逆滤波过程的基础上，对声源在不同韵律特征和音色条件下的变化进行了仔细的比较分析，通过声源的重构、分类形成了适用于多种韵律和音色特征的多元激励模型。并以此为基础建构了基于多元激励的语音合成声学模型，这在一定意义上较大地提高了语音合成在大范围语气变化中的合成质量，对个性化语音合成以及超小型语音合成系统的建立也起到了较好的推动作用。

后来，胡琼和赵春宇（2011）又探讨了利用 IAIF 逆滤波和相平面获取高自然声门波的方法。由于 IAIF 算法的大部分参数，如滤波器的阶数和参数等都是人为主观设定的，因此逆滤波的结果会不可避免地带有误差。如图 1－3a 所示，如果逆滤波得到的声门波上带有共振峰波纹，就说明 IAIF 的设置不够合理，没有将声道的共振峰完全滤除掉。这种误差可以借助声门波及其导数在相平面上的图形来进行简单的估计。

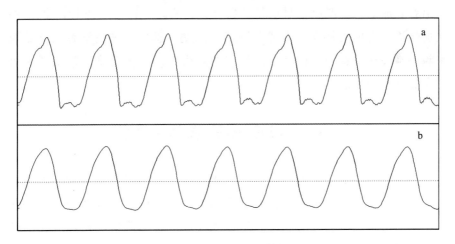

图 1－3 元音/a/的两种声门波：a. 包含共振峰波纹；b. 不包含共振峰波纹

如图 1－4a 所示，当逆滤波把共振峰作用完全滤除掉以后，相平面应该是仅由基频作用产生的单一闭合圈。如果共振峰作用还依然存在的话，就会出现由于谐振作用而产生的小圈，如图 1－4b 所示。而共振峰波纹和小圈又有紧密的联系，小圈的面积越小说明逆滤波越精确，因此，根据相平面圈的形状可以判定逆滤波是否成功，从而提高由 IAIF 算法得到的声门波的精度。最后作者通过合成比较得出，用这种提高了精度的声门波合成回去得到的语音有着更高的自然度。

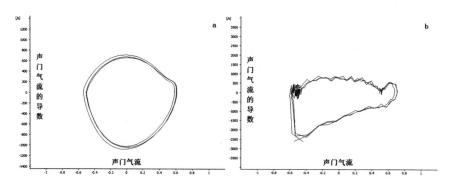

图 1－4　两种声门波的相平面图形：a. 不含共振峰波纹；b. 包含共振峰波纹

最近，陈立江等人（2013）还尝试把 EGG 波形的反相信号作为共振峰语音合成的声门激励信号进行参数合成。他们声称，结合 EGG 波形的共振峰语音合成能够提高合成语音的自然度。总之，国内学者也开始越来越多地关注噪音声源的问题，该问题解决了，必将会推动汉语情感语音参数合成的发展。

1.4　本书的研究思路及意义

在真实的言语交谈中，说话人的情感和态度信息在语言学、副语言学和非语言学这三个层面上都有所传递，听话人也能很快地心神领会并对不同的情感做出相应的反应。这种顺畅的情感交流一定是建立在不同情感类型之间存在的种种差别之上的。然而，由上文可知，目前的情感语音研究虽然颇有成就，但还尚未把情感之间的所有差别都完全理清楚。不过，直观地看，诸情感之间的发声差别主要就体现在副语言学和非语言学层面上，比如，暴怒的男性喜欢用粗声粗气的吼音（growl），柔媚的女性喜欢用挤喉音（creaky voice）等，而这些发声音质的特点都不是词汇或语句本身所能体现的。这种特色发声类型在表达某种情感的一段语流中会时有出现，但不会在每个音节中都出现，也就是说，是不同发声类型的交替出现共同促成了某一情感语流的形成。这样看来，只把眼光锁定在某个元音或音节上的情感语音发声研究就显得有点单薄且欠真实。因此，我们打算选用同步录制的 SP 和 EGG 双通道语料来进行普通话情感语段的发声研究。主要关注三个问题：第一，发声参数是否能把不同的情感语段区分开？也即，它们在不同情感类型的语段之间是否有统计上的显著性差异？第二，若有，那又是什么发声类型造成了不同情感语段之间的听感差别？第三，能否通过合成的方法验证一下发声在情感语音中的作用？这三个问题环环相扣，逐步深入。对于第一个问题，我们打算运用方差分析、T 检验和因子分析等方法对诸多发声参数进行统计考察。之后，再通过 EGG 波形分析以确定各个情感语段中究竟出现了哪些发声类型，从而对第二个问题予以回答。对于第三个问题，本书打算运用 PSOLA 算法和参数合成法进行一些尝试。总之，本书旨在从一个全新的角度去探寻不同情感类型之间的差异，以弥补前人研究中的不足，并希望能推动情感语音探索的进展。

第二章 发声的原理与研究方法

言语声学理论通常把言语的产生过程分为三个部分：第一，声源；第二，声道调制；第三，唇鼻辐射。第一部分又称为发声（phonation），第二部分又称为调音（articulation）。调音是指在言语产生过程中诸发音器官所形成的不同声道形状对声源信号的调制滤波作用，主要是通过唇、舌、齿、软腭等改变声道构型，从而形成不同的元音及辅音音质，这种音质被称为调音音质（articulation quality）。发声可以分为调时发声和调声发声，前者是指声带振动的快慢，在声学上体现为基频的高低，后者是指在言语产生过程中声带的不同振动方式，这在声学上体现为频率域特性的不同，在语音学平面可以用开商、速度商等参数来表征。通过不同调声发声产生的音色叫发声音质（phonation quality）（孔江平，2001：274—291）。调声发声形成不同的发声类型，但发声类型与调时发声也不无关系，因为也有不少发声类型的差别体现为基频维度上的不同。因此，本书的研究方法就涉及调时发声和调声发声两个方面。

2.1 发声的原理

2.1.1 喉头及声带的生理构造

喉头由软骨和肌肉组成。主要的喉头软骨有会厌软骨、甲状软骨、环状软骨和一对杓状软骨等，如图 2 - 1 所示。环甲关节把甲状软骨跟环状软骨连在一起，而环杓关节把杓状软骨跟环状软骨连在一起。甲状软骨与环状软骨之间的运动改变声带的长度，杓状软骨绕环杓关节纵轴的转动导致声带的外展与内合。

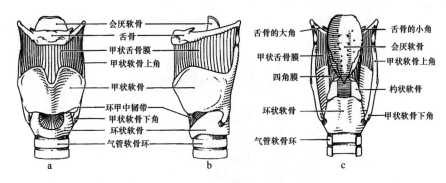

图2-1　喉头结构：a. **前视**；b. **侧视**；c. **后视**（Ingo R. Titze，2000）

喉头的肌肉可分为喉内肌群和喉外肌群两组。喉内肌群把喉头的各个软骨相互联结在一起，它们主要包括甲杓肌（TA）、环甲肌（CT）、环杓侧肌（LCA）、环杓后肌（PCA）、杓间肌（INT 或 IA）、声带肌（VOC）等。声带肌、声韧带及其上面的黏膜共同组成声带，如图2-2所示。喉外肌群可再分为舌骨上肌群和舌骨下肌群，它们把喉头联结在周围的其他诸结构上，控制着喉头的上升和下降运动，也可以导致音高的改变。

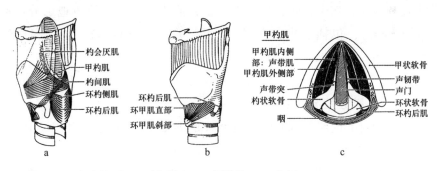

图2-2　**喉内肌群**：a. **侧后视**；b. **侧前视**；c. **上视**（Ingo R. Titze，2000）

图2-3是喉头从后面看时的冠状切面图。可以看到，最下面是声带，再往上是假声带且声带与假声带之间有喉室。上部还有杓状会厌襞和梨状窝。喉室和梨状窝都可以作为共鸣箱来改变语音的声学特征。另外，在某些发声类型比如吼音和室带音中，假声带和杓状会厌襞都可能

会同声带一起振动从而形成某种特殊的嗓音音质。

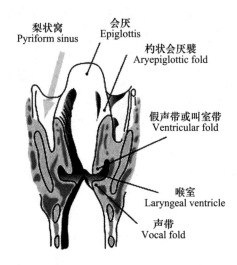

图 2 - 3　喉头从后面看时的冠状切面（Ken-Ichi Sakakibara, et al.，2004）

如果把图 2 - 3 中最下面直线所指的右声带部分放大拉近，就可以得到图 2 - 4。可以看到，声带是软组织，由五种不同的组织构成，分别是：上皮、表层、中层、底层、肌肉。声带的结构可以三分：黏膜，包括上皮和表层；韧带，包括中层和底层；肌肉。也可以简单地二分：覆盖层（cover），包括上皮、表层、中层；声带体（body），包括底层和肌肉。

2.1.2　基频控制机制

许多针对喉内肌和喉外肌的肌电研究结果似乎都显示，环甲肌 CT 与 F0 有着最大程度的正相关性，而甲杓肌 TA 与 F0 的正相关程度紧随其后。也就是说，基频的升高与 CT 和 TA 的活动密切相关（Ingo R. Titze，2000）。

如图 2 - 5a 所示，是环甲关节把甲状软骨和环状软骨连接了起来，并允许这两块软骨之间的旋转（rotation）和平移（translation）运动。环甲肌 CT 牵拉着环状软骨朝甲状软骨移动（或者反过来）会导致前部的环甲空间变小。这种移动会拉长声带，因为附着在环状软骨顶端的勺状

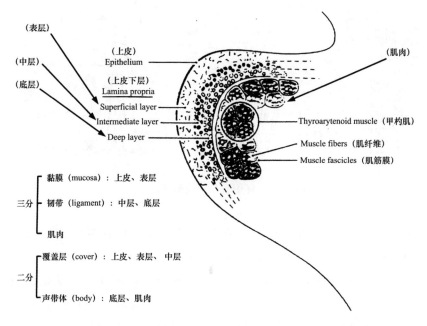

（表层）

（中层）

（底层）

（上皮）
Epithelium

（上皮下层）
Lamina propria
Superficial layer
Intermediate layer
Deep layer

（肌肉）

Thyroarytenoid muscle（甲杓肌）

Muscle fibers（肌纤维）

Muscle fascicles（肌筋膜）

三分 { 黏膜（mucosa）：上皮、表层
韧带（ligament）：中层、底层
肌肉

二分 { 覆盖层（cover）：上皮、表层、中层
声带体（body）：底层、肌肉

图 2 - 4　穿过右声带的冠状切面：显示其各个组织层（Ingo R. Titze，2000）

软骨必须随着环状软骨后上拱（posterior superior arch）的向后平移而后移。我们还可以用图 2 - 5b 中的示意装置来阐释一下环甲肌对声带的拉长作用。图中环状软骨和杓状软骨合并成一个结构，就是固定在地面上的垂直标杆（rod），甲状软骨用一个可移动的肘状物来表示，标杆与肘状物之间用一个滑动接头（slip joint）连接。CT_1 是环甲肌直部的作用力，CT_2 是环甲肌斜部的作用力。环甲肌的这种作用力同时以两种方式把声带拉长：由旋转造成的声带拉长 ΔL_1 和由平移造成的声带拉长 ΔL_2。由图 2 - 5c 可知，甲杓肌 TA 位于甲状软骨内部，连接着甲状软骨和勺状软骨。CT 的作用力往往被 TA 的动作所对抗，因为 TA 的收缩倾向于使声带的长度缩短。我们知道，声带越长振动时基频越高。因此，环甲肌和甲杓肌是一对相互对抗的肌肉，它们通过相互作用共同负责声带长度和基频的改变。

　　Ingo R. Titze（2000）用声带体—覆盖层模型（body-cover model）对基频控制机制进行了解释。CT 的收缩会拉长声带，而 TA 的收缩倾向于

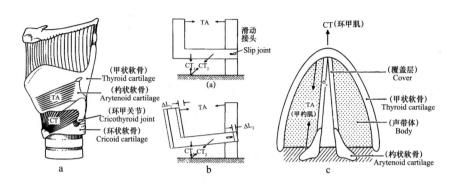

图 2 - 5　环甲肌与甲杓肌活动示意

使声带缩短，大多数可以做到的声带长度变化都是两者相互作用的结果。甲杓肌的活动也用于调节声带振动的有效深度，随着基频的升高，声带振动的有效深度（effective depth）会逐渐减小。在低到中等基频且响度较大的言语的产生过程中，也即在正常嗓音（modal voice）情形下，CT和 TA 的活动度都相对较低，这时声带体（body）有相当一部分处于振动状态，而黏膜（mucosa）和韧带却保持一定程度的松弛。此时，只要环甲肌的活动没有接近其最大值，F0 的升高一般是通过提高甲杓肌的活动度来实现的。当音高从高（high）飙升到假声（falsetto）时，或者当需要达到一个像在高音歌唱中那样的很高的基频时，CT 活动会逐渐开始起支配作用，而 TA 的活动却随之减弱。在这种情形下，只有声带的表面（surface）在振动，这时松弛的黏膜和僵硬的韧带（ligament）形成很好的配合。可见，随着基频的升高，也会出现相应的不同发声类型。

2.1.3　发声的生理机制

John Laver（2009）根据他自己构建的框架对不同发声类型的生理机制进行了描述。为了描写方便，他首先以声韧带（vocal ligament）为参照点划分出了韧带声门和软骨声门。韧带声门（ligamental glottis）是指全声门中由声带肌构成的那一部分声门，其两个边刚好跨了整个声韧带的长度。软骨声门（cartilaginous glottis）则是指全声门中杓状软骨所位于的那一部分声门。如图 2 - 6b 所示，二者放在一起刚好是全声门的长度。之后，他根据喉头软骨和肌肉的运动及收缩特征通过简化离析出了三个喉头参数，或称肌肉紧张度参数，用于区分界定不同的发声类型：纵向紧张度、横向中央收缩度和内收紧张度。这些喉头参数都必须与肺气流、气压等空气动力学因素相互影响、相互作用。内收紧张（adductive tension, AT）指的是杓间肌的紧张与收缩，其结果是把杓状软骨拉到了一起，导致软骨声门关闭，进而也关闭掉韧带声门。横向中央收缩（medial compression, MC）是指施加在杓状软骨的声带突上的挤压力，这是由环杓侧肌收缩造成的，又由于甲杓肌侧部中的紧张而得到了加强。横向中央收缩会关闭掉韧带声门，但是，软骨声门是否关闭就得依赖于由杓间肌造成的内收紧张度了，因为从分析上讲 AT 是独立的。纵向紧张度（longitudinal tension, LT）是由声带肌和/或环甲肌收缩造成的。三个喉头参数之间的几何关系如图 2-6a 所示。

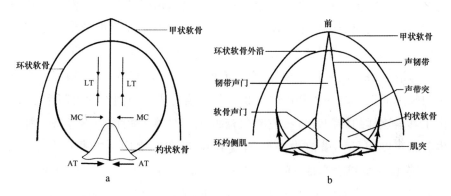

图 2-6　a. 三个喉头参数之间的几何关系；b. 韧带声门和软骨声门（John Laver, 2009）

在 John Laver 所构建的描写框架中，发声类型有简单型的（simple types），也有复合型的。复合发声类型（compound phonation types）是由简单发声类型相互结合而成的。当然，这种结合也要遵循一定的规则和限制条件。下面先看看各个简单发声类型的生理机制。

John Laver 首先假定，正常嗓音（modal voice）所代表的发声类型从本质上讲是对应于胸音音域的。在正常嗓音中，是真声带在振动，振动周期很规则，能有效地产生振动，并且不存在由声带闭合不完整所带来的、可以听得见的摩擦声。全声门都介入了振动，韧带声门和软骨声门在一起像一个单一的整体在活动。音高不高，但声带振动的幅度大，基频处在日常交谈中所用到的音域的较下部。因此正常嗓音的内收紧张度中等，横向中央收缩度中等，纵向紧张度也属于中等。假声（falsetto）在三个喉头参数上都不同于正常嗓音，杓间肌的内收紧张度很高，声门的横向中央收缩度很大，声韧带的纵向被动紧张度很高。针对喉头的高速摄影观测显示：发假声时，声带的振动与接触只发生在其纤薄游离的边缘（free borders）上，而其剩余的部分却保持相对固定；还有，整个声带看起来纵向上长而僵硬，并且其整个边缘都非常薄。假声的基频远远高于正常嗓音的基频，并且如前所述，其音高控制机制也与正常嗓音不同。由假声产生的音调在音质上类似于长笛声，单调而不丰满，这部分地来源于声带简单的振动形式，也部分地来源于声带振动的高速度。总之，假声的音质听起来很是单薄。由于发假声时声门总是保持稍稍打开的状态，因此假声中带有摩擦噪音成分，该噪音成分更像是属于耳语类型的，而不是属于气嗓音类型的，并且效果很微弱。

耳语（whisper）的主要生理特点是软骨声门的开口呈三角形，占全声门长度的三分之一，其声门形状常常被描写成一个倒着的大写字母 Y。由于耳语这样的声门设置，它对气流的运用效率比较低，不经济。耳语内收紧张度很低，横向中央收缩度在中到高度之间。当耳语与 modal voice 或 falsetto 结合形成 whispery voice 或 whispery falsetto 时，一定比单纯的 modal voice 或 falsetto 有着更多的谐波间噪音。挤喉（creak）和挤喉音（creaky voice）的总体特点是内收紧张度强，横向中央收缩度强，纵向紧张度很小，假声带的介入程度大。具体来讲就是：声带由于内收而变得相对较厚，并明显地受到挤压；假声带也有一定程度的内收；假声带的下表面实际上已经接触到了真声带的上表面；因此，在发声起始之前已经形成了一个独特的、厚实而紧凑的结构（但是，不一定紧张）；在这种情形下，假声带可能会跟真声带同步振动，也正是因此才形成了它们基频低、基频抖动厉害、声门波形很不规则的声学特点。在许多声调语言中，低调或降调的音节会表现出带挤喉或挤喉音的特点。

粗嗓（harshness）在声学上主要表现为频谱上的噪音，不规则的声门波形，基频的非周期性，即音高抖动。其基频的非周期性听起来像是听觉音质的一个成分，而不是听觉音高的一个成分。由于女声的基频大多都高于男声的基频，所以，在女性的话语里听到粗嗓的概率要低于男性话语里的粗嗓概率。从生理上看，粗嗓主要表现为喉部紧张，声带过度靠近，两条声带被紧紧地拉到了一起，于是就出现了夹杂着非周期性噪音的声带非周期性振动。总体上看，粗嗓的特点可归结为内收紧张度极高，横向中央收缩度极高，纵向紧张度不是其最主要的特征。当粗嗓变得非常严重时，假声带也会参与振动，它们向下挤压在真声带的上表面上，这种 severely harsh voice 也叫作室带音（ventricular voice）。这种室带音让人一听就难以忘记，它那独特的深沉而嘶哑的噪音会使听者的喉头由于通感而几乎收紧起来。气嗓（breathiness）的生理特点是声带振动效度低，并伴随有轻微可闻的摩擦声，肌肉力度低，声门在其大部分长度上都保持一定程度的打开状，两条声带从来都不在声门中线处相遇，其气流速度比正常嗓音高。其肌肉紧张特点可以归结为：内收紧张度最小，横向中央收缩度弱，纵向紧张度相当低。气嗓音质几乎总是伴随着有限的音强和较低的音高。

　　再看两个标准：一、该发声类型能作为简单型单独出现吗？二、该发声类型能与其他类型结合作为复合型出现吗？如果能，那又是跟谁结合的呢？依照这两个标准我们可以看到三种情况即三种类别。第一类由正常嗓音 modal voice 和假声 falsetto 组成。它们都可以作为简单发声类型单独出现，也可以各自和其他类的成员相结合成为复合发声类型，但是，此二者之间不能相互结合。第二类包括耳语 whisper 和挤喉 creak。它们既可以作为简单发声类型单独出现，也可以一起出现形成耳语挤喉 whispery creak，也可以跟第一类中的每个成员相结合形成耳语嗓音 whispery voice、耳语假声 whispery falsetto、挤喉嗓音 creaky voice 和挤喉假声 creaky falsetto。它们还可以一起出现，再加上第一类中的成员形成 whispery creaky voice 和 whispery creaky falsetto。第三类则包括了粗嗓 harshness 和气嗓 breathiness，它们仅仅在复合发声类型中出现，从来不作为简单发声类型单独出现。Harshness 与正常嗓音 modal voice 相结合形成粗糙嗓音 harsh voice，与 falsetto 相结合形成粗糙假声 harsh falsetto。Breathiness 只能与 modal voice 相结合形成 breathy voice，不能与 falsetto 结合。Harshness 与 breathiness 不能与第二类中的发声类型相结合，除非有一个第一类中的成员也同时出现，再加上 breathiness 与 falsetto 之间的互不兼容性，此时可得到的复合发声类型有 harsh whispery voice，harsh whispery falsetto 等。

接着，John Laver 又进一步阐释了简单发声类型能相互结合和不能相互结合的内在生理原因。首先，在以下两个基本条件下发声类型之间的兼容是可能的。条件一，个体设置是运用在了喉结构体的不同部分上，这样就避免了针对同一发声器官的竞争。whispery voice 及 whispery falsetto，whispery creak，whispery creaky voice，whispery creaky falsetto 都是可兼容条件一的例子，这些复合发声类型中的各个成分所涉及的都是声带的不同部位。条件二，喉器官的同一个部分关系到两种不同发声类型的产生，然而，这两种发声设置的振动模式相互修饰对方，却没有修饰到使对方失去听觉上可辨认的程度。可兼容条件二的例子都是复合发声类型中包含 harshness 的情形，如 harsh voice 和 harsh whispery voice 等。另外，还有两个基本条件，它们排斥了发声类型之间兼容的可能性，从而就抑制了某些复合发声类型的出现。条件一，两个发声类型各自必先具备的喉部条件是相互排斥的；条件二，感知因素导致了由一种发声类型加入到另一种发声类型所引起的差异听不出来。不兼容条件一是生理因素占主导的，符合这一条件的例子很多，如 modal voice 与 falsetto 互不兼容，harshness 和 breathiness 互不兼容等。不兼容条件二是听觉感知方面的，它不仅适用于 harshness 与 whisper，还适用于 modal voice 和 falsetto 及 harshness 与 creak。例如 harshness 与 whisper 在声学上有一个共同特点就是非周期性振动，如果把 harshness 的非周期性特征添加到 whisper 的非周期性特征上，在听感上就是多余的。不过 harsh whispery voice 要另当别论。其实，harshness 与 whisper 不能结合，用两个不兼容条件都可以解释。最后要强调一下，这些有关兼容性的看法是以假定的定义为基础的，这些以经验为依据的不兼容性条件是依赖于生理假设与声学假设的有效性的。有一些复合发声类型，它们还不具有分析上所必需的清晰程度，对它们的说法还只能算是推测性的。

最后，看一看紧嗓音（tense voice）和松嗓音（lax voice）。它们涉及另外一种类型的生理设置。该设置不同于上文中所述的局部设置，它涉及喉部以及喉部以上声道中的不同位置点，是全体肌肉紧张度的设置，在发声系统的各个部位都发挥作用。紧嗓音代表遍及整个系统的高度紧张，而松嗓音表示整个系统的低度紧张。紧嗓音的特点可以归结为：听起来比较响亮且音高较高的韧带发声、粗糙发声或室带发声；声门下压较高；喉头稍微上升；喉头上部、咽腔下部以及腭弓的收窄；软腭紧张；在音段发音中，表面凸起的舌体有着有力且跨度较大的径向运动；唇活动有力；下巴可动度高。松嗓音则倾向于表现出相反的特点：听起来较柔和且音高较低的气嗓发声或耳语发声；声门下压较低；喉头略有降低；咽腔没有被收窄；鼻音化程度中等；在音段发音中，松弛的、表面相对平坦的舌体的径向运动受到抑制而变得最小；双唇活动度最小；下巴的可动度较小。另外，John H. Esling（2013）也对发声的生理机制做过很好的描述。

2.2 基于 EGG 信号的发声研究方法

2.2.1 喉头仪的工作原理

声门阻抗信号（EGG）是通过喉头仪（electroglottograph）采集的表征声带接触面积大小变化的生理电信号。喉头仪是由英国伦敦大学的 Fabre 教授于 1956 年发明和研制的，它操作简便并且对人体无伤害，因而被广泛地应用。其工作原理如图 2-7 上部所示，喉头仪的两个圆形电极板贴在被试喉头的两侧，一个高频的调制电流（F≈1—5 兆赫，1 兆赫等于 100 万赫兹）通过电极板横穿过被试的喉头部位。选用高频电流是因为它可以使电极与皮肤之间的表面接触的变异度最小化。喉头内的声带组织会作为导体允许电流通过，而其中由声带打开所形成的空气隙（air gap）会作为阻抗阻止电流的通过（Ingo R. Titze，1990）。因此，在这两个电极板之间，电导纳随着声带的振动状况而变，两声带的接触面积（vocal fold contact area）越大电导纳越强，电阻抗越弱。图 2-7 下部是一个典型的喉头仪信号形状，它向左偏斜，表示声带接触面积随时间而变的情形。

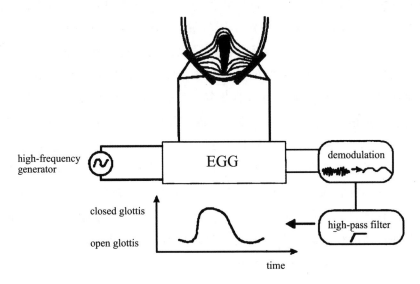

图 2 - 7　喉头仪的工作原理（Mathalie Henrich，et al．，2004）

2.2.2　基于模型的 EGG 波形解释

关于 EGG 技术，有两个方面的问题很是重要。第一个是换能传导（transduction）的问题，即如何才能把声带接触面积变化这一生理活动有效地转换成生理电信号并通过喉头仪显示出来。Ingo R. Titze（1990）通过一系列的电磁实验最后发现，理想的情形是：电极的尺寸与声门的尺寸要大体相同，两电极之间的距离要小，夹角也要小，要尽量使两个电极的放置接近于平行状态。在这种情形下换能传导效果最好。

第二个是信号模拟的问题，也即如何通过模型的模拟对 EGG 信号的波形形状变化做出解释。图 2 - 8 是 Titze 之前提出的一个有关声门和接触面积的详尽数学模型。其中，L 是声带的长度，T 是声带的厚度，Q_a 是外展商（abduction quotient）也即声带突位置的最小声门半宽值除以声带振动的幅度 A，X_c 是声门中自下而上的纯收敛，X_b 是中层鼓胀度。L、T 以及 A、X_c、X_b 均可以用厘米来表示，但是 Q_a 是无量纲的。Q_a、A、X_c 和 X_b 这四个参数控制着声门的形状。Q_p 是相位商（phase quotient），也是无量纲的，是指组织活动在顶部和在底部的垂直相位差。它把以度为单位的相位角归一化到了 360 度之中，因此，$Q_p = 0.25$ 表示图 2 - 8 中顶部（$z = T$）与底部（$z = 0$）之间有一个 90 度的相位滞后。这一相位滞后是由于覆盖层中有一个黏膜表面波向上传播造成的。

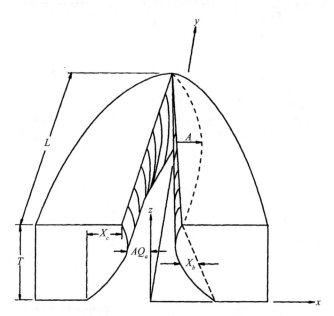

图 2 - 8　Titze 提出的声带模型（Ingo R. Titze, 1990）

　　如图 2 - 9 所示，可以根据图 2 - 8 中的几何形状参数以及运动学参数对 EGG 波形的特点进行解释。第一，EGG 波形变宽（pulse widening）的原因是声带内收度（adduction）的增加也即声带均匀一致地向中线移动。第二，EGG 波峰偏斜（peak skewing）是声门收敛度增加造成的，此时的声带更像楔形而不像方形；另外，声带垂直维度上的相位调整必须与声门的收敛（convergence）相同步，不然就不会出现 EGG 波形的不对称；在声门关闭的过程中声带一定呈方形，从而在其整个厚度 T 上出现接触度的突然增加，另一方面，在声门打开的过程中，声带必须变得更像楔形，从而导致其接触的缓慢脱离，这样就形成了 EGG 脉冲的波峰偏斜。第三，EGG 波形裙缘鼓胀（skirt bulging）即其波形的上升段及下降段上都出现了一个拐点（knee），这种拐点是声带中层鼓胀（medial

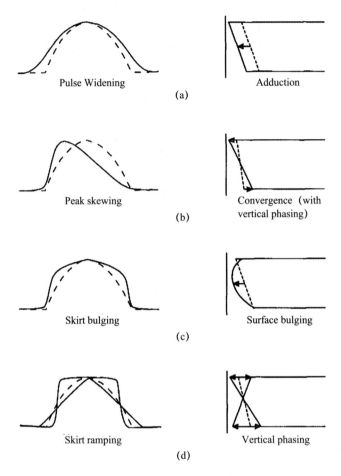

图 2－9　左：EGG 波形特点；右：相应的声带正前切面（Ingo R. Titze，1990）

surface bulging）引起的，这种鼓胀会导致在起首及最后阶段声带接触面积的突然快速变化，而中间阶段的变化则较缓慢。第四，EGG 波形裙缘的坡度变化（skirt ramping）是由声带垂直维度上的相位调整引起的。声带上、下部分之间很小的相位角会使 EGG 脉冲更像矩形，而它们之间大的相位角则会使 EGG 脉冲更像三角形；因此，三角化或叫坡度变化与垂直相位调整度的增加呈正相关关系。更加实际的 EGG 波形都是第一至第四这四个特征不同组合的结果。图 2－10 是用图 2－8 中的模型模拟的六个 EGG 波形，它们都是上述四特征的组合，与实测的波形很相像。图

2－10a是一个母本构型，其他几个波形都是由此母本变化而来的，其外展商为 $Q_a = 0.3$ 表示声门半宽值大约是声带振动幅度的三分之一，其相位商为 $Q_p = 0.25$（90°），其纯收敛度为 $X_c = 0.4$ 厘米，其中层鼓胀度为 $X_b = 0.2$ 厘米。在图2－10b中把 X_b 改为0，其他参数不变，结果就去掉了波形中的拐点。在图2－10c和2－10d中，分别提高和降低了 Q_a，可以看到，内收度增加则波形变宽，内收度减小则波形变窄。在图2－10e和2－10f中，通过改变参数导致了波形偏斜度的变化。

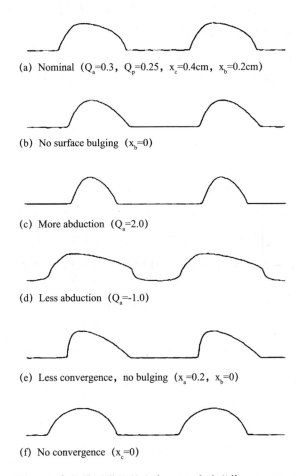

(a) Nominal （Q_a=0.3, Q_p=0.25, x_c=0.4cm, x_b=0.2cm）

(b) No surface bulging （x_b=0）

(c) More abduction （Q_a=2.0）

(d) Less abduction （Q_a=-1.0）

(e) Less convergence, no bulging （x_a=0.2, x_b=0）

(f) No convergence （x_c=0）

图2－10　用图2－8中的模型模拟的六个 EGG 脉冲形状（Ingo R. Titze, 1990）

2.2.3 EGG 信号与声门活动的对应关系

为了确切地了解 EGG 信号，研究者曾做了不少 EGG 信号与其他信号的对照研究。他们运用频闪照相、频闪录像、高速电影摄影、光声门术、声门下压测量、逆滤波等手段来探测 EGG 信号究竟代表了怎么样的声门活动。所有的研究都证实了 EGG 信号与两条声带的接触面积相关，接触面积越大，测到的电导（electrical admittance）越大，电阻抗（electrical impedance）越小。图 2-11 显示了喉头仪信号的一个周期所代表的声门运动状况，它是根据声门造影术测画出来的。

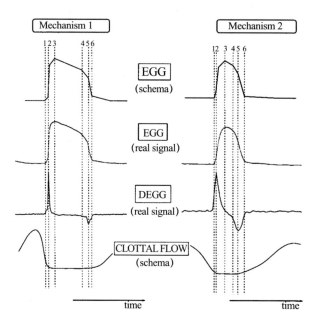

图 2-11　喉头仪信号的一个周期所代表的声门运动状况

（Mathalie Henrich，et al.，2004）

图中左边的喉头机制一（mechanism 1）代表男、女声的胸音音域或称正常嗓音音域以及男声的头音音域。右边的喉头机制二（mechanism 2）表示男声的假声音域和女声的头声音域。第一行是用简图表示的 EGG 信号形状，第二行是真实的 EGG 信号形状，第三行是真实 EGG 信号的微分形式，第四行是用于对照的声门气流信号的简图。在喉头机制一和二的情况下，一个声带振动周期内的喉头仪信号可以被描述为四个主要阶段。1 至 3 是正在关闭阶段（closing phase）：声带的接触沿着声带的下缘开始（1 到 2），然后扩展到声带的上缘（2 到 3）；由于关闭动作通常都比打开动作快，因此这一阶段的特点是 EGG 信号内出现一个立陡的坡度，最大坡度时点在位置 2 处，它对应于 EGG 信号微分形式（DEGG）中的正值尖峰处。3 至 4 是已闭阶段（closed phase）：声带完全接触，且阻止气流通过声门；这段信号上的轻微起伏可能是由声带组织的弹性碰撞造成的。4 至 6 是正在打开段（opening phase）：声带的下缘开始慢慢分离（4 到 5），接着是沿着其上缘的分离（5 到 6）；最大坡度时点出现在位置 5，它对应于 DEGG 信号上的负值尖峰处。6 至 1 是已开阶段（open phase）：声带处于打开状态；由于没有电导纳的变化，这一段信号相对平坦。总之，在非病变嗓音中，DEGG 信号上的正峰值对应于声门的关闭时点（instant of glottal closing），负峰值对应于声门的打开时点（instant of glottal opening），它们被界定为声门面积变化的起始时点和结束时点。不过，如果有一缕黏液横跨在声门上，则 DEGG 信号上的负峰值对应的是黏液断开时点，而不是声门打开时点。由于声门关闭通常很突然，因此 DEGG 上的关闭峰常常显得强而清晰。而声门开启可能会不太清晰，因此，DEGG 上的开启峰会较弱。

2.2.4　EGG 脉冲形状与发声类型的关系

针对 EGG 脉冲形状与发声类型之间的关系，John H. Esling 做过不少研究。他（1983）曾让一位被试在大体等间隔的四个音高层级上用七种不同的发声类型（modal voice, whispery voice, breathy voice, harsh voice, ventricular voice, creaky voice 和 falsetto）读单词 bead，之后，从基频和 RT/FT 比值两个方面进行分析。首先，如图 2 - 12 所示，他在 EGG 波形上将快速上升的起始处 A、A1、A2 等用直线连接起来作为 EGG 信号的基线，并算出基线以上各个 EGG 脉冲的振幅。接着，他把脉冲振幅的顶部和底部各截去 10% 以后再求 RT 值即上升时间（rise time）和 FT 值即下降时间（fall time）。因此，其 RT/FT 比值表示的是 EGG 脉冲的偏斜程度，也即其波形的形状。

图 2 - 12　EGG 信号的基线（John H. Esling，1983）

七种发声类型在四个音高水平上的 RT/FT 比值如表 2 - 1 所示，其中带 * 的比值是属于误读的样本，应该作为例外予以排除。这里的样本量虽然不大，但是若把表 2 - 1 中的数据一栏一栏地竖着看，就可以看到，各个发声类型的 RT/FT 比值基本稳定，并没有显示出随着自己基频的升高而升高的趋势，也就是说，各个发声类型音高的改变基本上不会造成其喉头仪脉冲形状大的改变。因此，不同的发声类型可以根据其喉头仪波形形状的不同而区别开来。

若把表 2 - 1 中的数据整体上横着看，我们还可以得到两个独立的连续变化统。A：声带在前后方向上拉长或缩短用于改变音高；B：声带在左右横向上收窄或变宽用于改变声门的打开程度。虽然对于各个发声类型的内部而言，RT/FT 比值与基频值并不直接相关，但是，挤喉音与正常嗓音及假声这三个发声类型之间的 RT/FT 比值与基频却呈现出了线性相关关系，这正是图 2 - 13 中的连续统 A 所体现的。也就是说，提高声带的前后拉长程度会提高基频，也同时会改变 EGG 脉冲的形状即改变发声类型。这容易理解，因为发假声时声带需要拉长变薄，这就会导致在一个声门周期内部开启相（opening phase）与关闭相（closing phase）变得几乎等长。再看图 2 - 14。室带音、糙音、正常嗓音、耳语嗓音和气嗓音这五种发声类型之间的 RT/FT 比值各不相同又互有交集，从左向右呈现出非线性增大的趋势。但是，这种变化基本上与基频无关。它是随着声带左右横向上的收窄或变宽的程度变化而不同的，因此是声门打开程度的不同造成了 EGG 波形的变化，也即发声类型的变化。该横向变化连续统 B 实际上是反映了声带的横向中央收缩度（medial compression）

的变化。

表 2 - 1　　　　　　　各发声类型处于四个音高水平时的
RT/FT 比值（John H. Esling，1983）

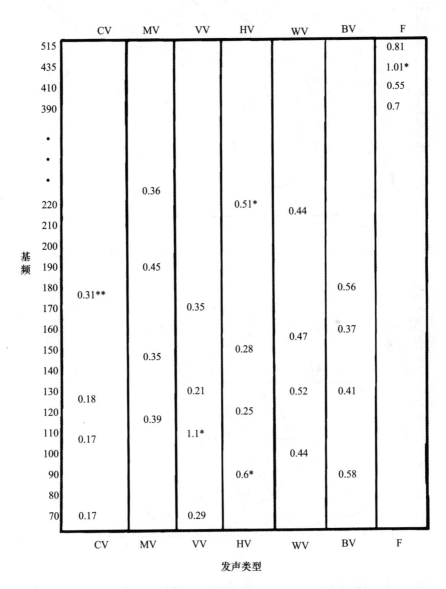

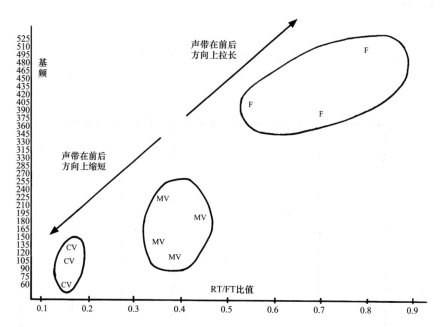

图 2 - 13　连续统 A：Falsetto，Modal voice，Creaky voice（John H. Esling，1983）

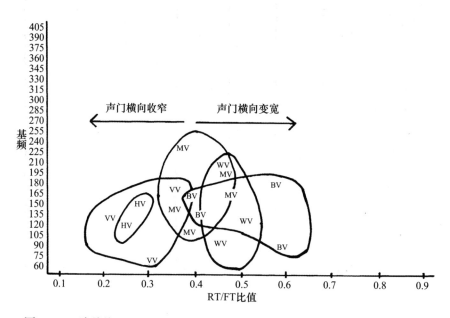

图 2 - 14　连续统 B：Breathy voice ，Whispery voice，Modal voice，Harsh voice，

Ventricular voice（John H. Esling，1983）

从医学角度研究 EGG 脉冲形状的专家是 C. Painter（1988）。他让一位受过训练的专业嗓音运用者分别在低、中、高三种基频水平（98Hz，131Hz，220Hz），低、中、高三种音强层级（在离被试 1 米处测得的音强值分别为 50—55dB，65dB，75—80dB）和 breathy、normal 及 tense 三种音质条件下发元音/i：/，并对录制的 EGG 信号进行了波形分析。如图 2 - 15 中的模型所示，一个完整的 EGG 波形应包括六个阶段：1. 全开；2. 关闭起始；3. 进一步关闭；4. 全闭；5. 打开起始；6. 进一步打开。把这六个阶段做排列组合可以得到如图 2 - 16 所示的十六种基本的 EGG 波形形状。其中，第 12 种是手工绘制的，因为这种类型在任何被试的数据中都未出现过。第 10、11、14、15 种也极少见，第 11 种是系统组合的。第一种 EGG 波形有两个变体，其第一个变体像正弦波，第二个变体差不多像三角波。每一种基本 EGG 波形还可以根据 closed/open 比值分为七小类：A. 0—25%；B. 26%—35%；C. 36%—45%；D. 46%—55%；E. 56%—65%；F. 66%—75%；G. 76%—100%。这样一来，EGG 波形形状便由十六种推演到了一百一十二种。在 closed/open 比值的计算中，closed 部分等于图 2 - 15 中所示的 EGG 模型第 3 段的一半加上整个第 4 段，再加上第 5 段的一半，这与 EGG 波形微分形式上正、负峰值之间的时长基本一样。Open 段是指除了 closed 段之外的部分。接着，作者用自编的电脑程序来自动判断被试的 EGG 波形分别属于这 112 种中的哪一种。

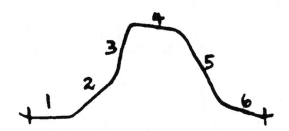

图 2 - 15　EGG 六段波形 （1. fully open；2. initial closing；3. further closing；4. fully closed；5. initial opening；6. further opening）（C. Painter，1988）

电脑分析的结果如下。首先，看正常嗓音（normal voice）。其最常见的 EGG 波形是图 2-16 中的类型 8，第二常见的是类型 7。也就是说，正常嗓音的 EGG 波形倾向于有一个全闭段（fully closed），一个分两步的打开动作（initial opening 和 further opening），没有全开段（fully open），在中、高音强的情形下尤其如此。在低音强下，更像三角形的 EGG 波形占主导，既无全开段（fully open），也无全闭段（fully closed）。总之，当被试发正常嗓音的时候，图 2-16 中的十六种 EGG 波形中只有七种很多产：1、15 和 16 稍少；2、4、7、8 占主导。其次，当被试发气嗓音的时候，其 EGG 波形是图 2-16 中的类型 9 的占 77%，是类型 5 的占 9%，是类型 1、2、3 及 11 的也有几个，但是，其他 10 种类型从来没有出现过。也即其占主流的 EGG 波形都有一个长的全开段（fully open），

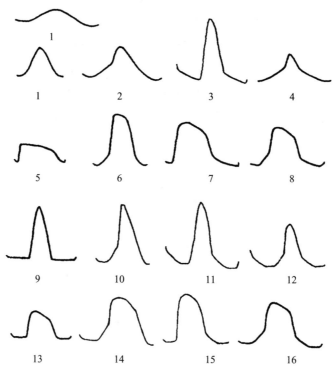

图 2-16 十六种基本的 EGG 波形形状（C. Painter，1988）

后接着上升和下降的走势，闭段与开段之比约为 1 : 3。最后看紧嗓音。其闭段与开段之比比正常嗓音的要大一些，主要的 EGG 波形为类型 7 和类型 8，也有一个类型 13 和类型 15 的，但其他 12 种波形根本没有出现过。另外还可以看到，如果在正常嗓音中，低基频和低音强的 EGG 波形数据代表着正常发声模式这一等级系列的一个极，高基频和高音强数据代表着它的另一极，那么本研究中的气嗓音数据与该等级系列的低端有重叠，而紧嗓音数据与它的高端有重叠。后来，作者还把该专业嗓音运用者的数据同未受过嗓音训练的非专业人士的数据做了比较分析（C. Painter，1990）。

　　如图 2 - 17 所示，如果把同一位发音人用不同发声类型发/a：/时的 EGG 信号放在相同的振幅和时间分辨率下显示，那么就可以更清楚地看到 EGG 脉冲形状随着发声类型的不同而变化的情况（Marasek，1997a）。首先，看正常嗓音（modal voice），其最明显的特点是正在关闭段很短，而且该段内的上升很陡峭，EGG 振幅很高。完全关闭段呈抛物线的形状。信号的下降段上有一个拐点（knee），并且这一段在时长上长于上升段，也就是说，其整个 EGG 波形的左偏程度较高。Open/closed 比值大约为 50%。耳语嗓音（whispery voice）的周期稍长于正常嗓音的周期。其上升段和下降段都来得较快，下降段上也出现了一个拐点。其整个 EGG 波形的左偏程度比正常嗓音的稍小一些，但 open/closed 比值比正常嗓音的要大得多。挤喉音（creaky voice）的波形呈圆角的三角形形状，周期约为正常嗓音的二倍，下降段上的拐点比较难找到，信号内有噪音。其整个 EGG 波形有着强烈的左偏倾向，左偏程度比其他几种发声类型的都大。气嗓音（breathy voice）最明显的特点是波形的振幅很小，这可能是因为声带振动时接触和关闭得不太好。其 EGG 脉冲呈很小的三角形形状，并且左偏的程度较小，但其 open/closed 比值却很大，音高很低却又高于挤喉音的音高。发紧嗓音的时候，喉头内的肌肉紧张度会强烈地提高，因此，其 EGG 波形在许多方面都与其他嗓音不同。首先是紧嗓音（tense voice）的波形较圆，与其他嗓音相比更像正弦波也更平滑，振幅也相对较低。其基频与正常嗓音的类同，但信噪比较低。其实，紧嗓音最不同于其他嗓音的地方是完全关闭段较长。假声（falsetto）的音高周期长度几乎是正常嗓音的三分之一。其上升段和下降段都来得特别快，并且下降段上没有拐点，完全关闭段很短，波形比其他发声类型的更加对称。总之，从 EGG 波形形状入手判断发声类型是可行的。

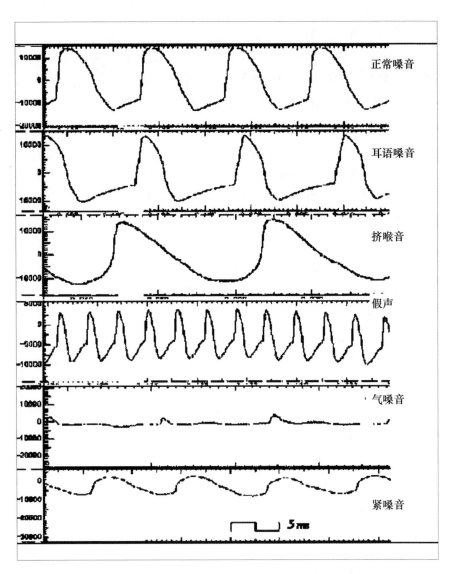

图 2-17　同一被试用六种发声类型发/a：/时的 EGG 波形图在相同的
　　　　　振幅和时间设置下显示（Marasek，1997a）

2.2.5 EGG 波形的参数化

2.2.5.1 基频、开商、速度商的定义与用途

从 EGG 信号中提取出来的参数可以很好地用以区分语言的不同发声类型，因而被语音学界所广泛使用。我们可以从中提取出许多参数用于嗓音发声的描写、研究与建模，其中有三个参数尤为重要：基频（F0）、开商（OQ）和速度商（SQ）。实际上，这三个参数从语音声源信号的积分形式中也可以提取出来。基频是声门周期的倒数，开商是指声门开相与整个声门周期之比，速度商是指声门的正在打开相比声门的正在关闭相。图 2-18a 是从语音信号中提取出来的声源信号的积分形式也即声门气流波形（glottal flow），通常情况下其波形呈右倾形状。图中的 ad 为一个声门周期，ab 为闭相，bd 为开相，bc 为声门正在打开相，cd 为声门正在关闭相。于是，声门气流三参数的公式分别为：

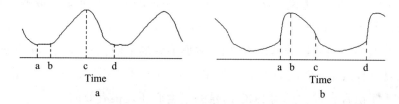

图 2-18 a. **声门气流波形的基频、开商、速度商；b. EGG 波形的基频、开商、速度商（蔡莲红、孔江平，2014：583—584）**

基频 =1/周期 ad

开商 =（开相 bd/周期 ad）×100

速度商 =（声门正在打开相 bc/声门正在关闭相 cd）×100

图 2-18b 是 EGG 信号的原始形式，通常情况下其波形形状是左倾的，图中的 ad 为一个声门周期，ac 为闭相，cd 为开相，bc 为声门正在打开相，ab 为声门正在关闭相。于是，喉头仪信号的三参数定义分别为：

基频 = 1/周期 ad

开商 = （开相 cd/周期 ad）×100

速度商 = （声门正在打开相 bc/声门正在关闭相 ab）×100

从理论上讲，从声门气流波形得到的开商和从 EGG 波形得到的开商二者所指的是同一个东西，它们都是指一个声门周期内声带处于开状所占的时长比例。同样，从此二信号中提取的基频也所指相同，都是指声带在单位时间内所振动的周期数。但是，从 glottal flow 与 EGG 波形中所提取的速度商从本质上讲就不是同一个东西了。如果像图 2-19 所示，把图 2-18b 上下颠倒以后再与图 2-18a 对齐，就会看得很清楚。声门气流的速度商是在声门周期的开相里计算出来的，而 EGG 的速度商是在声门周期的闭相里计算出来的。因此，有的学者就尝试先把喉头仪脉冲上下颠倒后再用尺度法从中提取速度商参数（Christine M. Sapienza, et al., 1998）。也就是说，从图 2-19 下部图形的左边脉冲里提取速度商，以求使所得 SQ 在理论上与声门气流的速度商等同。不过从上节可知，发声类型的不同往往会体现为 EGG 波形形状的不同，EGG 波形形状的不同又常常体现为 SQ 值的不同。如果只是为了区分不同的发声类型，而不是为了语音合成，运用 EGG 信号的速度商还是很有效的。

使用基频、开商和速度商可以描写和定义不同的发声类型，如描写汉语声调的嗓音发声模型、民族语言里元音的发声类型、汉语韵律的嗓音模型，也可以用于病变嗓音、声纹鉴定及声乐中不同唱法和唱腔等的研究。孔江平（2014）曾把这三个参数用于语言发声类型的研究，图 2-20a 是他提出的嗓音声学发声图。图中的横轴为开商，纵轴为速度商，菱形为正常嗓音，右下角的小方形表示紧喉音，图左下角的大方形是气泡音，正常嗓音上边的圆形是高音调嗓音，三角形是气嗓音。他还添加上基频维度画出了三维的嗓音声学发声图。图 2-20b 是基于基频、开商、速度商的藏语三维嗓音发声图，其中黑色为藏传佛教诵经的嗓音参数分布，灰色的为正常言语的嗓音参数分布。另外，用于声学发声图的参数不仅可以从声门阻抗信号中获取，也可以从声学信号中获取，如果参数是从生理信号中获得的也可以称为生理发声图，或者生理嗓音图，其内容是有区别的，但描写语言嗓音发声类型的主导思想完全一致。

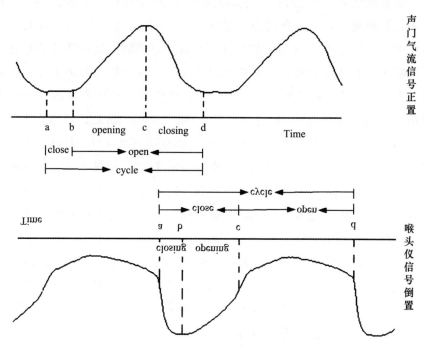

图 2 – 19 把图 2 – 18b 上下颠倒后再与图 2 – 18a 对齐

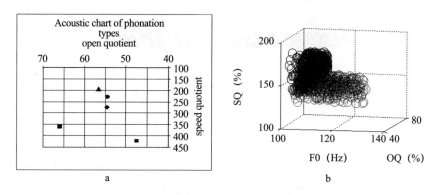

图 2 – 20 a. 嗓音声学发声图；b. 基于基频、开商、速度商的三维嗓音声学发声图（蔡莲红、孔江平，2014：585）

2.2.5.2 从 EGG 信号提取基频、开商、速度商的方法

通常情况下，都需要先对录制的原始 EGG 信号作预处理，之后才能从中提取基频、开商、速度商等参数。图 2−21a 是一个男声/a/元音的原始 EGG 信号，它的基线或叫零线不平直，有漂移，这种低频信号是说话时喉头的上升和下降等因素造成的，跟声带的打开与关闭无关，通常需要通过高通滤波把它滤除掉，不然它会使测得的参数不准确。我们可以运用 Cool Edit 软件中 FFT Filter 下的 Kill The Mic Rumble 功能滤除掉这种低频信号，其结果如图 2−21b 所示。如果将图 2−21b 中的一小段波形放大来看（如图 2−21c 所示），我们会发现 EGG 脉冲上还存在有很小的毛刺，这些毛刺是由被试的皮下脂肪、出汗及电流等因素所造成的高频噪音，需要运用低通滤波器将它滤除掉，不然它也会影响到所提参数的准确性，尤其会干扰用微分法提取的发声参数。在图 2−21d 中，我们用阶数为 1 的小波变换低通滤波器滤除了这种高频噪音。可以看到 EGG 波形上的毛刺已被去除掉，但波形的形状几乎没变。因此，这种低通滤波不会影响到所提参数的准确性。我们通常从图 2−21d 所示的 EGG 信号中提取基频、开商、速度商值。

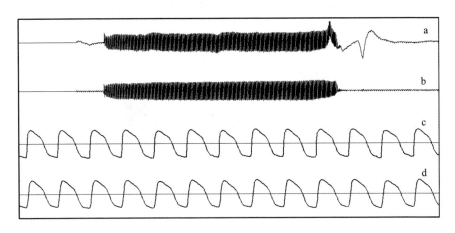

图 2−21　EGG 信号预处理示意

根据上述定义，基频、开商、速度商的提取关键在于如何找到声门关闭时点、声门打开时点和 EGG 脉冲最大值的位置。首先看 Mathalie

Henrich 等人（2004）提出的微分法。如图 2 - 22 所示，只要求出 EGG 信号的微分形式即 DEGG 信号，则 EGG 信号上对应于 DEGG 信号正峰值的位置就是声门关闭时点，而对应于 DEGG 信号负峰值的位置就是声门打开时点。根据这两个时间点以及 EGG 脉冲的最大值位置就可以算出基频、开商、速度商等参数的值。Mathalie Henrich 等认为，如果在 DEGG 信号上找到的是单一的正峰和负峰，则微分法的结果就会跟从声门气流（通过逆滤波得到）上测得的结果基本一致。目前，用 DEGG 信号检测正常嗓音效果更为理想。

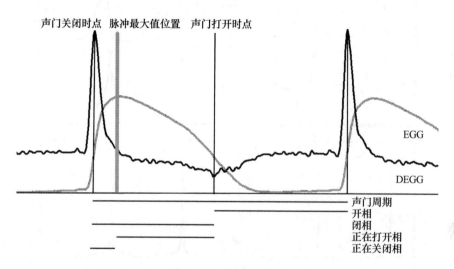

图 2 - 22　微分法示意

但是，并非所有的喉头仪信号都是这么规整，例如从图 2 - 23 中所示的 EGG 信号中用微分法提取基频、开商和速度商就比较困难。在图中 a 的情况下，找不到 DEGG 信号中标示声门打开时点的负峰，而 b 中有很多个这样的峰，却没有一个是明显地突出出来的。在图中 c 和 d 的情形下，DEGG 信号上出现了两个标示声门关闭时点的正峰，而在 e 和 f 中却出现了两个 DEGG 负峰。在 c 和 e 中，两关闭峰和两打开峰的振幅基本相等，而在 d 与 f 中，两对峰的振幅却差别很大。在这些情况下就需要用其他的方法来提取参数。

尺度法是 Martin Rothenberg 等人（1988）提出来的。就是根据一个

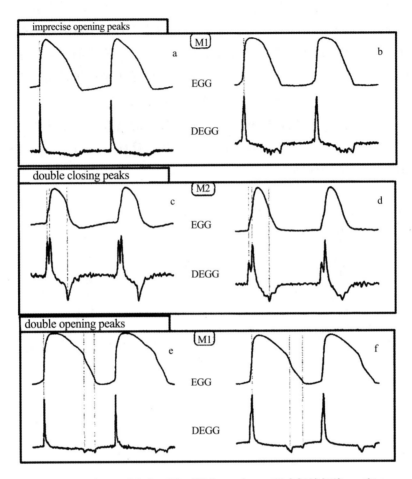

图 2 - 23　a 和 b：声门打开峰不明确；c 和 d：双声门关闭峰；e 和 f：
双声门打开峰（Mathalie Henrich，et al.，2004）

声门周期内振幅的最大值与最小值之差的某一百分比画出一条水平线，该水平线与 EGG 波形的两个交点被近似地认为是声门的关闭时点和打开时点，基频、开商、速度商就根据这两个时点和脉冲最大值的位置来做计算。例如，图 2 - 24 中的例子就把 EGG 振幅的最大值减最小值之差的25% 的位置选作了尺度。关于选什么尺度，学者们曾作过不同的尝试，选 20% 、25% 、30% 、35% 、40% 和 50% 的都有。Christian Herbst（2004）曾经把计算 EGG 接触商 CQ_{egg}（等于 $1 - OQ_{egg}$）的诸多方法进行过对比研究。他录制了四种发声类型的语料：声带内收（adduction）很少的假声，声带内收很多的假声，声带内收很少的胸声，声带内收很多的胸声。之后，他首先从 EGG 信号中用六种计算方法得到了 CQ_{egg} 的值，然后，又从同步录制的记波摄影录像（videokymographic imaging）中得到接触商 CQ_{kym} 的值。通过对比他发现，在尺度为 20% 和 25% 的情形下得到的 CQ_{egg} 的值与 CQ_{kym} 值最为接近。Romain E. Kania 等（2004）对比过用不同尺度测 CQ_{egg} 的效果。他们要求二十名被试首先用舒适的音高和音强发持续元音/a/，然后又请他们在自己任意确定的高、低音强上发持续元音/a/，之后录音。他们在提取接触商的时候让尺度按照相等的间隔逐渐变化。结果发现：CQ_{egg} 的均值随着尺度的提高而下降；如果尺度以 5% 的间隔改变，则此时的 CQ_{egg} 均值之间无显著性差异，例如，在尺度分别为 20% 和 25% 的情形下接触商均值之间的差异就不显著；如果尺度以 10% 的间隔逐渐变化，则此时 25% 就成为关键性位置，尺度在 25% 以上时，CQ_{egg} 均值之间无显著性差异，然而当尺度在 25% 以下的时候，CQ_{egg} 均值之间就会有显著性差异，这些结果对于抽烟者和非抽烟者都一样。虽然这两篇文章都测的是接触商，但是，其研究结果也同样适合于基频、开商、速度商的提取，可以为我们选择尺度时提供参考。另外，尺度法很方便也很稳健，甚至可以用在有噪音或较弱的信号上，但是与提自声门面积信号及声门气流信号的参数相比，其结果可能会稍欠精准。

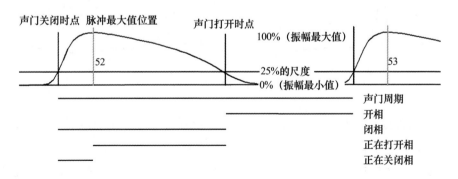

图 2-24　尺度法示意

最后看混合法。David M. Howard 等（1900）和 David M. Howard（1995）

提出了一个改进尺度法的办法：运用 DEGG 信号上的正峰值位置来确定声门的关闭时点，同时运用基于 EGG 信号的尺度法来确定声门的打开时点。图 2-25 中的例子就是运用了这种混合法，它首先根据 DEGG 信号找到了声门的关闭时点，又根据 EGG 信号上 3/7 的尺度找到了声门的打开时点，再求出 EGG 脉冲振幅的最大值位置，就可以算基频、开商和速度商的值了。这种方法抗噪能力很强，得出的结果也很准确，因为它找到的声门关闭点比较可靠。

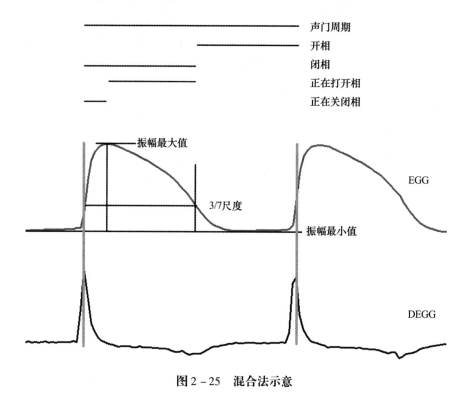

图 2-25　混合法示意

VoiceLab 是北京大学语音乐律实验室孔江平教授编写的一个基于 Matlab 软件平台的 GUI 程序（Graphic User Interface），专门用于嗓音参数的提取。该程序采用了上文所述的基频、开商、速度商定义，并基于微分法、尺度法和混合法来计算这些参数的值。它运用小波变换低通滤波技术来去除 EGG 信号上的高频噪音，从而保证了滤波后的喉头仪脉冲形状几乎完全没变。本书作者出于自己的研究目的对该程序的显示界面稍

微做了改动，如图 2 – 26 所示。图中显示的是针对禹州话阳平调音节
"达"（/ta/542）的噪音参数提取结果，所用的方法为微分法。下面方
框中的黄线代表基频，蓝线代表开商，红线代表振幅曲线，加黑色数字
的灰线代表着速度商。可以看到，速度商往往会因为有跳点而使曲线显
得很不平滑。再看上面的方框，程序自动在 EGG 波形上标示出了提取基
频、开商、速度商时所挑定的声门关闭时点（红线）、声门打开时点
（蓝线）和 EGG 脉冲最大值的位置（黄线）。EGG 脉冲上的数字标号跟
速度商曲线上的数字标号应该是完全对应的，若发现不对应则说明参数
的计算有误，需要重新对 EGG 波形做低、高通滤波等预处理后再提取数
据，直到两者的数字标号完全一样为止。可以看到，速度商曲线上的第
12 个数据是跳点，因为它的值特别低。对照上面方框中的 EGG 波形可
知，该跳点的出现是因为第 12 个 EGG 脉冲上的声门打开时点的选择有
误。我们可以用 VoiceLab 中的插值命令对该跳点进行平滑处理。总之，根
据对 EGG 脉冲的目测来去除速度商曲线上的跳点，实验结果会更加稳妥。

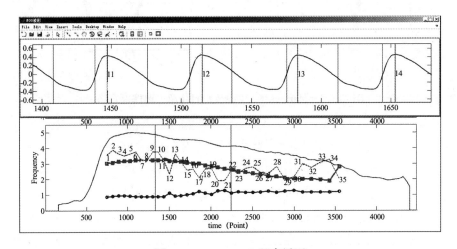

图 2 – 26 VoiceLab 程序界面

2.2.5.3 Marasek 对 EGG 波形的参数化处理方法

Marasek K.（1996）曾经运用喉头仪信号对德语的重音及松、紧元
音的声源特征进行过研究。在这项研究中，他提出了自己的开商、速度

商定义，如图2-27所示。首先，他采用六条直线段 a、b、c、d、e、f
来对 EGG 波形做模型化处理：EGG 脉冲的最大振幅值减最小振幅值之差
的90%以上的部分为最大接触段 b（maximum contact phase）；该差值的
10%以下的部分为无接触段 e（no-contact phase）；正在关闭段（closing
phase）的起始点即 a 段的起始点对应于 EGG 信号微分波形上的正峰值
处，也即声门关闭时点（closing instant）；其正在打开段（opening phase）
包括 c 段和 d 段，两段的边界是声门打开时点（opening instant）；f 段连
接着无接触段 e 与声门关闭时点。声门打开时点是通过这种方法来确定
的：把两个相邻的 EGG 脉冲上的 closing instants 用直线连起来，通过该
直线与 EGG 信号的交叉点得到声门打开时点。基于这样的模型，他给出
了如下的开商、速度商定义。

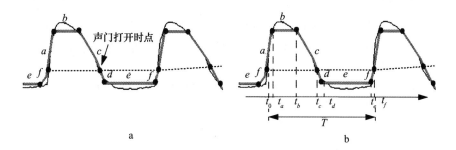

图2-27　Marasek K.（1996）的开商、速度商定义

$$OQ_1 = 100 \times (t_f - t_c) / T$$

$$OQ_2 = 100 \times (t_e - t_d) / T$$

$$SQ = 100 \times (t_a - t_0) / (t_c - t_b)$$

Marasek K. 的开商定义与上文所述的开商定义基本相同，两者所不
同的只是速度商的定义。在上文中，不管是微分法、尺度法，还是混合
法，其速度商的计算都依赖于 EGG 脉冲振幅最大值位置的事先确定，因
此，我们可以将它们统称为最大值法。我们用上文所述的混合法对一个
女声句子"打倒地主老财"作参数提取之后，将有跳点的一小段速度商
数据展开来观察，如图2-28所示。图2-28a 中的曲线代表40到60这
一段数据点的速度商值，可以看到，第50个数据点处的 SQ 值特别小，

因此形成了一个很大的跳点。在图 2 – 28b 所示的 EGG 脉冲上可以看到提取这些点的数据时程序所自动选定的声门关闭时点（红线）、声门打开时点（黄线）和振幅最大值的位置（蓝线）。比较一下 48 至 52 这几个脉冲就会发现，之所以第 50 个数据成为跳点，是因为第 50 个 EGG 脉冲的顶部也即其最大接触段上由于声带组织的弹性碰撞而出现了的轻微起伏，从而误导了最大值位置的确定。所以，用最大值法所求的速度商数据中跳点较多。然而，在 Marasek K. 的 SQ 定义中，用 90% 的尺度把 EGG 波形的最大接触段 b 排除在了计算之外，因此，由该定义提取的速度商数据跳点较少，数据曲线较平滑。

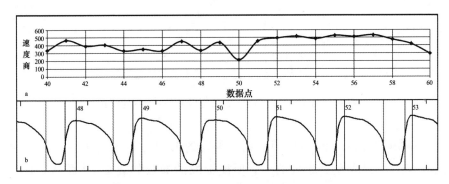

图 2 – 28　由最大值法求速度商所出现的跳点

Marasek K. 的 SQ 定义是声门正在关闭段时长除以其正在打开段时长，而上述最大值法的速度商定义是正在打开段时长除以正在关闭段时长。这一点差别其实并不重要，两者之间还有一点更为重要的区别如图 2 – 29 所示。图中黄色虚线表示用最大值法求速度商时所确定的 EGG 脉冲最大振幅值的位置。蓝色实线表示用 Marasek K. 的 SQ 定义求速度商时所必须首先确定的 90% 尺度的位置。根据相似三角形的原理可以看出，如果用 Marasek K. 的定义求速度商，则此时所得到的 EGG 脉冲最大振幅值的位置应该是由虚线 ab 与虚线 cd 的交点所决定的红色虚线处，与黄色虚线的位置不同。也就是说，由于 EGG 波形往往不是规整的三角形形状，所以用这两种方法所确定的 EGG 脉冲振幅最大值的位置可能会有出入，我们不能从由一个定义得出的 SQ 值推导出由另一个定义得出的 SQ 值。不过从上文可知，发声类型的不同往往会体现为 EGG 波形形状的不同，EGG 波形形状的不同又常常体现为 SQ 值的不同。如果只是立足于把不同的发声类型区分开来，而不考虑其他，两种基于 EGG 信号的速度商定义其实都是很有效的。

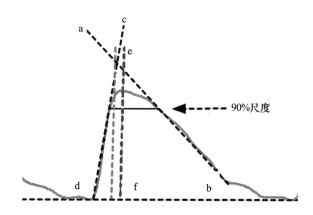

图 2 - 29 Marasek K. 的 SQ 定义与最大值法 SQ 定义的区别

Henry Tehrani（2012）用 C 语言编写的 EggWorks 程序是专门用来从 EGG 信号中提取发声参数的。它所能提取的参数如表 2 - 2 所示。该程序首先将 EGG 信号分帧，一般情况下每一帧只包含一个 EGG 脉冲。表 2 - 2 中的 Entry 2 和 Entry 3 是指各个帧的起始时间点和结束时间点，时间单位为毫秒。接着，它又用 25% 的尺度在每一帧中的 EGG 波形上找到闭相的起始时间点（Entry 4）和结束时间点（Entry 5）以及开相的结束时间点（Entry 6），单位依然是毫秒。Entry 7 是该程序用尺度为 25% 的尺度法算得的接触商，Entry 8 是它用混合法测得的接触商，Entry 9 是它用微分法算得的接触商。但是，Entry10 中的接触商是它用 Henry Tehrani 的方法得到的。该法首先根据 EGG 微分波形上的最大正峰值的位置得到声门的关闭时点，之后在 EGG 波形上找到声门关闭时点的 y 轴的值，接着在 EGG 波形的正在打开段上找到该 y 轴值所处的位置，此位置就是声门打开时点，从声门关闭时点到声门打开时点的时长除以周期即为 CQ_HT 的值。这样看来，1 减去 CQ_HT 的差值就是 Marasek K.（1996）所定义的开商的值。Entry 11 是参数 PIC（peak increase in contact）的值，

PIC 指的是 EGG 的微分波形上的最大正峰值，也就是 EGG 波形上的最大斜率值，再除以时间。Entry12 是各 PIC 值所处的时间点，单位为毫秒。Entry13 是参数 PDC（peak decrease in contact）的值，它是指 EGG 的微分波形上的最小负峰值，也就是 EGG 波形上的最小斜率值，再除以时间，它的值均为负数。Entry14 是各 PDC 值所处的时间点，单位为毫秒。Entry15 中的 SQ2—SQ1 相当于 Marasek K. 的速度商公式中的 t_a—t_0，Entry16 中的 SQ4—SQ3 则相当于他速度商公式中的 t_c—t_b。Entry17 中的速度商是由 Entry15 除以 Entry16 得到的，再乘以 100 就正好是 Marasek K. 所定义的速度商值。

表 2 - 2　　　　　　　　　用 EggWorks 提取的发声参数

Entry 2	Entry 3	Entry 4	Entry 5	Entry 6	Entry 7	Entry 8	Entry 9
帧起点	帧终点	close time 起点	close time 终点	open time 终点	用 25% 尺度得到的接触商 CQ	用混合法得到的接触商 CQ_H	用微分法得到的接触商 CQ_PM
19.48	28.48	21.2	26.4	30.31	0.5708	0.5164	0.5471
28.48	37.61	30.31	35.47	39.29	0.5746	0.5225	0.5618
37.61	46.47	39.29	44.4	47.98	0.588	0.5372	0.575
46.47	54.85	47.98	53.06	56.48	0.5976	0.549	0.5396
54.85	63.48	56.48	61.44	64.79	0.5969	0.5525	0.5464
63.48	71.32	64.79	69.62	72.81	0.6022	0.5586	0.5973
71.32	79.22	72.81	77.57	80.43	0.6247	0.5667	0.5962

用 25% 的尺度法得到这三个时间点

Entry 10	Entry 11	Entry 12	Entry 13	Entry 14	Entry 15	Entry 16	Entry 17	Comments
用 CQ_HT 法得到的接触商	PIC	PIC 所处的时点	PDC	PDC 所处的时点	SQ2 – SQ1	SQ4 – SQ3	速度商	备注
0.602	397.3389	21.15	−101.26	26.14	1.07	4.08	0.2623	
0.6067	403.5767	30.27	−103.72	35.27	1.03	4.06	0.2537	
0.6266	416.7358	39.17	−105.37	44.19	0.99	3.92	0.2526	
0.6316	426.3062	47.9	−108.26	52.47	0.94	3.83	0.2454	
0.6369	432.5765	56.37	−114.42	60.9	0.89	3.75	0.2373	
0.6409	439.9903	64.66	−121.92	69.45	0.85	3.58	0.2374	
0.6449	445.1172	72.68	−126.23	77.33	0.78	3.5	0.2229	

2.3 基于 SP 信号的发声研究方法

SP 的全拼是 sound pressure，因此 SP 信号就是指语音声学信号。要想从语音声学信号中提取发声参数，往往需要首先对它做逆滤波（inverse filtering）。但是，也有一些不需要做逆滤波的简便方法，如谐波分析法。还有人尝试不通过逆滤波而直接从 SP 信号上找声门关闭时点和打开时点的研究，如 Aicha Bouzid，Noureddine Ellouze（2004）等。

2.3.1 谐波分析法

谐波分析是一种最简单易行的发声研究方法，也是最早被语音学家所使用的方法，说它简单是因为其声学分析只用到语音声学信号。该分析法的声学原理是：声源谱高频能量强会导致第二个谐波的能量大于第一谐波的能量，因此可以通过测量第一、第二谐波的能量 h1 和 h2 来判断嗓音发声类型的不同。h2—h1 的数值越大，嗓音在高频的能量就越大，在生理上表现为声带越紧（pressed），反之越松。如果用 h1—h2，数值越大则嗓音高频的能量越小，即声源谱的能量衰减得越快，声带表现为松或漏气，数值越小则嗓音高频的能量就越高，即声源谱的能量就衰减得越慢，声带体现为越紧。也可使用第一、第二谐波之比的方法，即 h2 除以 h1。谐波比值（rate of harmonics）越小说明嗓音高频能量越小，比值越大说明嗓音低频的能量越小。

该法的优点是简便易行，但它也存在很多缺点，其中，最主要的缺点是测量数据时共振峰对谐波能量会有影响。有经验的语音学家在使用该方法时，往往会选择元音/a/作为分析样本，这是因为/a/的第一共振峰比较高，因而对第一、第二谐波的能量影响比较小或者没有影响，这样就可以得到比较稳定和有规律的数据了。如果使用/i/、/y/、/u/作为测试样本，由于第一共振峰比较低，第一谐波的能量和第一共振峰的能量往往会重叠，因而，就得不到真实的嗓音数据。为了解决其不足，研究者可以使用第二共振峰的能量和第一或第二谐波能量的比值来判断嗓音的发声类型。该补救方法通常情况下对分析语言的不同发声类型也都很有效。但是，在语言发声类型研究中，以不同发声类型作为最小对立时，声道的形状不一定完全相同，往往会有一定的差别，这就导致了要研究的噪音发声的最小对立元音的共振峰不同，从而影响数据的测量，最终导致数据的误差。在这种情况下，往往要考虑其他的研究方法（孔江平，2001：23—27；蔡莲红、孔江平，2014：578—579）。

2.3.2 基于逆滤波的分析方法

2.3.2.1 Fant 和 Liljencrants 的 LF 模型

言语产生的过程包括声源（source）、共鸣（resonance）和唇辐射（lip radiation）三个部分。发元音时，声带准周期性的颤动与开合导致通过声门的空气体积流速度也准周期性地变化，形成连续的脉冲串。这些声源脉冲串经过声道共鸣的调制而形成不同音质的元音。在声道的终端，口和唇的位置，由于唇辐射的作用，语音信号每个倍频程又提高了 6 个分贝。图 2 – 30 的下部表示的是一个完整周期的声门脉冲。我们知道，在一个完整的声带振动周期之内，声门以完全闭合状态为起点，开始逐渐打开，到打开面积最大，之后又逐渐关闭，最后恢复到完全关闭，并

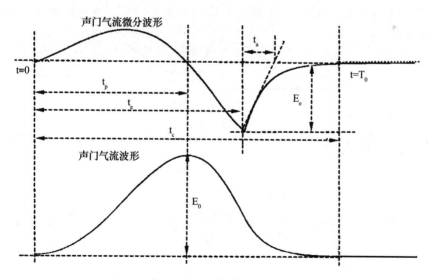

图 2 – 30　LF 模型的气流波形及其微分波形（D. G. Childers，2000）

在闭合状态下保持一段时间之后才开始下一个周期的振动。图 2 - 30 下部中的空气体积流速度由最小到最大再到最小的变化就体现着这样一个声门打开程度的变化过程。

方特和其合作者所提出的 LF 模型（Fant, et al., 1985；Fant, et al., 1987）模拟的是声门气流波形的微分形式（如图 2 - 30 的上部所示），而不是声门气流波形。在 LF 模型中，声门气流的微分波形分两段来表示，第一段从 t_0 到 t_e 用一个指数函数和一个正弦函数来模拟，第二段从 t_e 到 t_c 用指数函数来模拟。在时间点 t_0 即 $t = 0$ 的位置，声门开始打开，空气体积流速度也开始增大，参数 t_p 代表着声门气流波形上最大值所处的时间点。参数 t_e 是声门气流微分波形上绝对值最大的负值所处的时间点，它对应于声门气流波形下降段上坡度最陡的地方，声门的主要激励（main excitation）就发生在这一时点。也就是说，对声道的主要激励就发生在声门闭相的起始处，过了这一时点之后语音波形就开始衰减，直到下一次主要激励的出现，如图 2 - 31 所示。参数 t_c 代表声门完全关闭的时间点，T_0 为基音周期时长，通常情况下 T_0 要大于 t_c。参数 t_a 是 LF 模型的第二段的指数曲线的时间常数，称为返回段（return phase）。如果没有这一段，那么，LF 模型的声门气流波形及其微分波形就会像

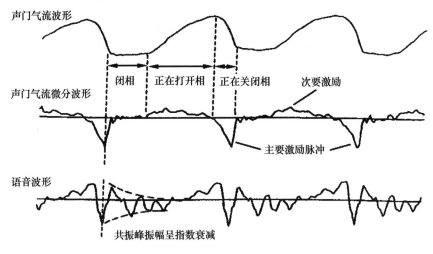

图 2 - 31　声门气流波形、声门气流微分波形与语音波形的关系

（D. G. Childers，2000）

图 2 – 32 所示的那样，气流微分波形在负最大值之后迅速返回到零，也即声门气流在其开相的终点之处有一个不连续点（discontinuity）（方特，1988），也就是说声门在这一时点上突然完全关闭。这样的 LF 模型不但不能很好地模拟正常嗓音声源，若要模拟气嗓音等声源也会更困难。总的来看，LF 模型这几个参数的值应该是 $0 \leqslant t_p \leqslant t_e \leqslant t_c$。

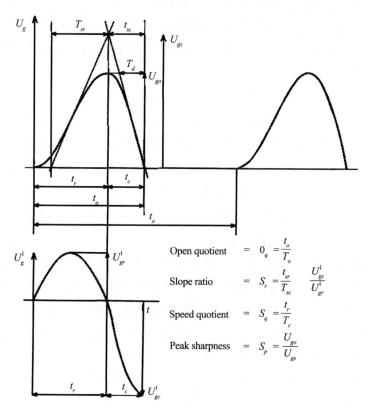

图 2 – 32　上：理想状态下的声门气流波形；下：理想状态下的声门
　　　　　　气流微分波形（Fant，1982）

声门气流的开商主要决定于声门脉冲的宽度。可以运用 LF 模型的参数来对开商作如下定义。

$$OQ = 开相/基音周期 = OQ_{LF} = (t_e + kt_a) / T_0$$

这里 k 的值随着参数 t_a 的不同而不同。如果用基音周期的百分比来

表示 t_a 的时长，那么，当 $0\% < t_a < 10\%$ 的时候，k 的取值范围在 2 到 3 之间，若 $t_a = 0$ 时，则 $k = 0$。在运用实际声门气流波形做计算的时候，就需要对不同的时间点事先做出界定。比如，为了能够依照 LF 模型作计算，就需要把声门关闭时点定义为下降段上实际声门气流波形的最大振幅值的 1% 的位置。根据 LF 模型的参数，速度商可以定义为：

SQ = 声门正在打开相/声门正在关闭相 = $SQ_{LF} = t_p / (t_e + kt_a - t_p)$

速度商表示的是声门脉冲的偏斜程度。它还有一个常用的定义如下。因为通常情况下 $t_e + kt_a$ 几乎等于 t_c，所以，这两个速度商定义简单来说就是相同的。

$$SQ = SQ_{LF} = t_p / (t_c - t_p)$$

声门脉冲的关闭突然度（abruptness of closure）由 t_a 的值来标示，如果 t_a 的值很小，则说明声门关闭得特别快。谱倾斜（spectral tilt）指的是声门波频谱的斜率。它通常情况下为 – 12dB /每倍频程，但是，也可以在 – 6dB/每倍频程到 – 18dB/每倍频程这一范围内变化。低的谱倾斜界定为 – 6dB/每倍频程，中等谱倾斜定义为 – 12dB/每倍频程，高的谱倾斜界定为 – 18dB/每倍频程。

下面看一看 LF 模型发声参数的变化所带来的声学效果。在 LF 模型中，最重要的参数是 E_e，如图 2 – 30 的上部所示，它是声门气流微分波形上最大负峰的振幅值，是对声道的主要激励。如图 2 – 31 所示，E_e 与语音信号的整体音强相关，决定着诸共振峰起伏变动幅度的大小。对于全体共振峰的幅度而言，E_e 起着一个比例因子（scale factor）的作用。假如共振峰模式是固定的或者第一共振峰占优势的模式是固定的，那么，声压级 SPL 与 Ee 的绝对值就成正比例关系。如此看来，E_e 与声压级有着密切的联系，它是测量激励力度（excitation strength）的参数（方特和高奋，1994；Fant and Kruckenberg，2004）。E_e 标示着发声力度（voice effort）的大小。不过，声压级也随着 F_0 的变化而变化，基频每提高一个倍频程，SPL 就升高 3dB。

开商决定着声源第一谐波的相对强度，可以通过改变 OQ 来改变第一谐波的振幅（Klatt D. H.）。开商高，则 h_1—h_2 的值也高，也就是说，相比于第二谐波振幅及嗓音频谱上更高次成分的振幅，嗓音基频的幅度

h_1 就更见突出（Fant and Kruckenberg，2004）。因此，h_1—h_2 的值标示着声门气流开相的相对时长，对应于声门气流波形的开商。发气噪音的时候，声门在其大部分长度上都保持一定程度的打开状，两条声带从来都不在声门中线处相遇，因此有大量的漏气，这就导致气噪音的第一谐波很强。也即，开商越大，气噪音音质就越明显。相反，挤喉音（creaky voice）有着更强的高次谐波。

图 2-33 是我们用软件合成的三种声门气流波形。三者的采样率均为 11025Hz，基频均为 180Hz，速度商都是 200%，只有开商各不相同。图 2-33 上是三者的气流波形图，图 2-33 下是它们中点位置的断面谱。可以看到，随着开商由 25% 变到 50% 再升到 90%，断面谱上第一谐波 h1 的振幅高出 h2 及其他高次谐波振幅的程度就越来越大。在 OQ=25% 时，谱倾斜为 -8.7505dB/每倍频程，在 OQ=50% 时，谱倾斜为 -9.7746dB/每倍频程，在 OQ=90% 时，谱倾斜为 -9.9697dB/每倍频程。另外，还有一个常被忽略的重要事实，就是在单单操控噪音基频振幅 h1 而同时保持 h2 及所有高次谐波不变的情况下，所感知到的音质变化并不是很大。在语流中朝气噪音转变的机制是，h1 保持相对恒定，而 h2 及高次谐波的声级相对下降（Fant and Kruckenberg，2004）。最后，EGG 波形的开商

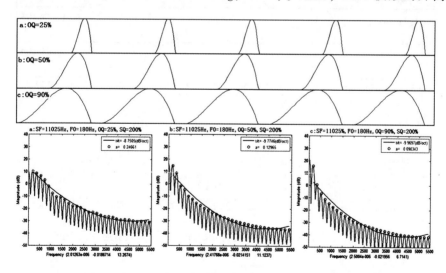

图 2-33　三个合成的声源：其他参数完全相同，只有开商不同

与声门气流波形的开商是相对应的，它们的声学效果相同。

再看速度商。声门气流波形的下降段越是陡峭，声门从开始关闭到完全闭合所用的时间就越短，关闭的速度就越快，速度商（opening phase/closing phase）也就越大，则此时声门脉冲频谱上的高频谐波也就越强。相反，声门气流波形越是对称，则低频谐波的振幅就显得越强（方特，1988）。因此，减小速度商对嗓音频谱的影响就是导致频谱在高频处向下倾斜（Fant and Kruckenberg，2004）。在一个正常的声门脉冲中，速度商一般为 200%。图 2 - 34 是我们用软件合成的三种声门气流波形。三者的采样率均为 11025Hz，基频均为 180Hz，开商都是 50%，只有速度商各不相同。图 2 - 34 上是三者的气流波形图，图 2 - 34 下是它们中点位置的断面谱。可以看到，随着速度商由 150% 变到 275% 再升到 500%，断面谱上高次谐波的振幅就逐渐升高，越来越强，而 h1 的强度却基本没变。在 SQ = 150% 时，谱倾斜为 - 9.9292dB/每倍频程，在 SQ = 275% 时，谱倾斜为 - 9.3317 dB/每倍频程，在 SQ = 500% 时，谱倾斜为 - 8.396dB/每倍频程。上文提到，声门气流的速度商是在声门周期

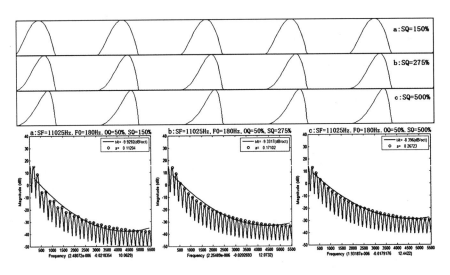

图 2 - 34　三个合成的声源：其他参数完全相同，只有速度商不同

的开相里计算出来的，而 EGG 的速度商是在声门周期的闭相里计算出来

的，两者的所指不同。但是，Marasek K.（1997b）在运用 EGG 信号研究德语的重音时发现：声门气流波形的偏斜度（skewness）即速度商以及激励力度（excitation strength）与 EGG 波形的上升段和下降段的陡度（steepness）强烈相关；声门气流波形关闭段的时长与 EGG 波形上升段的时长相关。总之，EGG 的速度商也标示着声门关闭速度的快慢，但它不能用于合成。

最后，看看参数 ta 的声学效果。在声门气流的微分波形上，气嗓音（breathy voice）表现为在最大不连续点之后恢复时间的拖长，也即从声门完全打开到完全闭合的时间拉长了。LF 模型上有了返回段 ta，就可以较好地模拟气嗓音声源了。ta 越长，则声源频谱上的高频能量就衰减得越快（方特、高奋，1994）。ta 越短，则声门气流波形的偏斜度越大，声门气流微分波形的频谱越平坦（彭柏、许刚，2006）。图 2 - 35 是通过逆滤波得到的不同发声类型的声门气流波形。可以看到，由于发声类型不同，声门脉冲的形状也各不相同，这种形状的差别就体现为基频、开商、速度商等参数的不同。有了 LF 模型，我们就可以对由逆滤波得到的声门气流波形作参数化处理了，也可以通过改动这些 LF 模型参数从而合成出不同发声类型的声源来。

2.3.2.2 线性预测逆滤波技术

如图 2 - 36 所示，我们可以把浊语音信号 S（z）的产生过程看作是三个过程的串联。声门激励（glottal excitation）也就是声门处的空气体积流速度波动，在一般情况下，它的频谱是每个倍频程下降 12 个分贝，如图 2 - 36（i）所示。我们把声门激励标写为 G（z）。图 2 - 36（ii）中的 V（z）是声道共鸣的共振峰包络线，声门激励经过声道时受到声道的滤波调制，有的频率成分得以加强，有的频率成分被抑制，从而形成不同音质的元音或浊辅音。这时候的语音由于没有经过唇辐射作用听起来比较闷。图 2 - 36（iii）表示的是唇辐射 L（z）的频谱包络线，从包络线形状可以看到，唇辐射把来自声道的语音每个倍频程提高了 6 个分贝。之后，就是进出自由声场（free field）的浊语音信号 S（z）了。逆滤波

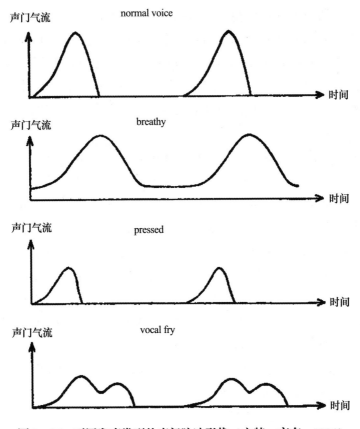

图 2 - 35　不同发声类型的声门脉冲形状（方特、高奋，1994）

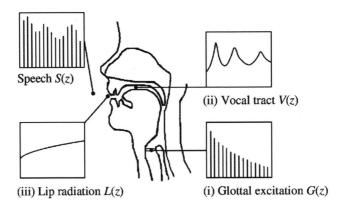

图 2 - 36　浊语音产生过程示意（Paavo Alku，2011）

就是这样一个过程：首先针对声道和唇辐射的滤波效应建立一个计算模型，之后通过该计算模型的逆模型从语音信号中删除掉声道和唇辐射的滤波作用，从而估测出声门激励，也即声门体积流速度波形。这一过程可以用公式表述为：

$$G（z）= S（z）\times \frac{1}{L（z）} \times \frac{1}{V（z）}$$

逆滤波方法的研究开始于 19 世纪五六十年代，到目前为止已经经历了半个多世纪的发展与进步。其中，基于线性预测（LPC）的逆滤波技术很是常见。有一种简便的方法是这样的：首先，将语音信号进行预加重（pre – emphasis）处理，然后，从预加重后的语音信号中提取出线性预测系数，再利用所提取的线性预测系数对同一段未进行过预加重的语音信号进行逆滤波，得到的信号是声门气流波形的微分形式，如图 2 – 37b 中所示，它从形状上看很接近 LF 模型的声门气流微分波形（蔡莲红、孔江平，2014：579—580）。我们知道，对于一般人所发的元音来说，声门激励的频谱每个倍频程下降 12 个分贝，声道共鸣的包络线不存在下降的问题，唇辐射又将频谱每个倍频程提高了 6 个分贝。因此，声门激励经过声道共鸣和唇辐射之后所形成的元音的频谱总体上每倍频程下降了 6 个分贝。可以说，这 6 分贝/每倍频程的下降是由声源的影响造成的。要想得到代表声道共鸣谱包络的 LPC 系数，就需要把元音首先做预加重，使其每个倍频程提高 6 个分贝、频谱拉平之后，再做 LPC 分析。不然的话，LPC 算法就只与元音频谱的低频端契合，跟其高频端不匹配，就得不到与声道契合的线性预测系数。对预加重后的元音做 LPC 分析所得到的线性预测系数相当于一个频谱持平的滤波器，它只标示着声道的共鸣特征，因此用它对未预加重的元音做逆滤波，消除掉只是声道的共鸣特征，所得到的信号中既包含了声门体积流速度波形，又包含了唇辐射特征信息（Paul and David，2011）。根据 Fant（1960）的研究，直接在双唇正前方所测得的声压近似地正比于唇鼻处的体积流速度波形的时间导数（temporal derivative），并反比于离开双唇的距离 r，因此，可以用一个微分或一个简单的一阶差分来逼近唇辐射特征（Klatt D. H.：6 – 7）。由于图 2 – 37b 中的线性预测逆滤波输出信号中包含了声门体积

流速度波形和唇辐射特征，因此它就相当于声门体积流速度波形的微分
形式。对它做积分得到的就是如图2-37c所示的声门体积流速度波形。
可以看到，图2-37c的波形并不光滑，包含了微小的波动，这是因为线
性预测逆滤波并没有把所有的声道共鸣特征全都滤除掉。

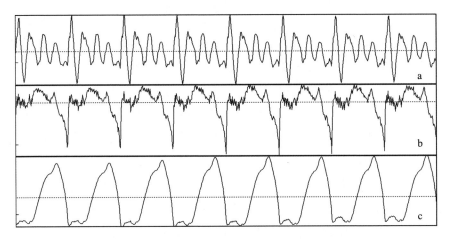

图2-37 a. 元音/a/的语音信号；b. 对 a 做线性预测逆滤得到的声门气流
微分信号；c. 对 b 做积分得到的声门体积流速度信号

上述逆滤波方法的优点是简单快捷，但它本身也存在一些缺点。由
于线性预测是全极点共鸣模型，因此无法很好地提取语音信号中的零点
即反共鸣。而人的言语产生系统中始终都存在零点，例如，发鼻音或鼻
化元音时，人的鼻腔和口腔会由于同时参加共鸣而耦合导致语音频谱上
出现零点。咽腔底部的梨状窝也会在发音时参与共鸣，致使语音信号中
出现零点。在一个声门周期中的开相和闭相阶段，共鸣特性也有所不同。
在开相阶段，由于声门是打开的，声门下气管会与声门上声道相互耦合
而产生零点，导致声道的共鸣效果减弱。然而在闭相阶段，声门是关闭
的，声门上、下的通道是隔绝的，不会耦合，所以，闭相内的共振峰结
构才更能代表声道的共鸣特性。因此，在逆滤波时，正确的参数设置应
该是与声门闭相内的共振峰相匹配，而不是与整个声门周期内实际存在
的共振峰都匹配。鉴于这样的认识，在20世纪70年代中后期，逆滤波
法取得了很大的进步，出现了闭相协方差法（closed phase covariance

method，CP-analysis）。该法以协方差标准的线性预测分析为工具来计算声道的全极点模型。CP 分析中的声道线性预测模型是从声门周期闭相阶段的语音样点中计算出来的。因此，有几项研究表明，对于低基频又有着完好闭相的正常嗓音，CP 分析可以准确地估测出声门激励来。

但是，闭相协方差法也有缺点。首先，它对闭相位置的提取尤其敏感，即便是很小的误差都有可能导致所估测的声门激励失真。其次，如果闭相的时长很短，比如在高音高言语和气嗓音的情形下，闭相分析的准确度依然较差。在高音高的言语中，真实声门脉冲的闭相很短，语音信号闭相段的数据样点也就很少，因此对于 CP 分析来说，这就意味着用于构建声道全极点模型的数据样点很少，所构建的声道模型也就不准确，在估测出来的声门脉冲上往往会由于共振峰纹波的出现而找不到闭相。F0 越高，这种现象越严重。在元音的基频很高同时第一共振峰 F1 又很低的情形下，问题更严重。在这种情形下，语音频谱上以稀疏的谐波结构占主导，这就使得不管是手工提取还是自动提取，都很难得到准确的共振峰频率。在估测 F1 时即便出一点小错，也会导致不能完全删除声道共鸣的效应，所估测到的声源会由于强纹波成分的影响而畸变。我们知道，声门气流主要反映的是声门开相阶段的声带活动情况，而 EGG 信号表示的是声带接触面积（VFCA）的变化，主要反映声门闭相阶段的声带活动情况。Martin Rothenberg（1979）曾对声门气流信号与 EGG 信号的关系与差别进行过研究。最后他提出：对语音信号准确地做逆滤波需要对声门关闭段做出极近精准的确定，因此在 F1/F0 的比率较高的情形下，做逆滤波就会比较容易；当 F0 很高同时 F1 又很低时，可以根据同步录制的 EGG 波形上的声门闭相位置来确定语音信号上的声门闭相位置，这样就可以缓解 CP 分析的缺点。在图 2 – 38 中，a 是需要做逆滤波的语音信号，b 是同步录制的 EGG 信号的微分波形，该波形是倒置的，它的最小值与最大值之间的部分就是声门闭相阶段，根据语音信号上对应位置的数据样点做 LPC 分析就可以得到很好的声道全极点模型。依据此法估测出来的声门气流波形如图 2 – 38c 所示。

2.3.2.3　逆滤波的交互性手动技术

Decap、Sound Swell Core 和 Snaq 是由 Svante Granqvist 开发的一套比

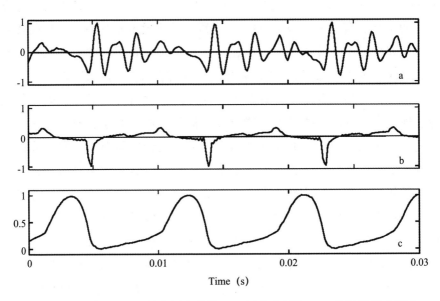

图 2 - 38 a. **需要做逆滤波的语音信号**；b. **同步录制的 EGG 信号的微分波形**；
c. **估测出来的声门激励**（Paavo Alku，2011）

较好用的交互性手动逆滤波软件。Decap 用于对语音信号做逆滤波，
Snaq 用于对估测出来的声源进行参数分析，Sound Swell Core 用于对声音
进行声级校准，以及将 Snaq 与逆滤波结果联系起来。在运用 Decap 程序
做逆滤波之前，首先需要把 wav 格式的录音文件转换成 simp 格式，并把
语音信号与同步录制的 EGG 信号对齐。两路信号虽然是同步录制的，但
是为了录音效果，双唇与麦克风之间总需要有一段距离，而 EGG 的电极
是紧贴在喉头上的，因此两信号之间难免会有些延迟，需要对齐以消除
这种延迟。如图 2 - 39 中的蓝线所示，在语音信号和 EGG 信号上每个脉
冲的开头都有一个几乎垂直地方，它们标示着声门的关闭点，要使 SP 和
EGG 信号在这个位置上对齐起来。

　　图 2 - 40 是运用 Decap 程序做逆滤波时的界面。在下面的方框中可
以看到元音被逆滤波之前的频谱（unfiltered spectrum）以及它被逆滤波
之后所得到的声源的频谱（filtered spectrum），后者的谱包络平滑地下降
是因为其中的共振峰特征已经被完全消除了。下面方框中的小圆圈是逆

滤波器的频率与带宽，它们是通过手工设置的。如果需要，还可以手工设置零点即反共振峰的频率与带宽。在上面的方框中，可以看到逆滤波后所得到的声门气流波形图（flow glottogram）和 EGG 信号的微分波形图

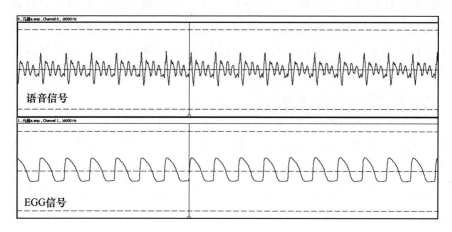

语音信号

EGG信号

图 2 - 39 语音信号与 EGG 信号的对齐

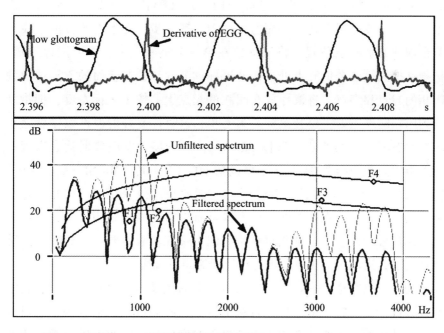

图 2 - 40 用 Decap 程序做逆滤波时的界面（Li Dong，Johan Sundberg，Jiangping Kong，2014）

（derivative of EGG）。在调节逆滤波器的频率和带宽时，有四项标准可供参考：第一，声门气流的闭相段不能有小的纹波（ripple）；第二，声门气流的谱包络要平滑地下降；第三，MFDR 与 DEGG 上的正峰值要同步，MFDR 是最大气流下降率，也就是声门气流图的微分波形上的负峰点的绝对值；第四，声门气流的开相的起始不能晚于 DEGG 上的负峰点。为了更保险起见，可以由两位学者同时用 Decap 程序对相同的语料做逆滤波，之后对比他们所选择的逆滤波器的频率与带宽，若无显著性差别，则认为他们的逆滤波结果是可靠的。

我们可以运用 Snaq 程序从估测出来的声门气流波形中提取发声参数，该程序需要 Sound Swell Core 程序的配合，具体操作如图 2 - 41 所示：第一步，在 Sound Swell 中打开包含声门气流信号的语音文件，该气流信号就是由上述逆滤波过程得到的。第二步，勾选 Sound Swell 中的 View/Link 选项。第三步，在声门气流信号中我们想要做分析的位置点击鼠标左键。如果语音文件是多通道的，那么要确保我们已经选择了 channels/edit one 选项。第四步，这时声门气流波形就会出现在上面的方框中，其微分波形则出现在下面的方框中。第五步，在下面的方框中找到两个连续的负峰点位置，将鼠标放在第一个负峰点上，按下鼠标左键，把指针拖到第二个负峰点处，松开鼠标。第六步，在上面的方框中找到闭相的起点和终点，将鼠标放在闭相的起点上，按下鼠标左键，把指针拖到闭相的终点处，松开鼠标。第七步，这时计算好的发声数据就会出现在状态栏中。第八步，选择 Edit/log data 选项，发声数据就会出现在剪贴板中。我们得到的发声参数包括 F0、CQ、OQ、MFDR、AQ、NAQ、H1 – H2 等。显而易见，交互性手动逆滤波技术效果很好。但是，它有两个缺点：一是主观性，即需要实验员有丰富的专业知识，有过录制声门气流信号的经验；二是非常耗费时间，嗓音参数需要一个脉冲一个脉冲地提取，运用于大规模语料的语音研究很不现实。

最后，我们总结一下所有逆滤波方法的优缺点。优点是：一、它没有侵害性；二、它不很昂贵并且快捷；三、我们可以手动处理，也可以完全自动化处理；四、它的输出结果是时序信号，因此可以非常实用地应用于言语合成当中。它也有一些缺点。第一，它对输入信号的频率特

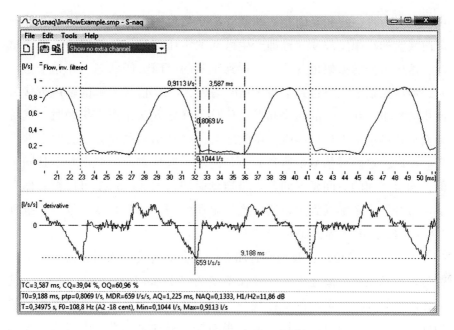

图 2 - 41　Snaq 程序的工作界面

征很敏感，尤其是当估测到的声门激励要作为时域信号而进行参数化或可视化时，就需要输入的语音信号是线性相位的录音。第二，就是它估测真实声门激励时的准确度问题，这是它最严重的缺点。该问题难以解决，一方面是因为逆滤波算法中的方法缺陷，另一方面也在于对其准确性作评价也很难。针对第二方面有一个解决方案，就是运用合成的语音来检验逆滤波结果的准确度。

2.4　基于 SP 和 EGG 双路信号的发声研究方法

2.4.1　发声起始状态分析法

2.4.1.1　声带启动时间的定义

声带启动时间（vocal attack time），简称 VAT，它是由 Ron Baken 和 Robert Orlikoff 于 1998 年提出的一个概念。它基于这样一个事实：对于同步录制的语音信号 SP 和喉头仪信号 EGG，SP 信号的起始与一个明显的 EGG 信号的出现之间存在着时间上的延迟。详细地讲就是，有气流穿过声门时，声带会在完全闭合之前就开始小幅度的摆动。这些摆动会导致声门气流的小幅度波动，也即产生微弱的声压信号。随着摆动强度的增加，声压信号的振幅也变大。当达到正常的声门关闭状态、并趋于稳定时，声压振幅也最终达到了最大值。另外，EGG 信号反映的是声带接触面积的大小。在声带的内收和摆动位移最终导致两条声带接触时，其接触面积才迅速增大到最终值，在此之前，EGG 信号的振幅不会明显地出现。所以，这两种信号虽然是同步录制的，但是它们的变化并不是同步的，两者之间的时间延迟叫作声带启动时间。因此，VAT 可以被看作是从声带开始小幅颤动到声带第一次接触所经历的时间长度，单位是毫秒（Robert F. Orlikoff 等，2009）。

关于 VAT 的原理，我们参看图 2 - 42 会更清楚，该图分为上中下三部分。上部是声带高速内窥镜录像单线图（digital kymogram，DKG），其成像原理是在声带振动的高速视频图像中选一条线，通常是选取声门的中间线，然后将所有图像排列成一张图片，横轴是帧数或者时间，纵轴是每一帧所取的画面，这样就可以看到声带振动变化的全过程。DKG 显示，在开头阶段假声带和真声带都处于打开状态。之后，在 50 毫秒附近，左右真声带开始了小幅度的振动，但是两者并没有接触。真声带振动幅度逐渐变大，在大约 116 毫秒的位置出现了两者的第一次接触，之后便形成了规则而又稳定的声门打开与关闭动作。中部显示的是声门阻抗信号 EGG，从 EGG 信号的原理可知，一旦声带接触，声门阻抗信号会突然增大，因为声带接触时阻抗会变得很小。下部是经过了低频带通滤波的语音信号。如果把图 2 - 42 的三个部分对比着看，就会看到，声带从开始振动到完全接触经历了一个较长的过程，大概有六七个振动周期。结合其他信号可以明显看出，声带一开始振动声压就出现了，但声门阻抗信号特别小，但是当声带接触时声门阻抗信号就突然变大。测量出 SP 和 EGG 信号之间的时间延迟就得到 VAT 的值了。该图示意的 VAT 为正值。

VAT 提供了一个有用的指标，用于标示声带发声前的自我调整情况，发声起始状态分析也就是对声带振动起始过程的分析。由于个人声带条件的不同、语言发声类型的不同和前边声母条件的不同，声带从静止到

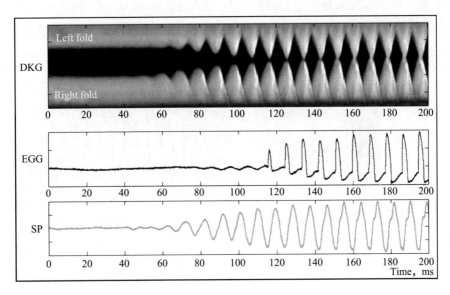

图 2 - 42　VAT 的原理（Robert F. Orlikoff 等，2009）

振动的过程也会有所不同，从而导致各种不同的声带振动起始方式。通过测量 VAT 可以帮助我们确定嗓音的发声类型。图 2 - 43 示意的是一个硬起始嗓音（hard onset）的 VAT。该图与图 2 - 42 相比多了一路信号，即由声带高速内窥镜录像（high speed videoendoscopy，HSV）得到的声门面积变化波形图，如图 2 - 43 从上数第二个方框所示。声门面积随着声门开度的增大而增大，又随着它的变小而变小。DKG 显示，在开头阶段，假声带处于关闭状态。在大约 40 毫秒处，假声带打开，但真声带依然处于关闭状态。在 64 毫秒附近，真声带也打开。在 64 毫秒以前，SP信号的基线为零，而 EGG 信号的基线却远高于零，这是因为声门没有打开，声带一直处于接触状态。在 64 毫秒附近，声门面积脉冲朝上走，EGG 脉冲朝下走，这表明左右真声带在快速彼此分离，这就是发声前声带的自我调节阶段。此时，SP 信号的振幅极小。在大约 66.5 毫秒附近，声带的自我调节结束。接着是一个声门的关闭态，此时，EGG 脉冲超上走，声门面积波形处于波谷段。对比 SP 和 EGG 信号可以看到，后者的起始早于前者，尽管后者的起始处是个波谷。看来，对于该硬起始嗓音来说，声带的振动是突然启动的，其 VAT 为负值 – 2.25ms。图 2 – 44 是一位女性被试的软起始噪音（soft onset）的 VAT 示意图，其 VAT 为正值 16.25ms。可见，VAT 参数可以标示不同的噪音起始类型（voice onset type）。

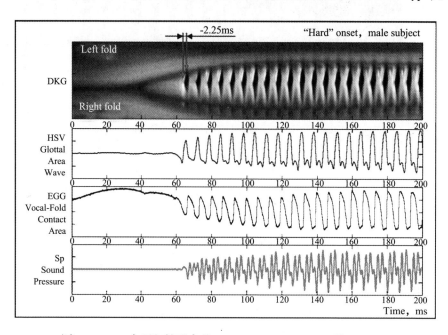

图 2 – 43　一个硬起始噪音的 VAT（Robert F. Orlikoff 等，2009）

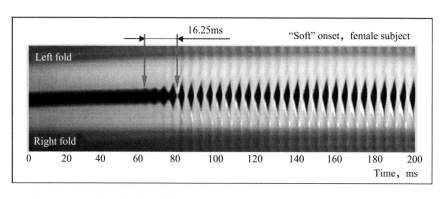

图 2 – 44　一位女性被试的软起始噪音的 VAT（Robert F. Orlikoff 等，2009）

总之，如果声音信号的起始早于 EGG 信号的起始，则 VAT 为正值。如果两路信号同时起始，则 VAT 的值为零。如果 EGG 信号的起始早于声音信号的起始，则 VAT 为负值。

2.4.1.2　VAT 值的计算程序

目前，Ron Baken 等人已经编写出了程序 VAT program 用以从同步录制的 SP 和 EGG 信号中提取 VAT 的值。运用该程序之前必须注意两点：第一，两路信号的采样率一定得是 44100Hz，程序才能运行。第二，语音样本的命名必须遵从这样的格式：Site + Subject Sex + Subject Code + Recording + Task Code + Token。比如，我们有一个语音样本的名称为 bm5380aa11。其中 b 代表北京，表示发音人的来源地；m 代表 male，表示发音人的性别为男性；538 是发音人的代码，表示他是第 5 年龄段第 38 位发音人；0 是录音序号，表示该样本是第几个录音；aa1 是任务序号，表示我们所录的是元音/a/；最后的数字 1 表示这是任务 aa1 的第一次重复。只有依葫芦画瓢，按这样方式命名的语音文件才能被 VAT program 程序提取出参数来，提取过程分为四个步骤（Rick M. Roark 等，2011）。

第一步是信号核查（signal verification），从听觉和视觉上对原始 SP 和 EGG 信号进行检验。可以放大、缩小、摇摄、播放原信号，以检查它们的保真度，确定它们是否与研究目的相适合。界面如图 2–45 所示。

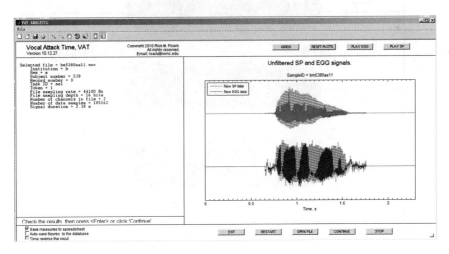

图 2–45　VAT program 的信号核查界面

第二步是信号切分（signal segmentation）。这一步自动在 SP 和 EGG

信号上划分出时长为 600 毫秒的一段，这一段的中点就是嗓音起始的大致时间。具体做法如下：①用有限脉冲响应滤波器对 SP 和 EGG 信号进行带通滤波。截止频率对于男性为 75—500Hz，对于女性为 125—1000Hz。②用一个 25 毫秒的汉宁窗在已做过带通滤波、并求了平方的 EGG 信号上滑动，求出 EGG 信号的局部能量。③对已经做过带通滤波的 EGG 信号进行过零率运算，以求出 EGG 信号的局部周期时长变化情况，过零率运算的门限设为最大振幅的 10%，以避免把低振幅假过零数计算在内。④设置两个标准，第一个是 EGG 能量级标准（amplitude criterion），即局部能量必须大于最大能量的 15%。第二个是 EGG 周期规则性（frequency criterion）标准，即局部周期时长的变异不能大于最大变异的 15%。EGG 信号同时满足这两个标准的第一时刻可用于估测发声的起始点，截取的 600 毫秒音段就以此点为中心。如图 2-46 所示，从 t_1 到 t_2 这一段即为程序自动划分出来的音段。这一步的程序设计就要求我们在切音的时候一定要在语音样本的前面保留足够长的语音空白段，空白段

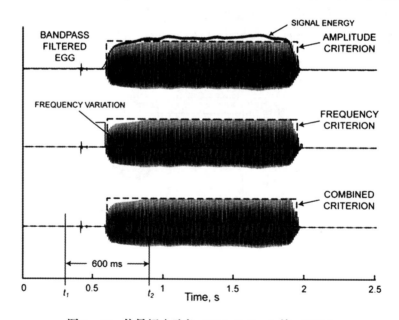

图 2-46　信号切分示意（Rick M. Roark 等，2011）

的时长至少要大于 300 毫秒，不然的话就不能用该程序提取出 VAT 参数来。

第三步是基于 F0 的频域滤波和信号建模（F0-based frequency filtering and signal modeling）。首先，要在已截取的 600 毫秒的原始 EGG 信号的后半段（时长为 300 毫秒）中找到一个基频代表值。具体做法是：将该段 EGG 信号进行离散傅里叶变换、求平方并标准化，再用周期图法（periodogram method）估算出它的功率谱密度。所得到的符合标准的集群周期值的质心处就是该 300 毫秒音段的基频代表值。周期图是比较某一要素不同长度的周期、振幅或其平方的图，用以判断该要素变化的周期性及占优势的周期。它是一种统计学方法。运用参数法提取基频比较适合于比较稳定的音段，如/a/等，像 always 及 hallways 等音段，其起首元音的周期不规则性不断增加，不太稳定，比较适合于用周期图法求其基频代表值。然后，以刚才所得到的基频代表值为中心频率设置一个带宽很窄的带通滤波器对截取的 600 毫秒原始 SP 和 EGG 信号进行滤波。具体做法是：第一，先用一个 1500 阶的汉明窗有限脉冲响应滤波器进行低通滤波。截止频率为 F0 代表值的 140%；第二，之后，再用递归趋势分离程序（recursive detrending procedure）对信号进行高通滤波，该程序所运用的移动平均汉明窗的截止频率为 F0 代表值的 80%；第三，滤波后的 SP 和 EGG 信号几乎接近于正弦波形，只是每个周期的振幅在逐渐增大，如图 2 – 47 所示。最后，从已经经过带通滤波的 SP 和 EGG 信号中得到它们的解析信号模型：

$$\mathrm{SP}_{\mathrm{BP}}(t) = A_s(t)\sin(2\pi f_s(t)t)$$
$$\mathrm{EGG}_{\mathrm{BP}}(t) = A_g(t)\sin(2\pi f_g(t)t)$$

$A_s(t)$ 和 $A_g(t)$ 分别是模型化了的 $\mathrm{SP}_{\mathrm{BP}}$ 和 $\mathrm{EGG}_{\mathrm{BP}}$ 信号的瞬时振幅，$f_s(t)$ 和 $f_g(t)$ 分别是它们的瞬时频率。

第四步是提取 VAT 的值。首先，用一个 60 毫秒的移动平均汉明窗将从上一步得到的瞬时振幅 $A_s(t)$ 和 $A_g(t)$ 做平滑处理。之后，从平滑过的瞬时振幅中得到该 600 毫秒音段的差函数，来代表其振幅的局部变化情况，差函数的计算公式如下。差函数 $A'_s(t)$ 和 $A'_g(t)$ 为我们提供了一个透镜，从中可以看到声压的微小变化以及嗓音起始过程中声

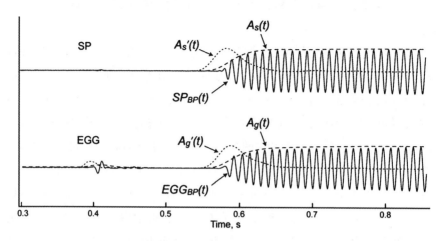

图 2 - 47 基于 F0 的频域滤波和信号建模示意图（Rick M. Roark 等，2011）

带接触面积的微小变化，特别是可以使我们探查到这两个现象之间的时间先后关系。最后，求出差函数 $A'_s(t)$ 和 $A'_g(t)$ 之间的交叉相关函数曲线 CC（t），曲线 CC（t）的最大值与它的中点之间的相位差就是 VAT 的值。如图 2 - 48 所示，x 轴上 0 点的位置标示着 CC（t）曲线的中点位置。

$$A'_s(t) = A_s(t) - A_s(t - \Delta t)$$
$$A'_g(t) = A_g(t) - A_g(t - \Delta t)$$
$$\Delta t = 10 \text{ 毫秒}$$

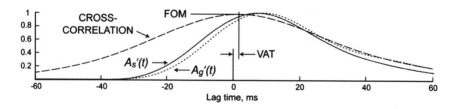

图 2 - 48 VAT 值提取示意（Rick M. Roark 等，2011）

2.4.1.3 VAT 的优良指数 FOM

VAT 测量的精确度高低要看测得的数据能否准确地代表底层的喉头

生理过程。FOM 是对 VAT 测量的精确度的评测，其完整的英文是 figure of merit，可汉译为优良指数。再回到上文的 VAT 测量方法，它涉及这样一些步骤：先求出差函数 A'_s (t) 和 A'_g (t)，再求出它们的交叉相关函数曲线 CC (t)，CC (t) 的最大值位置用于计算 VAT 的值。这一过程暗含着两个假设：第一，A'_s (t) 和 A'_g (t) 这两个系列分别代表着 SP 信号和 EGG 信号的短时振幅的变化情况，也共同标示着声带启动这一现象；第二，在某种期望界限之内，这两列之间是线性关系，也即这两个系列在形状上相似，只不过一个比另一个延迟了一些。只有当这两个假设都得到了满足时，从交叉相关函数得到的时间延迟才代表 VAT 的值。相关系数标示着 A'_s (t) 和 A'_g (t) 这两个系列在多大程度上相关。在一个极端，当这两个系列在形状上几乎相同时，FOM 几乎等于 1；在另一个极端，当一个系列或两个系列的每个值都近乎等于零时，FOM 几乎等于 0。当这两个系列的形状明显趋同时，FOM 的值会大于 0.9。可以用皮尔逊系数标示 FOM，FOM 就是交叉相关函数曲线的峰值，如图 2 - 48 所示。

当 FOM 小于 0.75 时，可以认为，这两个系列的相似度太小，它们不能忠实地共同标示声带碰撞时点，由它们得到的交叉相关时间延迟也不能得到可信的解释。当 FOM 大于或等于 0.75 时，CC (t) 曲线最大值的延迟才能代表 VAT。Rick M. Roark 等人（2011）是在观察了 102 个不合格的语音样本后，才把 FOM 的阈限值设定为大于或等于 0.75。如图 2 - 49a 所示，因为在发声前出现了舌击的声音，由 SP 和 EGG 信号得到的差函数曲线很不相似，故其 FOM 值等于 0.703。又如图 2 - 49b 所示，声音起动之前和之后，EGG 信号都出现了不规则现象，从而导致了两条差函数曲线很不相似，故其 FOM 值为 0.688。再看图 2 - 49c，EGG 在声带启动的过程中出现了中断现象，其物理原因尚不明确，可能是有黏液跨在了声门上所致，其 FOM = 0.648。

2.4.1.4　检验 VAT 计算程序的效度

Robert F. Orlikoff 等人（2009）曾经对 VAT program 这一计算程序的有效程度进行过检验，其检验的方法如下：首先，由两男三女五位发音人用三种不同的方式发声：气嗓音、软起动噪音（soft voice onset）即舒

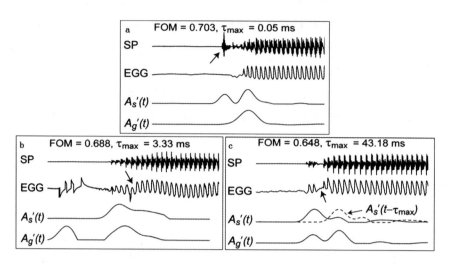

**图2-49　优良指数小于0.75的三个实例，三者都是发持续元音
/a/时的情形**（Rick M. Roark 等，2011）

服状态的发声、硬起动噪音（hard voice onset）。这时，数字高速内窥
镜录像（HSV）与SP和EGG信号录音同步进行，由HSV录像得到数
字单线图DKG，如图2-42、2-43和2-44所示。之后，在DKG上，
用手工标出声带开始颤动的位置和声带第一次完成接触的位置，从而
计算出DKG启动时长数据。最后将该数据与用VAT程序提出的数据做
比较。

　　检验结果如图2-50所示，VAT值和DKG值之间有着强烈的线性相
关关系，相关系数分别为：男声r＝0.96；女声r＝0.94；全体被试r＝
0.90。这说明VAT是一个合理的声带启动指数。然而，虽说相关，但
是，由手工得到的DKG值一般都比由程序得到的VAT值要长一些。这
可能是因为在确定DKG值的时候，用目测法辨认声带颤动的起始点带有
随意性。也可能是因为从DKG录像上辨认出的声带第一次闭合可能不是
第一次。

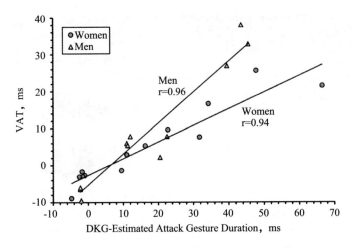

图2-50　散点图：纵轴为从 SP 和 EGG 信号中算得的 VAT 值，横轴为从 DKG 手工算得的声带启动时间数据（Robert F. Orlikoff 等，2009）

2.4.2　发声结束状态分析法

2.4.2.1　声带停止时间

Ben C. Watson 等人（2012）所提出的 vocal release time 这一概念是用于测量嗓音结束时同步录制的语音信号与喉头仪信号的变化时间差，简写为 VRT，我们把它汉译为声带停止时间。VRT 为负值，表示 EGG 振幅的下降领先于 SP 振幅的下降；VRT 为正值，表示 SP 振幅的下降早于 EEG 振幅的下降；VRT 为 0，表示两者同步。VAT 所检测的嗓音起始（voice onset）以及 VRT 所检测的嗓音结束（voice offset）都是既出现于语言支配的（linguistically constrained）情形下，也出现于非语言支配的（linguistically unconstrained）情形下。计算 VRT 与计算 VAT 所用的程序完全相同，都是 VAT program，它的提取过程也分为同样的四步，只不过在计算 VRT 时需要把 SP 及 EGG 信号左右颠倒一下。这只需要在运行程序前选中界面左下角的 Time reverse the input，如图 2-51 的箭头所示。程序最后一步所显示的 VRT 值与横坐标上的数值符号是相反的，如图 2-52所示。

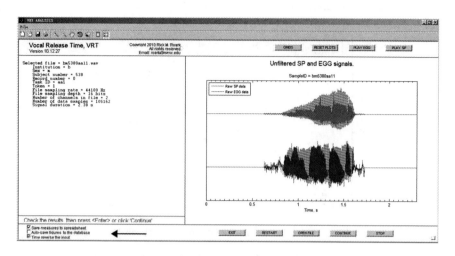

图 2 - 51　提取 VRT 时的 Time reverse the input 选项

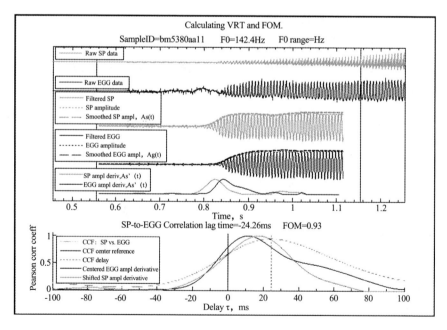

图 2 - 52　提取 VRT 的最后一步程序

2.4.2.2 VAT 和 VRT 参数的应用

VAT 和 VRT 都是最近才发展出来的语言嗓音研究方法，目前还主要应用在病理嗓音的研究、分析和诊断方面。Rick M. Roark 等人（2011）曾经对健康年轻成人群体的常模性 VAT 值进行过测定，以便为病理嗓音的诊断提供参考。他们一共测量了 112 名被试，其中有女性 57 人，平均年龄为 28 岁，年龄范围为 22—50 岁；男性有 55 人，平均年龄为 29 岁，年龄范围在 21—50 岁。要求他们在舒服的音高及强度上发持续元音/a/、音节 always 和 hallways。最后发现：对于全体 112 名正常的发音人来说，VAT 的平均值为 1.98 毫秒；在全部样本及所有年龄段当中，女性的 VAT 值都比男性的要小，这可能是因为女性的喉部尺寸小，且声带较短、较硬所致；对于女性来说，年龄最大组的 VAT 值最大，而男性 25 岁至 29 岁年龄段的人的平均 VAT 值最大，对此尚不能做出清楚的解释。后来，针对这 112 名被试的所有语音样本，Ben C. Watson 等人（2012）还测量了 VRT 的值。他们的结果是：全体 112 名正常发音人的 VRT 平均值为 −20.03；对于整个样本总体以及不大于 40 岁的所有年龄组来说，VRT 校正均值都是男性的短于女性的；女性中年龄最小的那一组的 VRT 校正均值最大。可见，对于同一群发音人，VRT 的情况跟 VAT 的情况是刚好相反的。

Ben C. Watson 等人（2013）测量过 13 名被试在舒适的音强条件下，分高、中、低三个音高层级发持续元音/a/、/i/、/u/时的 VAT 值。结果发现：调整后的 VAT 均值，在高基频条件下比其在中、低基频条件下时要小；VAT 在中基频、低基频这两个条件下不存在显著性差异。所以高基频倾向于导致产生负的 VAT 值，低基频倾向于导致产生正的 VAT 值。在正常的说话人当中，VAT 对声带紧张度的增加很敏感。Ben C. Watson 等人（2015）最近还报道了以下两种嗓音起始类型（voice onset type）对 VAT 值的影响：由任务 always 与持续元音/a/诱导出的非送气嗓音起始；由任务 hallways 诱导出的送气嗓音起始。结果是：嗓音起始类型对 VAT 的影响很显著，送气嗓音起始的 VAT 均值明显地大于非送气嗓音起始的 VAT 均值；在任务 always 与/a/之间，VAT 值不存在显著性差异。

2018 年，任真等人还对 42 名腭裂患者进行了 VAT 测量。他们要求这些患者用阴平字调读/pa/、/pi/、/pu/、/ta/、/ti/、/tu/、/ka/、/ki/、/ku/这九个不送气单音节词，并进行 SP 和 EGG 双通道同步录音，一共得到了 575 个声音样本。在这些声音样本中，有 312 个有喉塞（Glottal stop）代偿性发音，称为 GS 组，其他 263 个没有喉塞代偿性发音，称为 NGS 组。最后的统计结果是：GS 组和 NGS 组的 VAT 值有着极显著性差异，前者的 VAT 均值（-0.25ms）明显比后者（3.19ms）要短。

VAT 和 VRT 也可以运用到语言学研究当中。Estella Ma 等人（2011）曾经探索过广州话中不同的声调类型对 VAT 的影响。她们测量了 59 名被试，其中女性 31 人，平均年龄为 21.2 岁，年龄标准差为 1.4 岁；男性 28 人，平均年龄为 20.7 岁，年龄标准差为 1.2 岁。其结果是：大体上，广州语者的 VAT 明显地长于美国英语本族语者的 VAT，这可能是文化或语言学原因所致；一般情况下，女性的平均 VAT 值都明显地比男性的要小；广州话中三个平调的 VAT 均值明显地小于三个曲折调的 VAT 均值；对于平调来说，元音起始阶段的 VAT 值与基频值成逆向关系，也即，调级越高，F0 越大，而 VAT 越小。

为了能把 VAT 和 VRT 运用于汉语声调研究，Ruifeng Zhang，R. J. Baken 和 Jiangping Kong（2015）首先探讨了普通话中不同元音以及不同音高层级（pitch levels）对 VAT 值的影响。他们一共测量了 106 名被试，其中，男女各 53 人，年龄范围在 18—22 岁。他们要求被试在基本等间隔的五个音高层级上发汉语的三个顶点元音/a/、/i/、/u/，并同步录制了 SP 和 EGG 两路信号。经过测量发现，对于大多数的被试来说，随着基频的线性增大，VAT 值会呈现出非线性减小的趋势；但被试中也有一小部分人的 VAT 值随着基频的线性增大而呈现出非线性增大的趋势；这说明不同的被试在升高基频时可能会采用不同的发声策略。另外，如果把所有的被试都放在一起来看，VAT 和基频在三个顶点元音之间呈现出正相关关系。之后，针对这 106 名被试的语音样本，Ruifeng Zhang（2021）还测量了 VRT 值。最后的统计结果显示，随着基频均值从音高层级一线性上升到音高层级五，有一大部分被试的 VRT 均值呈现出了先升后降的模式，而一小部分被试的 VRT 均值则呈现出了先降后升的模式，音高和 VRT 之间呈现出非线性互变关系。另外，高元音的 VRT 值倾向于比低元音的大。

接着，Jiangping Kong 和 Ruifeng Zhang（2017）又研究了普通话四个声调对 VAT 值的影响。他们一共测量了 72 位被试。其中，女性 42 位，平均年龄为 24.03 岁，年龄标准差为 2.14 岁，男性 30 位，平均年龄为 22.67 岁，年龄标准差为 1.95 岁。结果发现，在阳平和由上声变调而来的阳平之间，VAT 值不存在显著性差异，这就从生理的角度进一步支持了"上声 + 上声"变调成"阳平 + 上声"这一说法。另外，音高起点低的声调（35，21）的 VAT 值与音高起点高的声调（55，51）的 VAT 值之间存在着显著性差异，前者的 VAT 均值比后者长得多。但是，也存在个体差异，有很少一部分被试并不遵从这一模式。

可见，把 VAT 和 VRT 运用到语言学研究，也会有很好的前景。比如，在语言韵律研究中，停顿前的 VAT 及停顿后的 VRT 会有什么特点？不同调核之后的 VRT 值会不会有什么显著性差别？如果有，这些差别和特点又能反映出什么样的声带调节机制呢？希望这两个参数能对我们的情感语音研究有所帮助。

2.5　基于高速数字成像的发声研究方法

研究发声最直观的方法就是高速数字成像。Robert L. Whitehead 等人（1984）曾利用能每秒拍 4000 帧图像的高速摄影技术对气泡音的声带振动方式进行过研究。由于计算机和电子技术的发展，现在的数字成像技术已经达到每秒钟可以拍摄 9000 帧图像，因此，利用高速数字成像完全可以记录下声门开合的完整过程。图 2 - 53 是利用高速数字成像和喉头仪同步记录的一个男声正常嗓音的一个声门活动周期，八帧图像取自该周期内等间隔的八个位置。在发正常嗓音的时候，会由于声带黏膜相对松弛而出现黏膜波（mucosal wave），这一重要现象可以在第七和第八帧图像中清楚地看到。运用高速数字成像研究发声，首先是拍摄下声带振动的过程，然后对图像进行处理并从中提取参数，最后对参数进行研究或建立模型。Kong Jiangping（2007）曾利用高速数字成像技术专门对正常嗓音、假声、低音调嗓音、高音调嗓音、气泡音、气嗓音、双音调嗓音、吸气音等不同发声类型进行过研究，并提出了平均声门周期、平均开商、平均速度商、平均直流分量、平均声门形状比、声门对称指数、左右声门平衡指数、声门前后平衡指数、声门左右摆动指数、声门前后摆动指数等诸多参数。最后，他以此为依据建立了自己的动态声门模型，用于合成不同的发声类型。

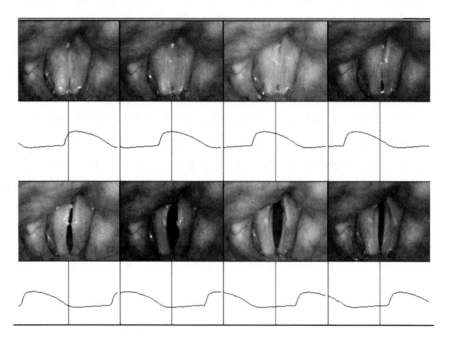

图 2 - 53　一位成年男性发的正常嗓音，基频为 120Hz（Adrian Fourcin，2000）

图 2 - 54 的第一行是通过高速数字成像得到的声门面积函数，其中的十字形竖线标记从左到右依次是声门的打开时点、开度最大时点和关闭时点。第二行是通过喉头仪得到的声门阻抗信号，其中的竖线标记由左到右依次是声门关闭时点、声带的最大接触时点和声门的打开时点。第三行是语音声学信号，第四行是逆滤波后的声源信号，第五行是声源信号的微分形式。这五路信号在时间上是同步的，可以通过相互比对来了解不同信号的特点。

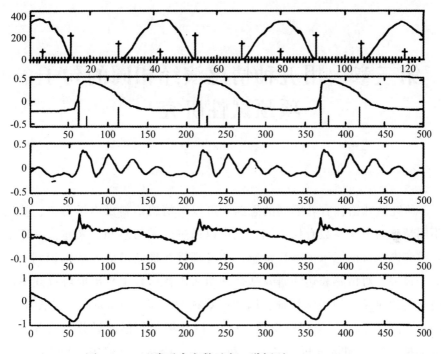

图 2-54　正常嗓音参数示意（孔江平，2001：295）

第三章　用五种情感演绎相同的句子：
一项预试性研究

　　研究情感语音有着不同的思路：可以对情感语料做声学分析，找出不同情感的声学参数有何不同；也可以通过合成与感知，来厘清并印证是哪些声学特征标示了哪种情感。两者都旨在推动说话人情感识别的进展。过去，对情感表达的研究都是试图从语音信号中找出能够描述不同情感的韵律模式的声学特征，因此，基频 F0、音强 intensity、时长 duration、音色 quality、美倒谱系数 MFCCs 以及标示频谱能量分布的各个系数都被进行过测量分析（Murray 和 Arnott，1993；陶建华，2003；蒋丹宁与蔡莲红，2003；张立华与杨莹春，2008；等等）。这是第一种思路的主流研究模式，国内外皆如此。尽管这些韵律参数在区分一些情感类型时确实很有用，但是单靠它们，识别算法在预测一个说话人的情感时只能取得有限的成功，这些参数对于喜、怒、惊这三类情感的区分也不够理想。

　　从发声的角度考察情感语音是第一种思路的非主流研究模式。它用到两种方法：声门阻抗信号 EGG 和逆滤波技术 inverse filtering，二者各有优缺点。用喉头仪记录的声门阻抗信号能有效地反映声带的接触状况和振动频率，用它界定的基频、开商、速度商、接触商以及 PIC、PDC 等参数可以有效地区分不同的发声类型，并可用于大规模语料的情感语音发声研究。但是，该信号跟从口腔内测得的声门体积流速度信号或称声门气流信号是两码事，不可用于语音信号的合成。逆滤波技术是直接通过逆滤波从声音信号中获得声门气流信号，该气流信号可用于合成，由它得到的基频、开商、速度商及 MFDR 等参数也可以有效地区分不同的发声类型，并能用于研究情感语音在嗓音方面的变化规律。但是，目前的逆滤波技术尚存在许多不足之处。自动逆滤波技术是基于线性预测分析的，一旦声门周期没有一个真正的闭相时，如在非正常嗓音中，该技术的效果很差，甚至无法进行。模型匹配逆滤波技术是运用 LF 模型来匹配逆滤波后得到的声门气流微分形式。它在处理非正常嗓音时也会出问题，尤其是当声门脉冲形状跟我们通过嗓音模型推出来的声门脉冲形状差别很大时，就比较棘手。逆滤波的交互性手动技术效果很好，但它有两个缺点：一是主观性，即需要实验员有丰富的专业知识；二是非常耗费时间，嗓音参数需要一个脉冲一个脉冲的提取，运用于大规模语料的情感语音研究很不现实。正是限于技术手段，情感语音发声研究在国外虽有出现，但还不能算是完善成熟（Johan Sundberg 等，2011；Sona Patel 等，2011），国内这方面的文章也少之又少（王磊，2006；李向伟等，2013）。本章从现实出发，拟选取 SP 和 EGG 双通道语料来进行汉语情感语句发声的预试性研究，以便为我们大规模语料的研究探路、做准备。

3.1　实验设计与参数提取

3.1.1　发音人、语料与录音

我们请到了两名发音人：男发音人 30 岁，中央戏剧学院老师；女发音人 26 岁，中央戏剧学院研究生。他们都是台词专业的硕士，身体健康，曾参加过多次演出，善于演绎各种类型的情感。所选语料为八个小短句：有雨啦、来水了、你看呀、来人哪、你谁呀、我上班去、你去开门、你出去呀。这八个短句都是以浊音起首、又以浊音结尾，如此设计是为了能从它们的句首和句末有效地提取出 VAT 和 VRT 参数来。要求每位发音人都用高兴、愤怒、悲哀、恐惧、中性五种情感来演绎每个句子。具体的情绪调动与酝酿由他们自由发挥，但是，要求他们一定要演绎出最真实的情感来。语音信号由电容式麦克风（Sony ECM-44B）采集，麦克风距离发音人的双唇大约 15 厘米，EGG 信号由小喉头仪（Electroglottograph Model 7050A）采集，两者都通过调音台（XENYX 302 USB）接入电脑，由电脑上的 Chart5 软件同步录制两路信号。整个录音过程都是在北大中文系录音室内完成，室内本底噪音约为 28dB。最后，在发音人多次演绎的录音中经过听辨、筛选共得到 80 个最佳样本句，男女声样本各 40 句。

3.1.2 参数与参数提取

图 3-1 是女发音人用五种情感演绎的同一个语句"来人哪"的一段 EGG 波形图，从上到下依次为高兴、愤怒、中性、恐惧和悲哀，五路 EGG 信号都是在相同纵轴和相同时长（69ms）内显示，以便对比。可以看到，在相同的时间长度内五路信号的脉冲数各不相同，即它们的基频各不一样，喜、惧的基频最高，怒的基频最低。它们的开相占整个周期时长的比例也各不相同，恐惧和悲伤的最大，也即其开商应该最大。各路 EGG 信号的脉冲的偏斜度也各有特点，说明它们的速度商都有差别，恐惧的脉冲左倾程度最小，也即其速度商最小、高频能量弱。五路信号的脉冲振幅及其陡峭程度也互不相同，这应该体现为 PIC 和 PDC 两个参数的不同。另外，恐惧与悲伤信号的各个脉冲之间有着较大的变异，脉冲时强时弱、周期时长时短的情况很明显，即它们的周期和振幅不规则程度高，抖动得厉害。在所有 80 个样本句中都能看到这些方面的差异，

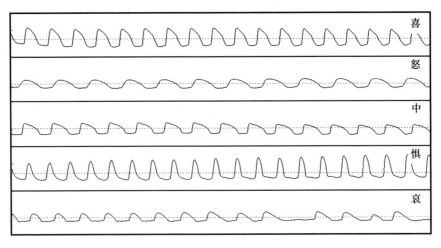

图 3-1 女发音人用五种情感演绎同一个语句"来人哪"时的 EGG 波形

这说明不同的情感之间确实存在着发声类型的差别。

鉴于这五种情感在发声上的不同表现为 EGG 信号波形形状的不同，我们从样本句的 EGG 信号中一共提取了 10 个发声参数来区分情感类型。首先是各个 EGG 脉冲的基频 $F0_{EGG}$、开商 OQ_{EGG} 和速度商 SQ_{EGG}，用混合法提取。$F0_{EGG}$ 为声门周期的倒数，OQ_{EGG} 等于（开相/周期）＊100，SQ_{EGG} 等于（声门正在打开段/声门正在关闭段）＊100。

其次是句中各音节的 $Jitter_{EGG}$、$Shimmer_{EGG}$、HNR_{EGG}，用我们编写的 praat 脚本 Voice Reach 提取。这里的 $Jitter_{EGG}$ 定义跟孔江平（2001：42）提到的频率抖动百分比的定义完全相同，其计算方法如下面的公式所示。只不过它不是从语音信号而是从 EGG 信号中提取出来的，故写作 $Jitter_{EGG}$。$Shimmer_{EGG}$ 也是从 EGG 波形中提出来的振幅抖动百分比，定义类同。HNR_{EGG} 也来自 EGG 信号，标示着该信号中谐波成分与噪音成分的能量比值，单位是 dB。

需要说明的是，用 praat 程序跟用 MDVP 程序测得的 Jitter 值是有差别的，原因是二者在确定声门脉冲的时间位置时用了不同的方法，praat 的标准方法是波形匹配（waveform matching），而 MDVP 的方法是选定最大值（peak picking）。波形匹配法旨在找出两段连续的波形在多大的时间距离上看起来相似度最大，而最大值法旨在找出在哪些时间位置上振幅值最大。由于波形匹配法考虑的是声波的整体形状，因此它只是很轻微地受到叠加在语音中的噪声扰动的影响。而最大值法看的是声波振幅最大值的时间位置，因此它会强烈地受到噪音带来的随机扰动的影响。总之，最大值法比波形匹配法更多地受制于叠加噪音的影响（Paul Boersma，2009）。

$$\text{Jitter} = \frac{\frac{1}{N-1} \sum_{i=1}^{N-1} |T_0^{(i)} - T_0^{(i+1)}|}{\frac{1}{N} \sum_{i=1}^{N} T_0^{(i)}}$$

第三组参数是各个 EGG 脉冲的 PIC 和 PDC 值，用程序 Egg Works 提取。这两个概念是米可（Michaud，2004）首次使用的。PIC 的全称是 peak increase in contact，指的是 EGG 信号的微分波形上的最大正峰值除以时间，标示着声带接触程度的最大增长速率。PDC 的全称是 peak decrease in contact，它指的是 EGG 信号的微分波形上的最小负峰值除以时间，标示着声带接触程度的最大下降速率。图 3 - 2 例示了这两个参数的定义，从定义可知 PIC 均为正值，PDC 均为负值。由于能区分情感的是此二参数绝对值的大小，在下文的统计分析中我们把 PDC 都取了绝对值。

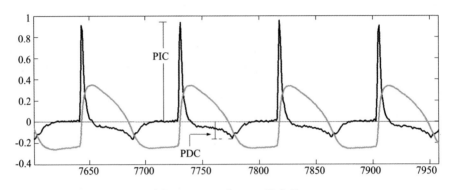

图 3 - 2　PIC 与 PDC 的定义

　　最后一组参数是 VAT 和 VRT，用 VAT Program 提取。VAT 即声带启动时间（vocal attack time）是由 Ron Baken 等（1998）提出的一个概念。它基于这样一个事实（Robert F. Orlikoff 等，2009）：对于同时录制的声音信号 SP 和喉头仪信号 EGG，SP 信号的起始与一个明显的 EGG 信号的出现之间存在着时间延迟。详细地讲就是，有气流穿过声门时，两声带会在第一次接触之前就开始小幅度的摆动。这些摆动会导致声门气流的小幅度波动，也即产生微弱的声压信号。随着摆动强度的增加，声压信号的振幅也逐步变大。当两声带第一次接触并趋于稳定振动状态时，声压振幅也最终达到最大值。另外，EGG 信号反映的是声带接触面积的大小变化。在两声带的内收和摆动位移最终导致它们第一次接触时，EGG 信号的振幅才明显出现。在此之前，EGG 信号振幅几乎为零。所以，这两路信号的变化是不同步的，两者之间的时间延迟叫声带启动时间。因此，VAT 可以被看作是从声带开始小幅颤动到声带第一次接触所用的时间长度，一般在语音样本的开头测 VAT 的值，且样本当以浊音起始为好。如图 3 - 3 左所示：如果声音信号的起始早于 EGG 信号的起始，则

VAT 为正值；如果两信号同时起始，则 VAT 的值为零；如果 EGG 信号的起始早于声音信号的起始，则 VAT 为负值。理解了 VAT 的概念后，则 VRT 的含义就不难理解了。VRT 即 vocal release time，它是用于测量嗓音结束时同步录制的声音信号与喉头仪信号的变化时间差，汉译为声带停止时间，一般在语音样本的末尾测 VRT 的值，并且样本当以浊音收尾为最好。如图 3 – 3 右所示，VRT 为负值，表示 EGG 振幅的下降领先于 SP 振幅的下降；VRT 为正值，表示 SP 振幅的下降早于 EEG 振幅的下降；VRT 为 0，则两者同步（Ben C. Watson 等，2012）。

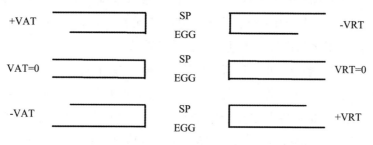

图 3 – 3 VAT 值与 VRT 值的含义

从 80 个样本句的 EGG 信号中共得到有效参数值的数目为：基频值 10940 个，开商值 10940 个，速度商值 10940 个，PIC 值 10655 个，｜PDC｜值 10655 个，$Jitter_{EGG}$ 值 269 个，$Shimmer_{EGG}$ 值 269 个，HNR_{EGG} 值 269 个，VAT 值 80 个，VRT 值 80 个。

3.2 数据分析与实验结果

3.2.1 单因素方差分析

我们用 SPSS 13.0 对各类参数分男女逐一进行了单因素方差分析（ANOVA，事后检验选用 LSD 法），一是为了观察一下各类参数在区分五种类型的情感时是否有显著的作用，二是要看一下这些参数在男女声之间是否存在一致性。由于我们在提取参数时是通过目测评估之后手工逐一剔除了坏数据，故所留数据均为有效数据，没有再做进一步的删减，这就使得按情感划分的各个小分组的数据不一定都完全符合正态分布、并且各个小分组之间的方差也不一定都齐次。然而，单因素方差分析对数据的正态性和方差齐次性都有要求。因此，为了保证得到有效的分析结果，我们在做完方差分析后，又通过非参数检验，即多独立样本的 Jonckheere-Terpstra 检验，对方差分析的结果进行了验证。不管是单因素方差分析还是非参数检验，我们都把 a = 0.05 确定为显著性水平。

表 3 – 1 汇总了针对基频、开商、速度商的单因素方差分析结果，大于 0.05 的相伴概率值 p 用黑体表示。首先看基频：男声的基频在情感类型的两两之间都有着显著性差异，再做非参数检验，结果相同（相伴概率 p = 0.00，远小于 0.05）；女声的基频值除了喜—怒和中—哀之外，在两两情感类型之间都有显著性差异，非参数检验（相伴概率 p = 0.000 < 0.05）也支持这一结果。开商：男声的 OQ 在除了喜—哀、中—怒之外的情感对之间都有显著性差异，非参数检验的相伴概率为 p = 0.000 < 0.05，因此，也支持方差分析的结果；女声的开商，除了喜—怒之外，两两情感类之间都有着显著性差异，非参数检验（p = 0.000 < 0.05）也支持这一结果。速度商：男声的 SQ 在两两情感类型之间都有着显著性差异，非参数检验（p = 0.000 < 0.05）也支持这一结果；女声的 SQ 除了喜—怒之外，在两两情感类之间都有着显著性差异，非参数检验也结果相同（p = 0.000 < 0.05）。总之，绝大多数的情感对之间都存在着基频、开商和速度商的显著性差异，不过此三参数对女声喜、怒二情感的区分不够理想。

表 3 – 1　　针对基频、开商、速度商的单因素方差分析结果

情感对		喜—怒	喜—中	喜—惧	喜—哀	怒—中	怒—惧	怒—哀	中—惧	中—哀	惧—哀
男声	$F0_{EGG}$	0.000	0.000	0.000	0.000	0.000	0.000	0.000	0.000	0.000	0.000
	OQ_{EGG}	0.011	0.000	0.000	**0.090**	**0.097**	0.000	0.000	0.000	0.000	0.000
	SQ_{EGG}	0.001	0.000	0.000	0.000	0.000	0.000	0.000	0.000	0.000	0.000
女声	$F0_{EGG}$	**0.155**	0.000	0.000	0.000	0.000	0.000	0.000	0.000	**0.114**	0.000
	OQ_{EGG}	**0.949**	0.036	0.000	0.000	0.036	0.000	0.000	0.000	0.000	0.000
	SQ_{EGG}	**0.139**	0.000	0.000	0.000	0.000	0.000	0.000	0.000	0.000	0.033

表3-2是针对PIC和|PDC|的单因素方差分析结果，由于各相伴概率p都小于0.05，故均未用黑体表示。先看PIC：男声的PIC在两两情感类型之间都有显著性差异，非参数检验（p = 0.000 < 0.05）结果相同；同样，女声PIC在两两情感类型之间都有显著性差异，非参数检验（p = 0.000 < 0.05）也支持方差分析的结果。PDC的绝对值：男声|PDC|在两两情感类型之间都有显著性差异，非参数检验（p = 0.000 < 0.05）也支持此结果；同样，女声|PDC|在两两情感类型之间也都有着显著性差异，非参数检验（p = 0.000 < 0.05）结果也一样。可见PIC与|PDC|可以有效地区分各对情感。

表3-2　　　　　　　　针对PIC和|PDC|的单因素方差分析结果

	情感对	喜—怒	喜—中	喜—惧	喜—哀	怒—中	怒—惧	怒—哀	中—惧	中—哀	惧—哀
男声	PIC	0.000	0.000	0.000	0.000	0.004	0.000	0.000	0.000	0.000	0.000
	|PDC|	0.000	0.000	0.000	0.000	0.000	0.000	0.000	0.000	0.000	0.000
女声	PIC	0.000	0.000	0.000	0.000	0.000	0.000	0.000	0.000	0.001	0.000
	|PDC|	0.000	0.000	0.003	0.000	0.000	0.001	0.000	0.000	0.002	0.000

表3-3汇总了针对频率抖动百分比、振幅抖动百分比和谐波噪声比的单因素方差分析结果，大于0.05的相伴概率值p都用黑体表示。先看$Jitter_{EGG}$：男声的$Jitter_{EGG}$只是在哀和喜、怒、中、惧，怒和中、喜之间有显著性差异，非参数检验（p = 0.002 < 0.05）也支持此结果；女声的$Jitter_{EGG}$只是在哀和喜、怒、中、惧之间有显著性差异，非参数检验（p = 0.000 < 0.05）也支持这一结果。$Shimmer_{EGG}$：男声的$Shimmer_{EGG}$只在哀和喜、怒、中、惧之间有显著性差异，非参数检验（p = 0.000 < 0.05）也支持此结果；女声$Shimmer_{EGG}$也是只在哀和喜、怒、中、惧之间有显著性差异，非参数检验（p = 0.000 < 0.05）支持此结果。HNR_{EGG}：男声的谐波噪声比是哀、怒与喜、中、惧有着显著性差异，非参数检验的相伴概率为0.07，也即结果为边沿性显著；女声的HNR_{EGG}是中与喜、怒，哀与喜、怒、中、惧之间有着显著性差异，非参数检验（p = 0.029 < 0.05）也支持此结果。总之，第三组参数最主要的特点是倾向于把悲伤

跟喜、怒、中、惧区分开来。

表 3 – 3　　　　　针对频率抖动百分比、振幅抖动百分比和
谐波噪声比的单因素方差分析结果

	情感对	喜—怒	喜—中	喜—惧	喜—哀	怒—中	怒—惧	怒—哀	中—惧	中—哀	惧—哀
男声	Jitter$_{EGG}$	0.033	**0.904**	**0.485**	0.000	0.025	**0.149**	0.007	**0.413**	0.000	0.000
	Shimmer$_{EGG}$	0.935	**0.981**	**0.228**	0.000	0.954	**0.261**	0.000	**0.237**	0.000	0.004
	HNR$_{EGG}$	0.010	**0.494**	**0.782**	0.000	0.001	0.005	**0.056**	**0.683**	0.000	0.000
女声	Jitter$_{EGG}$	**0.536**	**0.704**	**0.427**	0.000	0.319	**0.860**	0.000	**0.241**	0.000	0.000
	Shimmer$_{EGG}$	**0.320**	**0.789**	**0.169**	0.000	0.207	**0.702**	0.000	**0.101**	0.000	0.000
	HNR$_{EGG}$	**0.913**	0.022	**0.221**	0.000	0.029	**0.265**	0.000	**0.277**	0.000	0.000

表 3 – 4 是针对 VRT 和 VAT 的单因素方差分析结果，我们把大于 0.05 的相伴概率值 p 都用黑体表示。声带停止时间：男声 VRT 是在喜、中、怒与哀，中、怒与惧之间有着显著性差异，非参数检验（p = 0.004 < 0.05）也支持此结果；女声 VRT 在喜、中、怒与哀，喜、怒与惧之间有着显著性差异，非参数检验（p = 0.005 < 0.05）也支持此结果。声带启动时间：男声 VAT 只在喜和怒之间有显著性差异，非参数检验（p = 0.008 < 0.05）也支持此结果；女声的 VAT 在喜、怒与哀，怒与惧之间有显著性差异，非参数检验（p = 0.000 < 0.05）也支持此结果。可见，VAT 和 VRT 对情感类型的区分度较弱，但它们也是倾向于把悲伤跟喜、中、怒区分开来。

表 3 – 4　　　　　针对 VRT 和 VAT 的单因素方差分析结果

	情感对	喜—怒	喜—中	喜—惧	喜—哀	怒—中	怒—惧	怒—哀	中—惧	中—哀	惧—哀
男声	VRT	**0.285**	**0.643**	**0.072**	0.032	**0.540**	0.006	0.002	0.026	0.011	**0.707**
	VAT	0.023	**0.460**	**0.363**	**0.335**	**0.111**	**0.153**	**0.168**	**0.862**	**0.820**	**0.957**
女声	VRT	**0.682**	**0.544**	0.048	0.011	**0.312**	0.019	0.004	**0.159**	0.044	**0.520**
	VAT	**0.351**	**0.615**	**0.232**	0.044	**0.155**	0.038	0.005	**0.483**	0.124	**0.391**

图 3 - 4 将十个发声参数分性别按情感类型求均值。图 3 - 4 左上：沿着喜、怒、中、惧、哀的顺序看，男女声的基频、开商、速度商的起伏变化趋势大致相同。基频都整体呈下降趋势，开商都是逐步增大，在悲伤和恐惧时开商值最大，速度商是中性情感的最大，恐惧和悲伤的最小。图 3 - 4 左下：从喜到哀，男女声基频抖动百分比、振幅抖动百分比和谐波噪声比都呈现出基本相同的变化趋势。跟图 3 - 1 的 EGG 波形所显示的一致，悲伤的基频抖动程度和脉冲振幅抖动程度都大于其他情感。另外，人在悲伤和愤怒时 HNR_{EGG} 的值较小。图 3 - 4 右上：沿着从喜到哀的顺序看，男、女声的 PIC 和 | PDC | 都大致呈下降的趋势，只是女声在恐惧处有点不规则。图 3 - 4 右下：男、女声的 VRT 都是沿着从喜到哀的方向呈现出先升后降的变化模式，害怕和悲伤的 VRT 值最小。男、女声 VAT 也都呈大致相同的变化趋势，只是在愤怒处有点不规则。可见十个发声参数在男、女声之间总体上都呈现出了相似的起伏变化趋势，男、女声之间的差别不是很大。于是，我们就忽略性别差异把男、女声数据打在一起按情感类型求出了均值，见表 3 - 5。

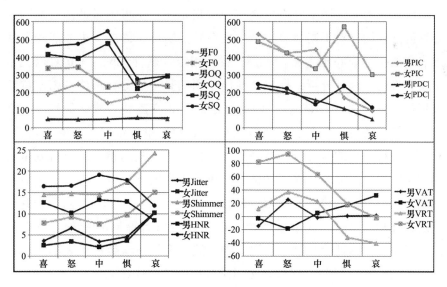

图 3 - 4　十个参数分性别按情感类型求均值

表3-5　　　　　　　　所有发声参数忽略性别差异只按情感类型求均值

情感类型	F0_EGG (Hz)	OQ_EGG (%)	SQ_EGG (%)	PIC	| PDC |	Jitter_EGG (%)	Shimer_EGG (%)	HNR_EGG (dB)	VRT (ms)	VAT (ms)
喜	288.74	48.04	447.61	500.30	241.85	3.11	11.20	14.53	46.69	-8.75
怒	305.64	47.70	442.85	423.92	214.53	5.00	11.99	13.38	65.68	3.44
中	196.07	47.78	518.16	374.26	142.06	2.77	11.04	16.15	42.70	1.80
惧	220.13	55.70	250.89	405.88	184.36	4.12	13.59	15.35	-6.45	9.22
哀	197.23	53.61	291.93	195.97	82.24	10.27	19.77	10.09	-20.86	16.95

3.2.2　因子分析

本章所用的十个发声参数都是从不同的侧面和角度对 EGG 信号进行的界定和描述。从它们的相关关系矩阵（限于篇幅省去）来看，不少发声参数两两之间都有着极显著的相关关系（$p < 0.01$），也有一些两两之间有着显著性相关关系（$p < 0.05$），因此很有必要进行因子分析，将变量降维。只有通过因子分析才能够挖掘出是哪些不可测量的、生理的或心理的潜在因素对不同情感类型的发声特点造成了影响，也才能触及情感表现的生理或心理本质。于是，我们用统计软件 SPSS 13.0 对以上十个变量进行了因子分析，提取公共因子用的是主成分分析法。因子旋转采用最大方差法（varimax），因为该法属于正交旋转，能够保持因子之间的线性无关性。另外，由于各个变量的度量单位不同，有的是赫兹，有的是毫秒，有的是分贝，有的是百分比，所以我们指定以分析变量的相关矩阵作为提取公共因子的依据。对缺失值的处理我们采用了按对排除个案法。分析结果见表3-6和表3-7。从表3-6可知有四个公共因子的特征值大于1，提取这四个公因子就可以解释原有变量总方差的72.262%，即这四个公因子能够反映上述十个发声参数所代表的全体信息的72.262%，因此，可以认为因子分析的结果较好。

表 3 - 6   可解释的方差比例

Component	Initial Eigenvalues			Extraction Sums of Squared Loadings			Rotation Sums of Squared Loadings		
	Total	% of Variance	Cumulative %	Total	% of Variance	Cumulative %	Total	% of Variance	Cumulative %
1	2.510	25.098	25.098	2.510	25.098	25.098	2.312	23.123	23.123
2	2.066	20.659	45.757	2.066	20.659	45.757	2.049	20.494	43.618
3	1.518	15.181	60.938	1.518	15.181	60.938	1.558	15.578	59.195
4	1.132	11.324	⟨72.262⟩	1.132	11.324	72.262	1.307	13.067	⟨72.262⟩
5	0.921	9.211	81.472						
6	0.729	7.292	88.764						
7	0.477	4.767	93.531						
8	0.365	3.652	97.183						
9	0.204	2.045	99.227						
10	0.077	0.773	100.000						

　　表 3 - 7 是旋转后的因子载荷矩阵。因子载荷是变量与公共因子的相关系数，对于一个变量来说，载荷绝对值越大的因子与它的关系越密切，也更能代表这个变量。从表 3 - 7 可以看到，公因子一与 $Jitter_{EGG}$、$Shimmer_{EGG}$、HNR_{EGG} 这三个参数关系甚密，它们的因子载荷依次为 0.787、0.846 和 - 0.905，绝对值在所有变量中是最大的；同样，公因子二主要代表 PIC 和｜PDC｜，因子载荷依次为 0.927 和 0.957；公因子三与 OQ_{EGG}、SQ_{EGG} 联系密切，因子载荷依次为 0.863 和 - 0.852；公因子四代表 $F0_{EGG}$、VAT 和 VRT，因子载荷依次为 0.594、0.843 和 - 0.445。

表 3 - 7　　　　　　　　　　旋转后的因子载荷矩阵

	Component			
	1	2	3	4
HNR（dB）	−0.905	0.005	0.012	0.085
Shimmer（%）	0.846	0.064	0.168	0.001
Jitter（%）	0.787	0.001	−0.201	−0.110
IPDCI	0.009	0.957	−0.054	−0.066
PIC	−0.019	0.927	−0.063	0.098
OQ	0.165	0.080	0.863	−0.027
SQ	0.212	0.031	−0.852	−0.112
VAT, ms	0.082	−0.212	0.019	0.843
FO	−0.269	0.232	0.103	0.594
VRT, ms	0.083	−0.404	0.028	−0.445

3.3　讨论

现在把方差分析和因子分析的结果联合起来看。我们知道，EGG 信号反映的是发浊音时声带接触面积的变化情况。这里的 $Jitter_{EGG}$ 指的是一个音节内部的基音周期也即基频的变异程度，$Shimmer_{EGG}$ 则是指该音节内部 EGG 振幅也即声带接触面积最大值的差异程度，而 HNR_{EGG} 是标示该音节内部谐音成分相对于噪音成分的比值，它的值越大就说明此音节的谐波性越强、噪音性越弱。所以，这三个参数都指向声带振动的规则性程度，也即因子一可以归结为声带振动规则度。从方差分析可知，此三参数都是倾向于把悲哀与高兴、愤怒、恐惧和中性这四种情感区分开来。这是因为被试在演绎悲伤这一情感时倾向于运用哭腔，从而导致了其声带振动规则性的大大降低。

PIC 指的是 EGG 信号的微分波形上的最大正峰值，对应于 EGG 波形上的最大正斜率值所在之处，它的位置常常被看作是声门的关闭时点。PDC 指的是 EGG 信号的微分波形上的最小负峰值，对应于 EGG 波形上的最小负斜率值所在之处，它的位置常常被看作声门的打开时点。Marasek（1996）在研究德语重音及松紧元音时曾对此二参数提出过看法：接触段的两个坡度（也就是我们所说的 PIC 和 PDC）可能会适用于激励力度（excitation strength）的研究，因为它们反映的是声门打开动作及关

闭动作的速度快慢，并且还包含了振幅方面的特征。Michaud（2004）也讨论过 DECPA（也即 PIC）在不同音域内的变化规律。他认为在做 DECPA 研究时也应考虑到 Roubeau 所区分的说话及歌唱中的四个喉头机制：机制 0，即气泡音；机制 I，在男性的言语中最常用，女性在她们基频范围的较低端运用此机制；机制 II（男声最高音/女中音—女高音/女高音），在该喉机制的情况下，声带的振动部分较小，这是由于杓状软骨被挤压所致；机制 III，用于极高的基频。在机制 II 的情况下，比在机制 I 的情况下 DECPA 的值要小，并且表现出较小的变化。我们在以往的录音中也看到了类似的规律。让发音人在不同的音高层级上发持续元音/a/，从其音域的最低处分十几级攀升到最高处。结果发现：在他们音域的最低端，EGG 波形的振幅很小，PIC 和 | PDC | 的值也很小；随着基频的逐步提高，EGG 振幅及 PIC、| PDC | 的值也逐渐增大，在说话人音域的中部靠上处，此三者的值达到最大；之后开始逐步变小，当到达假声音域时它们的值又恢复到很小。鉴于此，我们把代表 PIC、| PDC | 的因子二归结为声带发声力度似乎更为合适，该发声力度对本文的五种情感都能很好地区分。

我们知道，EGG 的开商表示在一个基音周期内声门处于打开状态的时长比例，EGG 的速度商表示在声门的闭相内声带接触面积的变化情况，也即从声门打开点到声带接触面积最大点与从声带接触面积最大点到声门关闭点这两段的时长比例。因此，上文中代表 OQ、SQ 的因子三应该归结为声带的打开关闭特征，它对本章的五种情感大多都能很好地区分。从本质上来讲，VAT 指的是声带在正常发声或称正常振动之前的自我调节过程，是从两声带互不接触的小幅颤动到它们第一次接触并开始有规则正常振动所经历的时间，通常以毫秒计算。对于硬起始嗓音（hard voice onset），在发声前的自我调节过程中，就已经出现了声带的第一次接触，因此，EGG 信号的起始早于 SP 信号的起始，也即 VAT 为负值（Robert F. Orlikoff 等，2009）。VAT 在中、低基频条件下的值比其在高基频条件下的值要大（Ben Watson、Ron Baken 等，2013）。其实对于大部分人来说，随着基频的线性增大，VAT 值会呈现出非线性减小的趋势（Ruifeng Zhang 等，2015）。VRT 实质上是发声结束后也即两声带最后一次接触结束后，它们不接触的小幅颤动所经历的时间长度。因此 VAT 和 VRT 体现的是声带振动的惯性特点，也就是说，上文中代表 F0、VAT 和 VRT 的因子四可以归结为声带振动的速度及惯性特征。它对本章五种情感的区分效果相对较弱。

表 3－8　用数字 1—5 把表 3－5 中各个参数的均值从小到大排序

情感类型	OQ$_{EGG}$	SQ$_{EGG}$	PIC	∣PDC∣	Jitter$_{EGG}$	Shimmer$_{EGG}$	HNR$_{EGG}$	VRT	VAT	F0$_{EGG}$
喜	3	4	**5**	5	2	2	3	4	**1**	4
怒	**1**	3	4	4	4	3	2	5	3	**5**
中	2	**5**	2	2	1	1	5	3	2	**1**
惧	**5**	1	3	3	3	4	4	2	4	3
哀	4	2	**1**	1	**5**	**5**	**1**	**1**	5	2

　　如果用 1 到 5 这五个数字把表 3－5 中同一参数的均值从小到大排序，我们就可以得到表 3－8，这样就可以结合因子分析及方差分析的结果对五种情感的特点进行总结。在上文中提到过，在前人的研究中，喜、怒这两种情感运用韵律、频谱、共振峰等参数区分得不太好。然而从表 3－8 可知，喜和怒在各个发声参数上都有差别，在频率抖动百分比、开商和声带启动时间方面还相差两级，其实从方差分析的结果来看此二情感最显著的差别还在于发声力度。总之高兴的主要特点是：发声力度最大（PIC 和∣PDC∣为 5 级），发音人主要在音域的中部靠上处说话，远不到假声位置；句首的发声起始较硬（VAT 为 1 级）；声带振动的规则程度比较高（Jitter 和 Shimmer 均为 2 级）。愤怒的主要特点：基频最高（F0 为 5 级）、开商最小（OQ 为 1 级），也即声带挤压得厉害；话已结束而声带还处于接触状（VRT 为 5 级）；声带振动规则度低（Jitter 为 4 级，Shimmer 为 3 级，HNR 却小到 2 级）；这可能是因为多有糙音（harsh voice）的出现。中性情感的主要特点是：声门关闭得最快（SQ 为 5 级），高频能量强，声音最明亮；声带振动规则度最高，谐波性强且无噪音（Jitter 和 Shimmer 均为 1 级且 HNR 为 5 级）；基频最低（F0 为 1

级），发声力度与声带振动惯性不大；它的发声类型属于正常嗓音。恐惧的主要特点：开商最大及速度商最小（OQ 为 5 级，SQ 为 1 级），话语中运用了较多的气嗓音。悲哀的主要特点是声带振动规则度最低、噪音最大（Jitter 和 Shimmer 均为 5 级，HNR 却小到 1 级）；发声力度最小（PIC 和 | PDC | 均为 1 级），声带振动惯性最高（VRT 为 1 级，VAT 为 5 级）。

3.4 总结

总的来看，运用喉头仪信号加语音信号来研究情感语句中的发声是可行的。首先，凭音强、音色、音长等参数不好区分的喜、怒二情感可以通过发声参数得到很好的区分。至少从本章的语料来看，喜和怒的主要差别在发声力度，前者的发声力度比后者大得多，另外，喜的声带振动规则度较高，怒的声带振动规则度较低。其次，从声带的打开关闭特征、声带振动的速度惯性特征、声带振动规则度和声带发声力度这四个生理特征入手再参考各发声参数的值，可以很好地厘清喜、怒、中、惧、哀各自的特征。其实发声参数的不同是源于发声类型的不同，各种情感语句中究竟运用了哪些发声类型还需要通过 EGG 波形分析做进一步的探讨。另外，让专业演员演绎一种情感时，情景给定得越具体，他们演绎得越好。本章要他们用五种情感演绎同一个句子，所给情景不够具体，这对他们来说挑战太大，所以是我们下一步大规模语料研究中需要改进的地方。

第四章 专业演员演绎银屏片段： 探索情感语段中的发声

在预试性研究中，我们请被试用不同的情感演绎相同的句子，这一做法早已有之且应用广泛。通过这种方式得到的语料，国外学者称之为内容不变（constant content）的语料（Murray and Arnott，1993）。这一做法的优点是可以很好地控制语句的内容和句中各个音节的声韵母结构，以保证语句声学特征的变化完全是由情感变化引起的。这样就便于通过对比来确定不同情感类型的声学特征。不过，我们主要是通过喉头仪信号来观测不同情感类型所造成的语句发声变化，而喉头仪信号是通过贴在喉头两侧的圆形电极板来采集的，它基本上不受声道共鸣的影响，因此，控制语句内容以及音节声韵母结构对于我们的研究似乎不太重要。还有，所谓触景生情也就是说情感的产生是离不开特定情景的。要求专业演员用不同的情感来演绎相同的句子，又不能给他们提供足够具体的语境，这对他们就会是很大的挑战，他们有时候会抱怨说：这样的语句支撑不起所要求演绎的情感。所以，虽然可以通过这种方法得到不同情感的语句，但是，其情感的真实性往往会被学者们所质疑。

鉴于此，我们在本章中采用了一种新的方法。首先，我们在网络上完完整整地观看了两部电视剧：《我爱男闺蜜》和《小宝与老财》，前者共三十四集，后者共四十六集。在完全熟悉了剧情和人物关系的情形下，我们用屏幕录像专家软件从中截取了九段视频。这九段视频都符合以下要求：第一，它们都包含了一个人的一段独白或者只是一男一女两个人的对话片段；第二，其人物角色的情感属于我们想要研究的典型的基本情感类型，尽量做到一个人物的一段台词只体现为一种情感；第三，每种情感的台词字数大约在一百到三百六十之间，不可以太少。之后，我们把这九段视频中的台词准确地转写下来并用 A4 纸打印了出来。在录音室录音的时候，我们首先给身为专业演员的发音人详细地介绍了剧情和人物关系，并让他们熟悉了每段台词。接下来给他们播放一段所截取的视频，之后，要求他们演绎出跟视频中完全相同的剧情和情感来。如果他们的演绎有不够准确的地方，就给他们以详尽的提示并让他们重新再来一遍。直到他们的演绎十分到位之后，再进行下一段视频。整个过程就像演员在根据导演的要求演戏一样。由于专业演员演绎一种情感时，情景给定得越具体，他们就演得越好，所以，由这种方法所得语料的情感十分真实。在女发音人演绎伤心的情感时，笔者就被感动得掉下了眼泪。

4.1　录音材料、发音人与录音设备

4.1.1　录音材料

本章拟研究的男声情感有五种：暴怒、惊喜、温和稍显摆、害怕、伤心。女声情感也有五种：愤怒、惊喜、温柔的关切、害怕、伤心。一共有六项录音材料是选自电视剧《我爱男闺蜜》的情景片段，其人物关系、剧情及台词介绍如下。黑体的部分是本章用来做参数分析的语料。

片段之一：方骏暴怒吵妹妹。方骏和方依依是兄妹关系。在方骏十岁那年，他的妈妈在生方依依的时候由于难产撒手人寰了。不久，他的爸爸因为受不了丧妻之痛也默默地离家出走了，之后再无音信。在接下来的近 20 年时间里，方骏和依依相依为命，辛苦度日，艰难长大。其实更准确地说，是小方骏既当爹又当妈、悉心照顾，才把妹妹拉扯成人的。因此，两人既是兄妹，又像是父女。在逆境中长大的兄妹二人都没有接受过高等教育。方依依虽然心地善良，但是却有点刁蛮任性，喜欢穿奇装异服并在别人面前展示自己的强大，是一个问题青年的形象。不久前，方依依瞒着哥哥与人领了结婚证，可是，不到一个月她却又瞒着哥哥把婚给离了。方骏得知此事后，暴跳如雷，斥责妹妹，并让她在妈妈的遗像前跪上一个晚上，而他本人却回到自己的小屋里生闷气去了。哥哥离开之后，方依依不但没有跪，还在妈妈的遗像前美美地睡了一个晚上。次日凌晨该吃饭的时候，依依发现哥哥竟然没有做早饭，仍旧待在自己的小屋里一夜未眠、生着闷气。于是，就出现了下面的这段对话。哥哥粗声粗气、暴跳如雷，而妹妹却故意既撒娇又胡搅蛮缠，不与哥哥争锋，希望把自己的错误给糊弄过去。经过反复听辨，我们把哥哥的情感确定为暴怒，把妹妹的情感确定为矫情。

方依依：哥。哥？

方　骏：谁让你起来的？回屋接着跪着去！

方依依：唉——哟，我都跪一天了，膝盖都快跪烂了。你给我弄点吃的吧，我饿啦，我吃饱了才有力气跪呀！你冰箱里头怎么什么都没有啊？

方　骏：……

方依依：都一晚上没说话了，你不憋得慌呀？出来，咱们俩聊聊天。不就离个婚嘛。别想不开，啊。统共花了才不到二十块钱。

方　骏：滚蛋！！！

方依依：我倒是想滚，哪儿找蛋去，要不你下一个让我滚滚？你不出来，我就离家出走啦！我真走啦！

方　骏：方依依，你，你再往前走一步，我给你俩腿砸折了，你信不信？！

方依依：咦……哥，你终于肯搭理我了。

方　骏：唉，我，我问你。为什么瞒着我结婚，为什么又离了？

方依依：想结就结，想离就离呗。

方　骏：为什么？！

方依依：喜欢就结了呗。

方　骏：不喜欢就离是吧？！

方依依：我觉得我们两个人更适合当哥们儿。

片段之二：方依依被炒鱿鱼时跟老板吵架。叛逆青年莫小康是著名美术教授莫正源的儿子，他家境殷实，但是，由于父母的离异和父亲的再婚，讨厌继母的他决定不依靠父亲，而是凭借自己的努力来干事业、闯天下。他打算白手起家，做广告设计。在照相馆工作的方依依在一个很偶然的机会里邂逅了莫小康。两人谈得来、很投缘。方依依决定抽点时间在广告设计上帮帮莫小康，于是她就撒了个弥天大谎，称自己的父亲出了车祸，悲戚戚地向老板请了个假。等她帮完小康又回到照相馆上班时，才知道自己的谎言早已被老板识破了，自己是个孤儿、根本没有父亲的事老板早就知道了。老板要将她开除了，做了错事的方依依不但不承认自己错了，反而把自己在照相馆工作时所受的委屈一吐为快。年轻气盛的她冲着老板大吵了一通，拂袖而去。经过反复听辨，我们把方依依的情感确定为愤怒，把老板的情感确定为暴怒。

　　方依依：**你这叫照顾啊！你这叫过河拆桥，为富不仁。我是来当摄影师的，你把我当小工使唤也就算了，你还欺负我年少无知！**

　　经　理：打住、打住。你要是这么说的话，那我还真告诉你了，你别以为你们家什么情况，我不了解。赶紧收拾东西走人，把储物柜腾出来！

　　方依依：**行，老娘还不稀罕你这破照相馆呢！此处不留爷，自有留爷处。等姑娘我将来成了摄影师，出了大名，你八抬大轿抬我来我都不来！就你那几个摄影师，一个比一个糟践粮食。留个长头发，就以为自个儿是艺术家了。那破技术，光知道按快门儿！那图片是靠我修图才混过去的。那破技术，给我打光都不配！你们有眼不识金镶玉，那是你们的损失，早晚得倒闭！！**

　　经　理：**滚，现在就给我滚出去！**

　　方依依：**滚就滚！！！谁稀罕你！**

　　方依依：**钱——嗯？！**

　　经　理：**不可理喻！**

　　方依依：**你才不可理喻呢！**

　　片段之三：方依依和莫小康的创意被采用了。方依依被照相馆老板开除之后，她没有再寻找工作，而是全力与莫小康合作，认认真真地做

起了广告设计。突然有一天，莫小康接到了一个电话，得知他们的广告
创意被一家公司看中了。他们惊喜不已。经过反复听辨，我们把方依依
和莫小康的情感都确定为惊喜。

莫小康：喂。对，我是。对。嗯，嗯嗯。好，那我再等您电话。
好，再见。

方依依：谁呀？

莫小康：设计公司——

方依依：黄了？

莫小康：他们说——

方依依：说什么呀？！

莫小康：**他们说——非常喜欢咱们的创意！让咱们尽快去公司
面谈！**

方依依：**真的？！哎哟喂，太棒了！！方依依，天下第一。哈哈
哈哈哈哈！**

莫小康：**唉，广告费你准备怎么谈呀？**

方依依：**这只是头炮，赚不赚钱没关系，咱拉个回头客。我跟
你说，真正赚钱的是后期这块儿。既然他们喜欢咱们这个创意，咱
们就趁热打铁，把宣传促销这活也给包下来。事成之后咱们就是有
作品的人了，再出去磕活的话，那就容易多了。就凭咱们俩这黄金
搭档，在聘请你那著名亲爹当艺术顾问，没过几年，咱们就成了响
当当的广告公司了！再融点儿资，搞点银行贷款，再搞几个海外风
投，整体包装上市，直接进入四 A 级公司行列。到时候，就不是仨
瓜俩枣地赚了！！哈哈哈哈，钱多了，躺着花都花不完！**

莫小康：瞧你那丧心病狂的样，跟打了鸡血似的。

方依依：**我都快成亿万富翁了，我能不激动吗我？！今儿啊，咱
就吃顿好的，我请你，咱庆祝庆祝。我知道一个卤煮，特别有名。**

莫小康：**都快成亿万富翁了，就请我吃下水呀！算了吧，咱俩
先去趟商场，怎么着得给你弄一身像样的职业装吧，别回头去人公
司再露怯喽。**

方依依：**对呀，总经理，得有派头！走！**

莫小康：**走吧，总经理！**

片段之四：成功的喜悦。莫小康和方依依的第一份广告创意被设计公司退了回来，而实际上他们的创意是被该公司稍作改动后给盗用了。方依依气愤不过，去找设计公司理论，最后被莫小康给劝了回来。不久以后，他们的一项新的创意又被一家公司选中了。挫折之后的再次成功使他们更加惊喜。经过反复听辨，我们把莫小康的情感确定为惊喜。

方依依：喂，是我。真的?！哎哟，你太识货了!! 行行行，行行行，好，好，我马上就去办，啊。可你别蒙我们啊，我们可吃过亏的。好好好，行，那我马上就办，喏。那再联系！再见，啊！

莫小康：谁呀？

方依依：有家广告公司看上咱的创意了，他出了几条意见，让咱修改好了，就给他签合同去。

莫小康：**真的，哪个广告？**

方依依：就是优酸乳那个。

莫小康：**真的?！**

方依依：对呀！

莫小康：**我说什么来着，车到山前必有路！那是我的创意，我的，我的。**

方依依：别嘚，别，别得瑟。赶紧，赶紧，开电脑。意见在邮箱呢，赶紧给人发过去。你这些垃圾都扔出去，扔出去，扔出去，扔出去。

莫小康：**好好好，我来收拾，收拾，收拾……**

片段之五：方依依伤心的过去。就在莫小康与方依依愉快合作、走向成功的过程中，莫小康爱上了方依依。可是偏偏就在这个时候，方依依却突然发现自己怀孕了，怀的是她跟前夫的孩子。她找到前夫，商量着跟他和好，但是，刁钻的前夫妈妈撺掇着前夫拒绝了依依的请求，并

109

且坚决不认依依腹中的孩子。就这样，先前一段儿戏似的婚姻给方依依带来了巨大的麻烦。叶珊劝依依跟方骏商量一下事情的解决方法，但是，方依依害怕哥哥担心，决定不把实情告诉哥哥。就在这两个女人的交谈中，方依依回忆起了童年的伤心事。由于这段话中的多处都出现了哭腔，我们经过反复听辨，把方依依的情感确定为伤心。

　　方依依：可我现在要是告诉我哥了，他不光得埋怨我，他还得替我担惊受怕！我不想让我哥再替我担心了！

　　叶　珊：你认为是拖累，对他来说也许是幸福。不管怎么说，这事儿你应该跟他商量商量啊！

　　方依依：**幸福?! 你说这话太轻巧了！你要是过过我和我哥哪怕一天我们小时候的那种日子，就不会说这种话了。**你所谓的那种幸福，其实是一种无奈，是苦中作乐，可它的根上还是苦的！你知道没爹没妈是什么感觉吗？你知道每天我跟我哥两个人进进出出被街坊邻居用那种怜悯的眼神看着你，你知道那是什么感觉吗？你知道天一黑别人家的小孩都被那爸爸妈妈叫回家吃饭去了，你知道我跟我哥是什么感觉吗？你知道每年过年的时候家里面不都挺热闹的吗？我跟我哥两个人守着一盘速冻饺子，我们还得装成特香，特高兴，特满足，你知道那是什么感觉吗？我哥上学的时候，他出去打工赚钱，就为了养活我，他被学校给开除了，我回家的时候，我怎么也找不到他了，我发现他蹲在树底下，偷偷地哭呢!!! 我还得，还得装成，装成什么都不知道，装成没心没肺的，逗他乐！你知道那是什么感觉吗？相依为命对你们来说不过是一个惨字，可对于我跟我哥那是每一天，每一天，没爹没妈的日子！**我不想让我哥再重新经历一遍了！我也不想让我的孩子再经历一遍！**

　　叶　珊：……

　　片段之六：方骏在妈妈的遗像前伤心。在得知依依怀孕且身处困境的情况之后，方骏很是伤心，又无可奈何，但是，他并没有去责怪妹妹。默默地，他来到妈妈的遗像前，跟死去的妈妈诉说着这件伤心事。经过

110

反复听辨，我们把方骏此时的情感确定为伤心。

> 方　骏：**妈！依依这回——真惹了大事了！！依依怀了一孩子，人家还不认！！大夫说——说她身体还有问题！！这个不生以后，这辈子都没有孩子！！妈，我知道，你为了依依命都可以不要！你把依依看得比什么都重！我也是！我，我现在怎么办呢？我要是让她把孩子给打了，将来有一天她长大了，这辈子都恨我！妈，要不就我来养这孩子！我能养依依，就能再养个小的！妈，你保佑我们！**

电视连续剧《小宝与老财》讲述的是发生在抗日战争时期的故事。一共有三项录音材料是选自该剧的情景片段，其人物关系、剧情和台词介绍如下。其中，黑体的部分是本章用来做参数分析的语料。

片段之一：小宝与老财相互怒吼。周家镇人周老财是天地县的首富、大地主，人送外号周半城。他为人精明，擅长经营，积累了很多财富。不过，他从未做过伤天害理的事情。况且每逢灾荒年当乡民们度日艰难的时候，他都能施粥相助，因此没有民愤在身。周家佃户郭老根的儿子郭小宝由于盗窃周家财物被发现而离家出走。红军在周家镇做完土改工作就要撤离的时候，决定留下红军战士诸葛旦来完成一项任务。郭小宝和诸葛旦本来就是一对失散了的孪生兄弟，因此，他们的长相一模一样。于是，营长就让诸葛旦化名郭小宝潜伏在了周家镇。因为土改中积下的矛盾，周老财跟潜伏下来的诸葛旦针锋相对，斗来斗去。当周老财最终发现郭小宝竟然是潜伏下来的红军战士的时候，大发雷霆之怒，喝令家丁把郭小宝捆绑起来。于是，就发生了下面的一段对话。经过反复听辨，我们把周老财此时的情感确定为暴怒。

> 周老财：**捆上——捆上——赶紧捆上——兔崽子，你。**
> 郭小宝：打倒地主老财！
> 周老财：**打倒郭小宝！**
> 郭小宝：打倒地主老财！！
> 周老财：**打倒郭小宝！！**

郭小宝：工农红军万岁！！！

周老财：**赶紧给我带走**！

郭小宝：早晚要遭报应，你！

周老财：**你遭报应**！

郭小宝：你……你……粉红？！

周老财：**呸**！！！

郭小宝：你别呸，你看……

片段之二：去省城接头前见爱妻。就在小宝与老财针锋相对，斗得不可开交的时候，周老财的儿子周南北、女儿周粉红从外地回来了。原来，南北与粉红都已经参加了共产党，他们这次回来是以抗击日寇为使命的。爱子心切的周老财也只得与小宝和解并配合儿子、女儿和小宝等共同开办起了铸币厂，开始为抗日贡献力量。有一次，由于人手不够，党组织不得不派遣周老财去省城跟地下党员接头。周老财感觉自己受到了党组织的格外信任，因此，他甚是得意。下面是他去省城接头前跟爱妻的一段对话。整段对话当中，周老财都表现出了男人很温情的一面，同时也透露出了一个男人在自己心爱女人面前那点儿难以掩饰的、小小的自鸣得意之情。妻子盖荷荷温柔、贤惠、漂亮，既担心丈夫完不成任务，又担心丈夫的安危，言辞间无不透露着温柔的关切之情。我们经过反复听辨，又参考其他同事的意见，把周老财的情感确定为温和稍显摆，把盖荷荷的情感确定为温柔的关切。

盖荷荷：**唉，你穿这身怎么样**？

周老财：**没问题，听你的**。

盖荷荷：**你看这帽子。来，试一试**。

周老财：**怎么样**？

盖荷荷：**行，一看就是周半城**。

周老财：**去省城了嘛**。

盖荷荷：**来，我给你弄一弄**。

周老财：**有点憋，呵**？

盖荷荷：对。唉，这次怎么让你去呀？

周老财：啊，他们都忙着呢。小宝管那个居酒屋，粉红管那个印钞厂，南北和王闯都不在。没事，省城我熟。我顺便去看看我姐夫田子方。

盖荷荷：省城可不比这儿，那儿日本人又多，多危险啊。

周老财：所以说，那不叫见面嘛。那叫接头。

盖荷荷：接头？

周老财：对呀，跟我接头的叫老罗。

盖荷荷：你们认识啊？

周老财：不认识啊。所以说得对暗号嘛。

盖荷荷：那怎么接头？

周老财：就是说，我说一句，他回一句，不能错一个字，错一个字，我都不能理他。万一是日本人派来的特务呢？

盖荷荷：那你说错了怎么办呀？

周老财：我就是特务啊。就是他认为我是特务啊，不理我呀。

盖荷荷：那怎么办呀？

周老财：那就是失败了呗，白去了呗。任务老艰巨了。现在组织上老信任我了。

盖荷荷：那你可不能失败啊！

周老财：谈何失败啊。

盖荷荷：那你得平安回来！

周老财：谈何平安哪。

盖荷荷：啊?!

周老财：肯定平安哪。

盖荷荷：来，试试。

周老财：试试，试试，试试。这儿，这怎么的，穿呢子的……

盖荷荷：穿得太多了！

片段之三：在日寇的监狱里。在省城接头完事后，周老财和家丁乌绿豆一起往回走。就在他们出城门的时候，一听到日本兵咳嗽，胆小的

113

周老财居然把自己揣在怀里用来防身的手枪给弄走火了。于是，他们被抓进了日寇的监狱里。富家出身的周老财和胆小如鼠的乌绿豆哪儿见过这种阵仗。他们一想到日本人的惨无人道、野兽行径，就害怕得不得了。我们经过反复听辨，把周老财和乌绿豆在这段对话中的情感都确定为害怕。

　　周老财：绿豆，冷啦？把大衣给你穿上。

　　乌绿豆：不冷。害怕呀！

　　周老财：怕什么，胆小鬼。

　　乌绿豆：这可是宪兵队呀！哪怕你是钢筋铁骨，都能给你碾碎了。不——不怕？！鬼，鬼才不怕！！

　　周老财：要是这样，我也不装了。我也怕！但是绿豆，老爷是过来的人。经验告诉我，事到如今，伸头也是一刀，缩头也是一刀，怕，还不如不怕！

　　乌绿豆：老爷，你说，说什么呢？！怎么听着像——要上法场！！

　　周老财：你听我说。你说，作为天地县的首富周半城，为了防身，揣了把枪，何罪之有？

　　乌绿豆：哦……那你也不能随便开枪啊！！

　　周老财：不是开枪啊！

　　乌绿豆：什么？

　　周老财：走火了！

　　乌绿豆：走——嗨，老爷啊，你快别自圆其说了。

　　周老财：我跟你说，我跟他们就那么说，我说我拿着枪，放在兜里头，有个小日本，一咳嗽，我一紧张，咣，走火了！不怨我的手，怨他咳嗽啊！为什么咳嗽声那么大呢？

　　乌绿豆：老爷！你就自己骗自己吧！这宪兵队不比一般的衙门，人家才懒得听您解释呢！管你有没有罪，先用刑，用完了再审。你叫的声越大他们越高兴！咦唏！

　　周老财：那你吓我干什么呀？！本来我已经镇定了，你，你回头又吓唬我你！

  乌绿豆：**不是吓你。老爷，我，我打小就怕疼。就说那些刑具，你别说用了，我看一下，腿都软了。**

  周老财：**我也软**！！

  乌绿豆：**老爷**！！ 我绿豆怕是熬不过这关了！！！

4.1.2 发音人和录音设备

  我们请第三章中的两位发音人仍然作为本章的被试：男发音人 30 岁，中央戏剧学院老师；女发音人 26 岁，中央戏剧学院研究生。他们都是台词专业的硕士，身体健康，性格开朗，曾参加过多次演出，善于演绎各种类型的情感。首先是给他们介绍剧情和人物关系，让他们熟悉台词。之后，请他们观看一段我们截取的视频，并向他们细致地描述视频中人物的情感状态，请他们把这种情感状态准确地演绎出来。如果觉得他们的演绎存在有不很到位的地方，就重新播放一遍视频或者重新解释一下我们所要求的情感状态，再让他们重新表演一遍，直到他们的演绎完全精准为止。语音信号由电容式麦克风（Sony ECM-44B）采集，麦克风距发音人的双唇大约 15 厘米，EGG 信号由小喉头仪（Electroglottograph Model 7050A）采集，两者都通过调音台（XENYX 302 USB）接入电脑，由电脑上 powerlab 自带的 Chart 5 软件同步录制两路信号。Powerlab 是澳大利亚的 Powerlab 公司生产的肌电脑电仪信号的采集仪器，它共有十六个通道。整个录音过程都是在北京大学中文系的录音室内完成的，室内本底噪音约为 28dB。最后，在发音人多次演绎的录音中经过听辨筛选出演绎得最好的语音样本进行参数提取。

4.2 参数与参数提取

  从第三章可知，VAT 和 VRT 对喜、怒、中、惧、哀这些基本情感类型的区分能力比较弱。另外，它们是标示发声起始状态和结束状态的嗓音参数，针对一个语句，我们只能在句首得到一个 VAT 的值，在句末得到一个 VRT 的值。然而，从一个语句中可以得到的基频、开商、速度商、PIC、PDC 的值可以多达几百个，甚至上千个。这种数量上的不匹配会给统计运算带来困扰。因此，本章中不再提取 VAT 和 VRT 的值。我们从筛选出来的情感语段的 EGG 信号中一共提取九个发声参数：FO_{EGG}、OQ_{EGG}、SQ_{EGG}、$Jitter_{EGG}$、$Shimmer_{EGG}$、HNR_{EGG} 和 PIC、PDC、RMSegg-mean。下面把各个参数的提取过程分别加以介绍。

4.2.1　基频、开商、速度商

首先提取的是各个 EGG 脉冲的基频 FO_{EGG}、开商 OQ_{EGG} 和速度商 SQ_{EGG}，用混合法提取。FO_{EGG} 为声门周期的倒数，OQ_{EGG} 为（开相/周期）＊100，SQ_{EGG} 为（声门正在打开段/声门正在关闭段）＊100。从喉头仪信号里提取基频、开商和速度商的时候，首先要注意参数值中出现的跳点，特别是速度商值中经常会出现跳点。我们把提取这三个参数的程序中加上了可视化显示，这样一来，就可以对照着 EGG 波形图来判断跳点出现的原因，从而决定应该采取何种措施来处理这些跳点。下面，就跳点处理的几种方式，我们分别举例予以说明。

图 4-1 显示的是句子"有点憋，呵"的一部分基频、开商、速度商值。从下部的折线图中可以看到，第 29 个基频、开商、速度商值都是很明显的跳点。开商比两边的值大得多，而基频和速度商比两边的值小得多。从上部的 EGG 波形图可以看到，第 29 个参数值对应的脉冲 29 刚好位于音节"点"和"憋"之间的界限上。程序把从脉冲 29 上的黄线到

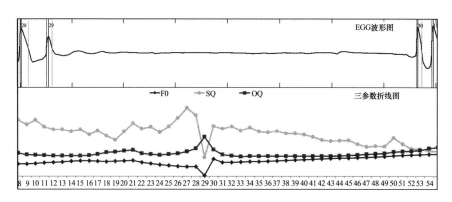

图 4-1　句子"有点憋，呵"的一部分基频、开商、速度商值

脉冲30上的红线之间的这一段距离都当成了脉冲29的开相部分，因此，算出来的开商值就特别地大。同理，它把从脉冲29上的红线到脉冲30上的红线之间这段距离都当成了脉冲29的周期，因此算得的基频值就特别地小。第29个速度商值也小，是因为音节末尾的脉冲29由于惯性而变得更对称了。这样的参数值都属于计算错误，因此应予以删除。

　　图4-2是句子"打倒地主老财"的一部分基频、开商、速度商值。从下部的折线图中可以看到，第50个速度商值是一个很明显的跳点，它比两边的 SQ_{EGG} 值都小得多。但是，第50个基频值和开商值并不是跳点，它们跟两边的值大小差不多。从上部的EGG波形图中可以看到，对应于第50个参数值的脉冲50在形状上跟其他脉冲也差不多，只是它的顶部即声门完全关闭段上出现了很小幅度的上下波动，这可能是两条声带完全闭合后的弹性碰撞所造成的。这一现象影响了程序对该脉冲最大振幅值位置的确定，因此，也就影响到了速度商的计算，但是，对基频和开商的计算没有影响。这样的 SQ_{EGG} 跳点，我们都是用其左右两边的两个速度商值的均值来替代的。

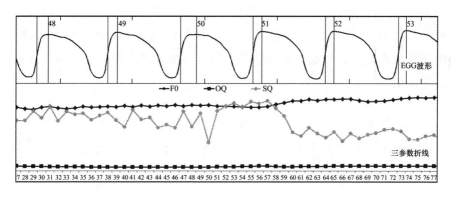

图4-2　句子"打倒地主老财"的一部分基频、开商、速度商值

　　图4-3显示的是句子"咱俩先去趟商场"中"商"字的一段EGG波形图。该语句所表现出来的情感是"惊喜"。大概是因为男发音人特别激动的缘故，音节"商"的一些EGG脉冲的右侧下降段上出现很小的次峰，其中第120个脉冲上的次峰最为突出。由于次峰的缘故，程序为

脉冲120计算出了两套基频、开商、速度商值，标号分别为120和121，它们会在三参数折线图上表现为突出的跳点。这显然是程序计算出了错，在这种情况下，我们通常把第120、121号参数值都删除不用。

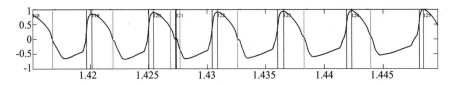

图4-3　句子"咱俩先去趟商场"中"商"字的一段EGG波形

　　图4-4是语句"方依依天下第一，哈哈哈"中第一个"哈"字中间的EGG波形图。该语句所表现出来的情感是"惊喜"。女发音人在惊喜万分的情形下于第一个"哈"字中运用了糙声（harsh voice），致使该音节的EGG波形形状出现了严重的畸变。第24个脉冲之前以及第30个脉冲之后的EGG信号尚且有着较好的周期性，因此由它们得到的基频、开商和速度商值我们都做了保留。但是，从标号24到标号30之间的这段EGG信号已经完全失去了周期性，像一团乱麻，我们很难说由它们算得的参数值是正确的。虽然说舍弃这段信号可能会有损我们对惊喜情感的统计分析效度，但是，我们还是不得不删除了由它得到的基频、开商、速度商值。

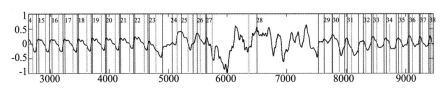

图4-4　语句"方依依天下第一，哈哈哈"中第一个"哈"
字中间的EGG波形

　　图4-5是女声语句"逗他乐"中"他"字的EGG波形图。该语句所表现出来的情感类型是"伤心"，其中音节"他"带着哽哽咽咽、令人心碎的哭腔。女声哭腔音节的EGG信号似乎都有着这样的特点：在同

一个音节内，脉冲振幅值的差别很大，小脉冲振幅段和大脉冲振幅段交替出现。由于程序设计的缘故，小脉冲振幅段的基频、开商、速度商值不容易被提取出来，而大脉冲振幅段的参数值很容易被提取出来。并且在大脉冲振幅段的末尾往往还会由于计算错误而出现跳点。我们的应对办法是：第一，删除跳点；第二，将小脉冲振幅段都一一截取出来，单独提取其基频、开商、速度商的值，之后，把提取到的参数值再放回到其句中的原来位置。

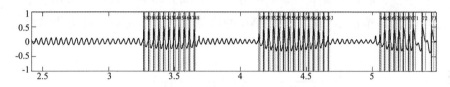

图 4 - 5　女声语句"逗他乐"中"他"字的 EGG 波形

在剔除或平滑处理由于计算错误而造成的跳点之后，我们最终从男、女声不同情感类型的语段中所提取出来的基频、开商、速度商值的数目分别为：男声暴怒的三参数值各为 3409 个，男声惊喜的三参数值各为 3275 个，男声伤心的三参数值各为 1662 个，男声害怕的三参数值各为 3077 个，男声温和稍显摆的三参数值各为 3152 个；女声愤怒的三参数值各为 8398 个，女声惊喜的三参数值各为 10568 个，女声伤心的三参数值各为 8468 个，女声害怕的三参数值各为 4216 个，女声温柔的关切的三参数值各为 2838 个。

4.2.2　基频抖动百分比、振幅抖动百分比、谐波噪声比

首先，我们在喉头仪信号上标注出了音节的边界，如图 4 - 6 所示。具体的做法是：根据基频线的走向，并反复听辨语音信号，在包含 SP 和 EGG 的双通道信号上标注出音节的边界来，之后去除 SP 信号，只保留 EGG 信号和标注文件 TextGrid 即可。不过，因为情感所致，有的语句中会出现整个音节完全清化即发成耳语噪音的情况。在这种音节的喉头仪信号上，要么只有基线没有 EGG 脉冲，要么只有一两个很小的 EGG 脉

冲，基本上不可能从中提取出 $\text{Jitter}_{\text{EGG}}$、$\text{Shimmer}_{\text{EGG}}$ 和 HNR_{EGG} 三参数来。排除掉这种情况之后，我们基本上可以针对句中的每一个音节，都提取出一个 $\text{Jitter}_{\text{EGG}}$、$\text{Shimmer}_{\text{EGG}}$ 和 HNR_{EGG} 的值来。它们是运用我们自编的 praat 脚本 Voice Reach 来提取的。这里的 $\text{Jitter}_{\text{EGG}}$ 和 $\text{Shimmer}_{\text{EGG}}$ 的定义跟孔江平（2001：42—43）提到的频率抖动百分比和振幅抖动百分比的定义完全相同，其计算公式如下。只不过它们都是从喉头仪信号里提取出来的，所以我们将其写作 $\text{Jitter}_{\text{EGG}}$ 和 $\text{Shimmer}_{\text{EGG}}$。同样，$\text{HNR}_{\text{EGG}}$ 也来自 EGG 信号，即每个音节中谐波成分与噪音成分的能量比值取常用对数后再乘以 10，单位是 dB。如果 HNR 的值等于 0 dB，那就意味着谐波部分与噪声部分的能量是相等的。

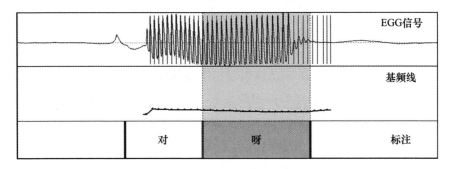

图 4 - 6　在喉头仪信号上标注出音节边界

$$\text{Jitter} = \frac{\dfrac{1}{N-1}\sum_{i=1}^{N-1}\left|\,T_0^{(i)} - T_0^{(i+1)}\,\right|}{\dfrac{1}{N}\sum_{i=1}^{N}T_0^{(i)}}$$

$$\text{Shimmer} = \frac{\dfrac{1}{N-1}\sum_{i=1}^{N-1}\left|\,A^{(i)} - A^{(i+1)}\,\right|}{\dfrac{1}{N}\sum_{i=1}^{N}A^{(i)}}$$

$$HNR = 10 \times \log_{10}\left(\frac{\text{谐波部分的能量}}{\text{噪声部分的能量}}\right)$$

有几点需要注意。第一，用 praat 程序跟用 MDVP 程序测得的 Jitter 值会有差别，原因是二者在确定声门脉冲的时间位置时用了不同的方法，

praat 的标准方法是波形匹配 waveform matching，而 MDVP 的方法是选定最大值 peak picking。第二，praat 中的两种基频算法所使用的场合不同，研究语调时自相关法（autocorrelation）为优选项，研究噪音时交叉相关法（cross-correlation）为优选项。因此我们这里一律选用了交叉相关算法。第三，高级基频设置中的 voicing threshold 统一设置为 0.001，里面的其他选项均采用标准设置。第四，情感语音的发声类型变化多端，基频范围的跨度也特别大。男声基频的最小值可以达到 48.3Hz，最大值可以达到 471.7Hz，女声基频的最小值可以达到 33.1Hz，最大值可以达到 724.6Hz。因此，我们这里的噪音分析是把基频范围总体上设定在 20Hz 到 800Hz 之间。当然，针对不同的语音样本，基频范围的设置还要在 20 赫兹和 800 赫兹这两个极值之间做适当的调整。最终的目的是，如图 4 -7所示，EGG 信号上的蓝色竖线能刚好契合 EGG 信号的周期。

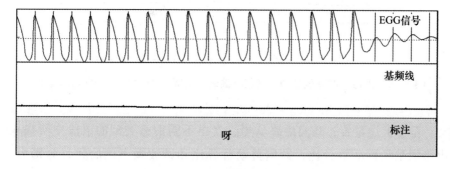

图 4 -7　基频范围设置效果示意

现在看最后两项设置。第一个是最大周期比值（maximum period factor），它的默认设置为 1.3。也就是说，如果两个相邻周期的时长比值大于 1.3，那么在计算 jitter 的时候这两个周期的差值就会被排除在外，当然这两个周期还可以和它们另一边上的周期相比较后再进入 Jitter 的计算。我们察觉到，在情感语音中，由于暴怒等特殊情感的出现，音节内部的基频变化幅度很大，所以我们把最大周期比值统一设定为 4，以期望我们提取的 Jitter 值能契合情感语音中的现实。另一个是最大振幅比值（maximum amplitude factor）的设置，它的默认设置为 1.6。也就是说，如果两个相邻振幅峰值的比值大于1.6，那么在计算 Shimmer 的时候这两个振幅峰值的差就会被排除在外，当然，这两个振幅峰值还可以和它们另一边上的振幅峰值相比较后再进入 Shimmer 的计算。图4-8的上部是语句"我发现他蹲在树底下偷偷地哭呢"中"我"字的 EGG 信号。这是女声哭腔中经常出现的喉头仪波形。可以看到，EGG 振幅由很大变到很小再变到很大，最后又变到很小。总之，在一个音节的内部 EGG 振幅的差值特别大。鉴于此，我们把最大振幅比值统一设定为6，以期望我们提取的 Shimmer 值跟情感语音中的实际情况相符合。

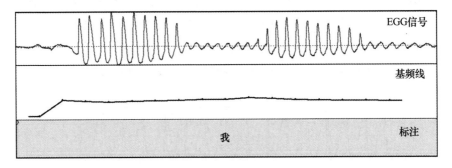

图4-8　语句"我发现他蹲在树底下偷偷地哭呢"中"我"字的 EGG 波形

基于上述设置，我们最终从男、女声不同情感类型的语段中所提取出来的基频抖动百分比、振幅抖动百分比和谐波噪声比的数目分别为：男声暴怒的三参数值各为 106 个，男声惊喜的三参数值各为 135 个，男声伤心的三参数值各为 125 个，男声害怕的三参数值各为 179 个，男声温和稍显摆的三参数值各为 204 个；女声愤怒的三参数值各为 196 个，女声惊喜的三参数值各为 261 个，女声伤心的三参数值各为 350 个，女声害怕的三参数值各为 147 个，女声温柔的关切的三参数值各为 99 个。

4.2.3　PIC 和 PDC

我们运用 EggWorks 程序基本上从每个 EGG 脉冲上都提取出了一个 PIC 值和一个 PDC 值。PIC 的全称是 peak increase in contact，指的是 EGG 信号的微分波形上的最大正峰值除以时间，标示着声带接触程度的最大增长速率。PDC 的全称是 peak decrease in contact，指的是 EGG 信号的微分波形上的最小负峰值除以时间，标示着声带接触程度的最大下降速率。PIC 均为正值，PDC 均为负值。因为能区分情感的是此二参数绝对值的大小，所以在下文的统计分析中我们把 PDC 都取了绝对值。

　　EggWorks 程序在计算发声参数之前会首先对喉头仪信号进行自动分帧，一般情况下每一帧只包含一个 EGG 脉冲，从每一帧可以得到一个 PIC 值和一个 PDC 值。但是，有时候会由于信号本身的问题而出现分帧错误。图 4 - 9 是语句"你再往前走一步，我给你俩腿打折了，你信不信"中音节"我"与"给"之间的一段 EGG 信号。可以看到，程序自动把 0.78803 秒至 0.80563 秒之间这一段归为了一帧，其中竟然包含了三个 EGG 脉冲。这显然是错误的，这种由错误帧得到的 PIC 及 PDC 的值我们统统予以删除。

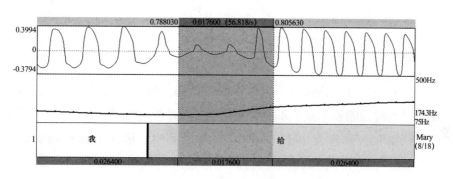

图 4 - 9　EggWorks 程序分帧错误的实例

　　图 4 - 10 的上部是语句"谁让你起来的"中的一段 EGG 信号，其下部是该语句的 PIC 及 | PDC | 值的折线图的一部分。从折线图上可以看到，第 11 个点的 PIC 值是一个很明显的跳点，该跳点对应着 EGG 信号上从 0.11486 到 0.12029 秒之间的这一帧。很显然，这里的分帧是没有错误的，但是，该帧的 EGG 脉冲形状与其两边的 EGG 脉冲形状很不相同，而其两边的 EGG 脉冲形状又大致上是相同的。我们猜想，声带的振动本应该是连续而有规律的，如果突然有一个振动周期变得与众不同，这大概是意外因素造成的。因此，对于这样的 PIC 和 | PDC | 跳点，我

们通常都是予以平滑。平滑的方法是，用跳点两边的两个值的平均值来代替跳点的值。

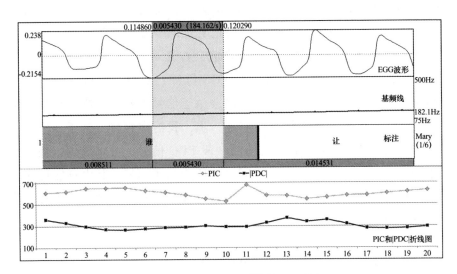

图 4 - 10　应当予以平滑的 PIC 跳点

图 4 - 11 例示了应当予以保留的 PIC 和 | PDC | 跳点。它的上部是语句"到时候嗯就不是仨瓜俩枣地赚了哈哈哈"中音节"仨"的一部分喉头仪信号，共包含了 18 个 EGG 脉冲，其中，第一个脉冲的 PIC 及 PDC 值没有被程序提取出来。它的下部是所提取出来的 17 个 PIC 值和 17 个 | PDC | 值的折线图。可以看到，前 10 个 EGG 脉冲有一个很明显的特点，就是大的脉冲振幅与小的脉冲振幅一个一个地轮流出现，这是双音调嗓音的特点。与此对应，折线图上的前 9 个 PIC 及 | PDC | 的值也是一大一小地轮流出现。接下来的 7 个 EGG 脉冲的振幅就基本上相同了，与此对应，接下来的 7 个 PIC 及 | PDC | 的值也基本上大小一样，所以，两条折线又基本上变得平滑了。从喉头仪信号上的两条竖虚线可以看到，这里的分帧并没有出现错误。因此，这种情况下的 PIC 和 | PDC | 跳点反映的是语句发声方面的独有特点，应当把它们全部予以保留。

图 4 - 12 的上部是语句"滚就滚"中第二个"滚"字的喉头仪信

号，其下部是从该字的 EGG 信号中提取出来的 PIC 和 | PDC | 值的折线图。可以看到，在该字的前半部分当中，有一段 EGG 信号已经完全失去了周期性，根本不能从中提取出基频值来，基频线在这个位置上也完全断掉了。经过反复听辨语音信号得知，这段 EGG 信号对应着一种很特殊的发声类型即吼音。PIC 和 | PDC | 值的折线图上与该段信号相对应的部

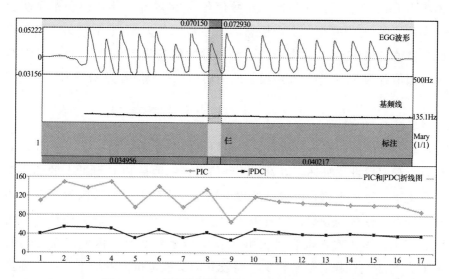

图 4-11　应当予以保留的 PIC 和 | PDC | 跳点

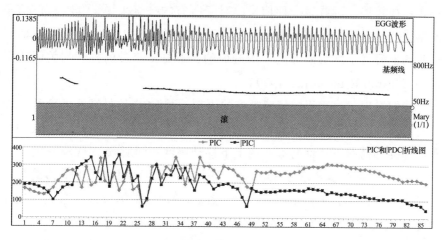

图 4-12　例示吼音的 PIC 和 | PDC | 值

分中出现了很多几乎毫无规律的跳点。由于这样的跳点标示着吼音所特有的特征，我们几经斟酌，最后选择了完全保留这些跳点。

基于上述的跳点处理方式，我们最终从男、女声不同情感类型的语段中所提取出来的 PIC 和 | PDC | 值的数目分别为：男声暴怒的二参数值各为 3377 个，男声惊喜的二参数值各为 3267 个，男声伤心的二参数值各为 1568 个，男声害怕的二参数值各为 2649 个，男声温和稍显摆的二参数值各为 3190 个；女声愤怒的二参数值各为 8271 个，女声惊喜的二参数值各为 9384 个，女声伤心的二参数值各为 7708 个，女声害怕的二参数值各为 3410 个，女声温柔的关切的二参数值各为 2753 个。

4.2.4　RMSeggmean

在录制的原始喉头仪信号上，我们可以清楚地看到一个一个的 EGG 脉冲，但是除此之外还可以看到两种信号。一种是 EGG 脉冲上的那些小小的毛刺，这些毛刺是由被试的皮下脂肪、出汗及电流等因素所造成的高频噪音。这种高频噪音随着被试的不同而不同。消瘦的男性被试的喉结很突出，甲状软骨很容易被喉头仪电极板包裹住，因此，在他们的 EGG 信号中高频噪音通常较少。而较胖的女性被试的喉结不突出、难找到，电极板很难完全包裹住甲状软骨，因此，在她们的 EGG 信号中高频噪音往往较多。再看另一种信号。对于所有的被试来说，其喉头仪信号的基线或叫零线往往都不平直，有漂移。这种频率很低的信号是说话时喉头的上升和下降等外部因素所造成的，不是由声带的打开与关闭所引起的（Martin Rothenberg，1979）。

我们发现，对于不同情感类型的语句，其 EGG 信号基线的漂移程度会有所不同，也即上述低频成分的强度会不相同。这可能是因为人们在平和和强烈情绪下说话时喉头的上下移动幅度不同所致。RMSegg 就是指 EGG 信号中的低频成分的方均根值，用以标示说话时喉头上下移动幅度的大小。我们用自编的 m 文件 FIRlowpass_10Hz 来提取这一参数。该 m 文件的编写思路如下。第一，用截止频率为 10Hz 的有限脉冲响应（FIR）低通滤波器对 EGG 信号进行滤波。我们采用 FIR 滤波器是因为其相位响应可为严格的线性，滤波结果不存在相位改变、延迟失真。而无限脉冲响应滤波器（IIR）的效率虽高，却是以相位的非线性为代价的，在对相位要求不敏感的场合，例如语言通信中，选用 IIR 滤波器较为合适（陈怀琛，2013）。第二，对滤波后的 EGG 信号按 30 毫秒的帧长分帧。帧长的大小决定着计算结果的平滑程度，帧长越大，则计算结果越平滑，反之亦然（张雄伟等，2003；张雪英，2010；胡航，2014）。第三，对每一帧中的各个点的平方和的均值开平方，即可以得到 RMSegg 的值。下面是用于提取该参数的四段 MATLAB 程序。

```
function f = enframe （x, win, inc）
% ENFRAME split signal up into （overlapping） frames: one per row. F =
（X, WIN, INC）
nx = length （x）;
nwin = length （win）;
if （nwin = = 1）
    len = win;
else
    len = nwin;
end
if （nargin < 3）
    inc = len;
end
nf = fix （ （nx − len + inc） /inc）;
f = zeros （nf, len）;
indf = inc * （0: （nf−1）） .';
inds = （1: len）;
f （:) = x （indf （:, ones （1, len）） + inds （ones （nf, 1）,:));
if （nwin > 1）
    w = win （:) ';
    f = f . * w （ones （nf, 1）,:);
end
function original _ signal _ frame = power _ Reach （original _ signal,
```

WaveFs）

    original_signal = original_signal（:, 1）;

    original_signal_len = length（original_signal）;

    win_len = 300;

    power_step = round（WaveFs * 0.03）;% 30 ms

    power_para_len = round（length（original_signal）/（WaveFs * 0.03））;%

    original_signal = original_signal * 32767;

    original_signal = filter（[1 - 0.9375], 1, original_signal）;% pre – emphasize

    original_signal = original_signal. * original_signal;

    original_signal_work = zeros（original_signal_len + win_len, 1）;

    original_signal_work（1: original_signal_len, 1）= original_signal（1: original_signal_len, 1）;

    original_signal_frame = enframe（original_signal_work, win_len, power_step）;

    original_signal_frame = sum（original_signal_frame'）/win_len;

    original_signal_frame = original_signal_frame';

    original_signal_frame = original_signal_frame（1: power_para_len, 1）

    function original_signal_frame = amplitudeReach（original_signal, Fs）

    original_signal_len = length（original_signal）;

    win_len = 300;

    power_step = round（Fs * 0.03）;% 30 ms

    power_para_len = round（length（original_signal）/（Fs * 0.03））;% 30 ms

    original_signal = original_signal * 32767;

    original_signal = original_signal. * original_signal;

    original_signal_work = zeros（original_signal_len + win_len, 1）;

    original_signal_work（1: original_signal_len, 1）= original_signal

```
(1：original_signal_len, 1);
    original_signal_frame = enframe (original_signal_work, win_len, pow-
er_step);
    original_signal_frame = sum (original_signal_frame') / win_len;
    original_signal_frame = log (original_signal_frame);
    original_signal_frame = original_signal_frame';
    original_signal_frame = original_signal_frame (1: power_para_len,
1);
    function FIRlowpass_10Hz
    prompt = 'Please input filename: ';
        title = 'open a file';
        filterspec = ' * . wav';
        [Filename, Pathname] = uigetfile (filterspec, title);
        if (Filename = = 0)
            return
        end
        FileName = strcat (Pathname, Filename);
    [EggSignal, WaveFs] = wavread (FileName);
    original_signal = EggSignal (:, 1);
    sound (original_signal, WaveFs);
    power1 = power_Reach (original_signal, WaveFs);
    power1 = sqrt (power1);
    APad = amplitudeReach (original_signal, WaveFs);
    EggSignal = EggSignal (:, 2);
    len_data1 = length (EggSignal);
    len_data2 = length (power1);
    fs = 22050;
    wp = 10 * pi/ (0.5 * fs);
    ws = 20 * pi/ (0.5 * fs);
    Rp = 1;
```

```
As = 50;
delta1 = (1 - 10^ ( - Rp/20)) / (1 + 10^ ( - Rp/20));
delta2 = (1 + delta1) * (10^ ( - As/20));
weights = [delta2/delta1 1];
deltaf = (ws - wp) / (2 * pi);
N = ceil ( ( - 20 * log10 (sqrt (delta1 * delta2)) - 13) / (14.6 *
deltaf) + 1);
% N = N + 14;
N = N + mod (N - 1, 2);
f = [0 wp/pi ws/pi 1];
m = [1 1 0 0];
h = remez (N - 1, f, m, weights);
lowpass_EGG = filter (h, 1, EggSignal);
power2 = power_Reach (lowpass_EGG, WaveFs);
power2 = sqrt (power2);
h = figure;
h1 = axes ('position'rr, [0.03 0.55 0.95 0.36]);
plot (EggSignal, 'rrLinewidth'rr, 2);
xlim ( [0, len_data1]);
h2 = axes ('rrposition'rr, [0.03 0.08 0.95 0.36]);
plot (lowpass_EGG, 'rrLinewidth'rr, 2);
xlim ( [0, len_data1]);
set ( h, 'rrNumberTitle'rr, 'rroff'rr, 'rrtoolbar'rr, 'rrnone'rr,
'rrName'rr, 'rr 上：EGG 原波形 下：EGG 低通后 'rr);
set (gcf, 'rrPosition'rr, [25, 56, 1330, 300], 'rrcolor'rr, 'rrr'rr,
'rrresize'rr, 'rroff'rr);
i = zoom;
set (i, 'rrMotion'rr, 'rrhorizontal'rr, 'rrEnable'rr, 'rron'rr);
% figure;
% specgram (lowpass_EGG, 1024, WaveFs, 200, 100);
```

```
xy（:, 1）  = APad（:, 1）;
xy（:, 2）  = power1（:, 1）;
xy（:, 3）  = power2（:, 1）;
final = [1: len_data2; xy'rr]'rr;
final = [1: 4; final];
final = final（:, 1: 4）;
tit =｛'rrPoint'rr 'rrAPad'rr 'rrRMSad'rr 'rrRMSegg'rr｝;
prompt = 'rrPlease input filename: 'rr;
    title = 'rrSave wave file'rr;
    filterspec = 'rr * . xls'rr;
    [Filename, Pathname] = uiputfile（filterspec, title）;
    if（Filename = = 0）
        return
    end
    FileName = strcat（Pathname, Filename）;
    xlswrite（FileName, final）;
    xlswrite（FileName, tit, 'rrA1: D1'rr）;
end
```

　　图 4 - 13 是程序 FIRlowpass_ 10Hz 针对语句"打倒郭小宝"的运算结果示意图。该图的上部是低通滤波前的原始 EGG 信号，中部是经过低通滤波后的 EGG 信号，下部是提取出来的 RMSegg 值的折线图。对比一下滤波前后的喉头仪信号就会发现，该程序的滤波效果十分令人满意。经过截止频率为 10Hz 的低通滤波后，所留下来的部分就仅仅是原始 EGG 信号的基线，即代表喉头上下移动程度的那一部分低频信号。为了方便于下文将要进行的因子分析，我们根据以下两条原则对提取到的 RMSegg 值进行了处理：第一，去除掉不是由说话引起的 RMSegg 值；第二，把 RMSegg 值按音节求出均值，得到 RMSeggmean。

　　图 4 - 14 是以语句"总经理，得有派头"为实例来说明哪些 RMSegg 值不是由说话引起的。其上部是该语句的语音信号，中部是尚未进行低通滤波之前的原始喉头仪信号，下部是对 EGG 信号做低通滤波后所留下

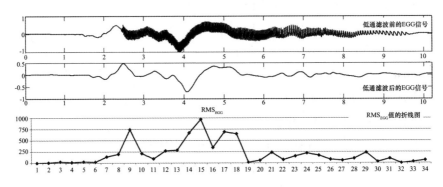

图 4 – 13   程序 FIRlowpass_ 10Hz 运算结果示意

的低频信号。将三路信号对照着看就会发现，用虚线框住的三个部分跟说话没有关系。这三个部分中都有低频信号的起伏变化，也即有着 RM-Segg 的值，但是，它们可能是代表着说话前或说话后的喉头调节动作，这样的 RMSegg 值我们统统予以删除。

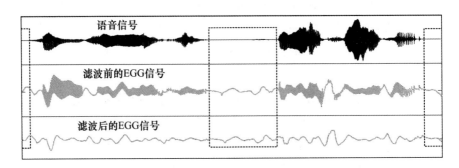

图 4 – 14   例示：不是由说话引起的 RMSegg 值

要想把一句话中的 RMSegg 值按音节求平均值，就需要在这些值中找到各个音节的边界位置。图 4 – 15 例示了我们在 RMSegg 值中确定音节边界的方法。图 4 – 15a 是用 praat 软件显示的语句"总经理，得有派头"的语音信号，图 4 – 15b 是用 praat 软件显示的该语句的语音信号的音强曲线，图 4 – 15c 是用程序 FIRlowpass_ 10Hz 从该语句的语音信号中提取出来的音强值的折线图，图 4 – 15d 是用程序 FIRlowpass_ 10Hz 从该

语句的 EGG 信号中提取出来的 RMSegg 值的折线图，图 4 – 15c 和图 4 –
15d 中的值是同步提取出来的，值的数目完全相同。通过反复听辨语音
信号，并对照图 4 – 15b 和图 4 – 15c 中形状基本相同的音强曲线，就不
难找到语句中各个音节的边界，用竖虚线标示。在图 4 – 15d 中，如果两
条虚线之间标有汉字，就把该段的 RMSegg 值求均值，如果两条虚线之
间没有标汉字，就将该段的 RMSegg 值删除。

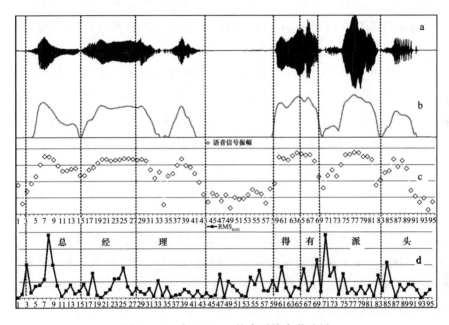

图 4 – 15　在 RMSegg 值中寻找音节边界

基于上述的处理方法，我们最终从男、女声不同情感类型的语段中
所提取出来的 RMSeggmean 值的数目分别为：男声暴怒的参数值为 106
个，男声惊喜的参数值为 135 个，男声伤心的参数值为 125 个，男声害
怕的参数值为 179 个，男声温和稍显摆的参数值为 204 个；女声愤怒的
参数值为 196 个，女声惊喜的参数值为 261 个，女声伤心的参数值为
354 个，女声害怕的参数值为 148 个，女声温柔的关切的参数值为
100 个。

4.3　单因素方差分析

为了弄清楚这九类发声参数在五种情感类型的语段之间是否存在显著性差异，我们采用 SPSS 13.0 对每一类参数都分男女进行了单因素方差分析（one-way analysis of variance）。按常规，我们把 a = 0.05 确定为显著性水平。所以，如果 $p < 0.05$，则表示某参数在两情感类型语段之间有显著性差异，如果 $p > 0.05$，则表示它在两情感类型语段之间无显著性差异。在两两比较的设置中，我们把 LSD 法（Least Significant Difference）选作事后检验的方法，因为该法最有可能揭示出不同平均数之间的差异（李德高，2010）。在方差分析中，自变量是因子或者因素（factor），它是分类变量，在本章的研究中情感类型为自变量。因变量（dependent variable）需要是尺度变量即连续数据，在本章的研究中九类发声参数都是因变量。从理论上讲，因变量需要满足正态性和方差齐性两个要求：每个处理（cell）的因变量都得是正态分布，得具有相同的方差（李洪成、姜宏华，2012）。对应到本章的研究中，也就是要求每一种情感类型中的每一类发声参数都要符合正态性及方差齐性的条件。不过，从经验上讲，由于单因素方差分析的模型有一定的稳健性，只要因变量分布不是明显偏态，分析结果一般都比较稳定。关于方差齐次性，根据 Box 的研究结果，在单因素方差分析中，如果各组的例数相同也即各组均衡，或总体成正态分布，则模型对方差不齐有一定的耐受性，只要最大方差与最小方差之比小于 3，分析结果都是稳定的（张文彤等，2013）。鉴于此，我们在方差分析之前，对基频、开商、速度商、PIC 和 ∣PDC∣ 这五类发声参数都进行了适当的预处理。

首先看 $F0_{EGG}$、OQ_{EGG} 和 SQ_{EGG}。上文已说过，我们在提取这三个发声参数的时候，已经根据目测 EGG 波形对其中的错误值或跳点进行了删除或平滑处理，这就去除掉了相当一部分离群值。但是，由于 EGG 脉冲以及相应的参数值都数目庞大，目测处理难免会有所遗漏。因此，我们把每一种情感类型语段的三参数值都进行了如下的预处理：即去除掉三个标准差之外的离群值。在预处理之后，最终运用于方差分析的男、女声不同情感类型语段的基频、开商、速度商值的数目分别为：男声暴怒的三参数值各为 3337 个，男声惊喜的三参数值各为 3201 个，男声伤心的三参数值各为 1603 个，男声害怕的三参数值各为 3034 个，男声温和稍显摆的三参数值各为 3096 个；女声愤怒的三参数值各为 8398 个，女声惊喜的三参数值各为 10369 个，女声伤心的三参数值各为 8220 个，女声害怕的三参数值各为 4096 个，女声温柔的关切的三参数值各为 2707 个。如果把五种情感语段各个参数的值汇总在一起，则男声基频值共 14271 个，总体偏度为 0.919，峰度为 - 0.081；男声开商值共 14271 个，总体偏度为 0.638，峰度为 0.249；男声速度商值共 14271 个，总体偏度为 0.181，峰度为 0.000；女声基频值共 33790 个，总体偏度为 1.090，峰度为 0.880；女声开商值共 33790 个，总体偏度为 - 0.162，峰度为 - 0.334；女声速度商值共 33790 个，总体偏度为 1.232，峰度为 1.033。六者都接近于正态分布。

表 4 - 1 汇总了针对基频、开商、速度商的单因素方差分析结果，大于 0.05 的相伴概率值 p 用黑体表示。先看基频：男声的基频在情感类型语段的两两之间都有着显著性差异；女声的基频除了在温柔的关切与伤心之间是边缘性显著之外，在两两情感类型语段之间都有着显著性差异。开商：男声的 OQ_{EGG} 在除了惊喜对暴怒之外的情感对之间都有着显著性差异；女声的开商，在除了温柔的关切对害怕之外的两两情感对之间都有着显著性差异。速度商：男声的 SQ_{EGG} 在两两情感类型之间都有着显著性差异；女声的 SQ_{EGG} 在两两情感类之间也都有着显著性差异。总之，几乎所有的情感类型语段之间都存在着基频、开商、速度商的显著性差异。

表 4 - 1　　　针对基频、开商、速度商的单因素方差分析结果

情感对		惊喜暴怒	惊喜温和	惊喜害怕	惊喜伤心	暴怒温和	暴怒害怕	暴怒伤心	温和害怕	温和伤心	害怕伤心
男声	$F0_{EGG}$	0.000	0.000	0.000	0.000	0.000	0.000	0.000	0.000	0.000	0.000
	OQ_{EGG}	0.649	0.000	0.000	0.000	0.000	0.000	0.000	0.000	0.000	0.000
	SQ_{EGG}	0.000	0.000	0.000	0.000	0.000	0.000	0.000	0.000	0.000	0.000

情感对		惊喜愤怒	惊喜温柔	惊喜害怕	惊喜伤心	愤怒温柔	愤怒害怕	愤怒伤心	温柔害怕	温柔伤心	害怕伤心
女声	$F0_{EGG}$	0.000	0.000	0.000	0.000	0.000	0.000	0.000	0.000	0.066	0.000
	OQ_{EGG}	0.000	0.000	0.000	0.000	0.000	0.000	0.000	0.378	0.000	0.000
	SQ_{EGG}	0.000	0.000	0.000	0.000	0.000	0.000	0.000	0.000	0.018	0.000

再看 PIC 和｜PDC｜。在基于类似原因去除掉三个标准差之外的离群值以后，最终运用于方差分析的男女声不同情感类型语段的 PIC 和｜PDC｜值的数目各为：男声暴怒的二参数值各为 3366 个，男声惊喜的二参数值各为 3264 个，男声伤心的二参数值各为 1567 个，男声害怕的二参数值各为 2632 个，男声温和稍显摆的二参数值各为 3183 个；女声愤怒的二参数值各为 8058 个，女声惊喜的二参数值各为 9232 个，女声伤心的二参数值各为 7582 个，女声害怕的二参数值各为 3359 个，女声温柔的关切的二参数值各为 2724 个。如果把五种情感语段各个参数的值汇总在一起，那么男声的 PIC 值共计 14012 个，总体偏度为 0.743，峰度为 0.793；男声的｜PDC｜值也同样是共计 14012 个，总体偏度为 0.896，峰度为 0.670；女声 PIC 值共计 30955 个，总体偏度为 1.073，峰度为 1.789；女声｜PDC｜值也是共计 30955 个，总体偏度为 1.142，峰度为 3.099。四者的分布也接近于正态分布。

针对 PIC 和｜PDC｜的单因素方差分析结果见表 4-2，我们把大于0.05 的相伴概率值 p 用黑体表示。PIC：男声的 PIC 在情感类型语段的两两之间都有着显著性差异；女声的 PIC 在情感类型语段的两两之间也都有着显著性差异。｜PDC｜：男声的｜PDC｜在情感类型语段的两两之间都有着显著性差异；除了温柔的关切对伤心之外，女声的｜PDC｜在情感类型语段的两两之间也都有着显著性差异。总之，PIC 和｜PDC｜这两个发声参数对诸情感类型都有着很强的区分力。

表 4 - 2　　　　　　针对 PIC 和丨PDC丨的单因素方差分析结果

情感对		惊喜暴怒	惊喜温和	惊喜害怕	惊喜伤心	暴怒温和	暴怒害怕	暴怒伤心	温和害怕	温和伤心	害怕伤心
男声	PIC	0.000	0.000	0.000	0.000	0.000	0.000	0.000	0.000	0.000	0.000
	丨PDC丨	0.000	0.000	0.000	0.000	0.000	0.000	0.000	0.000	0.000	0.000
情感对		惊喜愤怒	惊喜温柔	惊喜害怕	惊喜伤心	愤怒温柔	愤怒害怕	愤怒伤心	温柔害怕	温柔伤心	害怕伤心
女声	PIC	0.000	0.000	0.000	0.000	0.000	0.000	0.000	0.000	0.029	0.000
	丨PDC丨	0.000	0.000	0.000	0.000	0.000	0.000	0.000	0.000	0.694	0.000

我们用 Voice Reach 提取 $Jitter_{EGG}$、$Shimmer_{EGG}$ 和 HNR_{EGG} 的时候，是在目测的基础上一个音节、一个音节地提取出来的，因此所得到的参数值均为有效值，也就没有再根据三标准差原则删除离群值。最终用于方差分析的男、女声不同情感类型语段的 $Jitter_{EGG}$、$Shimmer_{EGG}$ 和 HNR_{EGG} 值的数目分别为：男声暴怒的三参数值各为 106 个，男声惊喜的三参数值各为 135 个，男声伤心的三参数值各为 125 个，男声害怕的三参数值各为 179 个，男声温和稍显摆的三参数值各为 204 个；女声愤怒的三参数值各为 196 个，女声惊喜的三参数值各为 261 个，女声伤心的三参数值各为 350 个，女声害怕的三参数值各为 147 个，女声温柔的关切的三参数值各为 99 个。由于方差分析对因变量的正态性和方差齐性都有要求，而这里的各种情感类型的参数值不一定都符合正态分布，因此，我们对方差分析的结果又通过非参数检验（nonparametric tests）进行了验证。

非参数检验方法不依赖于总体的分布，是在总体分布情况不明时，用来检验不同样本是否来自同一个总体的统计推断方法，由于这些方法一般不涉及总体参数而得名。与参数检验方法（parametric tests）例如方差分析等相比，非参数检验方法具有以下优点：第一，检验条件宽松，适应性强，对于非正态的、方差不等的以及分布形状未知的数据都可以适用；第二，检验方法灵活，用途广泛，不仅可用于定比、定距等连续变量的检验，也可以运用于定类、定序等分类变量的检验；第三，非参数检验的计算相对简单，易于理解。非参数检验也有如下缺点：第一，方法本身缺乏针对性，其功效不如参数检验；第二，非参数检验使用的是等级或符号秩，而不是实际数值，方法虽简单，但会失去很多信息，因而检验的有效性也就比较差。当然，如果假定的分布不成立，那么非参数检验就是值得信赖的（杜强、贾丽艳，2011）。

我们这里是通过两独立样本的 Mann-Whitiny U 检验来对单因素方差分析的结果进行验证。Mann-Whitiny U 检验的零假设 H_0 为：样本来自的两个独立总体的均值不存在显著性差异。它的实现方法是：首先，将两组样本数据（X_1，X_2，…，X_m）和（Y_1，Y_2，…，Y_n）混合并按升序排列（m 和 n 是两组样本的样本容量），求出每个数据各自的秩 R_i，其次分别对（X_1，X_2，…，X_m）和（Y_1，Y_2，…，Y_n）的秩求平均值，得到两个平均秩 W_x/m 和 W_y/n。如果这两个平均秩相差很大，一组样本的秩普遍偏小，另一组样本的秩普遍偏大，则零假设不一定成立。Mann-Whitiny U 检验还要计算（X_1，X_2，…，X_m）的每个秩优于（Y_1，Y_2，…，Y_n）的每个秩的个数 U_1，以及（Y_1，Y_2，…，Y_n）的每个秩优于（X_1，X_2，…，X_m）的每个秩的个数 U_2。如果 U_1 和 U_2 相差很大，则零假设不一定成立（谢蕾蕾等，2013）。如果相伴概率小于或等于 0.05，则应拒绝零假设 H_0，认为两个样本来自的总体的均值存在显著性差异。如果相伴概率值大于 0.05，则不能拒绝零假设 H_0，认为两个样本来自的总体的均值无显著性差异。

表 4-3 汇总了对 $Jitter_{EGG}$、$Shimmer_{EGG}$ 和 HNR_{EGG} 做单因素方差分析后所得到的相伴概率值，圆括号中是由两独立样本的 Mann-Whitiny U 检验所得到的相伴概率值。大于 0.05 的 p 值一律用黑体字表示。通览全表，可以看到，凡是方差分析显示为 $p < 0.05$ 的情感对，U 检验也一定显示为 $p < 0.05$，但是也有极少数方差分析显示为 $p > 0.05$ 的情感对，而 U 检验却显示为 $p < 0.05$。也就是说，凡是方差分析显示为有显著性差异的情感对，非参数检验也都显示为有显著性差异，后者支持前者的分析结果。先看基频抖动百分比：男声 $Jitter_{EGG}$ 只是在害怕跟惊喜、暴怒、伤心、温和稍显摆这四者之间有显著性差异，惊喜跟温和稍显摆之间的差异只是边缘性显著；女声 $Jitter_{EGG}$ 只是在害怕与惊喜、愤怒、温柔的关切之间，伤心与惊喜、愤怒、温柔的关切之间有着显著性差异。再

看振幅抖动百分比：同样，男声的 Shimmer$_{EGG}$ 只是在害怕跟惊喜、暴怒、伤心、温和稍显摆这四者之间有着显著性差异；女声的 Shimmer$_{EGG}$ 只是在害怕与惊喜、愤怒、温柔的关切之间，伤心与惊喜、愤怒、温柔的关切之间有着显著性差异。最后来看谐波噪声比：男声的 HNR$_{EGG}$ 在害怕跟惊喜、暴怒、伤心、温和稍显摆之间，暴怒跟惊喜、温和稍显摆之间有显著性差异；女声的 HNR$_{EGG}$ 在害怕跟惊喜、愤怒、温柔的关切之间，伤心跟惊喜、愤怒、温柔的关切之间，温柔的关切跟惊喜、愤怒之间有着显著性差异，害怕与伤心之间的差异也边缘性显著。综合起来看，男声的三参数倾向于把害怕跟其他四类情感区分开，女声的三参数倾向于把害怕、伤心跟其他情感类型区分开。

表 4 - 3　　　　针对 Jitter$_{EGG}$、Shimmer$_{EGG}$ 和 HNR$_{EGG}$ 的
单因素方差分析结果和非参数检验结果

	情感对	惊喜暴怒	惊喜温和	惊喜害怕	惊喜伤心	暴怒温和	暴怒害怕	暴怒伤心	温和害怕	温和伤心	害怕伤心
男声	Jitter$_{EGG}$	**0.636** **(0.562)**	**0.053** **(0.683)**	0.000 (0.000)	**0.551** **(0.081)**	**0.200** **(0.371)**	0.000 (0.000)	**0.923** **(0.418)**	0.000 (0.000)	**0.215** **(0.038)**	0.000 (0.000)
	Shimmer$_{EGG}$	**0.329** **(0.139)**	**0.715** **(0.272)**	0.000 (0.000)	**0.374** **(0.206)**	**0.163** **(0.009)**	**0.002** **(0.001)**	**0.073** **(0.006)**	0.000 (0.000)	**0.538** **(0.828)**	0.000 (0.000)
	HNR$_{EGG}$	0.046 (0.037)	**0.881** **(0.553)**	0.000 (0.000)	**0.451** **(0.396)**	0.022 (0.005)	0.000 (0.000)	**0.210** **(0.184)**	0.000 (0.000)	**0.332** **(0.148)**	0.000 (0.000)

	情感对	惊喜愤怒	惊喜温柔	惊喜害怕	惊喜伤心	愤怒温柔	愤怒害怕	愤怒伤心	温柔害怕	温柔伤心	害怕伤心
女声	Jitter$_{EGG}$	**0.303** **(0.650)**	**0.164** (0.003)	0.000 (0.000)	0.000 (0.000)	**0.586** (0.005)	0.000 (0.000)	0.000 (0.000)	0.000 (0.000)	0.000 (0.000)	**0.347** **(0.701)**
	Shimmer$_{EGG}$	**0.768** **(0.428)**	**0.131** (0.018)	0.000 (0.000)	0.000 (0.000)	**0.223** (0.004)	0.000 (0.000)	0.000 (0.000)	0.000 (0.000)	0.000 (0.000)	**0.926** (0.235)
	HNR$_{EGG}$	**0.984** **(0.613)**	0.000 (0.000)	0.000 (0.000)	0.000 (0.000)	0.000 (0.000)	0.000 (0.000)	0.000 (0.000)	0.000 (0.000)	0.000 (0.000)	**0.068** (0.078)

基于同样的考虑，我们也没有再根据三标准差原则从提取到的 RM-Seggmean 参数中删除离群值。所以，最终用于方差分析的男、女声不同情感类型语段的 RMSeggmean 值的数目分别为：男声暴怒的参数值为 106 个，男声惊喜的参数值为 135 个，男声伤心的参数值为 125 个，男声害怕的参数值为 179 个，男声温和稍显摆的参数值为 204 个；女声愤怒的参数值为 196 个，女声惊喜的参数值为 261 个，女声伤心的参数值为 354 个，女声害怕的参数值为 148 个，女声温柔的关切的参数值为 100 个。表 4 - 4 汇总的是对 RMSeggmean 做单因素方差分析所得到的相伴概率值，圆括号中是由两独立样本的 Mann-Whitiny U 检验所得到的相伴概率值，大于 0.05 的 p 值一律用黑体字表示。可以看到，凡是方差分析显示为有显著性差异的情感对，U 检验也统统都显示为有显著性差异，因此后者支持前者的分析结果。可喜的是：除了温和稍显摆对伤心之外，男声的 RMSeggmean 在两两情感类型之间都有着显著性差异；除了惊喜对温柔的关切、伤心对温柔的关切之外，女声的 RMSeggmean 在两两情感类型之间都有着显著性差异。总之，发声参数 RMSeggmean 对绝大多数的情感类型对都有着很强的区别力。

表 4 - 4　　针对 RMSeggmean 的单因素方差分析结果和非参数检验结果

	情感对	惊喜暴怒	惊喜温和	惊喜害怕	惊喜伤心	暴怒温和	暴怒害怕	暴怒伤心	温和害怕	温和伤心	害怕伤心
男声	RMSeggmean	0.000 (0.000)	0.000 (0.000)	0.000 (0.000)	0.000 (0.000)	0.000 (0.000)	0.000 (0.000)	0.000 (0.000)	0.000 (0.000)	**0.265** **(0.111)**	0.011 (0.008)
	情感对	惊喜愤怒	惊喜温柔	惊喜害怕	惊喜伤心	愤怒温柔	愤怒害怕	愤怒伤心	温柔害怕	温柔伤心	害怕伤心
女声	RMSeggmean	0.000 (0.000)	0.119 (0.001)	0.000 (0.000)	0.000 (0.000)	0.000 (0.000)	0.000 (0.002)	0.000 (0.000)	0.001 (0.000)	**0.131** **(0.032)**	0.004 (0.001)

如表 4 - 5 所示，我们把九个发声参数分男女按情感类型求出了平均值。男女声的五种情感从大类上来讲可以说是基本相同的，但是细究起来，它们其实并不完全相同。比如，从听感上判断，在男声的暴怒情感

中粗声粗气的吼音成分明显比女声愤怒情感中的要多得多，这大概是因为男性和女性在恼怒时倾向于采用不同的表现形式，这是性别本身或者说男女声带的不同生理条件所决定的。还有就是，男声的温和稍显摆与女声的温柔的关切也不是完全相同的情感状态。最后看伤心这一情感类型，常言道"男儿有泪不轻弹"，女性在伤心时倾向于运用哽哽咽咽的哭腔并流下眼泪，而男性在伤心时倾向于运用低沉的声音，但是，却不愿意哭出来。因此，这里男声伤心语段和女声伤心语段在听感上就有这种差别。鉴于这些原因，我们并没有把男女发声参数值合在一起求平均值。下面把四组参数逐一进行观察。

表 4 – 5　　　　　**把九个发声参数分男女按情感类型求平均值**

情感类型		$F0_{EGG}$	OQ_{EGG}	SQ_{EGG}	$Jitter_{EGG}$	$Shimmer_{EGG}$	HNR_{EGG}	PIC	∣PDC∣	RMSeggmean
男声	惊喜	184.3277	51.3299	411.9177	3.387	13.928	14.898	598.0532	273.0229	201.0689
	暴怒	275.0576	51.2472	387.0061	3.784	15.055	13.613	884.3756	437.2597	325.9944
	温和稍显摆	141.7170	56.3923	428.3990	4.777	13.569	14.980	488.6576	190.2147	79.6075
	害怕	177.0633	58.4845	279.4566	7.604	18.499	10.484	283.8914	159.0490	140.9739
	伤心	133.1355	54.5292	370.3848	3.866	12.947	14.433	630.9744	293.8172	97.8956
女声	惊喜	324.9575	50.0517	447.8037	4.613	11.373	14.028	148.7837	73.2079	40.6488
	愤怒	351.4196	52.5512	463.1377	3.711	11.148	14.019	169.0891	99.1104	86.3326
	温柔的关切	229.2772	53.5662	264.6358	3.090	9.933	17.115	289.2986	107.3253	48.2477
	害怕	250.3224	53.3598	192.7430	9.117	16.700	11.464	245.0106	117.5567	66.9445
	伤心	225.4354	56.1256	254.4446	9.974	16.773	12.329	284.6672	107.6902	55.3254

　　图 4 – 16 是男女五情感基频、开商、速度商均值的折线图，图表左边的纵坐标代表基频和速度商的值，图表右边的纵坐标代表开商的值。可以看到，女声基频均值总体上高于男声基频均值，但是二者的折线图走向基本相同，男声以暴怒的基频为最高，以伤心的基频为最

低，女声以愤怒的基频为最高，以伤心的基频为最低。男、女声开商均值的折线图则稍有不同：前者呈先升后降的模式，以害怕的开商值为最大，惊喜的开商值大于暴怒的开商值；后者呈持续上升的趋势，以伤心的开商值为最大，愤怒的开商值大于惊喜的开商值。不过，总体而言，主要是伤心情感开商均值的不同造成了此二折线图走向上的差别。男、女声速度商均值的折线图差别最大：后者的右倾程度明显地大于前者；前者是以温和稍显摆的 SQ_{EGG} 值为最大，以害怕的 SQ_{EGG} 值为最小，惊喜的 SQ_{EGG} 值大于暴怒的 SQ_{EGG} 值；后者以愤怒的 SQ_{EGG} 值为最大，以害怕的 SQ_{EGG} 值为最小，愤怒的 SQ_{EGG} 值大于惊喜的 SQ_{EGG} 值。男、女声 OQ_{EGG} 均值折线图和 SQ_{EGG} 均值折线图的差异体现的是情感状态的差别和发声类型的差别，这一点需要通过波形分析来做进一步的探索，详见第五章。

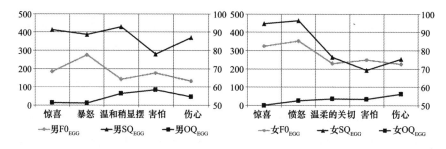

图 4-16　男女五情感基频、开商、速度商的均值

图 4-17 是男、女五情感基频抖动百分比、振幅抖动百分比和谐波噪声比的均值折线图。可以看到，男女声各自的 $Jitter_{EGG}$ 和 $Shimmer_{EGG}$ 的折线图的走向都基本相同，并且二者跟 HNR_{EGG} 的折线图走向正好相反。男声害怕的 $Jitter_{EGG}$ 均值和 $Shimmer_{EGG}$ 均值明显比其他四种情感类型的大得多，其 HNR_{EGG} 的均值明显比其他四种情感类型的小得多。而女声则是害怕与伤心的 $Jitter_{EGG}$ 均值和 $Shimmer_{EGG}$ 均值明显比其他三种情感类型的大得多，它们的 HNR_{EGG} 的均值明显比其他三种情感类型的小得多。男女声的主要差别在于伤心情感的三参数均值。

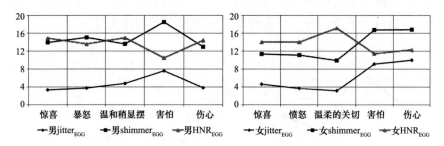

图4-17　男女五情感基频抖动百分比、振幅抖动百分比、
谐波噪声比的均值

男女五情感的 PIC 和 | PDC | 的平均值的折线图见图4-18。可以看到，不管是男声还是女声，它们各自的 PIC 和 | PDC | 均值折线图的走向都基本相同。男声的二参数值明显比女声的要大得多，这是因为男声的 EGG 振幅一般都比女声的要大得多，该现象是由男女不同的声带生理条件所造成的。男声的 PIC 和 | PDC | 以暴怒的均值为最大，伤心的均值次之，害怕的均值为最小。女声的 PIC 以温柔的关切的均值为最大，伤心的均值次之，惊喜的均值为最小，其 | PDC | 以害怕的均值为最大，伤心的均值次之，惊喜的均值为最小。

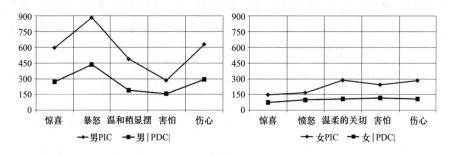

图4-18　男女五情感的 PIC 和 | PDC | 的均值

图4-19是男女五情感 RMSeggmean 的平均值折线图。首先，男声 RMSeggmean 的均值在总体上比女声的要大得多，其原因有待于研究。其次，男女声的折线图的走向基本上是相同的，男声是暴怒与害怕的 RMSeggmean 均值比其他三类情感的要大，女声是愤怒与害怕的 RMSeggmean

均值比其他三类情感的要大。这符合我们的直观常识，因为人们在恼怒与害怕的情形下说话时，喉头的上下移动程度要明显大得多。

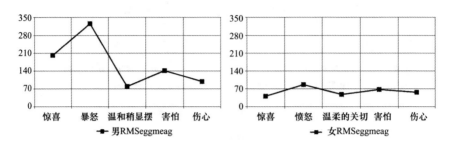

图 4–19　男女五情感的 RMSeggmean 的均值

4.4　因子分析

4.4.1　发声参数的调整

从上文可知，在男女声不同的情感类型语段中，九个发声参数值的数目并不相同，并且相差很大，有的多达一万多个，有的少至一百个左右。这种参数值数目的巨大差异会给因子分析带来不便，甚至会严重影响分析结果的准确性。在第三章的因子分析中，我们出于无奈选用了按对排除个案这一缺失值处理方法。在本章中，我们打算采用一种新的办法，即把 $F0_{EGG}$、OQ_{EGG}、SQ_{EGG}、PIC 和 | PDC | 这五个发声参数都按音节求出平均值，用其平均值进行因子分析。由于 $Jitter_{EGG}$、$Shimmer_{EGG}$、HNR_{EGG} 和 RMSeggmean 都是按音节求出来的，因此这一处理方法会使进入因子分析的各个参数的值的数目基本相同。

我们通过反复听辨语音信号并根据基频线的走向来确定 $F0_{EGG}$、OQ_{EGG} 和 SQ_{EGG} 这三个参数中的音节边界线。如果两音节之间有停顿或清辅音出现，则它们的分界线就很容易找到。如果两音节之间是浊辅音或者元音，那就得根据听感并比对 Praat 基频线和 $F0_{EGG}$ 折线图来寻找音节边界线。图 4–20 以语句"方依依"为例阐释了在三个 EGG 参数中寻找音节边界的方法。"方"字和"依"字之间，"依"字和"依"字之间都是浊音或者半元音，因此它们之间的边界线很不明显。图 4–20 的上部是 praat 界面，其下部是 $F0_{EGG}$、OQ_{EGG} 和 SQ_{EGG} 的折线图。根据听辨语音信号，可以在 Praat 所显示的基频线上找到该语句三个音节之间的边界线，"方"字和"依"字的边界在 0.215795 秒的位置，"依"字和"依"字的边界在 0.374846 秒的位置。如图中虚线所示，比对着 $F0_{EGG}$ 折线图，把这两个位置对应到 EGG 三参数的折线图上即可。

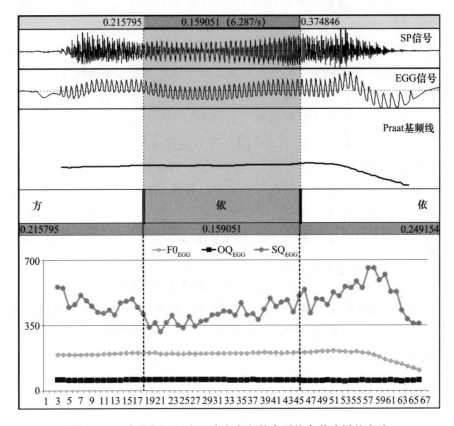

图 4-20　在基频、开商、速度商参数中寻找音节边界的方法

如第二章所述，EggWorks 在提取发声参数之前首先将 EGG 信号进行分帧，每一帧一般只包含一个 EGG 脉冲。该程序所输出的 Excel 表格中还给出了每一帧的时间起点和时间终点，可以根据这些时间点来确定 PIC 和 |PDC| 参数中的音节边界线。如果两音节之间有停顿或者清擦辅音、清塞擦辅音的出现，则帧起始时间点和帧结束时间点会在这个位

置上出现时间不连续现象，也即程序在该位置找不到可以提取发声参数的 EGG 脉冲，该位置就是音节的边界之所在。如果两音节之间是浊音或者元音，不存在帧时间不连续现象，那么，我们就如图 4 - 20 的上部所示，首先在 praat 界面上找到音节的边界位置 0.215795 秒和 0.374846 秒，再在 EggWorks 所输出的 Excel 表格中找到与这两个时间点最接近的帧起始时点或帧结束时点，即为音节"方"与"依"、"依"与"依"在 PIC 和 | PDC | 参数中的音节边界位置。

　　然而，将 F0$_{EGG}$、OQ$_{EGG}$、SQ$_{EGG}$、PIC 和 | PDC | 这五个发声参数都按音节求平均值会导致产生一个问题。由于情感语音的特殊性和复杂性，在同一个语句中，不同的音节会运用不同的发声类型。在同一个音节里面也经常会运用不同的发声类型，也即在同一个音节内部会出现发声类型的来回变换现象，这就体现为同一音节内部诸发声参数的不断变化。如果我们把 F0$_{EGG}$、OQ$_{EGG}$、SQ$_{EGG}$、PIC、| PDC | 按音节求平均值，就会掩盖掉同一音节内部的发声参数变异，从而削弱因子分析的效度。鉴于此，我们在按音节计算这五个发声参数的平均值的同时也计算出了参数在一个音节内的变异系数（coefficient of variance），其计算公式如下。

$$变异系数 = \frac{一个音节内发声参数的标准差 \; \delta}{一个音节内发声参数的平均值 \; \bar{X}}$$

　　虽然方差和标准差都是反映一组数据差异程度的绝对值，但是，其数值的大小，不仅取决于数值的差异程度，而且还与变量值水平的高低、计量单位的不同有关。所以不宜直接利用这两个变异指标对不同水平、不同单位的现象进行比较。用标准差除以平均值得到变异系数，实际上就是一个无量纲化处理的过程，也即，把反映数据绝对差异程度的变异指标转化成了反映数据相对差异程度的指标（宋廷山等，2012）。因此，变异系数可用于比较水平高低不同、计量单位不同的数据。我们这里的五个发声参数不仅单位各不相同：基频的单位是赫兹，开商与速度商的单位是百分比，PIC 与 | PDC | 都是斜率与时间的比值，它们的量级也差别很大：开商值从不大于一百，速度商值却可以大到四五百或者五六百，PIC 的值可以大到八九百甚至上千，| PDC | 的值却往往小得多。因此，我们这里采用变异系数是合理的选择。F0_CV 代表一个音节内基频的变

异程度，OQ_CV 代表一个音节内开商的变异程度，SQ_CV 代表一个音节内速度商的变异程度，PIC_CV 代表一个音节内 PIC 值的变异程度，PDC_CV 代表一个音节内 | PDC | 值的变异程度。

anyinjiejunzhilisanduF0OQSQ. m 和 anyinjiejunzhilisanduPICPDC. m 是我们运用 MATLAB 编写的程序，它们可以自动将一句话中的基频、开商、速度商和 PIC、| PDC | 按音节计算出平均值和离散系数。最终，我们从男女声不同情感类型语段中计算出来的 F0mean、OQmean 和 SQmean、F0_CV、OQ_CV、SQ_CV 的数值个数依次为：对于男声暴怒，六者的数目各为 105 个；对于男声惊喜，六者的数目各为 135 个；对于男声害怕，六者的数目各为 179 个；对于男声温和稍显摆，六者的数目各为 204 个；对于男声伤心，六者的数目各为 125 个；对于女声愤怒，六者的数目各为 196 个；对于女声惊喜，六者的数目各为 262 个；对于女声害怕，六者的数目各为 148 个；对于女声温柔的关切，六者的数目各为 100 个；对于女声伤心，六者的数目各为 351 个。

最终，我们从男女声不同情感类型语段中计算出来的 PICmean、PDCmean、PIC_CV 和 PDC_CV 的数值个数依次为：对于男声暴怒，四者的数目各为 106 个；对于男声惊喜，四者的数目各为 135 个；对于男声害怕，四者的数目各为 179 个；对于男声温和稍显摆，四者的数目各为 204 个；对于男声伤心，四者的数目各为 124 个；对于女声愤怒，四者的数目各为 196 个；对于女声惊喜，四者的数目各为 261 个；对于女声害怕，四者的数目各为 148 个；对于女声温柔的关切，四者的数目各为 100 个；对于女声伤心，四者的数目各为 347 个。

4.4.2　缺失值的分析与填充

数据的缺失往往都有一定的规律，这种规律也被称为缺失机制。总的来说，有三种常见的缺失机制：完全随机缺失（Missing Completely at Random，MCAR）、随机缺失（Missing at Random，MAR）和非随机缺失（Missing at Non-Random，MANR）。完全随机缺失是指缺失现象完全是随机发生的，和自身或其他变量的取值无关。这是缺失值问题中处理起来最为简单的一种，可以直接删除缺失值，也可以用均值替换缺失值。随机缺失比完全随机缺失要严重一些，它的含义是，有缺失值的变量，其缺失情况的发生与数据集中其他无缺失变量的取值有关。这种情况不仅会导致信息损失，更有可能会导致分析结论发生偏差。当缺失机制为随机缺失时，直接将缺失值删除或者简单地用均数填充都不合适，而应当采用更为复杂的算法对缺失值进行估计。非随机缺失是最为糟糕的一种情形，它是指数据的缺失不仅和其他变量的取值有关，也和自身的取值有关，比如调查收入时，收入高的人会出于各种原因不愿意提供家庭年收入值。在这种情况下，缺失值分析模型基本上无能为力，只能做非常粗略的估计。也就是说，在这三种缺失机制当中，非随机缺失基本上是没有什么统计方法可以处理的，统计分析基本上只会对完全随机缺失和随机缺失的情形进行分析，尤其是后者（张文彤等，2013）。

经过上述的参数调整，我们将有十四个发声参数用于因子分析：F0mean，OQmean，SQmean，F0_CV，OQ_CV，SQ_CV，Jitter，Shimmer，HNR，PICmean，PDCmean，PIC_CV，PDC_CV，RMSeggmean。它们都来自喉头仪信号，但是，这里为了书写方便就没有再给它们都加上 EGG 标示。我们发现，不管是在男声数据中，还是在女声数据中，这十四个发声参数的值的数目也并非完全相同，缺失值的个数在 1 到 5 个之间不等。按理说，这些发声参数都是从相同的情感语段中按音节求出来的，不应该数目不等。但是，细究起来，我们发现，是情感语段中耳语嗓音（whispery voice）的出现导致了这种缺失现象的发生。耳语嗓音有时候会导致一个音节中的整个韵母都完全清化，这种韵母清化了的音节的喉头仪信号上要么没有 EGG 脉冲，要么只有一两个 EGG 脉冲。在前一种情况下，我们不能从 EGG 信号中算出任何参数来。在后一种情况下，我们可以从 EGG 信号中算出基频、开商、速度商、PIC、｜PDC｜的值，通过插值也可以算出 F0_CV、OQ_CV、SQ_CV、PIC_CV 和 PDC_CV 的值，但是却不能算出 Jitter，Shimmer 和 HNR 的值。这就造成了按音节得到的不同发声参数的个数不相等。当然，我们的操作疏忽也可能是造成这种数据缺失的一项原因。鉴于此，我们根据缺失机制的定义把这里的数据缺失现象判断为随机缺失。

SPSS 13.0 为我们提供了两种缺失值的填充算法：回归算法（Regression）和期望最大化算法（EM）。当数据缺失比较少、缺失机制也比较明确时，回归算法的效果尚可，但是，如果变量之间的联系较为复杂，可能会呈现出曲线联系时，使用线性关联的回归算法可能并不合适。除此之外，当数据缺失较多时，回归算法的效果一般也不佳。在这些更为复杂的情况下，期望最大化算法将是更为合适的选择（张文彤等，2013）。我们的十四个发声参数之间的关系就比较复杂。比如在一般情况下，基频与开商之间是正相关关系，两者与速度商之间是负相关关系。但是，一旦出现了特殊的发声类型，两者与速度商之间的关系就有可能变成正相关或者曲线相关（尹基德，2010）。而情感语音中，特殊的发声类型又经常出现。另外，我们在本研究之外还观察到一种现象。就是当一个人的基频从最低音开始、一步一步呈线性上升、经正常嗓音再变到假声的过程中，其 PIC 和 | PDC | 的值首先是由小变大，之后又由大变小，基频与 PIC 和 | PDC | 也似乎是曲线相关的。基于这样的已有知识，我们决定选用 EM 算法填充缺失值。

期望最大化是一种迭代算法，最初由 Dempster 等提出，主要用来求后验分布的最大似然估计值，该算法在缺失值的估计上非常有效。它的每一次迭代都是由两步组成：E 步求期望（Expectation），M 步则将随机参数进行极大化（Maximization）。简单地说，未知某个随机变量的值，需要在 Y 和当前模型参数条件下求出期望值。在运算时就首先给该变量一个初始值，然后求出模型中的各个参数估计值（M 步）。随后利用新估计出的模型对该随机变量值进行估计（E 步），如此反复迭代，直到收敛为止。大量的实践证明，期望最大化算法可以很好地处理大多数缺失值问题，是一个很稳健的缺失值填充方法（张文彤等，2013）。经过 EM 填充，男声五情感类型的十四个参数都各有 749 个值，女声五情感类型的十四个参数都各有 1057 个值。不管是男声还是女声，EM 填充前后，各参数的均值和标准差几乎没啥变化。男女声汇总在一起，十四个发声参数都各有 1806 个值，我们将要对男女声汇总后的十四个参数做因子分析。

4.4.3　因子分析及其结果

我们把九个发声参数转化成十四个，一方面是为了便于因子分析，另一方面也是为了保证这十四个参数能从尽量多的侧面反映出情感语音的 EGG 波形特征。表 4 – 6 是这十四个发声参数的相关关系矩阵。可以看到，有不少发声参数两两之间都有着极显著的相关关系，在表中用双星号来标示（ ** 表示 p < 0.01 ），也有一些两两之间有着显著性相关关系，在表中用单星号来标示（ * 表示 p < 0.05 ）。因此，很有必要进行因子分析，将变量降维。只有通过因子分析才能够挖掘出是哪些不可测量的、生理的或心理的潜在因素对不同情感类型语段的发声特征造成了影响，也才能够触及到情感表现的生理或心理机制。

为了进一步坐实这十四个变量是否适合于做因子分析，我们首先对它们进行了 KMO 检验和 Bartlett 球形检验。一般的规律是：当 KMO 统计量大于 0.9 时，对变量做因子分析效果最佳；当它为 0.7 以上时，做因子分析可以接受；当它为 0.5 以下时不宜做因子分析（杜强等，2011）。从表 4 – 7 可知，这里得到的 KMO 统计量为 0.658，因此我们的因子分析也可以做一下。巴特利特球形检验是以变量的相关系数矩阵为出发点的。它的零假设是相关系数矩阵是一个单位阵，即相关系数矩阵对角线上的所有元素都为 1，所有非对角线上的元素都为零。Bartlett 球形检验的统计量是根据相关系数矩阵的行列式得到的。若其值较大，且其对应的相伴概率值小于用户心目中的显著性水平，那么应该拒绝零假设，认为相关系数矩阵不可能是单位阵，即原始变量之间存在相关关系，适合于做因子分析。相反，若该统计量的值较小，且其对应的相伴概率值大于显著性水平，则不能拒绝零假设，认为相关系数矩阵可能是单位阵，不适合做因子分析（谢蕾蕾等，2013）。表 4 – 7 显示，这里算出的 Bartlett 球形检验统计量的值较大，为 11696.051，其对应的相伴概率值为 0.000，远小于显著性水平 0.05，因此我们的十四个发声参数完全适合于做因子分析。

表4-6 十四个发声参数的相关系数矩阵

		F0mean	OQmean	Sqmean	10_CV	oq_CV	sq_CV	Jitter	Shimmer	HNRdB	PICmean	PDCmean	PIC_CV	PDC_CV	RMSeggmean
F0mean	Pearson Correlation	1	-0.105**	-0.239**	0.085**	0.130**	0.293**	-0.134**	-0.236**	0.157**	-0.276**	-0.085**	0.063**	0.062**	0.006
	Sig. (2-tailed)		0.000	0.000	0.000	0.000	0.000	0.000	0.000	0.000	0.000	0.000	0.007	0.009	0.809
	N	1806	1806	1806	1806	1806	1806	1806	1806	1806	1806	1806	1806	1806	1806
OQmean	Pearson Correlation	-0.105**	1	-0.430**	-0.010	-0.188**	-0.038	0.102**	0.151**	-0.148**	-0.015	0.062**	0.022	-0.147**	-0.012
	Sig. (2-tailed)	0.000		0.000	0.664	0.000	0.103	0.000	0.000	0.000	0.521	0.009	0.344	0.000	0.604
	N	1806	1806	1806	1806	1806	1806	1806	1806	1806	1806	1806	1806	1806	1806
SQmean	Pearson Correlation	-0.239**	-0.430**	1	0.220**	0.298**	0.059*	-0.025	-0.042	0.003	0.090**	-0.043	-0.134**	0.098**	-0.021
	Sig. (2-tailed)	0.000	0.000		0.000	0.000	0.012	0.287	0.072	0.882	0.000	0.071	0.000	0.000	0.384
	N	1806	1806	1806	1806	1806	1806	1806	1806	1806	1806	1806	1806	1806	1806

续表

		FD0mean	OQmean	Sqmean	10_CV	oq_CV	sq_CV	Jitter	Shimmer	HNRdB	PICmean	PDCmean	PIC_CV	PDC_CV	RMSeggmean
f0_CV	Pearson Correlation	0.085**	-0.010	0.220**	1	0.508**	0.497**	0.415**	0.238**	-0.413**	-0.132**	-0.146**	0.176**	0.295**	0.001
	Sig. (2-tailed)	0.000	0.664	0.000		0.000	0.000	0.000	0.000	0.000	0.000	0.000	0.000	0.000	0.965
	N	1806	1806	1806	1806	1806	1806	1806	1806	1806	1806	1806	1806	1806	1806
oq_CV	Pearson Correlation	0.130**	-0.188**	0.298**	0.508**	1	0.554**	0.151**	0.121**	-0.268**	0.167**	-0.107**	0.254**	0.351**	0.038
	Sig. (2-tailed)	0.000	0.000	0.000	0.000		0.000	0.000	0.000	0.000	0.000	0.000	0.000	0.000	0.110
	N	1806	1806	1806	1806	1806	1806	1806	1806	1806	1806	1806	1806	1806	1806
sq_CV	Pearson Correlation	0.293**	-0.038	0.059*	0.497**	0.554**	1	0.156**	0.079**	-0.244**	-0.270**	-0.169**	0.294**	0.291**	0.040
	Sig. (2-tailed)	0.000	0.103	0.012	0.000	0.000		0.000	0.001	0.000	0.000	0.000	0.000	0.000	0.087
	N	1806	1806	1806	1806	1806	1806	1806	1806	1806	1806	1806	1806	1806	1806

续表

		F0mean	OQmean	Sqmean	10_CV	oq_CV	sq_CV	Jitter	Shimmer	HNRdB	PICmean	PDCmean	PIC_CV	PDC_CV	RMSegmean
Jitter	Pearson Correlation	-0.134**	0.102**	-0.025	0.415**	0.151**	0.156**	1	0.522**	-0.651**	-0.174**	-0.23**	0.175**	0.187**	-0.017
	Sig. (2-tailed)	0.000	0.000	0.287	0.000	0.000	0.000		0.000	0.000	0.000	0.000	0.000	0.000	0.473
	N	1806	1806	1806	1806	1806	1806	1806	1806	1806	1806	1806	1806	1806	1806
Shimmer	Pearson Correlation	-0.236**	0.151**	-0.042	0.238**	0.121**	0.079**	0.522**	1	-0.697**	-0.120**	-0.150**	0.183**	0.174**	0.145**
	Sig. (2-tailed)	0.000	0.000	0.072	0.000	0.000	0.001	0.000		0.000	0.000	0.000	0.000	0.000	0.000
	N	1806	1806	1806	1806	1806	1806	1806	1806	1806	1806	1806	1806	1806	1806
HNRdb	Pearson Correlation	-0.157**	-0.148**	0.003	-0.413**	-0.268**	-0.244**	-0.651**	-0.697**	1	0.226**	0.222**	-0.230**	-0.283**	-0.163**
	Sig. (2-tailed)	0.000	0.000	0.882	0.000	0.000	0.000	0.000	0.000		0.000	0.000	0.000	0.000	0.000
	N	1806	1806	1806	1806	1806	1806	1806	1806	1806	1806	1806	1806	1806	1806

续表

		FOmean	OQmean	Sqmean	10_CV	oq_CV	sq_CV	Jitter	Shimmer	HNRdB	PICmean	PDCmean	PIC_CV	PDC_CV	RMSeggmean
PICmean	Pearson Correlation	-0.276**	-0.015	0.090**	-0.132**	-0.167**	-0.270**	-0.174**	-0.120**	0.226**	1	0.899**	-0.251**	-0.180**	0.370**
	Sig. (2-tailed)	0.000	0.521	0.000	0.000	0.000	0.000	0.000	0.000	0.000		0.000	0.000	0.000	0.000
	N	1806	1806	1806	1806	1806	1806	1806	1806	1806	1806	1806	1806	1806	1806
PDCmean	Pearson Correlation	-0.085**	0.062**	-0.43	-0.146**	-0.107**	0.169**	-0.230**	-0.150**	0.222**	0.899**	1	-0.171**	-0.155**	0.452**
	Sig. (2-tailed)	0.000	0.009	0.071	0.000	0.000	0.000	0.000	0.000	0.000	0.000		0.000	0.000	0.000
	N	1806	1806	1806	1806	1806	1806	1806	1806	1806	1806	1806	1806	1806	1806
PIC_CV	Pearson Correlation	0.063**	0.022	-0.134**	0.176**	0.254**	0.294**	0.175**	0.183**	-0.230**	-0.251**	-0.171**	1	0.661**	0.002
	Sig. (2-tailed)	0.007	0.344	0.000	0.000	0.000	0.000	0.000	0.000	0.000	0.000	0.000		0.000	0.932
	N	1806	1806	1806	1806	1806	1806	1806	1806	1806	1806	1806	1806	1806	1806

续表

		F0mean	OQmean	Sqmean	10_CV	oq_CV	sq_CV	Jitter	Shimmer	HNRdB	PICmean	PDCmean	PIC_CV	PDC_CV	RMSeggmean
PDC_CV	Pearson Correlation	0.062**	-0.147**	0.098**	0.295**	0.351**	0.291**	0.187**	0.174**	-0.283**	-0.180**	-0.155**	0.661**	1	0.066**
	Sig. (2-tailed)	0.009	0.000	0.000	0.000	0.000	0.000	0.000	0.000	0.000	0.000	0.000	0.000		0.005
	N	1806	1806	1806	1806	1806	1806	1806	1806	1806	1806	1806	1806	1806	1806
RMSeg mean	Pearson Correlation	0.006	-0.012	-0.021	0.001	0.038	0.040	-0.017	0.145**	-0.163**	0.370**	0.452**	0.002	0.066**	1
	Sig. (2-tailed)	0.809	0.604	0.384	0.965	0.110	0.087	0.473	0.000	0.000	0.000	0.000	0.932	0.005	
	N	1806	1806	1806	1806	1806	1806	1806	1806	1806	1806	1806	1806	1806	1806

注：**、*分别代表 $p < 0.05$、$p < 0.01$。

表 4 – 7　　　　　　　　　　　KMO 检验和 Bartlett 球形检验的结果

Kaiser-Meyer-Olkin Measure of Sampling Adequacy.		0.658
Bartlett's Test of Sphericity	Approx. Chi-Square	11696.051
	df	91
	Sig.	0.000

　　我们用 SPSS 13.0 对十四个变量做因子分析时，选择了主成分分析法（principal components）作为提取公共因子的方法。该法假设变量是因子的线性组合，第一主成分有着最大的方差，后续主成分所解释的方差逐个递减，各主成分之间互不相关。主成分分析法通常用来计算初始公因子，它是使用最多的因子提取方法（杜强等，2011）。另外，有两种矩阵可以用作计算公因子的依据，一种是相关性矩阵（correlation matrix），而另一种是协方差矩阵（covariance matrix）。前者适用于各变量的度量单位不同时的情况，后者适用于各变量的方差不相等时的情况（杜强等，2011）。由于我们的十四个变量的度量单位多有不同，有的是赫兹，有的是比值，有的是分贝，有的是百分比，所以我们指定以分析变量的相关性矩阵作为提取公共因子的依据。

　　当从因子分析模型得到的公共因子（factor）没有较好解释的时候，一般可以对因子进行旋转（rotation）以得到原始变量和公共因子之间关系的较好解释。就像用望远镜观测远方的风景时，如果从一个角度看不清楚，那么就把望远镜调整一下，可以看得更加清晰。因子旋转分为正交旋转和非正交旋转。在正交旋转下，特殊因子的协方差、公共因子的协方差等都不改变，因此，旋转之后的公共因子仍然是互不相关的。但是，非正交旋转不再保证公共因子之间的不相关性。最大方差法（varimax）属于正交旋转，是目前最为流行的一种因子旋转方法。它通过旋转来最大化公因子上变量载荷的方差，使得一个因子上的某些载荷系数要么比较大，要么比较小，但是鲜有中等大小的载荷。通俗地讲，该方法从列上简化载荷系数，以使我们更容易理解公因子的意义，便于给公因子命名（李洪成等，2012）。为了能够保证所得公因子之间的线性无关性，我们这里的因子旋转采用了最大方差法。

因子分析的最后一步是计算因子得分（component score）。公共因子确定以后，对于每一个样本数据，希望得到它在不同公因子上的具体数据值，这些数值就是因子得分。在所建立的因子模型中，已经将总体中的原有变量分解为公共因子与特殊因子的线性组合：

$$X_i = a_{i1}F_1 + a_{i2}F_2 + \cdots + a_{im}F_m + \varepsilon_i, \ i = 1, 2, \cdots, p$$

同样地，可以把每个公共因子表示成原有变量的线性组合，称之为因子得分函数：

$$F_j = b_{j1}X_1 + b_{j2}X_2 + \cdots + b_{jp}X_p, \ j = 1, 2, \cdots, m$$

运用因子得分函数可以计算每一个样本数据在各个公共因子上的得分，从而解决公共因子不可测量的问题。因子得分可以被看作是对原始数据的降维和简约，它可以进一步用于其他的统计分析过程，如聚类分析、判别分析等（杜强等，2011）。我们在因子得分设置中勾选了 save as variables 选项，以期把每一个因子得分都作为新变量保存下来，以便对它们做进一步的统计分析。我们选择回归法（Regression）作为估计因子得分系数的方法，由该法得到的因子得分的均值为 0。最后，勾选 Display factor score coefficient matrix 选项以输出标准化的因子得分系数矩阵。

因子分析的结果如表 4 - 8 和表 4 - 9 所示。从表 4 - 8 可以看到，一共有五个公共因子的特征值（eigenvalue）大于 1，提取这五个公因子就可以解释原有变量总方差的 73.683%，也即这 5 个公因子能够反映上述十四个发声参数所代表的全体信息的 73.683%，因此，可以认为因子分析的结果比较好。

表 4 - 9 显示的是旋转后的因子载荷矩阵。因子载荷是变量与公共因子的相关系数，对于一个变量来说，载荷绝对值越大的因子与它的关系越密切，也更能代表这个变量（杜强等，2011）。如果公因子在某一个变量的系数为负值，则说明该变量在该因子上起逆向作用；反之，起同向作用（李洪成等，2012）。从表 4 - 9 可以看到，公因子一与 Jitter、Shimmer 及 HNR 这三个参数关系甚密，它们的因子载荷依次为 0.784、0.826 和 - 0.855，绝对值在所有变量中是最大的。同样道理，公因子二主要是代表 SQ_CV、OQ_CV、F0_CV 和 F0mean 这四个变量，因子载荷

表 4 – 8　可解释的方差比例

Component	Initial Eigenvalues			Extraction Sums of Squared Loadings			Rotation Sums of Squared Loadings		
	Total	% of Variance	Cumulative %	Total	% of Variance	Cumulative %	Total	% of Variance	Cumulative %
1	3.611	25.796	25.796	3.611	25.796	25.796	2.592	18.516	18.516
2	2.105	15.039	40.834	2.105	15.039	40.834	2.183	15.594	34.110
3	1.928	13.774	54.609	1.928	13.774	54.609	2.183	15.592	49.702
4	1.493	10.667	65.276	1.493	10.667	65.276	1.730	12.357	62.059
5	1.177	8.407	73.683	1.177	8.407	73.683	1.627	11.625	73.683
6	0.859	6.133	79.817						
7	0.639	4.564	84.381						
8	0.477	3.409	87.790						
9	0.419	2.992	90.783						
10	0.372	2.659	93.442						
11	0.334	2.384	95.826						
12	0.290	2.069	97.895						
13	0.231	1.648	99.542						
14	0.064	0.458	100.000						

依次为 0.820、0.712、0.685、0.567。公因子三主要与 PDCmean、PIC-mean 和 RMSeggmean 关系密切，因子载荷依次为 0.920、0.877 和 0.714。公因子四代表 PIC_CV 和 PDC_CV，因子载荷依次为 0.891 和 0.860。公因子五主要与 SQmean 和 OQmean 关系密切，因子载荷依次为 0.888 和 − 0.693。

表 4 − 9　　　　　　　　　　旋转后的因子载荷矩阵

	Component				
	1	2	3	4	5
HNRdB	− 0.855	− 0.213	0.038	− 0.153	0.066
Shimmer	0.826	− 0.015	0.011	0.126	− 0.084
Jitter	0.784	0.152	− 0.126	0.039	− 0.049
SQ_CV	0.073	0.820	− 0.070	0.178	− 0.019
OQ_CV	0.145	0.712	0.004	0.204	0.338
f0_CV	0.418	0.685	− 0.017	0.020	0.182
F0mean	− 0.452	0.567	− 0.152	0.044	− 0.360
PDCmean	− 0.180	− 0.089	0.920	− 0.107	− 0.040
PICmean	− 0.096	− 0.226	0.877	− 0.172	0.138
RMSeggmean	0.113	0.122	0.714	0.110	− 0.091
PIC_CV	0.112	0.119	− 0.087	0.891	− 0.113
PDC_CV	0.142	0.200	− 0.020	0.860	0.162
SQmean	0.055	0.094	0.010	− 0.094	0.888
OQmean	0.261	− 0.095	0.050	− 0.133	− 0.693

4.4.4　讨论

我们知道，喉头仪信号反映了发浊辅音或者元音时声带接触面积的周期性变化情况，因此也体现着声带振动的频率即基频。这里的 Jitter 指的是一个音节内部的基音周期也即基频的变异程度，Shimmer 则是指该音节内部 EGG 振幅也即声带接触面积最大值的差异程度，而 HNR 是表示该音节内部谐音成分相对于噪音成分的比值，它的值越大就说明此音节的谐波性越强、噪音性越弱。声带振动越不规则也即 Jitter 和 Shimmer 的值越大，则 HNR 的值就越小，也即音节的谐波性就越差。所以，这三个参数相互作用，共同标示着声带振动的规则性程度，也即，公因子一可以归结为声带振动不规则度。从方差分析可知，男声的这三个参数倾向于把害怕跟其他四类情感区分开，而女声的这三个参数倾向于把害怕和伤心跟其他情感类型区分开。这说明男女被试在表达情感时既有共同点又有差别。女性的伤心语段中常常有哭腔的出现。但是，男性在伤心时倾向于运用低沉哀婉的声音，却不愿意呜呜咽咽地哭。不过在害怕的时候，他们都倾向于声音颤抖，肢体哆嗦。正是哭腔和声音颤抖导致了声带振动规则度的大大降低。

PIC 指的是 EGG 信号的微分波形上的最大正峰值除以时间，也就是 EGG 波形上的最大正斜率值除以时间，它的位置常常被看作是声门的关闭时点。PDC 指的是 EGG 信号的微分波形上的最小负峰值除以时间，也就是 EGG 波形上的最小负斜率值除以时间，它的位置常常被看作是声门的打开时点。这两个参数的绝对值越大，则 EGG 脉冲就看上去越陡峭。Marasek（1996）在研究德语重音及松紧元音时曾对此二参数提出过看法：接触段的两个坡度，也就是这里的 PIC 和 PDC，可能会适用于激励力度（excitation strength）的研究，因为它们反映的是声门打开动作及关闭动作的速度快慢，并且还包含了振幅方面的特征。Michaud（2004）也讨论过 DECPA 也即 PIC 在不同音域内的变化规律。他认为在做 DECPA 研究时也应考虑到 Roubeau 所区分的说话及歌唱中的四个喉头机制：机制 0，即气泡音；机制 I，在男性的言语中最常用，女性在她们基频范围的较低端运用此机制；机制 II（男声最高音/女中音—女高音/女高音），在该喉机制的情况下，声带的振动部分较小，这是由于杓状软骨被挤压所导致；机制 III，用于极高的基频。在机制 II 的情况下，比在机制 I 的情况下 DECPA 的值要小，且表现出较小的变异。

我们曾经让十几名发音人在不同的音高层级上发持续元音/a/，从其音域的最低端逐步攀升到最高端，中间经历的音高层级个数不限，由他们根据自己的嗓音条件自行决定。图 4-21 是林幼菁老师在 11 个音高层级上发持续元音/a/时的 EGG 波形图，11 路信号都在相同的纵坐标范围上显示，图 4-22 是其 11 个音高层级的 PIC 均值和 | PDC | 均值的折线图。从这两幅图可以看到：在她音域的最低端即层级一的位置，EGG 波形的振幅很小，PIC 和 | PDC | 的均值也很小；随着基频的线性提高，EGG 振幅及 PIC、| PDC | 均值也呈现出非线性逐步增大的趋势；在她

音域的中部靠上处也即层级七的位置，此三者的值达到了最大；之后，此三者的值又开始逐步变小，当过了假声音域到达层级十一时，它们的值又恢复到了最小。

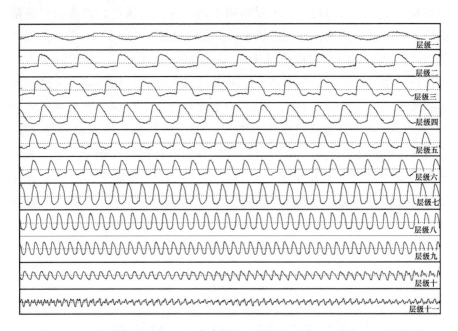

图 4 - 21　林幼菁老师在 11 个音高层级上发持续元音/a/时的 EGG 波形图

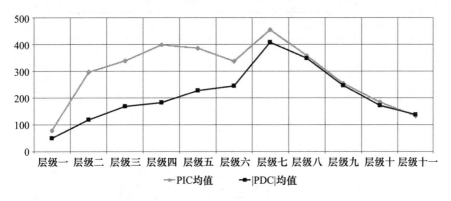

图 4 - 22　林幼菁老师的 11 个音高层级的 PIC 均值和｜PDC｜均值

图 4 - 23 是林幼菁老师在 11 个音高层级上发持续元音/a/时的语音

信号波形图。同样，十一路信号都在相同的纵坐标范围上显示，以便对比。可以看到：在她音域的最低端即层级一的位置，语音信号的振幅很小，小得几乎看不见；之后，随着基频的线性提高，其语音信号的振幅也呈现出逐渐增大的趋势，不过增幅不大；过了层级七，语音信号振幅的增大幅度骤然变大，直至层级十一。我们也计算出了其 11 个音高层级的语音信号振幅的方均根值（Root Mean Square，RMS），并将这些方均根值按音高层级求出了平均值，如图 4 – 24 中名字为 RMSadmean 的黄色折线所示。可以看到，RMSadmean 的变化趋势也是层级七之前小幅度缓升，层级七之后升幅骤然增大。图 4 – 24 中的红色折线表示的是这 11个音高层级的 RMSeggmean 的值。可以看到：在音高层级七之前，RM-Seggmean 的值是先小幅下降，再小幅上升，总体上变化很小；在音高层级七之后，RMSeggmean 的值骤然剧增，但是也是呈现出了先降后升的趋势。

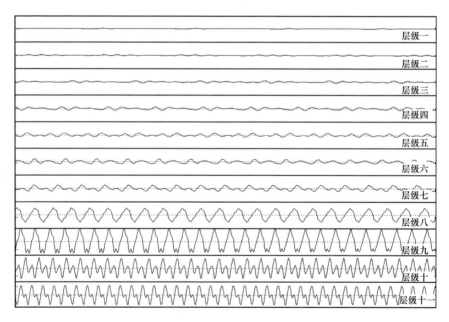

图 4 – 23　林幼菁老师在 11 个音高层级上发持续元音/a/时的语音信号波形图

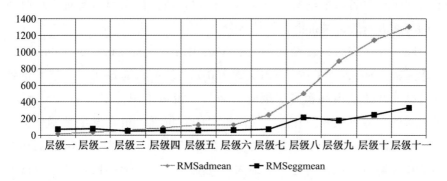

图4-24 林幼菁老师的11个音高层级的RMSadmean和RMSeggmean的折线图

我们知道，是声带的激励力度或者叫发声力度再加上声道的共鸣调制效应，两者共同发挥作用，才形成了语音信号最终的振幅形状。对比一下图4-21和图4-23，可以看到，就在基频以线性趋势升高的过程中，EGG振幅和SP振幅呈现出了两种不同的变化模式。图4-22中的PIC折线与∣PDC∣折线大体上都是先升后降的，而图4-24中的RMSadmean折线大体上是一直持续上升的，两者的不同正是EGG振幅和SP振幅变化模式不同的体现。由此我们可以做出推断：喉头仪脉冲振幅的大小及陡峭程度的不同也即PIC和PDC的绝对值的大小体现的就是声带发声力度的大小；它随着不同音域或者不同发声类型中的激励力度的不同而变化，所以其变化有着自己独立的模式，不同于发声力度加上声道调制后所形成的SP振幅的变化模式。

从上文可知，RMSegg是对EGG信号进行截止频率为10赫兹的低通滤波后得到的低频信号的方均根植，这里的RMSeggmean是按音高层级求出的这些方均根值的平均值，它反映的是说话时喉头上下移动程度的大小。对比一下图4-22和图4-24，可以看到，随着基频的线性升高，RMSeggmean呈现出了与PIC、∣PDC∣不同的变化模式，其模式跟RMSadmean的变化模式也不完全相同。但是从总体上看，在不同的音域或者发声类型中，RMSeggmean的值差别很大。由此我们推测，在音高层级七前后，这种喉头上下移动程度的陡然变化，可能是发声力度变化所必需的伴随现象。鉴于此，我们把代表PICmean、PDCmean和RMSeggmean

的公因子三命名为声带发声力度似乎更为合适。该发声力度对本章所涉及的男女五情感类型都能很好地区分。

Fant 等（2004）曾经让一名被试运用滑音（glissando phonation）发持续元音［ae］，其基频从80Hz到250Hz。然后，通过逆滤波技术得到该持续元音处于不同音高层级时的声门气流波形图，如图4－25所示。可以看到：随着基频的升高，气流波形的右偏程度也在发生着变化；同时，气流波形的振幅也在逐步增大，在被试基频音域的中部位置也即大约110Hz附近，振幅值达到了最大；之后，气流波形的振幅又开始逐渐变小。声门气流振幅的这一变化模式跟图4－21中EGG波形振幅的变化模式大体相似，都是先增大而后再变小。这就从另一个侧面支持了我们把公共因子三称为声带发声力度的决定。

我们知道，EGG的开商表示在一个基音周期内声门处于打开状态的时长比例，EGG的速度商表示在声门的闭相内声带接触面积的变化情况，也即从声门打开点到声带接触面积最大点与从声带接触面积最大点到声门关闭点这两段的时长比例。因此，我们把代表OQmean和SQmean的公因子五归结为声门的打开关闭特征，它对本章中的男女五种情感几乎都能很好地区分。公因子二主要代表SQ_CV、OQ_CV、F0_CV和F0mean这四个变量，公因子四主要代表PIC_CV和PDC_CV这两个变量。这两个公共因子可以合并为一个，主要表示的是一个音节内部基频、开商、速度商、PIC、｜PDC｜的变异程度。我们称之为音节内发声变化特征。

这样一来，原先的十四维发声参数就被约简成了四个维度：声带振动不规则度，声带发声力度，声门打开关闭特征和音节内发声变化。这四个维度反映的是情感语音中所出现的发声类型的生理特点。在上文的因子分析中，我们还通过设置SPSS 13.0保存了五个公共因子的因子得分（component score）。如果把公因子二和公因子四的得分加起来用以代表音节内发声变化的因子得分，那么，我们就可以依据四类因子得分，从上述四个生理维度对男、女声五种情感类型语段的发声特点进行简要地总结了。

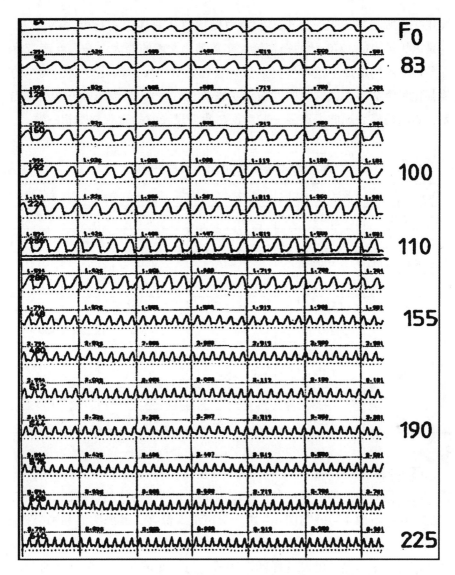

图 4－25　从一名被试的滑音发声中通过逆滤波得到的声门
气流波形（Fant 等，2004）

4.4.5　总结不同情感类型语段的发声特点

我们把声带振动不规则度、声带发声力度、声门打开关闭特征和音节内发声变化这四个发声维度分男女按情感类型语段求出了平均值，如

表 4 – 10 所示。首先，男声的发声力度均值从总体上看比女声的要大，这是因为男声的 EGG 脉冲振幅绝大多数都比女声的要大，是男女声带生理条件的不同造成了这种差异。另外，在音节内发声变化方面，女声的值都比男声的要大，这说明女被试更擅长于在一个音节内部变换发声类型，她的情感表现能力更强一些，这与我们录音时的直观感受相一致。

表 4 – 10　　　　　　　男、女五情感类型的因子得分的平均值

四个发声维度		声带振动不规则度	声带发声力度	声门打开关闭特征	音节内发声变化
男声五情感	惊喜	– 0.065	1.095	0.420	– 0.227
	暴怒	– 0.137	2.466	0.100	0.411
	温和稍显摆	0.099	0.247	0.334	– 0.871
	害怕	0.637	0.056	– 0.496	– 0.408
	伤心	0.023	0.836	0.213	– 0.917
女声五情感	惊喜	– 0.376	– 0.832	0.542	0.608
	愤怒	– 0.537	– 0.483	0.450	1.275
	温柔的关切	– 0.546	– 0.518	– 0.313	– 0.463
	害怕	0.164	– 0.346	– 0.585	0.789
	伤心	0.342	– 0.452	– 0.529	– 0.362

图 4 – 26 是男声五情感类型各个维度因子得分的平均值的折线图，图 4 – 27 是女声五情感类型各个维度因子得分的平均值的折线图。下面，我们对比一下图 4 – 26 与图 4 – 27，男声沿着惊喜、暴怒、温和稍显摆、害怕和伤心的顺序看，女声沿着惊喜、愤怒、温柔的关切、害怕和伤心的顺序看。很明显，沿着这样的顺序看，男、女声四个发声维度的均值折线图的走向是有差异的。在声带振动不规则度方面，是伤心情感的差异以及"温和稍显摆"与"温柔的关切"的差异造成了折线走向的不同。在声门打开关闭特征这一维度上，也是这两方面的差异造成了男女声折线走向的不同。在发声力度维上，是暴怒与愤怒、温和稍显摆与温柔的关切、伤心与伤心这三方面的差异造成了男女声折线走向的不同。在音节内发声变化方面，男女声的均值折线图走向一致，都是怒与惧的

音节内部发声变化程度最大。总之，从图4－26和图4－27可以看到男女声情感有三点不同：男声暴怒与女声愤怒不同，直观的感觉是，前者多用吼音（growl），后者很少用吼音；男声温和稍显摆与女声温柔的关

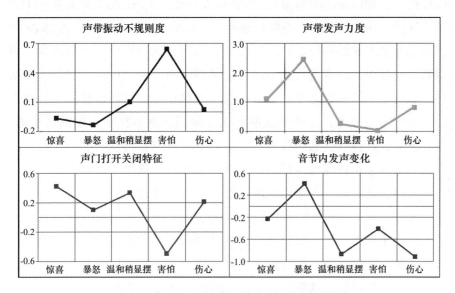

图4－26 男声五情感因子得分均值的折线图

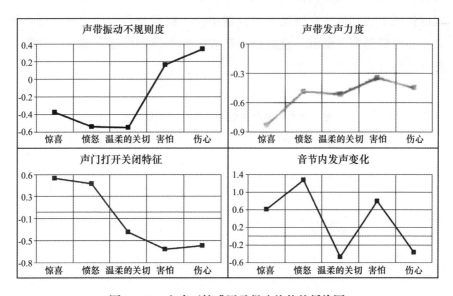

图4－27 女声五情感因子得分均值的折线图

切不同；男声伤心与女声伤心不同，前者不用哭腔，后者多用哭腔，让闻者落泪。

我们把表4–10中四个维度的因子得分平均值分男女按从小到大的顺序排序，均值最小的标为1，均值最大的标为5，其结果如表4–11所示。这样，我们就可以对不同情感类型语段的发声特点做简要地总结了。男声惊喜最明显的特征是在声门打开关闭特征这一维度上得分最高，也即其开商适中，速度商较大，高频能量强，声音明亮度高。另外，该情感也有着较大的发声力度和音节内发声变化程度。男声暴怒的主要特点是，发声力度最大，音节内发声变化度最高，声带振动不规则度最低。可以想象，在这种情感强烈的语段中肯定有着丰富的发声类型，发音人喉头的上下移动程度也是最高的。男声温和稍显摆的主要特点是，发声力度较小，音节内发声变化程度较低，在声门打开关闭特征这一维度上得分较高，也即其速度商与开商都较大。这可能是因为男人在语言柔和时常以运用正常嗓音、低音调嗓音和气嗓音为主的缘故。男声害怕的主要特点是，声带振动最不规则，发声力度最小，在声门打开关闭特征这一维度上得分最低。这跟我们录音时的直观感受相符合：被试声音颤抖，又备受压抑，不敢大声说话。男声伤心的主要特点是，音节内发声变化程度最低，在其他三个维度上得分居中。这也符合我们的主观感受：男人伤心时只是声音低沉，没有运用哭腔，整个语段以正常嗓音、气嗓音和耳语嗓音为主。

表4–11　　　　　　　男、女五情感类型的因子得分平均值排序

四个发声维度		声带振动不规则度	声带发声力度	声门打开关闭特征	音节内发声变化
男声五情感	惊喜	2	4	**5**	4
	暴怒	**1**	**5**	2	**5**
	温和稍显摆	4	2	4	2
	害怕	**5**	**1**	**1**	3
	伤心	3	3	3	**1**

续表

四个发声维度		声带振动不规则度	声带发声力度	声门打开关闭特征	音节内发声变化
女声五情感	惊喜	3	**1**	**5**	3
	愤怒	2	3	4	**5**
	温柔的关切	**1**	2	3	**1**
	害怕	4	**5**	**1**	4
	伤心	**5**	4	2	2

女声惊喜的主要特点是：在声门打开关闭特征这一维度上得分最高，也就是说其开商适中而速度商较大，高频能量强，声音明亮度高；另外，其发声力度最小，这可能是因为其基频往往很高，高出了正常嗓音之外，有时 F0 竟然高达八九百甚至上千赫兹，高音域的 PIC 与 | PDC | 值往往较小，再加上女发音人的喉头上下移动程度也最小，就导致了其发声力度最小。女声愤怒的主要特点是：音节内发声变化程度最大，发声力度中等，声带振动不规则度较小。女声温柔的关切的主要特点是：声带振动最为规则，音节内发声变化程度最小，发声力度也较小；直观的听感是，在该情感语段中低音调嗓音的分量偏大。女声害怕的主要特点是：发声力度最大，这可能是因为女被试在害怕时喉头上下移动程度较大的缘故；另外，在声门打开关闭特征这一维度上得分最小，声带振动的不规则度较高。女声伤心的主要特点是声带振动不规则度最高，这跟女生伤心时多用哭腔有关，另外，其发声力度也较大。

下面着重看看男、女声喜、怒二情感的区别。男声惊喜与男声暴怒的差别主要在发声力度和音节内发声变化两个方面。女声惊喜与女声愤怒的差别也主要是在发声力度和音节内发声变化这两个方面。图 4-28 是男、女声喜、怒二情感的发声力度及音节内发声变化的因子得分直方图。从直方图上看得很清楚，男声暴怒在这两个维度上的因子得分都明显地比男声惊喜的要大，女声愤怒在这两个维度上的因子得分都明显地比女声惊喜的要大。单因素方差分析也表明，男、女声喜、怒二情感在这两个维度上的因子得分有着显著性差异。

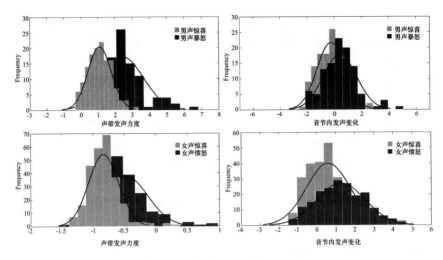

图 4-28　男、女声喜、怒二情感的发声力度及音节内发声变化的
　　　　　因子得分

4.5　总结

归纳起来，可以从本章的研究中得到如下几点看法。第一，让专业演员了解剧情并观看视频后再演绎视频中的情感片段，可以得到很真实的情感语料。第二，基于 SP 和 EGG 双通道信号，从发声的角度研究情感语音是可行的。诸发声参数对不同情感类型语段的区分很有效，虽然不同类型的发声参数在区分不同的情感语段时效度会有差异。第三，RMSegg 即喉头仪信号中的低频成分的方均根值，也可以作为一项发声参数去有效地区分不同的情感类型语段。它标示着发音人在不同情感状态下喉头上下移动程度的高低。第四，虽然情感语音变化多端、很是复杂，但是，我们似乎总可以从声带振动不规则度、声带发声力度、声门打开关闭特征和音节内发声变化这四个发声维度对它们予以很好的厘定。第五，男女声喜、怒二情感在前人的研究中区分得不太好，但是，我们可以根据发声特征来很好地区分它们。它们的主要差别在于发声力度和音节内发声变化这两个方面。第六，不同的情感类型语段对主要应该从不同的发声维度上进行区分。单靠基频、开商、速度商这三个参数来区分所有的情感类型语段恐怕会有难度。

第五章　判定情感语段用到的发声类型：喉头仪波形比对

在第四章中，我们从不同的发声参数入手，通过单因素方差分析和因子分析对普通话不同情感类型语段进行了区分和厘定，收到了理想的效果。可以看到，不同的情感语段在不同类型的发声参数上存在着显著性差异。但是，发声参数的不同是源自发声类型的不同，各种情感语段中究竟运用了哪些发声类型（phonation type）还需要通过喉头仪波形比对做进一步的探究。不然的话，我们就只知其然，不知其所以然，弄不清楚不同情感类型语段之间的发声参数为何会有不同。所以，不进行EGG波形分析，对问题的认识就不够深入。针对EGG波形形状跟发声类型之间的关系，John H. Esling曾做过不少研究。从他（1983）的研究结论来看，不同的发声类型可以根据其喉头仪波形形状的不同而区别开来。从医学角度研究EGG脉冲形状的专家有C. Painter，他（1988）也描述过喉头仪脉冲形状跟发声类型之间的关系。又如图5-1所示，如果把同一位发音人用不同发声类型发/a：/时的EGG信号放在相同的振幅和时间分辨率下显示，那么就可以更清楚地看到EGG脉冲形状随着发声类型的不同而变化的情况（Marasek，1997a）。这样看来，通过喉头仪波形比对来定性普通话情感语段中所出现的发声类型是有必要的，也是切实可行的。

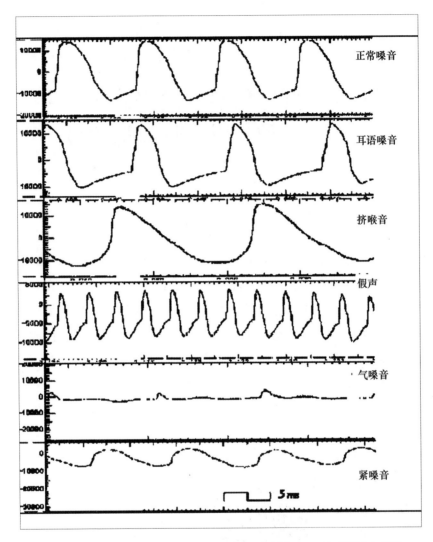

图5-1 同一位被试用六种发声类型发/a：/时的 EGG 波形图在相同的振幅和时间设置下显示（Marasek，1997a）

5.1 发声类型的判断标准

根据诸多前人对发声类型的研究成果，我们决定同时依照以下三个标准来判断发声类型。第一个标准是听感。我们从网络上搜集到了各种发声类型的语音样本作为参照样本。在做判断的时候，把待判样本与参照样本放在一起反复播放、反复听辨、反复比对，以决定待判样本是何种发声类型。第二个标准是喉头仪波形形状。根据前人的研究框架及经验，我们把正常嗓音的 EGG 脉冲形状作为参照波形，将待判嗓音的 EGG 波形跟参照波形相比对以确定待判嗓音为何种发声类型。当然，参照波形和待判嗓音波形是放在相同的振幅和时间分辨率下显示的。第三个标准是基频、开商、速度商、PIC、PDC 等发声参数。若根据前两个标准还难以最终确定待判嗓音的发声类型，那么我们就观察待判嗓音的发声参数，并根据前人研究中所提供的发声参数描述来判断待判嗓音为何种发声类型。当然，EGG 波形形状决定着发声参数，发声参数体现的就是 EGG 波形形状，所以，后两个判断标准是相辅相成、效果一致的。除此之外，还有一些辅助性手段。比如，观察语音信号的波形形状和宽带语图，看看语音信号中是否有高频噪音成分，以辅助确定待判样本是否为气嗓音。再比如，观察语音信号的窄带语图，看看其中是否出现了次谐波（subharmonics），以辅助判断该语音信号是否为吼音。有时候，还要运用 praat 软件观察 SP 或 EGG 信号的基频线和音强曲线以研究哭腔的特点。在整个 EGG 波形比对的过程中，我们始终把前人的发声研究成果作为参照，下面梳理一下前人对各种发声类型的描写和叙述。

5.1.1　正常嗓音（modal voice）

John Laver（2009）认为，要对不同发声设置（phonatory settings）的特点进行描述，首先就要对发声的中性模式（neutral mode of phonation）作出界定，其他模式可以参照中性模式来对比着描写。他把中性模式定义为：真声带的振动是周期性的，效率高的，并且没有可以听得到的摩擦声；整个声门都介入了振动，韧带声门和软骨声门一起像一个整体在活动。他所说的中性模式指的就是 modal voice，所涉及的发声类型从本质上来讲是对应于胸音音域的（chest voice register）。Marasek K.（1997a）对正常嗓音 EGG 波形的描述是：其最明显的特点是正在关闭段很短，而且该段内的上升很陡峭，EGG 振幅很高；完全关闭段呈抛物线的形状；信号的下降段上有一个拐点（knee），并且这一段在时长上长于上升段，也就是说其整个 EGG 波形的左偏程度较高；Open/closed 比值大约为50%。孔江平（2001）也说，正常嗓音是语言交际中最常用的发声类型，这种发声类型的声带振动处于一种比较自然轻松的状态，声带不是很紧张，如图5-2所示。图5-2a是声带外展的最大状态，图5-2b是声带闭合的状态。声带有完整的开相（open phase）和闭相（close phase）。后来，为了弄清楚发声类型的基本特征和区别性特征，他（2001：173—189）还让同一位发音人用不同的发声类型发元音/a/、/i/

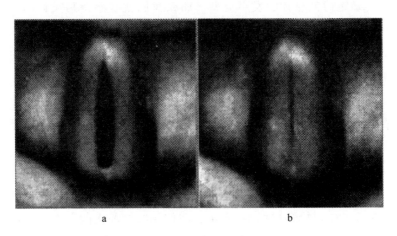

图5-2　正常嗓音的声门开合状态（孔江平，2001：17）

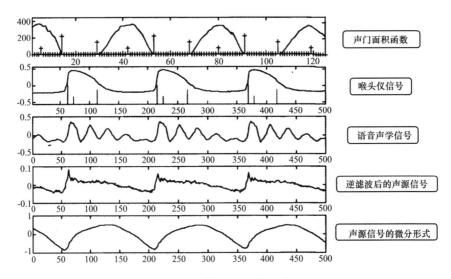

图5-3　正常嗓音参数示意（孔江平，2001：295）

和/u/，录制了它们的 EGG 信号并从中提取出了不同元音样本的基频、开商、速度商的值。结果发现，对于正常嗓音来说，此三参数在三个元音之间没有太大的差别，音调平均值为 187Hz，平均速度商为 273%，平均开商为 55%。总之，正常嗓音的音调不是很高，也不是很低，开商在50% 左右，声门的开合比较清楚。图 5-3 是正常嗓音参数示意图。

5.1.2 高音调嗓音 (modal voice of high pitch)

发高音调嗓音时声带相对紧张，见图 5-4。图 5-4 跟图 5-2 是由同一个人发的两种发声类型。可以看到，由于高音调嗓音的声带相对紧张，因此，其长度比正常嗓音的要长。图 5-4b 是声带的关闭状态，可以看到高音调嗓音的声带振动有一个完整的开相和一个完整的闭相（孔江平，2001：18）。

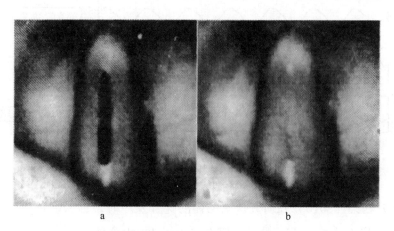

a   b

图 5-4 高音调嗓音的声门开合状态（孔江平，2001：18）

为了弄清楚发声类型的基本特征和区别性特征，孔江平（2001：173—189）还让同一位发音人用不同的发声类型发元音/a/、/i/和/u/，录制了它们的 EGG 信号并从中提取出了不同元音样本的基频、开商、速度商值。结果发现，高音调嗓音的音调很高，速度商和开商非常稳定。该发音人的音调平均值为 254.04Hz，开商平均值为 54.81%，速度商平均值为 238.64%。

　　高音调嗓音在通常的言语交际中用的比较少，但是，也会在言语中出现，只不过往往是在一些特殊的情况下，比如在尖叫和高声叫喊等情形下。另外，在声乐中也常常会用到高音调嗓音。图5-5是一个女声的高音调嗓音。从该图第一行的声门面积函数可以看出，声带在振动的过程中从来都没有完全关闭过，函数曲线接近于正弦波。其第二行的喉头仪信号的形状也像是正弦波，只是相位与声门面积函数有所不同（孔江平，2001：295—296）。

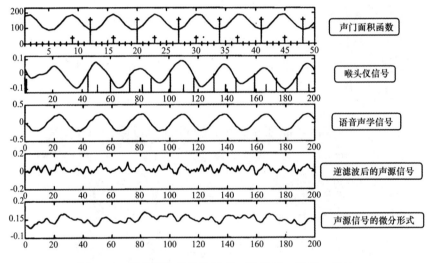

图5-5　高音调嗓音参数示意（孔江平，2001：296）

　　尹基德（2010）在研究汉语韵律的嗓音发声时，也从语音库中观察到：从EGG波形上看，高音调嗓音（weak falsetto）近似于假声，即周期很短、左右对称、近似圆锥形、接触相很短。如图5-6所示。

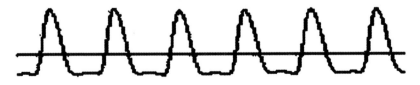

图5-6　诗歌朗诵录音库中出现的高音调嗓音 EGG 波形（尹基德，2010）

后来，Kong Jiangping（2007：63）又通过高速数字成像技术对不同的发声类型进行了更深入的研究。他认为，高音调嗓音与低音调嗓音的最大区别就在于基频，男声高音调嗓音的基频均值为186.26Hz，男声低音调嗓音的基频均值为88.88Hz。这一音高范围实际上是反映了正常言语的基频范围。除了F0以外，两者的最大区别还在于开商，男声高音调嗓音的平均开商为74.32%，男声低音调嗓音的平均开商为48.12%。不过，应该注意，这里的开商是从声门面积函数中得到的，跟从EGG信号中得到的开商是不能相比的。还有一点，就是他把高音调嗓音、低音调嗓音跟正常嗓音放在一起来研究，统称为modal voices，这说明此三者都属于正常嗓音范畴，只不过高音调嗓音处在正常嗓音的最顶端，接近于假声，但又不是假声，低音调嗓音处在正常嗓音的最低端，但又不是气嗓音或者挤喉音。他于2013年又对这一点进行了重申（Edwin M-L. Yiu，2013：174）。

5.1.3　**低音调嗓音**（modal voice of low pitch）

低音调嗓音也是语言交际中常用的发声类型，特别是在声调语言的低调中，主要使用低音调嗓音。这时的声带比较松弛，因而比较短。从图5-7中可以看出，声带比较短而且比较厚。图5-7a是声带外展的最大状态，图5-7b是声带闭合的状态（孔江平，2001：17）。

比较典型的低音调嗓音是气泡音（vocal fry），比如，成年男性在汉语普通话的上声中的最低部分，往往使用气泡音。从图5-8的第二行可以看出，从喉头仪信号算出的声带接触点和打开点，可以比较准确地反映声门的开合，也能比较准确地标记语音声学信号的周期（孔江平，2001：296）。

为了弄清楚发声类型的基本特征和区别性特征，孔江平（2001：173—189）还让同一个位发音人用不同的发声类型发元音/a/、/i/和/u/，录制了它们的EGG信号并从中提取出了不同元音样本的基频、开商、速度商值。结果发现，气泡音的音调特别低，其基频的平均值为66.45Hz，平均开商为65.86%，平均速度商为361.66%。

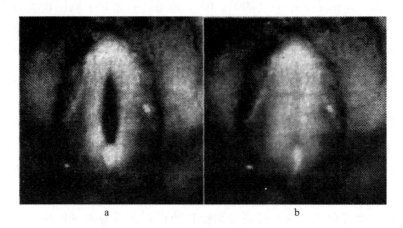

图 5 - 7　低音调嗓音的声门开合状态（孔江平，2001：18）

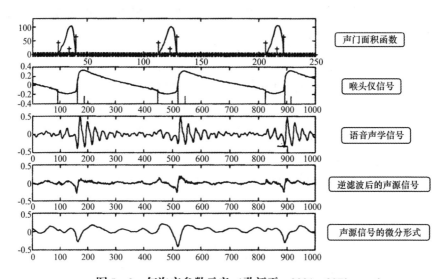

图 5 - 8　气泡音参数示意（孔江平，2001：297）

5.1.4　假声（falsetto）

从基频的角度看，假声是音高最高的发声类型，而气泡音是音高最低的发声类型（Kong Jiangping，2007：66）。假声作为音调最高的嗓音在语言交际中很少使用，只是在特殊的情况下才会用到。它经常用于歌唱或者表示某种强烈情感或惊恐的时候。图 5 - 9a 是发假声时声带的最大展开状态，从图中可以看到声门是一个细窄的长条，这说明声带的肌肉比较紧张。图 5 - 9b 是声带的关闭状态，可以看出，声带没有完全关闭，和图 5 - 9a 相比声门只有很小的变化，这说明声带只有很小的一部分参加了振动（孔江平，2001：18—19）。

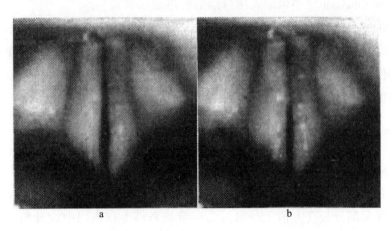

图 5 - 9　假声的声门开合状态（孔江平，2001：19）

孔江平（2001：221—223；2007：92）还运用高速数字成像技术对假声进行了研究，并据此总结出了假声的如下几个特征：不管是对于男声还是女声，假声都具有很高的基频；在发假声时，声带不完全关闭，有一个细长的漏气的声门；假声有很大的直流分量（DC component）；假声的声门面积函数的形状十分像正弦波，因此，可以推测出其频谱的性质是低频能量较强而高频衰减得快。

John Laver（2009）曾经从听感、声学特征和喉头仪波形等方面对假声做过描述。由于发假声时声门总是保持稍稍打开的状态，因此，假声中有摩擦噪音成分，该噪音成分更像是属于耳语类的，而不是属于气噪音类的，并且效应很微弱。假声的第一个特点是其基频远远地高于正常嗓音的基频，音高控制机制也与正常嗓音的不同，这一点在上文中已有描述。假声的第二个特点是，由其产生的音调在音质上类似于长笛声，单调，不丰满，这部分地源于声带的简单振动形式，也部分地源于声带振动的高速度，总之，假声的音质听起来单薄。假声的第三个特点是，其喉头仪波形（laryngeal waveform）的谱斜率比正常嗓音的要陡得多，正常嗓音的频谱是频率越高跌落得越厉害，而假声的频谱衰减得更规则，正常嗓音的喉头仪波形在正在关闭段更陡峭，而假声是在正在打开段更陡峭。假声还具有副语言学功能（paralinguistic function），在玛雅语（Mayan language）中说话人用持续的假声表示敬意。

Marasek K.（1997a）对假声 EGG 波形的描述是：假声（falsetto）的音高周期长度几乎是正常嗓音的三分之一，其上升段和下降段都来得特别快，并且下降段上没有拐点，完全关闭段很短，波形比其他发声类型的更加对称。

5.1.5　气嗓音（breathy voice）

John Laver（2009）曾对气嗓音的特点进行过综述：声带振动效度低，并且伴随有轻微可闻的摩擦声，肌肉力度（muscular effort）低，声门在其大部分长度上稍呈开状，二声带从来都不在声门中线处相遇，比正常嗓音的气流速度高。气嗓音音质几乎总是伴随着有限的音强和低的音高。由于在 breathy voice 当中有相当多的空气被浪费掉了，故嗓音强度与 breathiness 之间成反比例关系。如果根据 John Laver（2009）的描写方案来理解的话，breathy voice 和 whispery voice 这两个复合发声类型之间有着很接近的听觉关系：两者里面都有可听得到的摩擦声。然而，两者之间在生理方面的关系却远得多：breathy voice 的横向中央收缩度极其弱，而 whispery voice 中的 whisper 成分却要求中等到高度的横向中央收缩。从听觉上可以这样界定 breathy voice：喉头力度（laryngeal effort）低的那一系列音质，只能听到很少量的声门摩擦，其正常嗓音（voice）成分明显占优势。同理，whispery voice 可以这样来界定：喉头力度更大，由于声门收缩得更小，故声门摩擦的量更大，其中的摩擦成分比 breathy voice 中的更突出，有时会与周期性（voice）成分等量。breathy voice 不如 whispery voice 在音位系统中用得多，然而，在英语中，breathy voice 的副语言学功能是表示亲密的交流。

Marasek（1997a）曾对气嗓音（breathy voice）的 EGG 波形进行过描述：其最明显的特点是波形的振幅很小，这可能是因为声带振动时接触和关闭得不太好。其 EGG 脉冲呈很小的三角形形状，并且左偏的程度较小，但是，它的 open/closed 比值却很大，音高很低，却又高于挤喉音的音高。

气嗓音不是在所有的语言里都会出现的，但是，它确实出现在中国的一些少数民族语言和汉语的某些方言中，通常作为辅音的浊送气出现，例如佤语和汉语的吴方言。在有些语言里，它可作为元音和音节出现，例如苗语。在声乐中气嗓音经常用来表达某种艺术效果。在医学嗓音研究中，过度漏气产生的气嗓音会被认为是一种嗓音病变。为了弄清楚发声类型的基本特征和区别性特征，孔江平（2001：173—189）还让同一位发音人用不同的发声类型发元音/a/、/i/和/u/，录制了它们的 EGG 信号并从中提取出了不同元音样本的基频、开商、速度商值。结果发现，气嗓音的平均音调为 110.07Hz，平均开商为 56.61%，平均速度商为 194.11%。孔江平（2001：226—228；2007：95）还运用高速数字成像技术对气嗓音进行了研究，并据此总结出了它的如下几个特征：基频较低，开商很大，速度商很小。

5.1.6 耳语（whisper）

耳语的主要生理特征是软骨声门的开口呈三角形，大约占整个声门长度的三分之一，耳语的声门形状常常被描写成一个倒着的大写字母 Y。耳语的这种设置（whisper setting）对气流（airflow）的运用非常不经济。耳语的声学频谱与气嗓（breath）的类似，但是，它有多得多的声学能量汇聚形成共振峰一样的频带（bands）。耳语的听觉效果是有着相对丰富的嘘嘘声（hushing sound）。当耳语与 modal voice 或 falsetto 相结合，形成 whispery voice 或者 whispery falsetto 时，一定比单纯的 modal voice 或者 falsetto 有着更多的谐波间噪音。从图 5-10 可以看到 whispery voice 与其他几类嗓音在宽带语图方面的差别。在包括英语和法语在内的许多语言中，耳语是句末浊音清化过程中的主要语音表现。耳语的副语言学功能是表示保密（secrecy）或机密（confidentiality）（John Laver，2009）。

Marasek（1997a）是这样描述耳语嗓音（whispery voice）的 EGG 波形的：其周期稍长于正常嗓音的周期；其上升段和下降段都来得较快，

下降段上也出现了一个拐点；其整个喉头仪波形的左偏程度比正常嗓音的稍小一些，但 open/closed 比值比正常嗓音的要大得多。

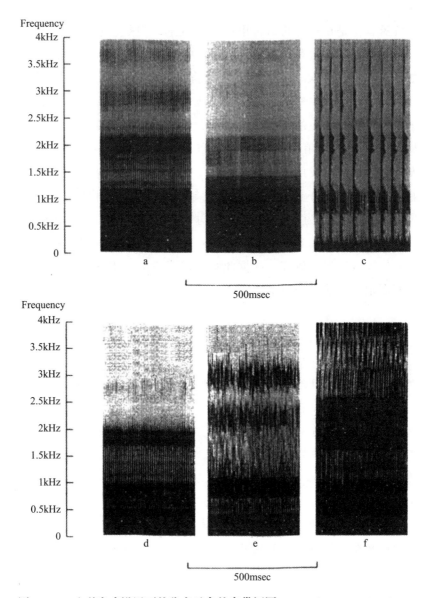

图 5 - 10　六种发声设置下的稳态元音的宽带语图：a. modal voice；b. falsetto c. creak；d. breathy voice；e. whispery voice；f. harsh voice（John Laver，2009：115）

5.1.7　挤喉音（creaky voice）

在 John Laver（2009）的描写框架中，是把挤喉（creak）跟挤喉音（creaky voice）区分开的，后者是正常嗓音与 creak 的结合。不过，Ladefoged（1971：15）认为，虽然 creak 与 creaky voice 可以区分得开，但是，从语言学目的着眼，这种区分没有必要。John Laver（2009）曾经对挤喉音的生理、听感及声学特点进行过综述。在发挤喉音时，声带只有一小部分在做低频率的周期性振动。虽然 Creak 的确切生理机制尚不清楚，但是可以断定，只有靠近甲状软骨那一端的很小一部分韧带声门（ligamental glottis）介入了振动。挤喉音的声学特点是：基频低；基频抖动得厉害；声门波形（glottal waveform）很不规则，声门波形频谱下降得不是很陡峭。挤喉音基频低这一特点把它跟糙音区分开了，否则两者会有些相似。挤喉音在听觉上像一连串快速的轻拍声（a rapid series of taps），就像用手拿着一根树枝在一排栏杆上滑过时的声音一样。这一听觉效果是由脉冲不规则且断断续续这一声学特点造成的。典型挤喉音的喉头仪波形图如图 5－11c 和图 5－12 所示。挤喉音还起着区分音位的作用，在许多声调语言中，低声调（low tone）或者降声调（falling tone）的音节常常在语音上表现出 creak 或 creaky voice 的特征。再看挤喉音的副语言学功能：讲英式英语的人（speakers of received pronunciation）常把 creak 或 creaky voice 与低降语调同时运用，表示他的话轮已结束，该对方说话了。当整句话中都运用挤喉音时，表示听者虽然已经厌烦了，但是，他仍然不得不顺从。在玛雅语（Mayan）中运用 creaky voice 表达怜悯或抱怨，或者用来乞求怜悯。

Marasek（1997a）曾对挤喉音（creaky voice）的 EGG 波形进行过描述：其波形呈圆角的三角形形状，周期约为正常嗓音的二倍，下降段上的拐点比较难找到，信号内有噪音。其整个 EGG 波形有着强烈的左偏倾向，左偏程度比其他几种发声类型的都大。后来，Kong Jiangping（Edwin M-L. Yiu，2013：174）还基于 EGG 信号对挤喉音和气泡音进行了区分。挤喉音的特点是：基频不稳定、基频低、开商最小。而气泡音的特点是：基频相对稳定、基频低且比挤喉音的低、速度商最大、开商最大。

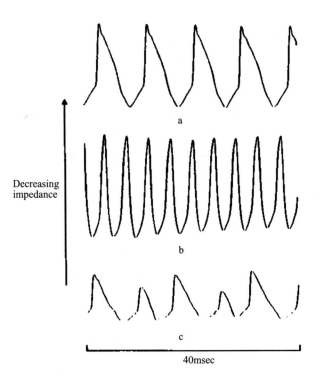

图 5 - 11 简单发声类型的 EGG **波形图：** a. modal voice；b. falsetto；c. creak（John Laver，2009：112）

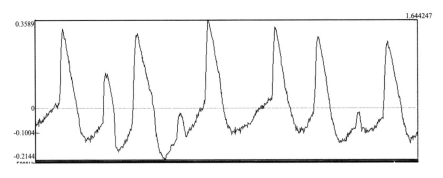

图 5 - 12 挤喉音的 EGG **波形**

5.1.8 糙音（harsh voice）

John Laver（2009）从听感、生理和声学等方面对糙音进行了综述。

首先，看学者们对 harsh voice 这一音质的听感的描述。有人把它描写成"令人不快的、粗糙的、锉磨般的声音"（an unpleasant, rough, rasping sound）。有人把它描写成"沙哑刺耳的噪音音质"（a raucous voice quality）。有人把它描写成"由声带极度靠近造成的锉磨般的声音"（a rasping sound associated with excessive approximation of the vocal folds）。也有人用"尖锐刺耳"（strident）来形容它。

　　Harsh voice 的主要声学特点是声门波形的不规则性和频谱上的噪音（irregularity of the glottal waveform and spectral noise），见图 5 – 10f。其基频水平也属正常，但是，以基频均值为基准的频率扰动比正常嗓音要厉害得多。因此，糙音占主导的特征就是基频的非周期性，也即音高抖动，听者对非常少量的这种抖动都很敏感。Wendahl 和 Coleman（1963；1967）针对糙音的基频抖动做过一系列的感知实验。结果是：偏离基频的程度越高，听觉上的粗糙度也越大，当同样的偏离绝对量叠加到频率越高的基频上时听起来就越不粗糙；在女性话语里听到糙音的概率要低于男性话语里的糙音概率，因为女性的基频多高于男性的基频；当一个信号中的抖动成分的相对时长增加时，听者会判断该信号的粗糙度也在增大，抖动成分出现在信号首或者尾对听者的判断影响很小；被判断为粗糙的严重程度与音段发音的一些变量有关，元音上的粗糙度被判断为随着元音开口度的增大而增加，当元音处在浊音环境里时，其粗糙度被判断为更大，当孤立的元音以声门塞音（glottal stop）起始时比其以软的送气起始时粗糙度更明显。

　　Harshness 从生理上讲就是喉部紧张，也即声带的过度靠近。当 harshness 变得非常严重时，假声带也参与发声，它们向下挤压在真声带的表面上。这种 severely harsh voice 就是室带音（ventricular voice）。Plotkin（1964）说，室带音一旦听到就永远忘不掉，这种极具特色的、深沉的嘶哑噪音在男女声中都有，它会导致听者的喉头几乎由于通感而一下子收紧起来。Harsh voice 和 ventricular voice 在英语中都被用作生气的副语言学信号，其 EGG 波形图见图 5 – 13a 和 5 – 13b。

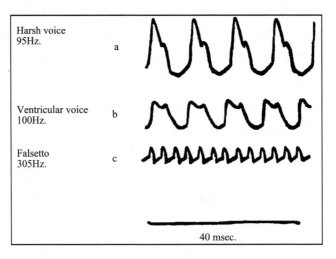

图 5 - 13　糙音、室带音和假声的喉头仪波形（John H. Esling，1983）

5.1.9　双音调嗓音（diplophonia）

双音调嗓音是一种比较典型的非正常嗓音，一般情况下都把它看作是一种病变嗓音。在言语交际中，很少出现该发声类型，只有在句末言语能量很弱的情况下它才有可能出现。在嗓音病理研究中，可以通过检测持续元音是否有双音调嗓音来确定声带是否出现病变。其生理特征表现为：声带振动中出现不对称振动；声带在振动时也不完全关闭。其声学表现是基频出现大周期和小周期，同时伴随有噪音。孔江平（2001：228—231；2007：95）通过高速数字成像研究总结出了双音调嗓音的如下几个特点：第一，其最重要的特征是左右声带的振动周期不对称；第二，它由声门周期（glottal period）和超声门周期（supra glottal period）两种周期组成，超声门周期是双音调嗓音的特色之一；第三，双音调嗓音的声门变化不规则，从而导致了不规则的直流分量。图 5 - 14 例示了双音调嗓音的语音波形图。可以看到，在 1580—1660 毫秒是属于正常嗓音，每个基音周期都基本上相同。在 1660 毫秒之后是属于双音调嗓音。在 1660—1710 毫秒之间，声带振动模式突然变了，开始大周期与小周期结对出现。大周期在前，不仅在时间上有所延迟，而且振幅也缩减了。小周期在后，振幅较大。在 1710—1720 毫秒，大周期振幅消减为零，干脆直接消失了，只剩下了大周期（Klatt, D. H.）。

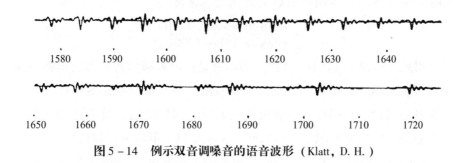

图5-14　例示双音调噪音的语音波形（Klatt, D. H.）

5.1.10　紧嗓音（tense voice）

John Laver（2009）曾经从听感、生理和声学等方面对紧嗓音（tense voice）和松嗓音（lax voice）进行过综述。此二者所涉及的是全体肌肉紧张度的设置，在发声系统的各个部位都起作用，不仅涉及喉部，而且还涉及喉上声道中的不同的位置点。Tense voice 代表遍及整个系统的高度紧张，而 lax voice 表示整个系统的低度紧张。紧嗓音和松嗓音各是由位于发音系统不同点上的一系列更为局部的设置来体现的。另外，在紧嗓音中，喉部位置常会升高；在松嗓音中，常有喉部的明显下降。

在有关噪音音质的文献中，通常是运用描述性的印象标签来区分紧嗓音和松嗓音的，比如运用 metallic voice（如金属撞击般的声音）指高紧张度，运用 muffled voice（捂起来听着较闷的声音）指低紧张度。用于表示 metallic 含义的其他标签还有"黄铜般的（brassy）、清晰的（clear）、尖利的（keen）、有穿透力的（piercing）、犹如钟鸣般的（ringing），刺耳锋利的（sharp）、尖锐刺耳的（strident）"等。用来表示这种 muffled voice 的印象标签还有"圆钝的（dull）、粗嘎的（guttural）、圆润的（mellow）、不清晰的（obscure）、软的（soft）和厚重的（thick）"等。

Van Dusen（1941）认为，紧嗓音和松嗓音在声学上的主要区别是高频能量的不同，紧嗓音的高频能量比松嗓音的要强。Monsen 和 Engebretson（1977）也有类似的看法：相对于正常噪音而言，soft voice 的喉头波形（laryngeal waveform）更对称，频谱下降更陡峭；loud voice 比正常噪音的基频高，喉头波形的正在关闭段较短而突然，高频能量高。Frokjaer-Jensen 等（1976）运用 a 系数来表征这一现象。

$$a = \frac{\text{intensity above } 1000\,\text{Hz}}{\text{intensity below } 1000\,\text{Hz}}$$

对此，Kaplan（1960：199）的解释是：硬表面的共鸣器会加强高频分音（partials）的能量，因此，由肌肉紧拉而导致的硬的咽腔构型会形成刺耳的紧音调；相反，由喉肌松弛而导致的软咽腔表面会增加咽腔的响应范围，并使共鸣减幅，这实际上会使基频和低频分音显得更为突出。

Landes（1953）的研究表明，高频能量相对强的嗓音（紧嗓音是典型的例子）比高频能量相对弱的嗓音在听感上音高更高，响度也更大。原因是人耳对 1000—4000 Hz 这一范围内的音调更加敏感，远比对低于或高于这一范围的音调敏感得多。如果嗓音高频处的能量多于其低频处的能量，则其听起来会比实际入耳的能量所提供的响度要高。在 Etsako 这一语言中，读音节时的整体紧张度差异可被用作音位对立的基础。

孔江平（2001：316）曾对紧嗓音的特征做过简要的描述：该嗓音闭相较长，因而开商较小，声带只有一部分参加振动，紧嗓音的速度商很大，因而高频能量很高，第二谐波的能量大于第一谐波。声带很紧时基频会出现不规则现象和产生噪音。

Marasek（1997a）曾对紧嗓音（tense voice）的喉头仪波形进行过描述：发紧嗓音的时候，喉头内的肌肉紧张度会强烈地提高，因此，其喉头仪波形在许多方面都与其他嗓音的不同。首先是紧嗓音的 EGG 波形较圆，与其他嗓音相比更像正弦波也更平滑，振幅也相对较低。其基频与正常嗓音的类同，但信噪比较低。其实，紧嗓音最不同于其他嗓音的地方是完全关闭段较长。

5.1.11　吼音（growl）

发室带音（ventricular voice）时是假声带和真声带同时参与振动，发吼音时是杓状会厌襞（aryepiglottic folds）和真声带同时参与振动。有一些文献专门对声门上结构（supraglottal structure）在发声中的作用进行了研究（Per-Ake Lindestad 等，2001；Sheila V. Stager 等，2003；Ken-Ichi

Sakakibara 和 Leonardo Fuks 等，2004；Ken-Ichi Sakakibara 和 Miwako Kimura 等，2004）

吼音（growl）这一术语原本是指由动物，比如狗等，发出的低音高的声音，或者是指由人所发出的类似的声音。因此，人们主要根据听觉感知印象来描述它。吼音、气泡音以及一些病变嗓音在粗糙、吱嘎等方面可能有相似的感知特征。吼音在歌唱，大喊以及被激怒的言语中很常见。在一些民族音乐和流行音乐中，吼音发声是一种相当常用的音效设计。有些歌手是在整段歌曲中都运用吼音，也有些歌手则是将它用作强调情感的嗓音手段。在语音学中，吼音有时被描写为浊的杓会厌颤音（voiced aryepiglottic trill）。

Ken-Ichi Sakakibara 和 Miwako Kimura 等（2004）详细地总结了有关吼音发声的生理机制。他们运用高速成像技术对吼音发声中的杓会厌襞振动进行了观察。在发吼音时，杓会厌区域（aryepiglottic region）在前后方向上收缩，会厌结节（tubercle of the epiglottis）和两个杓状软骨（arytenoid cartilages）相互接触。或者可以说，杓会厌区域收缩的形成是由会厌结节、杓会厌襞和杓状软骨三者靠近所造成的结果。用 X 光造影术得到的喉侧视图显示，在吼音发声中，喉头被推升到了大约第四块颈椎骨水平的位置，并且会厌受到了挤压。关于这一点，通过比较图 5 – 15 和图 5 – 16 中的 a 和 b 就可以清楚地看到：在正常嗓音中，咽腔空间大，会厌不下压，其位置与休息状态下的位置几乎相同；然而在吼音中，喉部抬高到约第四颈椎高的位置，会厌与杓状软骨靠得很近。

在一些吼音实例中，两个杓会厌襞以几乎相同的相位振动。在另一些实例中，二者的相位稍有不同。还有一些实例，其杓会厌襞的振动是不稳定的，并且似乎是非周期性的。从图 5 – 17 所示的 EGG 和声音波形来看，声带振动周期是杓会厌襞振动周期的一半。这种杓会厌襞成双倍周期的振动会产生次谐波（subharmonics）。图 5 – 18 的左边是正常嗓音，右边是吼音发声。可以看到，从正常嗓音变到吼音时，三维语图中出现了次谐波。

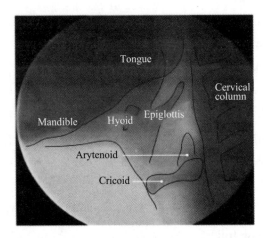

图 5 − 15　**发声器官在休息状态下的 X 射线侧视图** ［tongue：**舌**；cervical column：**颈椎**；mandible：**下巴**；hyoid：**舌骨**；epiglottis：**会厌**；arytenoid：**杓状软骨**；cricoid：**环状软骨** （Ken-Ichi Sakakibara 和 Leonardo Fuks 等，2004）］

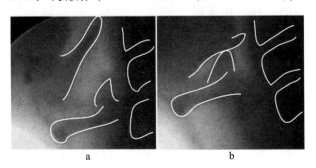

图 5 − 16　**发声器官的 X 射线侧视图**：a. **正常噪音** /y/；b. **吼音** /y/ （Ken-Ichi Sakakibara 和 Leonardo Fuks 等，2004）

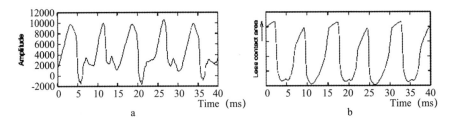

图 5 − 17　**从吼音中取出 40 毫秒的一段**：a. **对它逆滤波后得到的声门气流波形图**；b. **它所对应的喉头仪波形，该 EGG 波形是上下颠倒的** （Ken-Ichi Sakakibara 和 Miwako Kimura 等，2004）

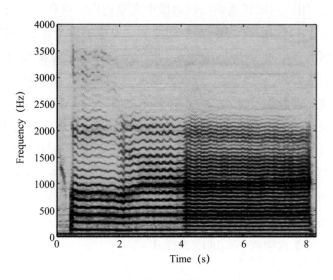

图 5-18 三维语图：从正常嗓音变到吼音（Ken-Ichi Sakakibara
和 Leonardo Fuks 等，2004）

因为杓会厌襞严重地收缩，所以真声带和假声带不能被直接观察到。然
而可以推断，在吼音中，只有真声带和杓会厌襞在振动而假声带并不振
动，因为各式各样的歌手都经常能非常平滑地从正常嗓音过渡到吼音。
总之，在吼音中，杓会厌襞前后收缩，与声带同时振动，这种杓会厌襞
的振动对吼音独特音质的产生起着关键性作用。

到目前为止，尚未见到有学者基于大量的样本用发声参数将不同的
发声类型予以明确的区分和界定，这就使得我们的发声类型判断颇有难
度。然而从上文可知，前人的发声类型研究中基本上都涉及了听感、生
理、声学和发声参数等方面。我们的三个发声类型判断标准也正是根据
前人的这些研究成果提出来的。只有据此分析判断，我们才能够对我们
的最终判断结果感到安心。

5.2 喉头仪波形比对程序

基于上述思路，我们用 matlab 编写了喉头仪波形比对程序 Eggwave-

Comparison，用以判定普通话情感语段中究竟运用了哪些发声类型，其工作界面如图 5 – 19 所示。我们需要把情感语段中的每个音节都切分出来，之后逐个判断每个音节中所出现的发声类型。界面的主要部分为右侧的四个长条形的方框，它们在长度和高度上完全相同，用以将一个音节内的喉头仪波形逐段进行显示。它们所显示的每一段 EGG 波形不仅纵坐标范围完全相同，而且横坐标所标示的时长也均为 75 毫秒。从上往下数，第一个长条形方框所显示的是一个标准正常嗓音音节的 EGG 波形图，其他音节的 EGG 波形都作为待判嗓音与它相比对。标准正常嗓音音节的 EGG 波形图只能在第一个长条形方框中每次只显示一段，而待判音节的 EGG 波形图不仅可以在第二个长条框中每次一段地逐段显示，还可以在第一至四个长条框中将不同的段并行显示。

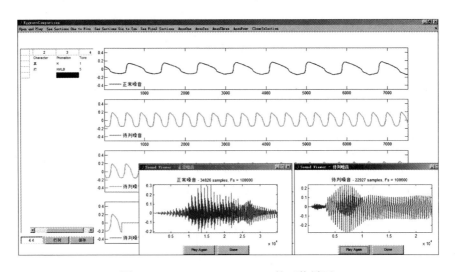

图 5 – 19　EggwaveComparison 的工作界面

　　不管是对于男发音人还是女发音人，我们都选择他们在中性情感下所念的"来"字作为标准的正常嗓音音节，他们所演绎的情感语段中的各个音节都与他们的这个"来"字做比较以确定发声类型。从男声"来"的 EGG 信号中所提取出来的基频的最大值为 204.92Hz，最小值为 109.89Hz，平均值为 149.46Hz；开商的最大值为 54.13%，最小值为

43.22%，平均值为 48.43%；速度商的最大值为 655.74%，最小值为 348.42%，平均值为 480.52%。从女声"来"字的 EGG 信号中所提取出来的基频的最大值为 317.46Hz，最小值为 198.81Hz，平均值为 241.90Hz；开商的最大值为 53.13%，最小值为 37.64%，平均值为 44.04%；速度商的最大值为 734.38%，最小值为 220.41%，平均值为 549.32%。

已知，在普通话中，"来"字的声调是阳平，调值是 35。又知，在用五度标调法标记普通话的声调时，音高层级 5 表示的是说话人正常嗓音音域的最高端，音高层级 1 表示的是说话人音域的最低端，男人常常在音高层级 1 上使用气泡音或者挤喉音。高音调嗓音和低音调嗓音就跨在说话人正常音域的最高端和最低端上（Kong Jiangping，2007：63）。综合以上三方面的知识，我们可以得到三个要点。第一，如果男声 EGG 信号的基频值大于或等于 204.92Hz，女声 EGG 信号的基频值大于或等于 317.46Hz，我们就倾向于把它判断为高音调嗓音。第二，如果男声 EGG 信号的基频值小于 109.89Hz，女声 EGG 信号的基频值小于 198.81Hz，我们就倾向于把它判断为低音调嗓音、挤喉音或者气嗓音。具体判断为哪一种再根据其他条件来定。第三，男、女声正常嗓音的基频、开商、速度商的值应该是有一个变化范围的。

如果想从听感上将待判嗓音跟标准正常嗓音相比对，就点击界面左上角的 open and play 按钮，在随即弹出的下拉菜单中选择点击 Listen and Compare，则正常嗓音和待判嗓音的语音信号就会以 0.32 秒的间隔被播放，同时会有两个小方框并排出现在界面的右下角，如图 5 - 19 所示。点击小方框上的 play again 按钮，就可以一次又一次地听辨比对正常嗓音和待判嗓音。如果在该下拉菜单中选择点击 Play Breathy Voice、Play Whisper 等按钮，那么就会在播放气嗓音或耳语的语音实例的同时，在界面的中央出现一个小方框。点击小方框上的 play again 按钮，就可以将待判嗓音跟气嗓音或者耳语做反反复复的听感比对。

界面左边竖立的矩形方框用于记录 EGG 波形比对的结果。该方框下面并排着有一个白色小方块儿和两个按钮。在白色小方块儿中输入行数和列数，比如 10 和 4，再点击名称为行列的按钮，则竖立矩形方框中的表格就会变成 10 行 4 列。第一行第一列的位置会自动出现 Syllable 一词，表示第一列要填的是音节序号。第一行第二列的位置会自动出现 Character 一词，表示第二列要填的是各个汉字。第一行第三列的位置会自动出现 Phonation 一词，表示第三列要填的是各个音节中所出现的发声类型。第一行第四列的位置会自动出现 Tone 一词，表示第四列要填的是各个音节的声调类型。波形比对结果填写完毕以后，可以点击名称为保存的按钮，将结果以 excel 表格的形式保存下来。

5.3　情感语段音节内出现的发声类型组合方式

我们用情感音节来指称普通话情感语段中的各个音节，主要是想归纳一下在不同情感状态下音节内所出现的发声类型组合有几种。我们从直观上就能感觉到，情感语调不同于中性语调，由于情感起伏所致，它变化多端，十分复杂。在同一个语句中，不同的音节可能会运用不同的发声类型说出来。甚至在一个音节的内部，也会由于强调、压抑、亲密等表情的需要而出现发声类型的来回转换。另外，在不同情感类型的语段中，音节内发声类型组合方式的数目也各不相同，这就体现了不同情感语段在复杂程度上的不同。在下文中，我们用 M 代表正常嗓音（modal voice）；用 H 代表高音调嗓音（modal voice of high pitch）；用 L 代表低音调嗓音（modal voice of low pitch）；用 W 代表耳语（whisper）；用 B 代表气嗓音（breathy voice）；用 D 代表双音调嗓音（diplophonia）；用 G 代表吼音（growl）；用 R 代表糙音（harsh voice）；用 C 代表挤喉音（creaky voice）；用 T 代表紧嗓音（tense voice）；用 Z 来代表无声段（zero），即 EGG 脉冲的振幅全部消失，只剩下基线或者叫零线；用 S 代表 stepdown，即 EGG 脉冲振幅突然呈阶梯式下降。下面，我们把男、女声情感语段中所出现的音节内发声组合方式分类进行描述。

5.3.1　M 类

M 类是指整个音节中只有正常嗓音这一种发声类型。图 5 - 20 例示了男、女声的 M 类音节。左边是男声语句"小宝管那个居酒屋"中

"屋"字的 EGG 波形图，右边是女声语句"唉，你穿这身怎么样"中"唉"字的 EGG 波形图。这两个字的喉头仪信号都是分三段依次在第二、三、四列的方框内得以完整地显示，名称为"待判嗓音"；最上面两个方框内的红线分别表示男、女声标准正常嗓音音节"来"的一段 EGG 波形图，名称为"正常嗓音"；在以下各图中情况均如此，将不再重述。可以看到，两个待判音节虽然都是正常嗓音，但是女声的基频往往高于男声，所以在 75 毫秒之内女声的 EGG 脉冲个数比男声的要多，脉冲形状也被压得窄了一些。还有，就是此二字的 EGG 波形都是正在关闭段很陡峭，所占的时长很短，正在打开段的坡度要缓得多，所占的时长也长得多，且有一个拐点出现。总之，它们跟各自的标准正常嗓音的 EGG 波形很相似，只是在音节末尾才有极少几个脉冲的形状稍有变形，这是声带振动的惯性造成的，不应该把这几个脉冲看成是另外一种发声类型。

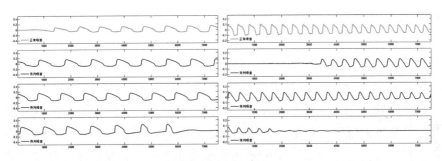

图 5 - 20　男女声 M 类音节实例：左边为男声，右边为女声

5.3.2　H 类

H 类是指整个音节中只运用高音调嗓音这一种发声类型。图 5 - 21 例示了男、女声的 H 类音节。左边是男声语句"捆上，捆上，赶紧捆上"中"紧"字的 EGG 波形图，右边是女声语句"我回家的时候我怎么也找不到他了"中第七个字"我"的 EGG 波形图。这两个字的喉头仪信号都是分两段依次在第二、第三个方框内得以完整地显示。一个很明显的特点是，在 75 毫秒内待判嗓音的脉冲个数比正常嗓音的多得多，也即前者的基频远高于后者。还有就是，待判嗓音的 EGG 波形基本上呈左右对称的三角形形状，左倾程度极小，也即其速度商比正常嗓音的小

得多。高音调嗓音在听感上也比正常嗓音要尖利得多。

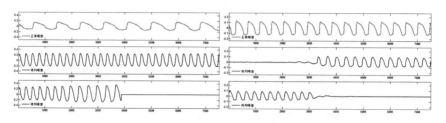

图 5 - 21　男女声 H 类音节实例：左边为男声，右边为女声

5.3.3　L 类

L 类是指整个音节中只有低音调嗓音这一种发声类型。图 5 - 22 例示了男、女声的 L 类音节。左边是男声语句"有点憋呵"中"呵"字的 EGG 波形图。该"呵"字给人的听感印象是音调低而柔和。可以看到，其 EGG 脉冲的声门开相很长，从而导致其基音周期的时长也变长了，这就使得它的基频比正常嗓音的要低很多。但是其喉头仪信号的周期性很好，不存在脉冲振幅参差不齐、忽大忽小的现象。图 5 - 22 的右边部分是女声语句"唉你穿这身怎么样"中"样"字的 EGG 波形图。同样，该"样"字听起来也是声音低而柔美，还稍稍有一点鼻音化。其 EGG 脉冲也是整齐而规则，只是基音周期比正常嗓音的还要长。从图中可以看到，其基频比女声"来"字的基频最小值还要小。正是由于这样的听感及 EGG 波形特征，我们把此二音节的发声类型判定为低音调嗓音。

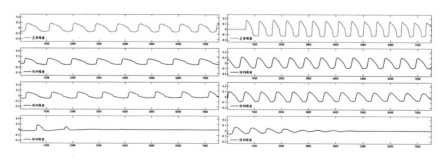

图 5 - 22　男女声 L 类音节实例：左边为男声，右边为女声

5.3.4　B类

B类是指整个音节中都只用气嗓音这一种发声类型。图5-23例示了男、女声的B类音节。左边是男声语句"南北和王闯都不在"中"在"字的EGG波形图，右边是女声语句"我跟我哥两个人守着一盘饺子"中"个"字的EGG波形图。可以看到，不管是对于男声还是女声，待判嗓音的喉头仪脉冲都有着很长的开相，开相时长远大于基音周期的一半。还有就是，EGG脉冲的左偏度极小，女声基频比她的"来"字的最低基频还要低，男声基频与他的"来"字的最低基频差不多。总之，气嗓音的特点是，基频很低，开商很大，速度商相对较小。正是由于气嗓音的开商很大，有声门漏气，其语音波形上往往叠加有许多细小的毛刺也即高频噪音。其语音信号的宽带语图也显得很模糊，因为声门脉冲直条之间夹杂着许多高频噪音，如图5-24所示。

上文已提到过，在John Laver（2009）的理论框架里breathy voice和whispery voice虽然在听感上很接近，但还是要区分开的。在气嗓音中voice成分明显占优势，但是在耳语嗓音里，喉头力度更大，由于声门收缩得更小，故声门摩擦的量更大，其中的摩擦成分比气嗓音中的更为突出，有时会与voice成分等量。John Laver所提供的这两类嗓音的语音样本在听感上也确实不大一样。不过，我们这里不打算区分breathy voice和whispery voice。原因有二：第一，从情感语段里切分出来的音节一般都时长很短，想从中听出这两类嗓音的区别特别难；第二，John Laver（2009）也提到过，也有一些研究者是把这两类嗓音混叠在一起阐述的，比如Kaplan（1960：167）。但是，耳语（whisper）在情感语音中用得很

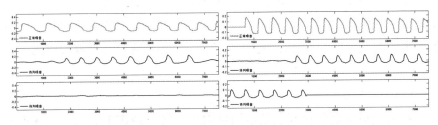

图5-23　男女声B类音节实例：左边为男声，右边为女声

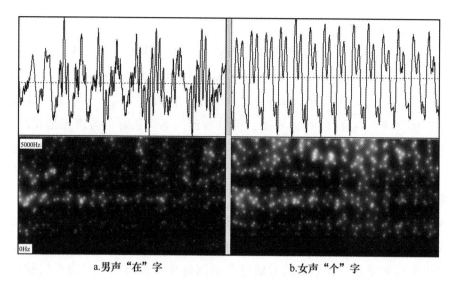

a.男声"在"字　　　　　　　　　　　　b.女声"个"字

图 5 − 24　男声"在"字与女声"个"字的语音波形及其宽带语图

多，是情感表达的常用手段。因此，我们这里单独把 whisper 作为一类来分析。

5.3.5　C 类

C 类是指在整个音节中只运用挤喉音这一种发声类型。图 5 − 25 例示了男、女声的 C 类音节。左边是男声语句"所以说那不叫见面嘛"中"嘛"字的 EGG 波形图，右边是女声语句"我给你弄一弄"中"我"字的 EGG 波形图。可以看到，不管是对于男声还是女声，待判嗓音的喉头仪信号都是脉冲振幅时大时小，参差不齐。基音周期也是时长时短，但是，总体上都比正常嗓音的基音周期要长。这说明，挤喉音的基频低且不稳定，振幅抖动百分比一般较大。用自相关法很难将其基频完整地提取出来。此二字的 EGG 信号和语音信号听上去都有吱吱嘎嘎的感觉。

5.3.6　W 类

W 类是指在整个音节中只运用耳语这一种发声类型。图 5 − 26 例示了男、女声的 W 类音节。左边是男声语句"经验告诉我"中"我"字

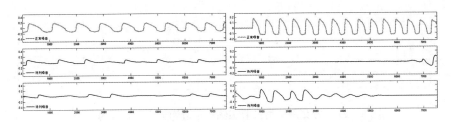

图 5 - 25　男女声 C 类音节实例：左边为男声，右边为女声

的 EGG 波形图，右边是女声语句"来试一试"中第四个字"试"的
EGG 波形图。此二音节中的元音几乎已完全清化，只有发元音的口腔形
状，而声带不振动或者只是间或有极小幅度的颤动。因此，它们的喉头
仪信号的脉冲振幅极小，或者干脆脉冲振幅为零。

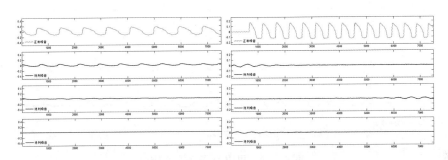

图 5 - 26　男女声 W 类音节实例：左边为男声，右边为女声

5.3.7　T 类

T 类是指在整个音节中就只有紧嗓音这一种发声类型。图 5 - 27 例
示了男、女声的 T 类音节。左边是男声语句"怕还不如不怕"中第五个
字"不"的 EGG 波形图，右边是女声语句"这只是个头炮"中第四个
字"个"的 EGG 波形图。可以看到，虽然男、女声待判嗓音的喉头仪波
形不尽相同，但是两者都有着共同的特点，就是脉冲形状比较扁圆并且
振幅比正常嗓音的要小，闭相在整个周期内所占的比例较大。也就是说，
其接触商 CQ 比正常嗓音要大，开商比正常嗓音的要小。

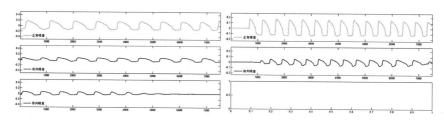

图 5 - 27　男女声 T 类音节实例：左边为男声，右边为女声

5.3.8　D 类

D 类是指在整个音节中就只有双音调嗓音这一种发声类型。图 5 - 28 例示了男声的 D 类音节，在女声的情感语段中没有出现该类音节。待判嗓音是男声语句"本来我已经镇定了，咦涕，你回头又吓唬我你"中第九字"咦"的 EGG 波形图。图 5 - 29 是用 praat 显示的"咦"字的语音

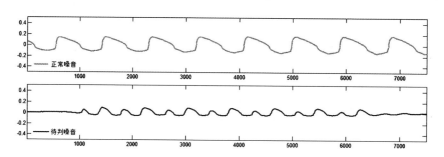

图 5 - 28　男声 D 类音节实例

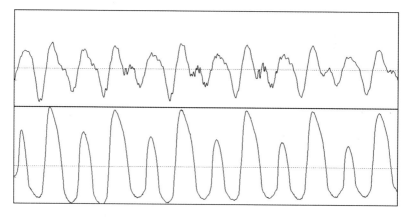

图 5 - 29　上："咦"字的语音波形，下：其 EGG 波形

波形和喉头仪波形。可以看到，待判嗓音的 EGG 信号是小的脉冲和大的脉冲轮流交替出现，前者的振幅比后者的要小，且两类脉冲的左偏度都比正常嗓音的要小。与此相对应，"咦"字的语音波形也是小脉冲和大脉冲轮流出现，前者的振幅比后者的要小。在听感上，该音节能量较弱，声音纤细，似乎有两套基频。

5.3.9　G 类

G 类是指在整个音节中只运用吼音这一种发声类型。图 5-30 和 5-32 例示了男、女声的 G 类音节。图 5-30 的左边是男声语句"你再往前走一步我给你俩腿打折了你信不信?"中第十个字"你"的 EGG 波形图，右边是男声语句"赶紧给我带走"中"带"字的 EGG 波形图。图 5-32 的左边是男声语句"赶紧给我带走"中第六个字"走"的 EGG 波形图，右边是女声语句"滚就滚"中第一个字"滚"的 EGG 波形图。

从上文可知，发吼音的时候，真声带和杓状会厌襞同时参与振动，而假声带不振动。在一些吼音实例中，两个杓状会厌襞以几乎以相同的相位振动。在另一些实例中，二者的相位稍有不同。还有一些实例，其杓会厌襞的振动是不稳定的，并且似乎是非周期性的。杓会厌襞的这种多样性的振动方式必然会导致吼音 EGG 波形的多样性。在图 5-30 左边所示的第一种类型的吼音中，真声带和杓状会厌襞的振动周期是基本相同的，两个杓状会厌襞的相位也大体相同，因此，杓会厌襞的振动导致 EGG 脉冲的顶部大都出现了凹槽。从图 5-31 的左边可以看到，在第一种类型的吼音中可以准确地提取出基频值来。

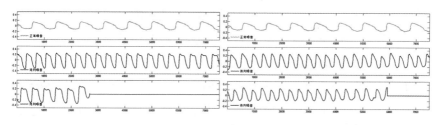

图 5-30　男声 G 类音节实例：左边为类型一，右边为类型二

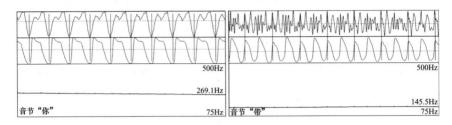

图 5 – 31　用 praat 显示的音节"你"和音节"带"的
一段语音信号、EGG 信号和基频线

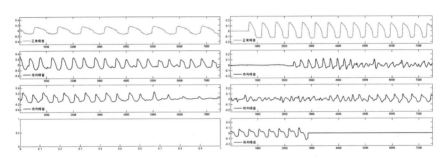

图 5 – 32　男女声 G 类音节实例：左边为男声类型三，右边为女声类型三

在图 5 – 30 右边所示的第二种类型的吼音中，杓会厌襞的振动周期是真声带振动周期的二倍，这就造成了该音节喉头仪信号中的一大段都是小脉冲和大脉冲交替出现，之后又回到了类型一的模式。从图 5 – 31 的右边可以看到，从小、大脉冲交替出现的 EGG 信号段中提取出来的基频值不正确，比真实的基频值小了一小半。在图 5 – 32 所示的第三种类型的吼音实例中，杓状会厌襞的振动周期捉摸不定，或者几乎没有周期性可言，因此，该类吼音的喉头仪信号也是周期性很差，或者根本没有周期性，有时候干脆就像是一团乱麻。从图 5 – 33 中可以看到，第三类吼音所对应的语音信号也几乎是非周期性的，要么从中提取出来的基频值是错误的，要么根本就不能从中提出基频值来。这三类吼音都是音强很大，并且听起来粗声粗气的，愤怒或暴怒的人经常运用这种发声类型。

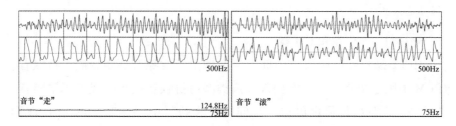

音节"走" 500Hz 124.8Hz 75Hz

音节"滚" 500Hz 75Hz

图 5 - 33 用 praat 显示的音节"走"和音节"滚"的
一段语音信号、EGG 信号和基频线

5.3.10 R 类

R 类是指在整个音节中就只有糙音这一种发声类型出现。图 5 - 34 例示了女声的 R 类音节，在男声的情感语段中没有出现该类音节。待判噪音是女声愤怒语句"早晚得倒闭"中第五个字"闭"的 EGG 波形图。可以看到，它的基频大体上仍在正常噪音的范围之内，只不过其喉头仪波形很不规则，每个脉冲上除了主峰之外还都有次峰的出现。我们知道，在糙音发声中，杓状会厌襞和假声带都不参与振动，但是，喉部非常紧张，两条真声带过度地相互靠近，从而导致了糙音 EGG 波形的不规则。这里的音节"闭"的听感是锉磨、刺耳、令人不快，或者说听起来声音有点儿劈，不如女声吼音的强度高、声音粗暴。从 5.3.1 到 5.3.10 都是整个音节中就只有一种发声类型，因此，不存在音节内发声类型的变化。

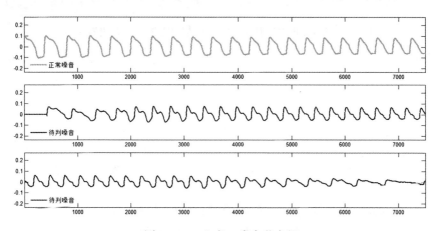

图 5 - 34 女声 R 类音节实例

5.3.11　MC 类和 CM 类

MC 类是指在一个音节内部发声类型由正常嗓音逐步变成了挤喉音，而 CM 类则是指在一个音节内部发声类型由挤喉音逐步变成了正常嗓音。图 5 - 35 的左边是男声语句"没问题听你的"中"你"字的 EGG 波形图，其右边是女声语句"一看就是周半城"中"半"字的 EGG 波形图。可以看到，在此二音节的起始阶段，喉头仪波形很规整，属于正常嗓音，之后就渐渐变成了基音周期时长时短、脉冲振幅时大时小、基频又很低的挤喉音，它们属于 MC 类音节。图 5 - 36 的左边是男声语句"要不就我来养这孩子"中第八个字"孩"的 EGG 波形图，其右边是女声语句"我跟我哥两个人守着一盘速冻饺子"中第十三个字"冻"的喉头仪波形图。在此二音节中，EGG 波形的变化过程与图 5 - 35 中的刚好相反，它们属于 CM 类的音节。

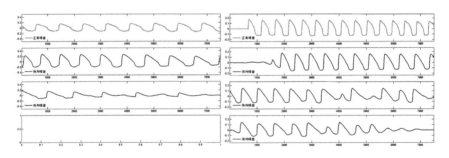

图 5 - 35　男女声 MC 类音节实例：左边为男声，右边为女声

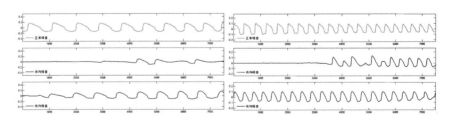

图 5 - 36　男女声 CM 类音节实例：左边为男声，右边为女声

5.3.12　LC 类和 CL 类

LC 类是指在一个音节内部发声类型由低音调嗓音逐步变成了挤喉音，而 CL 类则是指在一个音节内部发声类型由挤喉音逐步变成了低音调嗓音。图 5 – 37 的左边是男声语句"跟我接头的叫老罗"中"老"字的 EGG 波形图，其右边是女声语句"这次怎么让你去呀"中第八字"呀"的 EGG 波形图。可以看到，在音节"老"和"呀"前三分之一的部分，EGG 信号的周期性都很好，但是基音周期都比相应正常嗓音的基音周期要长，也即基频都比相应音节"来"的基频最小值还要小。因此，我们把此二音节前三分之一的部分判断为低音调嗓音，它们后三分之二部分的 EGG 信号就表现为基频低且不稳定的挤喉音了。图 5 – 38 是女声语句"省城可不比这儿"中第一个字"省"的 EGG 波形图。在音节"省"中，EGG 波形的变化过程与图 5 – 37 右边部分中的刚好相反，因此它是属于 CL 类音节。

5.3.13　MB 类和 BM 类

MB 类是指在一个音节内部发声类型由正常嗓音逐步变成了气嗓音，而 BM 类则是指在一个音节内部发声类型由气嗓音逐步变成了正常嗓音。图 5 – 39 的左边是男声语句"妈"中音节"妈"的 EGG 波形图，其右边是女声语句"你所谓的那种幸福，其实是一种无奈，是苦中作乐"中第九个字"其"的 EGG 波形图。可以看到，不管是男声"妈"还是女声"其"，其喉头仪波形的前一部分都属于脉冲左偏度很高、开相不大不小的正常嗓音。之后的 EGG 波形就逐渐变成了基频较低、开相很长，脉冲左偏度很小的气嗓音。图 5 – 40 的左边是男声语句"有点憋呵"中第一个字"有"的 EGG 波形图，其右边是女声语句"我发现他蹲在树底下偷偷地哭呢"中第三个字"现"的 EGG 波形图。在"有"和"现"中，喉头仪波形的变化过程刚好相反，由基频较低、开商很大，速度商较小的气嗓音逐渐变成了速度商很大、开商不大不小的正常嗓音。

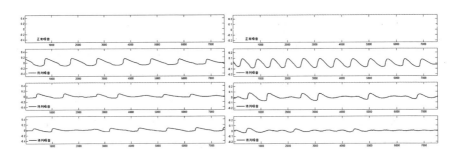

图 5-37　男女声 LC 类音节实例：左边为男声，右边为女声

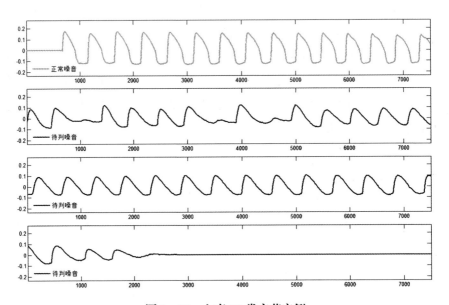

图 5-38　女声 CL 类音节实例

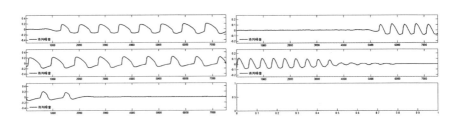

图 5-39　男女声 MB 类音节实例：左边为男声，右边为女声

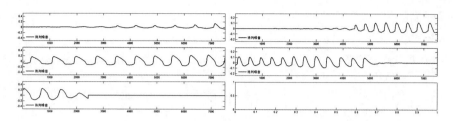

图 5 - 40　男女声 BM 类音节实例：左边为男声，右边为女声

5.3.14　MH 类和 HM 类

MH 类是指在一个音节内部发声类型由正常嗓音逐步变成了高音调嗓音，而 HM 类则是指在一个音节内部发声类型由高音调嗓音逐步变成了正常嗓音。图 5 - 41 左边是男声语句"瞧你那丧心病狂的样"中第一个音节"瞧"的 EGG 波形图，其右边是女声语句"那破技术给我打光都不配"中第八个字"光"的 EGG 波形图。可以看到，在音节"瞧"和"光"的开始阶段，EGG 脉冲的左偏度很高，是属于正常嗓音，之后随着基频的升高，EGG 脉冲也逐渐变得越来越对称，发声类型变成了高音调嗓音。因此，此二音节属于 MH 类音节。图 5 - 42 的左边是男声语句"瞧你那丧心病狂的样"中第二个字"你"的 EGG 波形图，其右边是女声语句"我能不激动吗我"中第三个字"不"的 EGG 波形图。在音节"你"和"不"当中，喉头仪波形的变化过程跟图 5 - 41 中的刚好相反，因此它们属于 HM 音节。

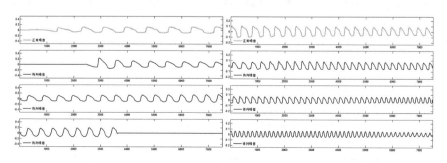

图 5 - 41　男女声 MH 类音节实例：左边为男声，右边为女声

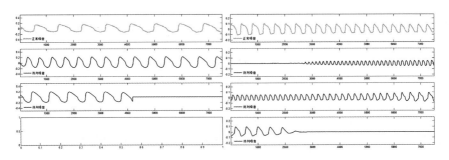

图 5 - 42　男女声 HM 类音节实例：左边为男声，右边为女声

5.3.15　ML 类和 LM 类

ML 类是指在一个音节内部发声类型由正常嗓音逐步变成了低音调嗓音，而 LM 类则是指在一个音节内部发声类型由低音调嗓音逐步变成了正常嗓音。图 5 - 43 左边是男声语句"跟打了鸡血似的"中第七个字"的"的 EGG 波形图，它的右边部分是女声语句"一看就是周半城"中第二个字"看"的 EGG 波形图。在音节"的"和"看"的前一阶段，喉头仪波形表现为正常嗓音。之后，虽然 EGG 脉冲依然很规则，但是基频在逐渐降低，直到最后 F0 值变得比标准正常嗓音音节"来"的基频最小值还要低，也即变成了低音调嗓音。图 5 - 44 的左边是男声语句"我就是特务啊"中第一个字"我"的 EGG 波形图，其右边是女声语句"那儿日本人又多"中第五个字"人"的 EGG 波形图。在音节"我"和"人"当中，喉头仪波形的变化过程与图 5 - 43 中的刚好相反，因此，此二音节属于 LM 类。

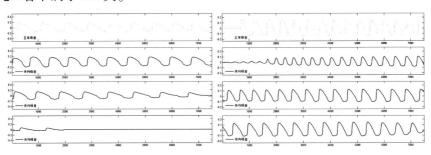

图 5 - 43　男女声 ML 类音节实例：左边为男声，右边为女声

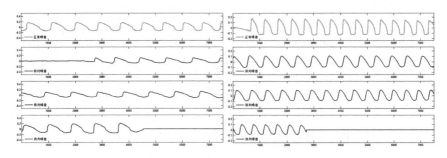

图 5 - 44　男女声 LM 类音节实例：左边为男声，右边为女声

5.3.16　LB 类和 BL 类

LB 类是指在一个音节内部发声类型由低音调噪音逐步变成了气噪音，而 BL 类则是指在一个音节内部发声类型由气噪音逐步变成了低音调噪音。图 5 - 45 的左边是男声语句"就是他认为我是特务啊，不理我啊"中第十个字"啊"的 EGG 波形图，它的右边部分是女声语句"你所谓的那种幸福，其实是一种无奈，是读苦中作乐"中第一个字"你"的 EGG 波形图。在音节"啊"和"你"的前一阶段，EGG 脉冲很规整，并且左偏程度较大，但基频很低，是属于低音调噪音。之后，基频依然很低，开商变得越来越大，EGG 脉冲也越来越左右对称，发声类型变成了气噪音。图 5 - 46 的左边是男声暴怒语句"为什么"中第二个字"什"的喉头仪波形图，其右边是女声语句"这次怎么让你去呀"中第六个字"你"的喉头仪波形图。在这里的音节"什"和"你"当中，

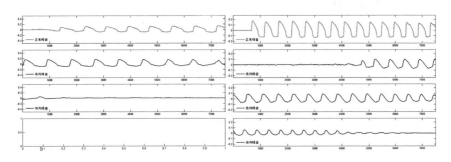

图 5 - 45　男女声 LB 类音节实例：左边为男声，右边为女声

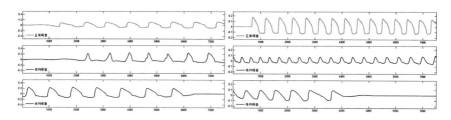

图 5 - 46　男女声 BL 类音节实例：左边为男声，右边为女声

EGG 波形的变化过程跟图 5 - 45 中的刚好相反，因此，此二音节属于 BL 类。

5.3.17　MT 类和 TM 类

MT 类是指在一个音节内部发声类型由正常嗓音逐步变成了紧嗓音，而 TM 类则是指在一个音节内部发声类型由紧嗓音逐步变成了正常嗓音。图 5 - 47 的左边是女声语句"我是来当摄影师的"中第一个字"我"的 EGG 波形图，其右边部分是女声语句"就凭咱俩这黄金搭档，再聘请你那著名亲爹当艺术顾问"中第十六个字"名"的 EGG 波形图。可以看到，在音节"我"的起始阶段，喉头仪波形表现为开商不大不小的正常嗓音。之后，EGG 脉冲逐渐变得扁圆，在一个周期内部，闭相所占的比例越来越长，而开相所占的比例越来越短，发声类型变成了紧嗓音。在音节"名"中，EGG 波形的变化过程刚好相反。因此，"我"属于 MT 类，"名"属于 TM 类。

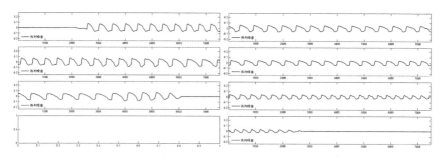

图 5 - 47　左：女声 MT 类音节实例，右：女声 TM 类音节实例

5.3.18　HT 类和 TH 类

HT 类是指在一个音节内部发声类型由高音调嗓音逐步变成了紧嗓音，而 TH 类则是指在一个音节内部发声类型由紧嗓音逐步变成了高音调嗓音。图 5－48 的左边是女声语句"总经理，得有派头"中第五个字"有"的 EGG 波形图，其右边部分是女声语句"既然他们喜欢咱们这个创意"中第二个字"然"的 EGG 波形图。在音节"有"的前一阶段，EGG 信号表现为基频很高，脉冲左右对称的高音调嗓音，之后，基频逐渐降低，EGG 波形的接触商逐渐变大，而开商逐渐变小，发声类型变成了紧嗓音。在音节"然"中，变化过程刚好相反。因此，"有"是 HT 类音节，"然"是 TH 类音节。

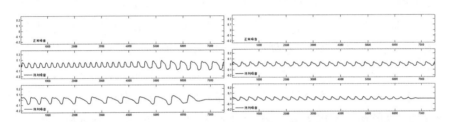

图 5－48　左：女声 HT 类音节实例，右：女声 TH 类音节实例

5.3.19　HB 类和 BH 类

HB 类是指在一个音节内部发声类型由高音调嗓音逐步变成了气嗓音，而 BH 类则是指在一个音节内部发声类型由气嗓音逐步变成了高音调嗓音。图 5－49 的左边是男声语句"不怨我的手，怨他咳嗽啊"中第二个字"怨"的 EGG 波形图，其右边部分是男声语句"咱俩先去趟商场"中第六个字"商"的 EGG 波形图。在音节"怨"的前一段，EGG 脉冲基本上左右对称，但是，基频比标准正常嗓音音节"来"的基频最大值还要大，发声类型属于高音调嗓音。之后，EGG 信号的开商就变得越来越大，直到变得非常之大，也即发声类型变成了气嗓音。在音节"商"中，EGG 信号的变化过程则刚好相反。因此，"怨"是 HB 类音节，而音节"商"是属于 BH 类。

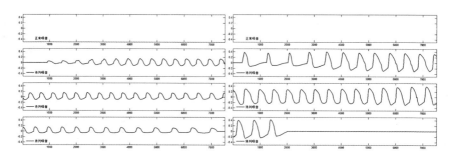

图 5-49 左：男声 HB 类音节实例，右：男声 BH 类音节实例

5.3.20 HG 类和 GH 类

HG 类是指在一个音节内部发声类型由高音调嗓音变成了吼音，而 GH 类则是指在一个音节内部发声类型由吼音变成了高音调嗓音。图 5-50 的左边是男声语句"捆上，捆上，赶紧捆上，兔崽子你"中第九个字"兔"的 EGG 波形图，其右边部分是男声语句"呃吥"中第二个字"吥"的 EGG 波形图。图 5-51 的左边是女声语句"你才不可理喻呢"中"你"字的 EGG 波形图，其右边部分是该语句中的第二个字"才"的 EGG 波形图。可以看到，在"兔"和"你"的前一阶段，喉头仪信号表现为基频特别高、脉冲基本上很规整且左右对称的高音调嗓音。之后，EGG 信号的周期性开始变得很差，发声类型变成了吼音。在音节"吥"和"才"当中，情况刚好相反。EGG 信号在前一阶段周期性很差，此时的"吥"几乎由于喉头的大幅上下移动而录不到 EGG 信号。但是，在后一阶段，EGG 信号都又变成了基频特别高、而速度商较小的高音调嗓音。"兔"和"你"属于 HG 类音节，而"吥"和"才"属于 GH 类音节。

5.3.21 BC 类和 CB 类

BC 类是指在一个音节内部发声类型由气嗓音变成了挤喉音，而 CB 类则是指在一个音节内部发声类型由挤喉音变成了气嗓音。图 5-52 的左边是女声语句"总经理得有派头"中第七个字"头"的 EGG 波形图，其右边部分是女声语句"我也不想让我的孩子再重新经历一遍儿"中第十个字"再"的 EGG 波形图。在音节"头"里，先出现的是开商很大、速度商较小、基频较低的气嗓音。之后，基频依然较低，但基音周期开始变得时长时短，脉冲振幅也变得大小不一，发声类型变成了挤喉音。在音节"再"里，EGG 信号的变化过程刚好相反。因此，"头"属于 BC 类音节，而"再"属于 CB 类音节。

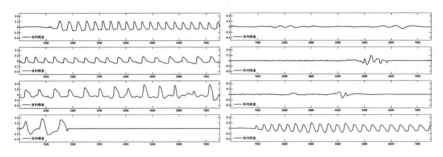

图 5-50　左：男声 HG 类音节实例，右：男声 GH 类音节实例

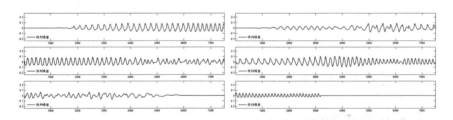

图 5-51　左：女声 HG 类音节实例，右：女声 GH 类音节实例

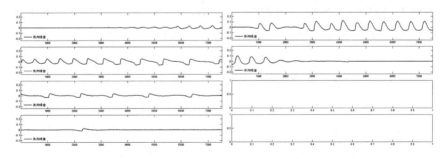

图 5-52　左：女声 BC 类音节实例，右：女声 CB 类音节实例

5.3.22　HR 类和 RH 类

HR 类是指在一个音节内部发声类型由高音调嗓音变成了糙音，而

RH 类则是指在一个音节内部发声类型由糙音变成了高音调噪音。图 5 –
53 的左边是女声愤怒语句"你才不可理喻呢"中第五个字"理"的
EGG 波形图，其右边部分是女声愤怒语句"滚就滚"中第二个字"就"
的 EGG 波形图。在音节"理"的前一阶段，基频特别高，EGG 脉冲基
本上呈三角形形状且很规整，这一段属于高音调噪音。之后，脉冲上逐
渐出现了次峰，并且越来越厉害，声音听起来也有点劈了，发声类型变
成了糙音。在音节"就"当中，喉头仪信号的变化过程刚好相反。因
此，"理"属于 HR 类音节，而"就"属于 RH 类音节。

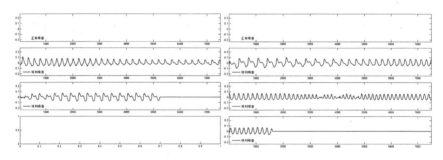

图 5 – 53　左：女声 HR 类音节实例，右：女声 RH 类音节实例

5.3.23　TC 类和 CT 类

TC 类是指在一个音节内部发声类型由紧噪音逐步变成了挤喉音，而
CT 类则是指在一个音节内部发声类型由挤喉音逐步变成了紧噪音。
图 5 – 54 的左边是女声语句"既然他们喜欢咱们这个创意"中第十二个
字"意"的 EGG 波形图，其右边部分是女声语句"这只是个头炮"中
第五个字"头"的 EGG 波形图。在音节"意"的前一阶段，基频不高，
喉头仪波形较扁圆，接触商较大，开商较小，发声类型属于紧噪音。之
后，基频变得很低，EGG 脉冲振幅变得时大时小，基音周期也变得时长
时短，发声类型变成了挤喉音。在"头"中，前四分之三段大都属于挤
喉音，直到后四分之一段发声类型才变成了紧喉音。因此，"意"属于
TC 类音节，而"头"属于 CT 类音节。

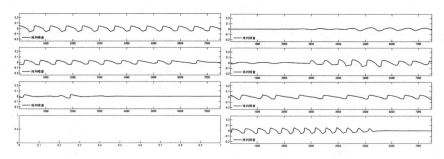

图 5-54 左：女声 TC 类音节实例，右：女声 CT 类音节实例

5.3.24 MW 类和 DW 类

MW 类是指在一个音节内部发声类型由正常嗓音逐步变成了耳语，而 DW 类则是指在一个音节内部发声类型由双音调嗓音逐步变成了耳语。图 5-55 的左边是男声语句"你为了依依命都可以不要"中第十一个字"要"的 EGG 波形图，其右边部分是女声语句"我哥上学的时候，他出去打工赚钱，就为了养活我"中第二十个字"我"的 EGG 波形图。在"要"的前一阶段，EGG 信号表现为正常嗓音。之后，在黑色方框圈起来的部分中，EGG 脉冲完全消失，只剩下了基线，然而这一部分所对应的语音信号上仍有弱振幅存在，也即该段的发声类型已经变成了耳语。音节"我"的前一阶段是属于小、大 EGG 脉冲交替出现的双音调嗓音，这一段所对应的语音信号也是小、大周期交替出现，如图 5-56 所示。之后，在黑色方框圈起来的部分中，发声类型也变成了耳语。因此，"要"属于 MW 类音节，而"我"属于 DW 类音节。这种以耳语结尾的

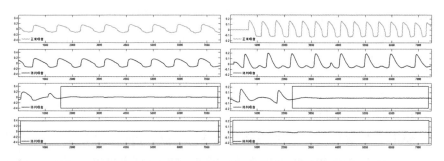

图 5-55 左：男声 MW 类音节实例，右：女声 DW 类音节实例

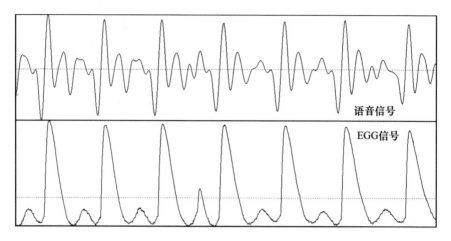

图5-56 音节"我"中双音调嗓音段的语音信号和喉头仪信号

音节听起来比较煽情。

从5.3.11到5.3.24都是一个音节内有一次发声类型的变换，这一情形在情感语音中很常见，类似的实例还有不少。比如LW，即发声类型由低音调嗓音变成了耳语；CW，即发声类型由挤喉音变成了耳语；BW，即发声类型由气嗓音变成了耳语；TB，即发声类型由紧嗓音变成了气嗓音，以及顺序正好颠倒过来的BT；MG是指发声类型由正常嗓音变成了吼音；TG是指发声类型由紧嗓音变成了吼音；RT是指发声类型由糙音变成了紧嗓音；TL是指发声类型由紧嗓音逐步变成了低音调嗓音；DM是指发声类型由双音调嗓音变成了正常嗓音；RC是指发声类型由糙音变成了挤喉音；MR是指发声类型由正常嗓音变成了糙音。对于这些，我们不再一一赘述。下面，我们看看一个音节内有两次发声类型变换的实例。

5.3.25 MCL类

MCL类是指在一个音节内部，发声类型先由正常嗓音变成了挤喉音，再由挤喉音变成了低音调嗓音。图5-57的左边是男声语句"粉红管那个印钞厂"中第八个字"厂"的EGG波形图，其右边是女声语句

"相依为命对你们来说不过是一个惨字"中第三个字"为"的 EGG 波形图。首先，可以看到，"厂"字开头的第二个 EGG 脉冲跟男声正常嗓音的 EGG 脉冲很相像，"为"字起始阶段的 EGG 信号在基频、开商、速度商方面跟女声正常嗓音很接近，因此，我们把此二音节的起始段判断为正常嗓音。之后，二者的 EGG 信号开始转变为振幅大小不一、基频低且不稳定的挤喉音。再后来，EGG 信号又开始变得规整了，但是基频特别低，比各自的标准正常嗓音音节"来"的基频最小值还要低。也就是说，发声类型最后又变成了低音调嗓音。在一个音节内包含这三种发声类型的实例还有：MLC 即发声类型先由正常嗓音变成低音调嗓音，再由低音调嗓音变成挤喉音；CLM 即发声类型先由挤喉音变成低音调嗓音，又由低音调嗓音变成正常嗓音；LMC 即发声类型先由低音调嗓音变成正常嗓音，再由正常嗓音变成挤喉音。我们这里不再对它们一一描述。

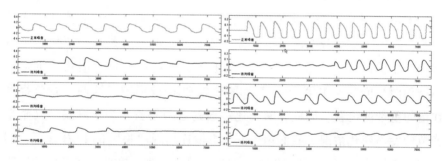

图 5 - 57 男女声 MCL 类音节实例：左边为男声，右边为女声

5.3.26 HML 类

HML 类是指在一个音节内部，发声类型先由高音调嗓音变成了正常嗓音，再由正常嗓音变成了低音调嗓音。图 5 - 58 的左边是男声语句"方依依"中第三个字"依"的 EGG 波形图，其右边是女声语句"就凭咱俩这黄金搭档"中第一个字"就"的 EGG 波形图。在音节"依"和"就"的起始阶段，EGG 脉冲的左偏度很小，并且基频特别高，比各自的标准正常嗓音音节"来"的基频最大值还要高，因此发声类型属于高音调嗓音。之后，EGG 脉冲的左偏度开始变得越来越大，基频也越来越低，从正常嗓音滑倒了低音调嗓音。"依"和"就"末段的基频值比各自的标准正常嗓音音节"来"的基频最小值还要小。HML 类音节常常出现在比较激动的言语当中。在一个音节内包含这三种发声类型的实例还有 LMH，即发声类型先由低音调嗓音变成正常嗓音，再由正常嗓音变成了高音调嗓音。

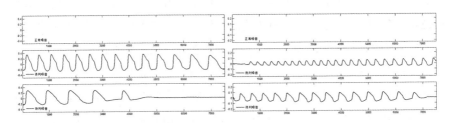

图 5 - 58　男女声 HML 类音节实例：左边为男声，右边为女声

5.3.27　HMC 类

HMC 类是指在一个音节内部，发声类型先由高音调嗓音变成了正常嗓音，再由正常嗓音变成了挤喉音。图 5 - 59 的左边是男声语句"不可理喻"中第四个字"喻"的 EGG 波形图，其右边是女声语句"那你也不能随便开枪啊"中第十个字"啊"的 EGG 波形图。这两个音节都处在语句重音的位置，因此，时长比一般的音节要长，为了观察到其整个音节的发声变化情况，我们用了五个方框连续画"喻"的 EGG 波形，用了四个方框连续画"啊"的 EGG 波形。可以看到，在此二音节的前一阶段，EGG 波形都表现为速度商较小而基频特别高的高音调嗓音。之后，喉头仪脉冲的左偏度越来越大，基频也逐渐变低，发声类型转变成了正常嗓音。最后，EGG 信号又转变成了脉冲振幅大小不一、基频很低且不稳定的挤喉音。

5.3.28　HGM 类和 HZB 类

HGM 类是指在一个音节内部，发声类型先由高音调嗓音变成了吼音，再由吼音变成了正常嗓音。HZB 类是指在一个音节内部，发声类型先由高音调嗓音变成了无声段，再由无声段变成了气嗓音。图 5 - 60 的左边是男声语句"打倒郭小宝"中第五个字"宝"的 EGG 波形图，它

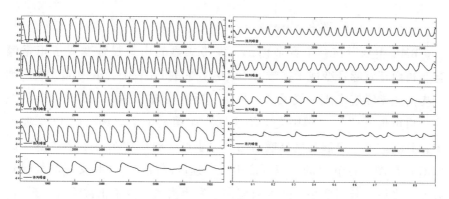

图5-59　男女声HMC类音节实例：左边为男声，右边为女声

右边的部分是男声语句"本来我已经镇定了，咦涕，你回头又吓唬我你"中第十五个字"吓"的 EGG 波形图。音节"宝"的起始阶段是基频特别高、EGG 脉冲左偏度很小的高音调嗓音；之后，由于杓状会厌襞的影响，EGG 脉冲上出现了次峰，峰与峰之间也出现了小的毛刺，发声类型变成了吼音；接着，喉头仪脉冲又变得规整起来，随着其左偏度的大幅提高，基频也降了下来，发声类型最终变为正常嗓音。音节"吓"的起始阶段也是高音调嗓音，之后渐渐变成了无声段。此无声段与耳语的情形不同，因为它所对应的语音信号段上也是只有零线，没有脉冲。无声段过后，发声类型变成了基频很低、开商很大、速度商很小的气嗓音。

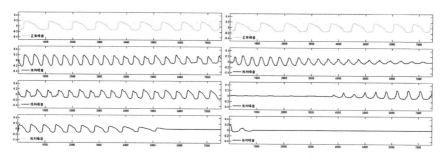

图5-60　左：男声HGM类音节实例，右：男声HZB类音节实例

5.3.29 BMC 类和 MBW 类

BMC 类是指在一个音节内部，发声类型先由气嗓音变成了正常嗓音，再由正常嗓音变成了挤喉音。MBW 类是指在一个音节内部，发声类型先由正常嗓音变成了气嗓音，再由气嗓音变成了耳语。图 5－61 的左边是男声惊喜语句"咱俩先去趟商场"中第七个字"场"的 EGG 波形图，其右边是男声温和稍显摆语句"去省城了嘛"中第五个字"嘛"的 EGG 波形图。音节"场"以开商很大、速度商很小、基频又低的气嗓音起始；之后，开商变小、速度商变大，发声类型变成了正常嗓音；最后，以基频低且不稳定的挤喉音结尾。音节"嘛"以正常嗓音起始；之后开商变大、速度商变小，发声类型变成了气嗓音；用黑色方框圈起来的部分是属于耳语，因为它所对应的语音波形段上仍有很弱的振幅，如图 5－62 所

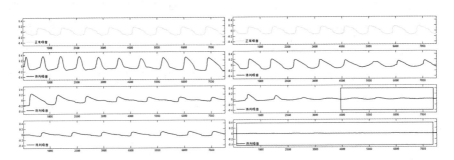

图 5－61　左：男声 BMC 类音节实例，右：男声 MBW 类音节实例

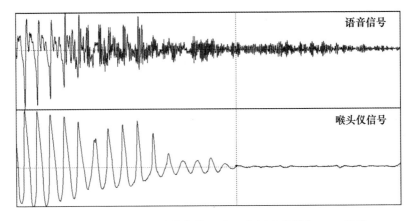

图 5－62　用 praat 显示的音节"嘛"的语音信号和 EGG 信号

示。还可以看到，此二音节中气嗓音段的 EGG 振幅差别较大，这可能是惊喜与温和言语在发声力度上不相同的缘故。

5.3.30　MBL 类和 BLW 类

MBL 类是指在一个音节内部，发声类型先由正常嗓音变成了气嗓音，再由气嗓音变成了低音调嗓音。BLW 类是指在一个音节内部，发声类型先由气嗓音变成了低音调嗓音，再由低音调嗓音变成了耳语。图 5 - 63 的左边是女声伤心语句"你知道每年过年的时候家里面不都挺热闹的吗"中第十八个字"闹"的 EGG 波形图，其右边部分是同一语句中第二十个字"吗"的 EGG 波形图。音节"闹"以速度商较大、开商不大不小的正常嗓音起始；之后开商逐渐变大，速度商逐渐变小，基频逐渐变低，发声类型转变为气嗓音；接着，速度商又变大，开商又变小，音节以基频很低的低音调嗓音结束。音节"吗"以开商很大、速度商和基频都很小的气嗓音起始；之后速度商逐渐变大，开商逐渐变小，发声类型转变为低音调嗓音；用黑色方框圈起来的部分是耳语，即音节"吗"以耳语结束。M、B、L 还有其他的组合方式如 LMB、MLB、BML、LBM，B、L、W 也还有其他的组合方式如 LBW，这里不再一一描述。

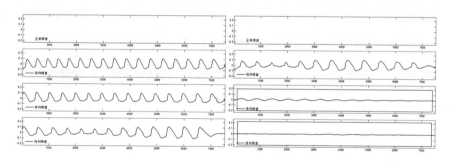

图 5 - 63　左：女声 MBL 类音节实例，右：女声 BLW 类音节实例

5.3.31　MTM 类和 LCL 类

MTM 类是指在一个音节内部，发声类型先由正常嗓音变成了紧嗓音，再由紧嗓音变回到正常嗓音。LCL 类是指在一个音节内部，发声类型先由低音调嗓音变成了挤喉音，再由挤喉音变回到低音调嗓音。图 5

－64 的左边是女声惊喜语句"今儿啊咱就吃顿好的"中第四个字"咱"的 EGG 波形图，其右边是女声害怕语句"这宪兵队不比一般的衙门"中第十个字"衙"的 EGG 波形图。音节"咱"以速度商较大、开商不大不小的正常嗓音起始；之后，其 EGG 脉冲开始变得扁圆，接触商增大而开商减小，发声类型变成了紧嗓音；最后 EGG 波形又回到了正常嗓音的模样。如果对音节"咱"不同发声类型段的 EGG 信号的中点位置求谱斜率，则结果如图 5－65 所示。前 M 段中点的谱斜率为 －7.7286 分贝/倍频程，T 段中点的谱斜率为 －1.8786 分贝/倍频程，后 M 段中点的谱斜率为 －6.3855 分贝/倍频程。可以看到 T 段中点的谱斜率比两个 M 段的要大得多，这正体现了紧嗓音高频能量较强的特点。音节"衙"以基频低且稳定的低音调嗓音起始；之后，EGG 信号开始体现为振幅大小不一、基频低且不稳定的挤喉音；最后，喉头仪波形又回到了低音调嗓音的模样。

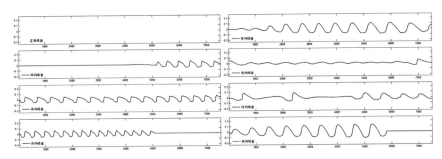

图 5－64　左：女声 MTM 类音节实例，右：女声 LCL 类音节实例

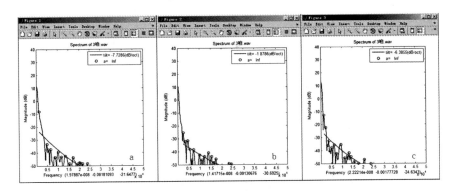

图 5－65　在音节"咱"的 EGG 信号上选三个位置求谱斜率

a. 前 M 段中点位置，b. T 段中点位置，c. 后 M 段中点位置。

5.3.32 HRT 类和 RTC 类

HRT 类是指在一个音节内部，发声类型先由高音调噪音变成了糙音，再由糙音变成了紧噪音。RTC 类是指在一个音节内部，发声类型先由糙音变成了紧噪音，再由紧噪音变成了挤喉音。图 5–66 的左边部分是女声愤怒语句"你把我当小工使唤也就算了，你还欺负我年少无知"中第十一个字"算"的 EGG 波形图，其右边是女声愤怒语句"谁稀罕你"中第四个字"你"的 EGG 波形图。音节"算"的前半部分都是基频特别高、EGG 脉冲几乎呈三角状的高音调噪音；之后，喉头仪脉冲上出现了次峰，基频也稍有降低，发声类型转变成了糙音；再后来，EGG 波形开始变得较扁圆，接触商增大而开商变小，发声类型最终成了紧噪音。音节"你"以糙音起始，之后发声类型变转成了接触商较大而开商较小的紧噪音，最后以基频低且不稳定的挤喉音结束。

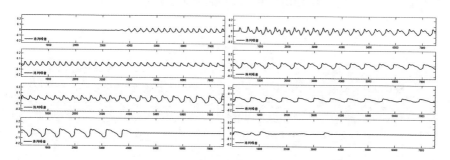

图 5–66 左：女声 HRT 类音节实例，右：女声 RTC 类音节实例

从 5.3.25 到 5.3.32 所列举的实例都是一个音节内有两次发声类型的变换。类似的组合还有：BLB，MLW，HBW，HBH，HTH，GHG，HGH，HGL，LCW，BHB，MBM，HTR，RMH，HTC，LTC，HMB，HBC，HMT，LBL，CMC，BMB，MCM，CHC，LCB，HRM，RGR，HTM，TRH，RTB，RHR，MRH，TCT，BMT，HRC，MTC。各个组合的含义都已不言自明。所以，限于篇幅，这里不再对它们逐一进行描述。下面，我们看一下一个音节内有三次或三次以上发声类型变换的实例。

5.3.33 HMLB 类

HMLB 类是指在一个音节内部，发声类型先由高音调嗓音变成了正常嗓音，再由正常嗓音变成了低音调嗓音，又由低音调嗓音变成了气嗓音。图 5 – 67 的左边部分是男声惊喜语句"真的"中"的"字的 EGG 波形图，其右边部分是女声惊喜语句"真正赚钱的是后期这块儿"中第二个字"正"的 EGG 波形图。顶端两个方框内的红线表示男、女声正常嗓音音节"来"的基频最高端的 EGG 波形，我们用它们跟待判嗓音"的"和"正"的喉头仪波形做比对。可以看到，在此二音节的起始阶段，EGG 脉冲的左偏度都很小，基频都高于所对应的"来"字的基频最大值，因此该段的发声类型为高音调嗓音。之后，EGG 脉冲的左偏度逐渐变大，开商也逐渐变大，经历了正常嗓音和低音调嗓音两个阶段。再后来，开商变得特别大，而 EGG 脉冲的左偏度又变小了，发声类型最终变成了气嗓音。此二音节均处在语句调核的位置上。

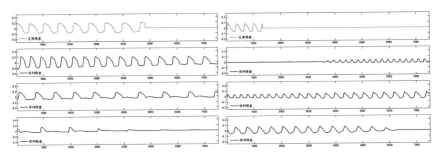

图 5 – 67 男女声 HMLB 类音节实例：左边为男声，右边为女声

5.3.34 LMLC 类

LMLC 类是指在一个音节内部，发声类型先由低音调嗓音变成了正常嗓音，再由正常嗓音变成了低音调嗓音，又由低音调嗓音变成了挤喉音。图 5 – 68 是柔媚的爱妻赞赏丈夫时所说的一个单音节语句"行"的 EGG 波形图。图左边顶列是女声标准正常嗓音音节"来"的基频最低端的 EGG 波形图，用红线表示。由于待判嗓音"行"的时长太长，我们将其分为七段按顺序排列起来，图 5 – 68 中的 1 表示第一段，2 表示第二段……7 表示第七段，每一段的纵、横坐标设置都跟其他图一样。可以看到，在第 1—3 段，EGG 脉冲的左偏度较小，开商较大，基频比"来"字的最低基频还要低，我们将其判断为低音调嗓音。接着，在第 4—5段，基频逐渐提高，EGG 脉冲的左偏度也逐渐变大，波形跟正常嗓音的很相像，发声类型转为正常嗓音。在第 6 段的中间位置，基频又有所下降，发声类型回归低音调嗓音。在第 6 段末至第 7 段，基频低且 EGG 振幅已变得很不规整，发声类型变成了挤喉音。

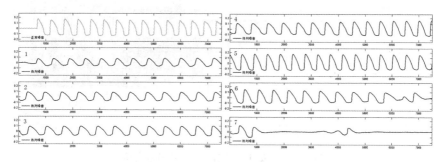

图 5 – 68　女声 LMLC 类音节实例

一个音节内有三次发声类型转换的实例还有 CMBW，BMBT，HB-WH，BTMH，BLMH，MLMH，HGRT，HMHT，HRTM，BMBM，MHLC，这里不再一一赘述。在女声伤心语段中常会出现哽哽咽咽的哭腔，在其害怕语段中也有哭腔，但是较少。下面，我们就着重看看女声表达哭腔的手段。

5.3.35　振幅凹缩

女声表现哽哽咽咽的哭腔有四种方式。第一种是振幅凹缩，即在一个音节内部语音振幅和喉头仪振幅突然缩小再变大或者叫凹下去再起来。在各种发声类型的音节中，只要有这种振幅凹缩，就会给人以哀婉悲戚的感觉。图 5 – 69 的左边部分是女声伤心语句"你知道每天我跟我哥两个人进进出出，被街坊邻居用那种怜悯的眼神看着你"中第二个字"知"的喉头仪波形图。"知"字的 EGG 波形跟顶列的正常嗓音波形很相像，因此它是 M 类音节。再看图 5 – 69 的右边部分：a 是"知"字的语音信号，b 是语音信号的宽带语图、基频曲线和音强曲线，c 是"知"字未展开的 EGG 信号。可以看到，在韵母三分之一的位置，语音振幅和喉头仪振幅都突然缩小，导致两路信号都基本上呈葫芦状。这种振幅凹缩也使得音强曲线向下凹，但是对基频曲线的影响不大。我们所观察到的以振幅凹缩为手段达到哭腔效果的音节类型还有：DMB 类，B 类，BM 类，BMBMB 类，MBMB 类。

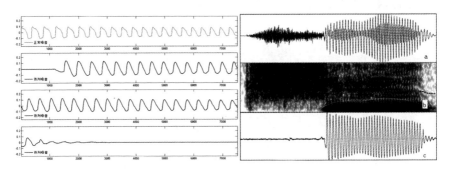

图 5 - 69　女声 M 类音节振幅凹缩实例

5.3.36　CMCLC 类

如果一个音节内有挤喉音的出现，并有振幅凹缩杂糅其中，那么它在听感上就会有更加强烈的哽咽效果。图 5 - 70 的左边是女声伤心语句"我跟我哥两个人守着一盘速冻饺子，我们还得装成特香，特高兴，特满足，你知道那是什么感觉吗"中第二十四个字"特"的喉头仪波形图。音节"特"的起始阶段是 EGG 振幅忽大忽小、基频很不稳定的挤喉音。之后的喉头仪信号开始变得规整，体现为速度商较大、开商不大不小的正常嗓音。接着，EGG 脉冲再次变得很不规整，发声类型回到了挤喉音。再接着，EGG 脉冲又一次变得规整，体现为基频低于"来"字F0 最小值的低音调嗓音。还没完，最后 EGG 信号再次散乱，发声类型以挤喉音结束。

在图 5 - 70 的右边：a 是"特"字的语音信号，b 是语音信号的宽带语图、基频曲线和音强曲线，c 是"特"字未展开的 EGG 信号。可以看到，在语音信号和 EGG 信号上，都有两次很明显的振幅凹缩出现，一次

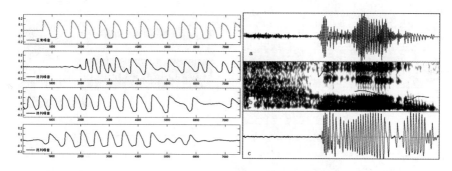

图 5 – 70　女声 CMCLC 类音节外加振幅凹缩

在韵母约三分之一的位置，另一次在韵母约三分之二的位置。在它们所对应的位置上，音强曲线也出现了明显的下凹，而基频曲线却中断了。语句中有了这样的音节就听起来特别伤感。我们所观察到的以挤喉音加振幅凹缩为手段达到哭腔效果的音节类型还有：CM 类，MCMC 类，MCM 类，BMC 类，BMCM 类，CMC 类，HCMC 类，CBCB 类。

5.3.37　LSM 类

女声表现哽哽咽咽的哭腔还有一种方式，我们称之为 stepdown，也即在一个音节内部有一段 EGG 振幅突然齐齐地、阶梯式地下降。这种 stepdown 达到极致就会出现 zero，也即在一个音节内部，一段 EGG 振幅突然完全消失，只剩下基线，类似于音乐中的休止。它所对应的语音信号段也是只有基线，没有脉冲振幅。图 5 – 71 的左边是女声语句"就说那些刑具"中第五个字"刑"的 EGG 波形图。这句话来自害怕类情感语段，是女发音人被吓得要哭时所说的一句话。音节"刑"的第一阶段是 EGG 脉冲较规整、开商稍大、基频低于"来"字基频最小值的低音调嗓音。之后，有八个 EGG 脉冲的振幅突然齐刷刷地下降，是为 step-down。最后，EGG 信号回复正常，音节以正常嗓音结束。该音节给人以哽咽欲哭的感觉。

在图 5 – 71 的右边：a 是"刑"字的语音信号，b 是语音信号的宽带语图、基频曲线和音强曲线，c 是"刑"字未展开的 EGG 信号。可以看

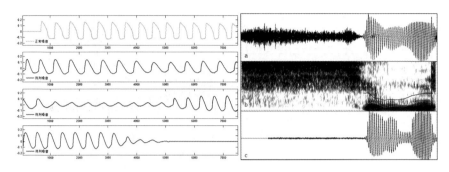

图 5 – 71　女声 LSM 类音节实例

到，在语音信号和喉头仪信号中都有一段 stepdown，只是形状不完全相同、位置也不完全对应，这似乎表明声源有着独立于语音信号的某种特征。语音信号上的 stepdown 导致了其音强曲线的下凹，但是对其基频影响不大，并没有改变"刑"字阳平调的基频走向。我们所观察到的以 stepdown 或 zero 为手段达到哭腔效果的音节类型还有：BSB 类，SBS 类，CSB 类，MCSB 类，SBSB 类，BSBSW 类，HZH 类，LSL 类。另外，还有一些音节，在单独听时可以感知到其中的微微颤动。但是在语句中其颤动感却听不出来，其原因有待于进一步研究。这些音节的发声组合方式为：LSBM，BS，MBS，BSBS，MLS，MS，SB，LS，HSW，SH 和 MSH。

5.3.38　SMCHMC 类

如果把挤喉音、stepdown、振幅凹缩等手段杂糅在一起，就可以达到极其显著的哭腔效果。图 5 – 72 的左边是女声伤心语句"我还得，还得装成，装成什么都不知道，装成没心没肺的，逗他乐！"中第二十五个字"乐"的 EGG 波形图。这是女声伤心语段中最令闻者落泪的一句话。音节"乐"以一段 stepdown 起始，之后是一段正常嗓音，紧接正常嗓音的是一段 EGG 脉冲凌乱的挤喉音。之后，EGG 脉冲又变得规整了且几乎左右对称，基频也变得很高，即发声类型变成了高音调嗓音。接着，EGG 脉冲依然规整，但是左偏度提高了，基频又降低了，发声类型又回归正常嗓音。最后，该音节以一段 EGG 脉冲凌乱的挤喉音结束。

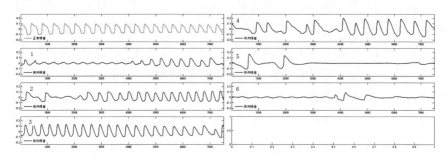

图 5 - 72　女声 SMCHMC 类音节实例

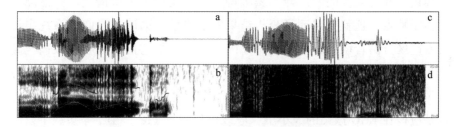

图 5 - 73　音节"乐"语音信号与喉头仪信号

在图 5 - 73 当中，a 是"乐"字的语音信号，b 是语音信号的宽带语图、基频曲线和音强曲线，c 是"乐"字未展开的喉头仪信号，d 是喉头仪信号的宽带语图、基频曲线和音强曲线。可以看到，语音振幅和 EGG 振幅都很不规则，两者在音节的中点处有一个较大的振幅凹缩。二者的音强曲线也时凹时凸。另外，不但基频线不规则，有断裂，从语音信号和喉头仪信号中计算出来的基频值也差异很大，这都是信号不规则所造成的结果。我们所观察到的以这种综合手段达到显著哭腔效果的音节类型还有：MSBSC 类，MLSC 类，SHMCM 类和 MCMZMCH 类。

总结起来，有以下几点体会。第一，同一个人在不同的发声状态下，其 EGG 波形确实存在差异，并具有一定的规律性。这一点跟前人的研究结果一致（John H. Esling，1983；John H. Esling，2013；C. Painter，1988；C. Painter，1990；Marasek K.，1997a，Marasek K.，1997b；孔江平，2001）。我们只有一男一女两名发音人的语料，喉头仪波形比对是分男、女在同一个人的语料范围内进行的。因此，分析起来比较容易，结果也比较可靠。第二，不可否认，不同的人在发相同的发声类型时，喉头仪波形确实会存在一定的差异。但是，前人及我们的录音经验也告诉我们，不同人之间的共性总是占主导的，对个性具有压倒性的优势。另外，同一个人在不同的心境下或者不同的时间点发同一个发声类型时，EGG 波形也可能会存在一定的差异。对此，我们的解决方法是关注占主导地位的共性，同时凭参数说话。对于很难拿准的地方，我们就提取参数，依据基频、开商、速度商等参数予以区分，力争做到心中有"数"。第三，我们的分析还依据了前人（John Laver，2009）对诸发声类型听感的描述，并有真实的发声样本做听辨比照，还参考了次谐波、频谱能量等声学特点，这就更保证了分析结果的准确性。第四，我们的系统中没有专门区分高音调嗓音和假声。原因有二：一是它们的基频都很高，高于正常嗓音，EGG 波形可能相似度很大；二是未见前人专门对它们进行过区别比对，因此，我们没有把握。不过，我们的直观感觉是，二者的区别应该在 EGG 振幅的大小上，应该可以根据 PIC、PDC 等参数予以区分。这一点有待于进一步研究。

5.4　总结不同情感语段中的发声类型

5.4.1　A 类音节和 AB 类音节

为了便于统计分析，我们这里把情感语段中的音节区分为两类：如果一个音节中只有一种发声类型出现，没有发声类型的变换，就称之为 A 类音节；如果一个音节内有一次以上发声类型的变换，则称之为 AB 类音节。在男声暴怒语段的 112 个音节中，有 40 个 AB 类音节，占总数的 35.7%。在男声害怕语段的 192 个音节中，有 81 个 AB 类音节，占总数的 42.2%。在男声惊喜语段的 146 个音节中，有 64 个 AB 类音节，占总数的 43.8%。在男声伤心语段的 138 个音节中，有 48 个 AB 类音节，占总数的 34.8%。在男声温和稍显摆语段的 219 个音节中，有 35 个 AB 类音节，占总数的 16%。再看女声，在女声愤怒语段的 200 个音节中，有 111 个 AB 类音节，占总数的 55.5%。在女声害怕语段的 170 个音节中，有 65 个 AB 类音节，占总数的 38.2%。在女声惊喜语段的 265 个音节中，有 137 个 AB 类音节，占总数的 51.7%。在女声伤心语段的 383 个音节中，一共有 130 个 AB 类音节，占总数的比例为 33.9%。在女声温柔的关切语段的 108 个音节中，有 33 个 AB 类音节，占总数的 30.6%。

表 5 - 1　　　　　男、女五情感类型语段的因子得分平均值排序

四个发声维度		声带振动不规则度	声带发声力度	声门打开关闭特征	音节内发声变化
男声五情感	惊喜	2	4	**5**	4
	暴怒	**1**	**5**	2	**5**
	温和稍显摆	4	2	4	2
	害怕	**5**	**1**	**1**	3
	伤心	3	3	3	**1**
女声五情感	惊喜	3	**1**	**5**	3
	愤怒	2	3	4	**5**
	温柔的关切	**1**	2	3	**1**
	害怕	4	**5**	**1**	4
	伤心	**5**	4	2	2

可见，不管是对于男声还是女声，AB 类音节都是在怒、喜、怕三情感语段中出现率较高，在温、伤二情感语段中出现率较低。在 AB 类音节中，发声类型常有变换，这必然引起基频、开商、速度商、PIC、PDC 等参数在音节内部不断变化。因此，情感语段内 AB 类音节出现率高，就表明该语段的音节内发声变化度高。音节内发声变化是我们在第四章的因子分析中所得到的四个公因子之一，它代表 SQ＿CV、OQ＿CV、F0＿CV、PIC＿CV、PDC＿CV 和 F0mean 六类发声参数。John H. Esling（1983）从两个维度上理解发声类型的变化：一是声带在前后方向上拉长或缩短用于改变音高，从而引起发声类型的改变；二是声带在左右横向上收窄或变宽用于改变声门的打开程度，也能引起发声类型的变化。可见，基频的改变有时候不可避免要伴随有发声类型的变换。这就是为什么情感语段中被拉长、重读的音节中常常有多次发声类型的转换，也是为什么 F0mean 与五个带 CV 的发声参数一起标示着音节内发声变化度

这一公共因子。我们把第四章中的表4 – 11搬过来并命名为表5 – 1，该表将男、女五情感语段的因子得分按平均值大小排序，1表示均值最小，5表示均值最大。可以看到，不管是对于男声还是女声，在音节内发声变化这一维度上，都是怒、喜、怕的均值大于温、伤的均值。因此可以说，EGG波形比对验证了因子分析的结果。

5.4.2　男声暴怒与女声愤怒

一个情感类型语段中究竟会出现多少种发声类型？每一种发声类型所占的比重又会有多大？为了从总体上把握整个语段的发声特征，我们还打破音节的界限，对各个情感语段中每一种发声类型所出现的频次进行了统计。在男声暴怒语段中，气嗓音共出现了3次，低音调嗓音共出现了6次，吼音共出现了37次，高音调嗓音共出现了80次，正常嗓音共出现了30次，紧嗓音共出现了6次，挤喉音共出现了1次，耳语共出现了1次。它们在整个语段中所占的比重如图5 – 74的左边所示。在女声愤怒语段中，气嗓音共出现了5次，低音调嗓音共出现了11次，糙音共出现了94次，高音调嗓音共出现了115次，正常嗓音共出现了34次，紧嗓音共出现了57次，挤喉音共出现了20次，吼音共出现了8次。它们在整个语段中所占的比重如图5 – 74的右边所示。

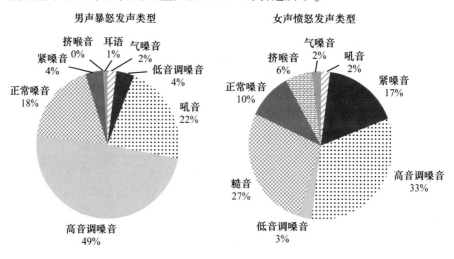

图5 – 74　男声暴怒和女声愤怒语段中各发声类型所占的比重

第一，可以看到，在男声暴怒和女声愤怒这种激烈的情感类型中，低音调嗓音、气嗓音以及耳语、挤喉音等柔和的发声类型很少用到，它们所占的比重都不超过 6%；然而，高音调嗓音所占的比重却是最大的，在男声暴怒中占 49%，在女声愤怒中占 33%。第二，在男声暴怒中吼音（22%）占了相当大的比重，紧嗓音（4%）所占的比重很小；然而，在女声愤怒中糙音（27%）和紧嗓音（17%）都占了相当大的比重，但吼音（2%）所占的比重很小；这正是二者的最大区别，也是前者称为暴怒而后者称为愤怒的原因，因为成年人只有在极其愤怒、达到暴怒的情形下才会不顾及自身形象而运用撕心裂肺的吼音。第三，在男声暴怒和女声愤怒中正常嗓音都占有一定的比例（18% 对 10%）。从发声生理上看，这是可以理解的，因为如果在一段话中都用吼音或者糙音，嗓子肯定会承受不了。总之，男声暴怒以高音调嗓音和吼音为其主要特征，女声愤怒以高音调嗓音、糙音和紧嗓音为其主要特征。

看表 5–1 中的声门打开关闭特征：男声暴怒的序号为 2，女声愤怒的序号为 4，也即两者在该维度上的因子得分都不是最大的。其原因在于两个方面：第一，从喉头仪波形可知，低音调嗓音、紧嗓音和挤喉音的 SQ_{EGG} 值很大，气嗓音的 OQ_{EGG} 值很大，而高音调嗓音的这两个值都小得多；第二，在男声暴怒和女声愤怒二语段中，低音调嗓音、气嗓音和挤喉音都很少出现，但高音调嗓音却占了相当大的比例，这就使得此二语段的开商、速度商值总体上比较小，从而导致了它们声门打开关闭特征的因子得分比较低。女声愤怒语段的因子得分值较大些，是因为它里面还出现了相当比重的紧嗓音。

再看声带发声力度，它代表 PICmean、PDCmean、RMSeggmean 这三类发声参数。男声暴怒的序号为 5，也即它在该维度上的因子得分是男声语段中最高的。这可以从三方面予以解释。第一，我们知道，在发吼音时，喉头被推升到了大约第四块颈椎骨水平的位置（Ken-Ichi Sakakibara 和 Miwako Kimura 等，2004），也即喉头向上移动的幅度很大，这必然导致 RMSeggmean 的值明显变大。第二，男声暴怒中的高音调嗓音尚未达到假声的位置，因此其 EGG 脉冲振幅较大，这体现为 PIC 和 PDC 的绝对值较大。第三，在男声暴怒语段中，正常嗓音也占有较大的比重，而正常嗓音的 PIC、PDC 绝对值也较大。总之，PIC、｜PDC｜和 RMSeg-gmean 的值较大必然会导致男声暴怒在发声力度上有很高的因子得分。同理，女声愤怒在发声力度上的因子得分在女声语段中属于中等（序号为 3），这跟糙音、紧嗓音的 PIC 及｜PDC｜值较小有关。

5.4.3　男声惊喜与女声惊喜

在男声惊喜语段中，气嗓音共出现了 25 次，低音调嗓音共出现了 26 次，高音调嗓音共出现了 49 次，正常嗓音共出现了 106 次，紧嗓音共出现了 8 次，挤喉音共出现了 7 次，耳语共出现了 1 次。它们在整个语段中所占的比重如图 5 - 75 的左边所示。在女声的惊喜语段中，气嗓音共出现了 44 次，低音调嗓音共出现了 31 次，糙音共出现了 17 次，高音调嗓音共出现了 98 次，正常嗓音共出现了 105 次，紧嗓音共出现了 84 次，挤喉音总共出现了 56 次，双音调嗓音总共出现了 1 次，耳语总共出现了 1 次。它们在整个语段中所占的比重如图 5 - 75 的右边所示。

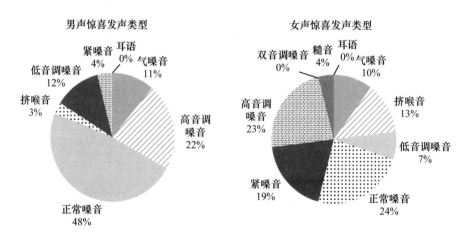

图 5 - 75　男、女声惊喜语段中各发声类型所占的比重

首先可以看到，在男、女声的惊喜语段中，听感轻柔的耳语和双音调嗓音出现的概率极低，均不超过一次。但两者中都有一定比例的气嗓音、挤喉音和低音调嗓音出现：在男声惊喜语段中，气嗓音占 11%，挤喉音占 3%，低音调嗓音占 12%；在女声惊喜语段中，气嗓音占 10%，挤喉音占13%，低音调嗓音占7%。这说明，人在惊喜时并不是一味地欢呼尖叫，其言语中还要夹杂少量音色柔和的嗓音类型，用于反衬或者调节嗓子，这是不由自主、不可避免的。其次，男声惊喜语段以正常嗓音（48%）和高音调嗓音（22%）为主，正常嗓音具有绝对优势，几乎占掉了全部发声类型出现频次的一半。但是，该语段中紧嗓音所占的比重极小，仅仅为4%。女声惊喜语段以正常嗓音（24%）、高音调嗓音（23%）和紧嗓音（19%）为主。另外，其中还夹杂了少量的糙音（4%）。其高音调嗓音比重跟男声惊喜的差不多，但是，其正常嗓音比重却比男声惊喜的要小得多。这些差别都跟我们的直观听感相契合：男发音人在惊喜时主要表现为音高提高、语速加快，但又不完全失去沉稳；而女发音人在惊喜时不但声音尖利而且还一惊一乍的，几乎要手舞足蹈起来。

看表5-1中的声门打开关闭特征：男、女声惊喜的序号均为5，也即两者在该维度上的因子得分都是最大的，这个不难理解。第一，声门打开关闭特征反映的是开商和速度商的大小。第二，开商、速度商都较小的高音调嗓音仅仅占男、女惊喜语段全部发声类型频次的五分之一稍多的比重。第三，速度商很大的正常嗓音、低音调嗓音、挤喉音、紧嗓音和开商很大的气嗓音合起来几乎占了全部发声类型频次的五分之四。总之，男、女声惊喜语段的高频能量比较强，声音比较明亮。

再看声带发声力度：男声惊喜的序号是4，也即，在男声五情感语段中，它的因子得分较大但不是最高的；女声惊喜的序号是1，也即，在女声五情感语段中，它的因子得分是最小的。显然，男女声差别较大，这可以从两方面来理解。一方面，在男声惊喜语段中，PIC和 | PDC | 值较大的正常嗓音占绝对优势。还有就是，男声高音调嗓音离假声的位置较远，因此其PIC、| PDC | 的值也较大。另一方面，女声惊喜语段中正常嗓音的比重太小。高音调嗓音的基频往往很高已接近假声或者就是假声，故其PIC、| PDC | 的值很小。还有就是，紧嗓音的PIC、| PDC | 值也较小。此二值大，则发声力度因子得分也大，反之亦然。所以，可以说是发声类型的组合成分差异造成了男女惊喜的发声力度有较大差异。

5.4.4 男声伤心与女声伤心

在男声伤心语段中，气嗓音共出现了 51 次，低音调嗓音共出现了 13 次，高音调嗓音共出现了 6 次，正常嗓音共出现了 100 次，挤喉音共出现了 8 次，耳语共出现了 21 次。它们在整个语段中所占的比重如图 5 - 76 的左边所示。在女声的伤心语段中，气嗓音总共出现了 130 次，低音调嗓音总共出现了 105 次，高音调嗓音总共出现了 10 次，正常嗓音总共出现了 159 次，紧嗓音共出现了 6 次，挤喉音共出现了 92 次，双音调嗓音共出现了 3 次，耳语共出现了 58 次，stepdown 共出现了 16 次，zero 共出现了 2 次。它们在整个语段中所占的比重如图 5 - 76 的右边所示。

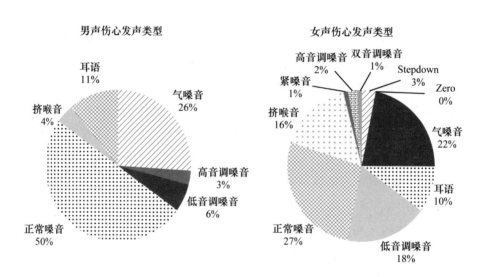

图 5 - 76 男、女声伤心语段中各发声类型所占的比重

首先，与怒、喜二情感相比，男、女伤心语段中高音调嗓音的比重大幅度减小，分别减至 3% 和 2%。另外，男声伤心语段中没有紧嗓音，而女声伤心语段中，紧嗓音也仅占 1%。但耳语和气嗓音的比重却大幅度提高，在男声伤心语段中，耳语占 11%，气嗓音占 26%，在女声伤心语段中，耳语占 10%，气嗓音占 22%。耳语、气嗓音份额的增加使语段听起来更为煽情感人。其次，在女声伤心语段中，挤喉音（16%）与低音调嗓音（18%）的比重比男声伤心语段中的要大得多（4%与6%），但是，其正常嗓音的比重（27%）却比男声伤心语段中的要小得多（50%）。还有就是，在女声伤心语段中，还有一定比例表达哽哽咽咽哭腔的 stepdown（3%）、zero（仅出现两次）和双音调嗓音（1%），在男声伤心语段中却没有。这正是成年男女的不同之处。男人伤心时也不轻易落泪，他只是语速放慢，声音低沉，言语幽幽，而女人伤心时哽哽咽咽地哭泣是常有的事。总之，男声伤心语段以运用正常嗓音、气嗓音和耳语为主，而女声伤心语段以运用正常嗓音、气嗓音、低音调嗓音、挤喉音和耳语为主。

看表 5-1 中的声带振动不规则度：该维度代表 $Jitter_{EGG}$，$Shimmer_{EGG}$ 和 HNR_{EGG} 这三类发声参数；女声伤心的序号为 5，也即它在女声五情感中是声带振动不规则度最高的；男声伤心的序号为 3，也即它在男声五情感中声带振动不规则程度只占中等；显然，男女声有差别。原因有以下三个方面。第一，在男声伤心语段中，EGG 脉冲规则度很高的正常嗓音占绝对优势，EGG 脉冲规则度很低的挤喉音和含有高频噪音的气嗓音虽然占一定的比例，但比重并不是很大。第二，在女声伤心语段中，挤喉音、气嗓音和低音调嗓音的比重合起来为 56%，远大于正常嗓音的比重。第三，女声伤心语段中 stepdown、zero 和双音调嗓音的出现无疑也会提高 $Jitter_{EGG}$ 和 $Shimmer_{EGG}$ 值。总之，是男、女伤心语段中发声成分的不同造成了二者在声带振动不规则度上的差异。

5.4.5　男声害怕与女声害怕

在男声害怕语段中，气嗓音共出现了 83 次，低音调嗓音共出现了 57 次，高音调嗓音共出现了 61 次，正常嗓音共出现了 34 次，挤喉音共出现了 6 次，耳语共出现了 41 次，紧嗓音共出现了 23 次，双音调嗓音共出现了 1 次，zero 共出现了 1 次。它们在整个语段中所占的比重如图 5-77 的左边所示。在女声害怕语段中，气嗓音总共出现了 46 次，低音调嗓音总共出现了 33 次，高音调嗓音总共出现了 26 次，正常嗓音总共出现了 55 次，挤喉音共出现了 26 次，耳语共出现了 61 次，stepdown

共出现了 28 次，zero 共出现了 3 次。它们在整个语段中所占的比重如图 5-77 的右边所示。

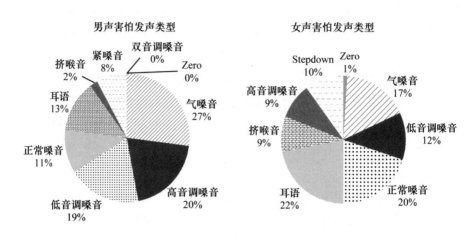

图 5-77　男、女声害怕语段中各发声类型所占的比重

在男、女声害怕语段中，诸发声类型的分布比例似乎比较均匀。但是，细看起来，还是可以发现其如下三个特征。第一，在男声害怕语段中，气嗓音（27%）、挤喉音（2%）、低音调嗓音（19%）和耳语（13%）合起来所占的比重为 61%。在女声害怕语段中，这四项合起来所占的比重为 60%。也就是说，这四种包含较大噪音成分的发声类型在男、女害怕语段中都占据绝对优势，这必然会使语段的 HNR_{EGG} 值特别小。另外，男声害怕语段中还有少量的双音调嗓音和 zero，女声害怕语段中还有少量 zero 和一定比例的 stepdown，这会提高语段的 $Jitter_{EGG}$ 和 $Shimmer_{EGG}$ 的值。所有这些都会导致语段的声带振动不规则度特别高。再看表 5-1 中的声带振动不规则度：男声害怕的序号为 5，女声害怕的序号为 4；也即因子得分都相当大，正可以印证上面的说法。第二，与男、女伤心语段相比，在男、女害怕语段中，速度商较大的正常嗓音分别减至 11% 和 20%，减幅很明显；而开商、速度商都较小的高音调嗓音分别增至 20% 和 9%，增幅也很明显。另外，开商很大、速度商很小的气嗓音在男、女害怕语段中占了很大的比例，分别为 27% 和 17%；基本提不出开商、速度商值的耳语也占了很大的比重，分别为 13% 和 22%。

这些因素共同导致男、女害怕语段在声门打开关闭特征上的因子得分很低。如表5-1所示，它们的序号都是1。第三，女声害怕语段在发声力度上的因子得分很高，在表5-1中其序号为5。这可能是由如下因素引起的：其正常嗓音和高音调嗓音的 PIC 及 | PDC | 值较大；其占10%比重的 stepdown 可能标示着喉头的上下移动程度较大；我们的系统中没有区分耳语嗓音（whispery voice）和气嗓音，其占17%比重的气嗓音中可能有不少是振幅较大的耳语嗓音。总之，男发音人在害怕时以运用气嗓音、高音调嗓音、低音调嗓音和耳语（whisper）为主，女发音人在害怕时以运用耳语、正常嗓音、气嗓音和低音调嗓音为主，二者有很大的相似之处。

5.4.6　男声温和稍显摆与女声温柔的关切

在男声温和稍显摆语段中，气嗓音总共出现了27次，低音调嗓音总共出现了26次，高音调嗓音总共出现了15次，正常嗓音总共出现了156次，挤喉音总共出现了27次，耳语总共出现了9次。它们在整个语段中所占的比重如图5-78的左边所示。在女声温柔的关切语段中，气嗓音共出现了20次，低音调嗓音共出现了44次，高音调嗓音共出现了4次，正常嗓音总共出现了62次，挤喉音共出现了16次，耳语共出现了4次。它们在整个语段中所占的比重如图5-78的右边所示。

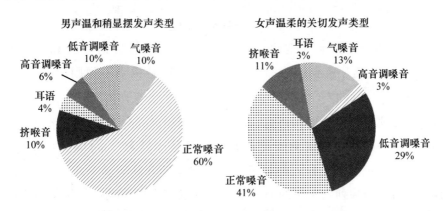

图5-78　男声温和稍显摆和女声温柔的关切语段中各发声类型所占的比重

第一，这两个语段中所运用的发声类型最少，只有六种，并且男女声所用的发声类型也完全相同。还有就是，男、女声所运用的耳语（4%和3%）、气嗓音（10%和13%）、挤喉音（10%和11%）和高音调嗓音（6%和3%）的比重也比较接近。第二，这两个语段都是以运用正常嗓音和低音调嗓音为主，此二发声类型所占的比重之和在男、女声中都是70%，在全部发声类型的出现频次中占绝对优势。也正是因此，此二语段在声门打开关闭特征上的因子得分都不是最大，但也不是很小。表5-1显示，温和稍显摆在该维度上的序号为4，温柔的关切在该维度上的序号为3。第三，此二语段的最大差别就在于正常嗓音和低音调嗓音各自在其中所占的比例。在温和稍显摆语段中，正常嗓音所占的比重特别大（60%），而低音调嗓音所占的比重却很小（10%）。但是，在温柔的关切语段中，二者的悬殊相对较小（41%和29%）。我们所界定的正常嗓音其实是有一个变动范围的，也即基频要小于或者等于标准正常嗓音音节"来"的F0最大值，并大于或者等于其F0最小值。当然，男声必须以男声"来"字为标准，女声必须以女声"来"字为标准。从听感可知，温和稍显摆和温柔的关切这两个语段所运用的正常嗓音都处在该范围的较低端，听起来很柔和、很平缓。也正是因此，此二语段在发声力度上的因子得分都比较小，序号均为2，在声带振动不规则度上的因子得分也不是很大，序号分别为4和1，参见表5-1。

5.5　合成研究

5.5.1　PSOLA 合成

Christer Gobl 和 Ailbhe Ni Chasaide（2003）曾运用合成与听辨的方法研究了瑞典语发声类型在情感、情绪及态度中的功能与作用。之后，他们提出了一个假说：发声能更有效地区分较为温和（milder）的情感，但生气除外；在表达强烈的情感时，大幅度的音高运动可能更为重要。他们没有把基频列入发声的研究范畴，其发声是指挤喉音、气嗓音等比较特殊的发声类型。我们的观察结果跟他们的假说似乎有冲突。在女声温柔的关切语段中，出现最多的发声类型是基频较低的正常嗓音和低音调嗓音，占70%的比重，挤喉音、耳语、气嗓音这些比较特殊的发声仅占27%的比重。因此，似乎不能说，温柔娇媚的情感跟三个特殊发声类型有必然的联系。下面的例句来自该情感语段，是女发音人演绎得最好的一个句子。它给人的感觉是：柔媚中夹杂着关切与撒娇。可以看到：整句话中正常嗓音出现了七次，低音调嗓音出现了一次，气嗓音出现了两次。为了弄清楚是什么造成了该语句娇媚的听感，我们采用PSOLA技术对它进行了合成研究。

那（M）你（MBM）得（M）平（B）安（M）回（M）来（ML）！

图5–79显示了我们的第一种合成方案：保持语句时长不变，只改变其基频。十一条颜色不同的曲线代表着十一个样本句整句的基频线。其中，样本5是女发音人所演绎的原声句，不是合成的语句。之后向上走，样本5的每个基频点都加上20Hz得到样本4，样本4的每个基频点都加上20Hz得到样本3，样本2和1都是依此类推得到。然后向下走，样本5的每个基频点都减去20Hz得到样本6，样本6的每个基频点都减去20Hz得到样本7，样本8—11也都依此类推得到。由于十个合成句都是运用PSOLA算法得到的，因此，其发声类型并没有改变，都跟样本5中的发声类型一样。另外，实际上每次的基频变动都是大约为20Hz，并

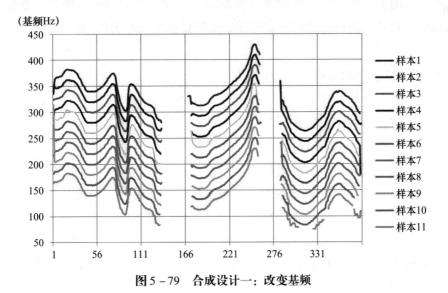

图5–79 合成设计一：改变基频

不是很精确地改变了 20Hz。我们把这十一个样本句连续播放，让五名听音人做了非正式听辨。他们的一致感觉是：随着基频的升高，语句听起来越来越娇媚；相反，随着基频的降低，语句的娇媚程度越来越低，听起来越来越冷淡。

我们的第二种合成方案是保持基频不变，但是，改变语句时长，再得到十一个样本句。同样，样本 5 是女发音人所演绎的原声句，不是合成的语句。之后，向变短的方向走，把样本 5 的时长乘以 5/6 得到样本 4，把样本 4 的时长乘以 5/6 得到样本 3，样本 2 和 1 都依此类推得到。然后，再向变长的方向走，把样本 5 的时长乘以 6/5 得到样本 6，把样本 6 的时长乘以 6/5 得到样本 7，样本 8—11 也都依此类推得到。由于十个合成语句都是运用 PSOLA 算法得到的，因此，除了基频未变之外，其发声类型也都没有改变，都跟样本 5 中的发声类型一样。我们把这十一个样本句连续播放，让上述五位听音人做了非正式听辨。他们的一致感觉是：随着时长变得越来越短，语句听起来越来越冷淡、干脆；相反，随着时长越来越长，语句撒娇的程度越来越高。

看来，是基频和时长共同起作用形成了该语句娇媚的听感。女孩子要想撒娇、扮可爱，只需要把基频提高点、把时长拖长点，就可以做到。在前人的研究框架中，基频和时长是属于韵律方面的特征。所以，依照他们的看法，应该说语句韵律特征在柔媚情感中所起的作用很大。

5.5.2 参数合成

在男声暴怒语段中，吼音占 22% 的比重。该语段之所以给人以暴怒的听感印象，就是因为其中包含了大量粗声粗气的吼音。为了弄清楚是什么造成了这种粗声粗气的感觉，我们选择暴怒语句"打倒郭小宝"中的第一个字"打"进行参数合成。"打"字的最前六分之一段和最后六分之一段是语音和 EGG 波形都比较规整的高音调嗓音，中间的六分之四段是两路波形都不很规则的吼音，因此，我们将其发声类型标为 HGH。由于吼音段较长，所以该音节粗声粗气的听感十分突出。选择"打"做参数合成也是因为其元音/A/的基频和第一共振峰距离较远，有利于把逆滤波做得准确些。

首先，我们对音节"打"的语音信号做了逆滤波分析。我们先把其语音信号的采样率从100000Hz降到了16000Hz，并通过观察宽带语图以把握其共振峰结构，再根据观察结果设置LPC分析的阶数。之后，通过LPC逆滤波得到了音节"打"的声门气流微分形式和LPC（burg）。LPC（burg）是"打"字诸共振峰构成的格局（formant pattern），代表着声道的总体共鸣特性，接下来的每一步合成都要用到它。如果把LPC（burg）和声门气流微分形式放在一起合成回去，就又得到跟原声一模一样的合成音节"打"。接着，我们对声门气流微分形式求积分得到了音节"打"的声门气流信号，如图5–80a所示。图5–80b是将声门气流信号的一小段展开看时的效果。可以看到：第一，声门气流脉冲的振幅时大时小，并且大小变换也没有确定的规律可循；第二，声门气流脉冲很不光滑，脉冲上或者脉冲间有小的凸起出现。

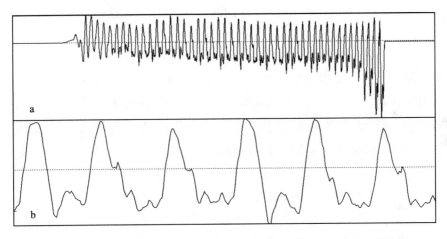

图5–80　对"打"字的语音信号做LPC逆滤波后得到的声门气流信号

气流脉冲上的这些小凸起可能是逆滤波过程中没有完全滤除掉的声道共鸣特性，有的也许不是。是不是它们造成了吼音粗声粗气的听感呢？我们对图5–80中的气流波形进行了阶数为2的小波变换低通滤波，其结果如图5–81a所示。图5–81b是将a中的一小段展开看时的效果。可以看到：脉冲振幅时大时小的特点没有改变，但是脉冲变得比较光滑了，原先的小凸起大部分被去除掉了，但还有些许残留。我们把图5–81所示的声

门气流信号求微分后与 LPC（burg）放在一起，合成了音节"打 1"。"打
1"听起来仍是发音清晰的"打"字，其粗声粗气的特点丝毫没有改变。

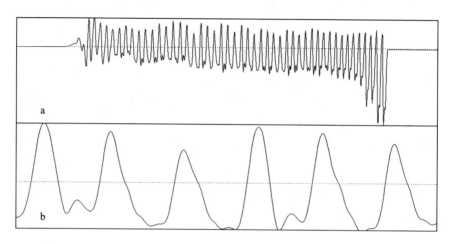

图 5 – 81　对图 5.80 中的气流波形作阶数为 2 的小波低通滤波后的结果

之后，我们对图 5 – 80 中的气流波形又进行了阶数为 3 的小波变换
低通滤波，其结果如图 5 – 82a 所示。图 5 – 82b 是将 a 中的一小段展开
看时的效果。可以看到：脉冲振幅时大时小的特征仍然没有改变；但是，
各个脉冲已经变得很光滑了，原先的小凸起已被全部去除。我们把
图 5 – 82 所示的声门气流信号求微分后与 LPC（burg）放在一起，合成了
音节"打 2"。"打 2"在听感上稍微有些含混，但是，听起来仍然是
"打"字，其粗声粗气的特点依然没有改变。

看来，吼音粗声粗气的特点并不是由脉冲上的小凸起造成的。是不
是脉冲振幅大小参差不齐造成了这种听感呢？为了验证这一点，我们合
成了如图 5 – 83 所示的声门气流信号，并将其微分形式和 LPC（burg）放
在一起，合成了音节"打 3"。该合成声源符合以下条件：第一，其脉冲
振幅都一律齐平，没有时大时小、参差不齐的现象；第二，它的基频、
开商、速度商跟图 5 – 80 所示的声门气流的基频、开商、速度商在数值
和走向上大体相同，如图 5 – 84 所示。在这种情况下合成的"打 3"听
起来声音较尖细，仍然是清晰的"打"字，但是，粗声粗气的嗓音音质

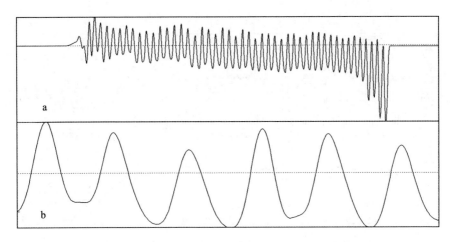

图 5 – 82　对图 5 – 80 中的气流波形作阶数为 3 的小波低通滤波后的结果

完全消失了。因此，可以断定，吼音的音质在听感上主要依赖于声门气
流脉冲的参差不齐。脉冲振幅的时大时小应该是由杓会厌襞的非周期性
振动造成的，所以也可以说，杓会厌襞的振动方式对吼音的听感起着关
键性作用。Ken – Ichi Sakakibara 和 Miwako Kimura 等（2004）在其研究
中也提出过类似的看法。从声学上看，这种脉冲振幅的参差不齐会造成
次谐波。由于次谐波的存在，吼音听起来音高并不是很高，尽管其基频
并不低。总之，发声在情感表达中确实起着很大的作用。

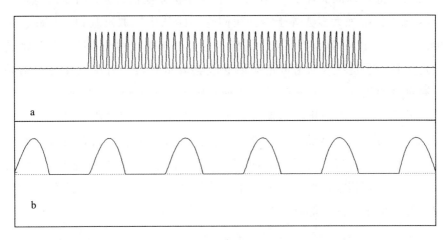

图 5 – 83　用于合成音节"打 3"的合成声源，其脉冲振幅一律齐平

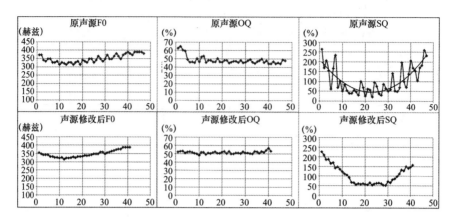

图 5 - 84　上：从图 5 - 80 所示的声门气流中提取出来基频、开商、速度商值，
下：图 5 - 83 所示的合成声源的基频、开商、速度商值

5.6　总结

总的来看，EGG 波形分析跟第四章的因子分析在结果上是相互印证、相辅相成的，但是也不可避免会存在一些出入。原因有二。第一，从第四章可知，有一些吼音的 EGG 信号就像一团乱麻，根本不可能从中提取出基频、开商、速度商的值来。但是，这并不影响我们从 EGG 波形及听感上将其判断为吼音。第二，耳语的喉头仪信号基本上只有基线，EGG 脉冲振幅绝大多数等于零，我们也不能从中提取出基频、开商、速度商、PIC、PDC 等参数值来。同样，这也不影响我们在波形比对时将其确定为耳语。这些无法避开的陷阱必然会导致第四、五两章在分析结果上有稍许出入。

另外，从波形分析的结果来看，不同的情感类型语段在发声上各有特点、互有不同。这说明，发声类型在情感表达中确实起着很重要的作用。要想通过合成的方式予以验证，参数合成法是最好的选择。但是，该法以及与其相配套的逆滤波技术都有待进一步发展。本章的合成研究仅仅是个引子，尚不能算是开始。

第六章　抒情语段的发声及其合成与感知研究

抒情语段是指表达情思、抒发情感的语言片段，它应该属于"感"这一情感核心类（蔡莲红、孔江平，2014：855）。抒情语段经常出现在诗歌、散文等文学作品当中。我们的直观感觉是，朗读抒情语段时会经常运用到气嗓音等特殊的发声类型，本章选择抒情语段作为研究对象也正是出于这样的原因。

6.1　录音材料、发音人与录音设备

6.1.1　录音材料

我们选择当代著名诗人徐志摩先生的代表作品《再别康桥》作为录音材料。该诗写于 1928 年，是徐志摩重游剑桥、访友未遇的归途中所作，它以作者离别康桥时的情感起伏为线索，抒发了他对康桥浓郁、真挚的惜别之情。这首诗情感类型比较单一，集中表现了触景生情和依依惜别时的脉脉深情，不夹杂其他情感种类的变化。另外，全诗共有 224 个字，字数不多也不少。鉴于这两点原因，将该诗作为一个完整的抒情语段来研究，比较合适。全诗内容如下。

　　轻轻地我走了，
　　正如我轻轻地来；
　　我轻轻地招手，
　　作别西天的云彩。

那河畔的金柳，
是夕阳中的新娘；
波光里的艳影，
在我的心头荡漾。

软泥上的青荇，
油油的在水底招摇；
在康河的柔波里，
我甘心做一条水草！

那榆荫下的一潭，
不是清泉，
是天上虹；
揉碎在浮藻间，
沉淀着彩虹似的梦。

寻梦？撑一支长篙，
向青草更青处漫溯；
满载一船星辉，
在星辉斑斓里放歌。

但我不能放歌，
悄悄是别离的笙箫；
夏虫也为我沉默，
沉默是今晚的康桥！

悄悄地我走了，
正如我悄悄地来；
我挥一挥衣袖，
不带走一片云彩。

6.1.2 录音设备与发音人

语音信号由电容式麦克风（AKG C3000）采集，麦克风距发音人的双唇大约 20 厘米左右，EGG 信号由小喉头仪（Electroglottograph Model 7050A）采集，两者都通过调音台（XENYX 302USB）接入外置声卡（Creative Labs Model No. sb1095），再把外置声卡接入电脑（Lenovo x220i），由电脑上的 Cool Edit Pro 2.1 软件同步录制两路信号。录音是在作者单位电教中心的专业录音室内完成的，室内本底噪音大约为 25dB。录音前把调音台上的音量旋钮调到适当的位置，在接下来的整个录音过程中不得再调节调音台的音量旋钮，因为从 EGG 信号中提取出来的 PIC、PDC 值会由于音量的调节而变化，在录音过程中调节音量旋钮会导致后期的 PIC、PDC 值无法用于对比分析。

我们的发音人是一名专业演员。该演员性别男，年龄 25 岁，毕业于上海戏剧学院表演系，曾经主演电视剧《你好，对方辩友》和《漫长的告别》，目前正在参与演出电视剧《心宅猎人》。该演员身体健康，性格开朗，善于演绎各种类型的情感。首先，我们请发音人把《再别康桥》在不带任何情感的状态下用普通话朗读一遍，并录音。之后，再请他观看了一段从网上截取的视频。网上对《再别康桥》的演绎有诸多版本，我们截取的视频是朗读得最为深沉、最为抒情的版本。我们向发音人详细地解释了视频中的情感状态，并请他把这种情感状态准确地演绎出来。如果觉得其演绎存在不到位的地方，就重新播放一遍视频或者重新解释一下我们所要求的情感状态，让他再重来一遍，直到他演绎得完全精准为止。整个过程也都录音，并把所录音频保存成 wav 格式。

最后，从录音中选择两个语段用于声学分析。第一段为抒情语段，即从发音人的多遍演绎里经过听辨挑选出来的演得最好的那一遍。第二段为正常语段，即发音人在不带任何情感的状态下朗读的一遍。本章的目的就是要探究一下，人们在抒发感情时，发声参数跟正常说话时有什么差别。

6.2 参数与参数提取

我们从上述两种语段的 EGG 信号中一共提取了九个发声参数：
FO_{EGG}、OQ_{EGG}、SQ_{EGG}、$Jitter_{EGG}$、$Shimmer_{EGG}$、HNR_{EGG} 和 PIC、PDC、
LP_10Hz。其中，前六个参数都加上了下标 EGG，这是因为它们都来自
EGG 信号，在含义上跟从声音信号里提取出来的 FO、OQ、SQ 和 Jitter、
Shimmer、HNR 有些出入，这里添加下标以示区别。后三个参数只能从
EGG 信号里提取，不能从声音信号里提取，因此未加下标。

还有一点就是，一个音节的 EGG 信号里往往包含有十多个甚至上百
个脉冲，几乎从每一个脉冲里都可以提取到一个 FO_{EGG} 值，一个 OQ_{EGG}
值，一个 SQ_{EGG} 值，一个 PIC 值和一个 PDC 值。然而，从一个音节的
EGG 信号里却只能提取出一个 $Jitter_{EGG}$ 值，一个 $Shimmer_{EGG}$ 值，一个
HNR_{EGG} 值和一个 LP_10Hz 值。也即，对于前五个参数来说，从一个音节
里可以得到多个值来，而对于后四个参数来说，从一个音节里却只能得
到一个值。因此，我们的九个发声参数必须分成两组提取：$Jitter_{EGG}$、
$Shimmer_{EGG}$、HNR_{EGG}、LP_10Hz 为第一组；FO_{EGG}、OQ_{EGG}、SQ_{EGG}、PIC、
PDC 为第二组。

因为提取这些发声参数要运用不同的程序和软件，因此，我们必须
保证能够做到以下两点：第一，用 egg-parameters 提取的 FO_{EGG}、OQ_{EGG}、
SQ_{EGG} 值跟用 eggworks 提取的 PIC 及 PDC 的值必须一个脉冲、一个脉冲地
大致对应起来；第二，$Jitter_{EGG}$、$Shimmer_{EGG}$、HNR_{EGG} 和 LP_10Hz 这四个
参数每次都必须从边界相同的同一个音节里提取出来。只有做到了这两
点，所得数据才会整齐有效，也才会有利于后期的统计分析。在第三、
四两章的参数提取过程中，虽然也通过人力尽量做到了这两点，但是并
没有从程序上解决这些问题。本章重新改进了发声参数的提取程序，很
好地做到了这两点。现在将各个参数的情况按提取顺序详述如下。

6.2.1 LP_10Hz

首先提取 LP_10Hz。我们知道，所有发音人的原始喉头仪信号的基

线或叫零线一般都不平直，有漂移。这种漂移是一种频率低于 10Hz 的低频信号，它叠加在 EGG 脉冲上，是说话时喉头的上升和下降等外部因素所造成的，不是由声带的打开与关闭所引起的（Martin Rothenberg，1979）。人们在情感状态下可能会由于激动、亢奋等原因从而导致喉头运动状态不同于正常说话时的状态。我们设计 LP_10Hz 这一参数旨在探究抒情语段和正常语段在喉头上下移动方面会不会存在差别，也即它们在 EGG 信号零线漂移上会不会有所不同。现将其程序设计及参数提取情况详述如下。

　　第一步，修改 FIRlowpass_10Hz 程序。FIRlowpass_10Hz 是我们之前编写的、在写第四章时所运用的程序，它采用截止频率为 10Hz 的有限脉冲响应（FIR）低通滤波器对原始喉头仪信号进行滤波。采用 FIR 滤波器是因为其相位响应为严格的线性，滤波结果不会出现相位改变、延迟失真等现象（陈怀琛，2013）。修改后的 FIRlowpass_10Hz 程序，不再计算 RMSegg 的值，只对原始 EGG 信号做低通滤波，最后输出以下三路信号并将其保存为 wav 格式：原始语音信号，原始喉头仪信号，对原始喉头仪信号做低通滤波后所剩下的信号，如图 6 – 1 中的 A、B、C 所示。对比图 6 – 1B 和图 6 – 1C 可以看到，该程序虽然运行速度较为缓慢，但

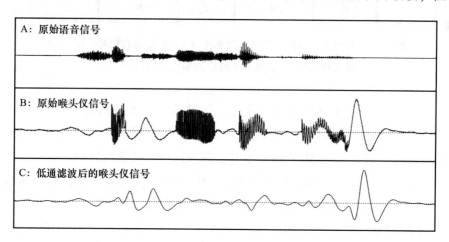

图 6 – 1　抒情语句"是天上虹"的三路信号（A：其原始语音信号；B：其原始喉头仪信号；C：其喉头仪信号的零线漂移）

是滤波效果很好，EGG 脉冲以及频率更高的成分都已经被滤除掉了，所剩下的只是零线或者叫基线的漂移，这种漂移标示着喉头的上下移动情况。

第二步，做标注。这一步运用 praat 程序对程序 FIRlowpass_10Hz 的三路输出信号做标注。在 praat 的 View&Edit 界面上，我们通过反复播放与听辨原始语音信号，找到抒情语句中各个音节的确切边界位置，并用 TextGrid 功能将其标注出来，效果如图 6-2 所示。这样标注的目的是保证 $Jitter_{EGG}$、$Shimmer_{EGG}$、HNR_{EGG}、LP_10Hz 这四个参数每次都是从边界相同的同一个音节里提取出来的。

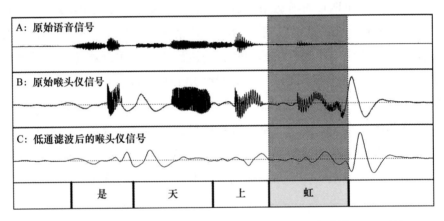

图 6-2　对图 6.1 中的三路信号做标注（A：原始语音信号；B：原始喉头仪信号；C：低通滤波后的喉头仪信号）

第三步，提取 LP_10Hz 的值。我们运用自编的 praat 脚本 LP_10HzOne 和 LP_10HzTwo 来提取 LP_10Hz 的值。该脚本选用的 praat 设置如下：基频范围设为 100—800 赫兹，基频计算方法选用自相关法（autocorrelation）。基频底值的大小决定着分析窗的窗长，从而会影响音强曲线的平滑程度，我们选择了较高的基频底值 100Hz，是希望 praat 所显示的音强曲线不要太过平滑，也不要太短。在音强曲线太短的情况下，LP_10Hz 值有时会提取不出来。再看音强设置：可见范围设为 0—100 分贝，音强底值选择 0，其目的是想得到喉头上下移动的全部信息；勾选

Subtract mean pressure，其目的是想去除掉由录音设备所产生的直流偏移（DC offset）；平均方法选择 mean energy。这样设置之后，在 View&Edit 界面上选择一段音强曲线，并启动 Get intensity 命令，praat 就会利用以下公式计算出所选片段的能量的平均值。

$$10 \log_{10} \left\{ 1/(t2 - t1) \int_{t1}^{t2} 10^{x(t)/10} dt \right\}$$

以上设置都已经写到了 praat 脚本当中。我们只需要在 praat 主界面上同时选中 TextGrid 和低通滤波后的喉头仪信号，用 View&Edit 打开它们，之后在 View&Edit 界面上启动 Show intensity 命令，选择需要提取参数的音节，再启动我们的 praat 脚本，就可得到所选音节的 LP_10Hz 值。比如在图 6-3 中，所选音节"虹"的 LP_10Hz 值为 68.502dB。总之，LP 是低通一词 lowpass 的缩写，10Hz 是低通滤波时的截止频率。LP_10Hz 是从低通滤波后的 EGG 信号中按音节求出来的能量平均值。从本章的抒情语段中共得到 181 个 LP_10Hz 值，从其正常语段中共得到 193 个 LP_10Hz 值。

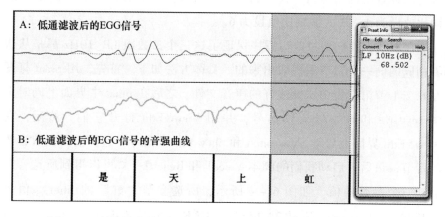

图 6-3　所选音节的 LP_10Hz 的值（A：低通滤波后的 EGG 信号；
B：低通滤波后的 EGG 信号的音强曲线）

6.2.2　频率抖动百分比、振幅抖动百分比、谐波噪声比

$Jitter_{EGG}$ 和 $Shimmer_{EGG}$ 的定义跟孔江平（2001：42—43）所说的频率抖动百分比和振幅抖动百分比的定义完全相同，其计算公式如下所示，

只不过它们都是从 EGG 信号里提取出来的。同样，HNR_{EGG} 也来自 EGG 信号，它是指每个音节中谐波成分与噪音成分的能量比值取常用对数后再乘以 10，单位是 dB，我们称之为谐波噪声比。

$$Jitter = \frac{\dfrac{1}{N-1}\sum_{i=1}^{N-1} \mid T_0^{(i)} - T_0^{(i+1)} \mid}{\dfrac{1}{N}\sum_{i=1}^{N} T_0^{(i)}}$$

$$Shimmer = \frac{\dfrac{1}{N-1}\sum_{i=1}^{N-1} \mid A^{(i)} - A^{(i+1)} \mid}{\dfrac{1}{N}\sum_{i=1}^{N} A^{(i)}}$$

$$HNR = 10 \times \log_{10}\left(\frac{谐波部分的能量}{噪声部分的能量}\right)$$

提取这三个参数，我们运用了之前编写的、在写第四章时运用过的 praat 脚本 Voice1 和 Reach2。该脚本选用的 praat 设置如下：基频范围设为 20—800 赫兹，基频计算方法采用交叉相关法（cross-correlation），高级音高设置中的 voicing threshold 降为 0.001。高级脉冲设置中的最大周期比值设为 4，最大振幅比值设为 6。

在本章，我们通过改写程序保证了这三个参数跟 LP_10Hz 都是从边界相同的同一个音节里提取出来的。具体方法如下。首先，用 praat 打开在 6.2.1 节第二步中所标注好的声音文件，之后在 praat 主界面上同时选中 TextGrid 和原始喉头仪信号，并用 View&Edit 打开它们。然后，在 View&Edit 界面上启动 Show pitch 和 Show pulses 命令，选择需要提取参数的音节，最后再启动我们的脚本 Voice1 和 Reach2，就可以得到所选音节的这三个参数的值。如图 6-4 所示，所选音节"虹"的 $Jitter_{EGG}$ 值是 6.388%，$Shimmer_{EGG}$ 值是 24.666%，HNR_{EGG} 值是 8.51dB。总之，从本章的抒情语段中共得到 $Jitter_{EGG}$、$Shimmer_{EGG}$ 和 HNR_{EGG} 的值各 181 个，从其正常语段中共得到这三个参数的值各 193 个。

6.2.3　基频、开商、速度商

本章的基频 $F0_{EGG}$、开商 OQ_{EGG}、速度商 SQ_{EGG} 定义跟第四章里所采用

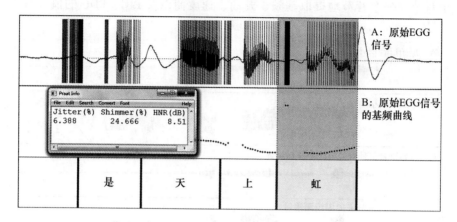

图 6 - 4　提取 Jitter$_{EGG}$、Shimmer$_{EGG}$、HNR$_{EGG}$ **的值（A：原始 EGG 信号；**
B：原始 EGG 信号的基频曲线）

的定义完全相同。F0$_{EGG}$ 为声门周期的倒数，OQ$_{EGG}$ 为（开相÷周期）×
100，SQ$_{EGG}$ 为（声门正在打开段÷声门正在关闭段）×100。本章仍然采
用混合法来提取这三个参数，不过，我们对之前的程序做了改进，使得
整个参数提取过程更加方便有效了。具体做法如下。

　　第一步，去除 SP 和 EGG 信号中的零线漂移。我们知道，原始喉头
仪信号的基线或者叫零线的漂移，是一种频率低于 10Hz 的低频信号，它
叠加在 EGG 脉冲上，是说话时喉头的上升或下降等因素造成的，并不代
表声带的打开与关闭状况。代表声带开闭状况是 EGG 脉冲的形状，是基
频、开商、速度商这三个参数。EGG 信号中的零线漂移，若不去除，就
会影响基频、开商、速度商值的准确提取。因此，我们首先运用软件
Cool Edit Pro 2.1 中的 Kill the Mic Rumble 功能将原始语音信号和原始喉
头仪信号中的零线漂移给去除了，效果如图 6 - 5 所示。

　　第二步，对去除零线漂移后的 SP 和 EGG 信号按音节切音。在 praat
软件中同时选中去除零线漂移后的 SP 信号、EGG 信号以及第 6.2.1 节
第二步中做好标注的 TextGrid，效果如图 6 - 6 所示。由于在 TextGrid 当
中已经明确标好了各个音节的准确边界，我们只需要在里面点击选中各
个音节并把它们另存为 wav 格式的语音样本即可。切音的目的是，要一

个音节、一个音节地提取基频、开商、速度商以及 PIC、PDC 的值。

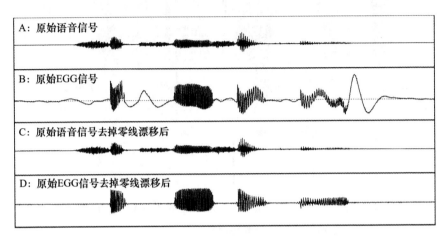

图 6 – 5　去除抒情语句"是天上虹"的 SP 和 EGG 信号中的零线漂移（A：原始语音信号；B：原始 EGG 信号；C：原始语音信号去掉零线漂移后；D：原始 EGG 信号去掉零线漂移后）

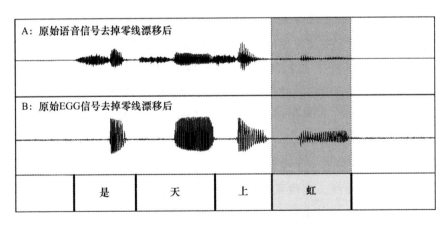

图 6 – 6　对去除零线漂移后的 SP 和 EGG 信号按音节切音（A：原始语音信号去掉零线漂移后；B：原始 EGG 信号去掉零线漂移后）

第三步，提取基频、开商、速度商的值。我们仍然利用 egg-parameters 程序中的混合法来提取 $F0_{EGG}$、OQ_{EGG}、SQ_{EGG} 的值。只不过我们对该程序又稍微做了一些改进，让它在输出基频、开商、速度商的同时，再另外输出一个参数 PICtime。PICtime 指的是在 EGG 信号中提取出 PIC 值的时间点或者叫时间位置，该参数不会被用于后期的统计分析，提取它只是为了与用 eggworks 提取的 PICtime 进行比照。比照的目的是要把用 egg-parameters 提取的基频、开商、速度商值跟用 eggworks 提取的 PIC、PDC 值一个脉冲、一个脉冲地大体对应起来。另外，关于基频、开商、速度商跳点的处理，我们仍然采用第四章的原则，有明显错误又无法纠正的予以删除，正确值能基本估算出来的用平均值代替。不过，通过本章的程序改进，参数跳点的出现概率已经大大降低了。最后，举一个例子，比如从抒情语句"是天上虹"的第四个音节"虹"的 EGG 信号中最终共得到基频、开商、速度商和 PICtime 的值各 26 个。总的来说，从本章的抒情语段中共得到 F0$_{EGG}$、OQ$_{EGG}$、SQ$_{EGG}$ 的值各 4147 个，从其正常语段中共得到这三个参数的值各 5405 个。

6.2.4　PIC 和 PDC

如图 6 – 7 所示，PIC 指的是 EGG 信号的微分波形上的最大正峰值除以时间，它标示着声带接触程度的最大增长速率；PDC 指的是 EGG 信号的微分波形上的最小负峰值除以时间，它标示着声带接触程度的最大下降速率。PIC 均为正值，PDC 均为负值。此二参数的绝对值越大，就表示 EGG 脉冲的振幅值也越大，反之亦然。所以，在下文的统计分析中，我们把所有 PDC 值都取了绝对值。我们仍然运用 eggworks 程序来提取 PIC 和 PDC 的值，只不过在该程序所输出的诸多参数中，我们不仅保留了 PIC、PDC 的值，还保留了 PICtime 的值。亦如前述，PICtime 指的是在 EGG 信号中提取出 PIC 值的时间点或者叫时间位置，该参数不会被用于后期的统计分析，提取它只是为了跟用 egg-parameters 提取的 PICtime 进行比照。比照的目的是要把用 eggworks 提取的 PIC、PDC 值跟用 egg-parameters 提取的基频、开商、速度商值一个脉冲、一个脉冲地大致对应起来。关于 PIC、PDC 跳点的处理，我们仍然采用第四章的原则，有明显错误又无法纠正的予以删除，正确值能基本估算出来的用平均值来代替。最终，从本章的抒情语段中共得到 PIC、PDC 的值各 3819 个，从其正常语段中共得到这两个参数的值各 5151 个。

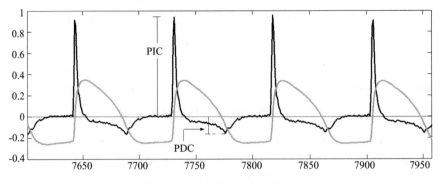

图 6-7   PIC 与 PDC 的定义

6.3   独立样本的 T 检验

当我们需要检验一个变量下的两个不同组之间的平均值是否存在显著性差异时，我们使用独立样本的 T 检验。具体说，独立样本的 T 检验用于"一次处理结果中的两个组（one treatment with two groups）"之间是否存在显著性差异。该检验不要求这两个组的参数值在数量上相等（马广惠，2003：90）。本章的正常语段属于对照组，抒情语段属于实验组，此二组的各个发声参数的值在数目上也不相等。我们的目的是要检验一下这两个组在九个发声参数上是否存在显著性差异。因此，独立样本的 T 检验适合于本章的数据。我们运用 SPSS 13.0 做统计分析。按默认设置，把 a = 0.05 确定为显著性水平。所以，如果 p < 0.05，则表示某参数的值在两个语段之间存在显著性差异，如果 p > 0.05，则表示它在两语段之间不存在显著性差异。

我们先看 $F0_{EGG}$、OQ_{EGG}、SQ_{EGG} 这三个发声参数。其统计结果如表 6-1、表 6-2 和图 6-8 所示。从表 6-1 可知，正常语段一共有 5405 个基频、开商、速度商值进入统计分析，抒情语段也一共有 4147 个基频、开商、速度商值进入统计分析，参与统计分析的参数值的数目特别巨大，因此我们的独立样本 T 检验有着很好的统计效力。从表 6-1 和图 6-8 还可以看到：抒情语段的基频平均值明显比正常语段的要小，125.4 < 142.2；其开商平均值明显比正常语段的要大，67.64 > 59.82；

其速度商平均值明显比正常语段的要小，313. 14 < 453. 09。

表 6 – 1　　　两种语段的基频、开商、速度商的平均值和标准差

发声参数	语段类别	参数值数目	平均值	标准差
$F0_{EGG}$	正常语段	5405	142.20	38.37
	抒情语段	4147	125.40	34.17
OQ_{EGG}	正常语段	5405	59.82	6.93
	抒情语段	4147	67.64	7.22
SQ_{EGG}	正常语段	5405	453.09	148.99
	抒情语段	4147	313.14	144.93

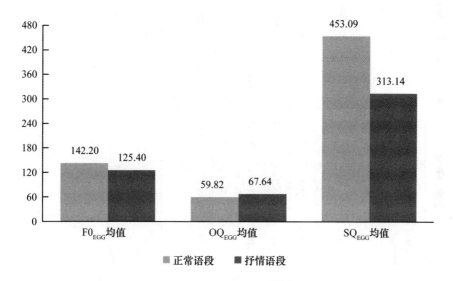

图 6 – 8　两种语段的基频、开商、速度商平均值的柱形图

我们知道，查看独立样本 T 检验的统计结果时，要先观察方差齐性检验（Levene's Test for Equality of Variances）的结果，目的是检验两个样本的方差是否相等。如果两个样本的方差相等，就用 Equal variances assumed 一栏所对应的 t 值和 Sig. 值来解释独立样本 T 检验的结果。如果两个样本的方差不等，就用 Equal variances not assumed 一栏对应的 t 值和 Sig. 值来解释独立样本 T 检验的结果。两个样本的方差是否相等，要看

表 6 - 2　针对基频、开商、速度商的独立样本 T 检验结果

		Levene's Test for Equality of Variances		t-test for Equality of Means					95% Confidence Interval of the Difference	
		F	Sig.	t	df	Sig. (2-tailed)	Mean Difference	Std. Error Difference	Lower	Upper
FO_{EGG}	Equal variances assumed	258.516	0.000	22.231	9550	0.000	16.80157	0.75576	15.32012	18.28301
	Equal variances not assumed			22.572	9341.000	0.000	16.80157	0.74435	15.34247	18.26066
OQ_{EGG}	Equal variances assumed	22.209	0.000	-53.679	9550	0.000	-7.81896	0.14566	-8.10448	-7.53343
	Equal variances not assumed			-53.386	8728.895	0.000	-7.81896	0.14646	-8.10605	-7.53186
SQ_{EGG}	Equal variances assumed	17.054	0.000	46.042	9550	0.000	139.95101	3.03962	133.99270	145.90931
	Equal variances not assumed			46.210	9037.011	0.000	139.95101	3.02858	134.01431	145.88771

F 值和其对应的 Sig. 值。如果其对应的 Sig. 值大于 0.05，说明两个样本的方差相等；如果其对应的 Sig. 值小于 0.05，说明两个样本的方差不等（马广惠，2003：94—95）。从表 6 - 2 可以看到，基频、开商、速度商的 F 值所对应的 Sig. 值都等于 0.000 < 0.05，也即对于此三参数来说，正常语段和抒情语段这两个样本的方差都不相等。因此，我们应该采用 Equal variances not assumed 一栏对应的 t 值和 Sig. 值来解释独立样本 T 检验的结果。可以看到，不管是基频，开商，还是速度商，Equal variances not assumed 一栏所对应的 Sig.（2-tailed）值都等于 0.000，远小于 0.05。因此，可以说，正常语段和抒情语段在基频 $[t_{(9341)} = 22.572$，$p = 0.000 < 0.05]$，开商 $[t_{(8728.895)} = -53.386$，$p = 0.000 < 0.05]$ 和速度商 $[t_{(9037.011)} = 46.21$，$p = 0.000 < 0.05]$ 这三个发声参数上都存在显著性差异。

下面再看一看 PIC、|PDC| 这两个发声参数。其统计结果如表 6 - 3、表 6 - 4 和图 6 - 9 所示。从表 6 - 3 可知，正常语段一共有 5151 个 PIC、|PDC| 值进入统计分析，抒情语段也一共有 3819 个 PIC、|PDC| 值进入统计分析，参与统计分析的参数值的数目也特别巨大，因此针对此二参数的独立样本 T 检验有很好的统计效力。从表 6 - 3 和图 6 - 9 还可以看到：抒情语段的 PIC 平均值明显比正常语段的要小，719.55 < 1068.94；其 |PDC| 平均值也明显小于正常语段，299.8 < 416.14。

表 6 - 3　　　　**两种语段的 PIC、|PDC| 的平均值和标准差**

发声参数	语段类别	参数值数目	平均值	标准差
PIC	正常语段	5151	1068.94	337.67
	抒情语段	3819	719.55	315.06
|PDC|	正常语段	5151	416.14	178.49
	抒情语段	3819	299.80	177.72

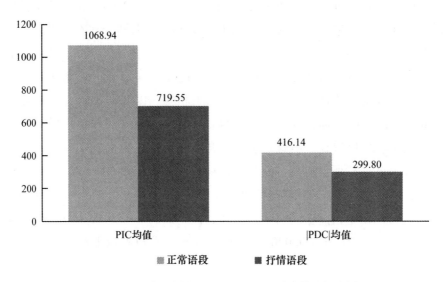

图 6-9 两种语段的 PIC 及 | PDC | 平均值的柱形图

现在看表 6-4。先看其方差齐性检验结果。PIC 的 F 值所对应的 Sig. 值等于 0.000，远小于 0.05，因此，对于参数 PIC 来说，正常语段和抒情语段这两个样本的方差并不相等。所以我们应该采用 Equal variances not assumed 一栏所对应的 t 值和 Sig. 值来解释独立样本 T 检验的结果。可以看到，此时，$t_{(8512.957)} = 50.363$，而 $p = 0.000$，远小于 0.05。因此，正常语段和抒情语段在 PIC 这个发声参数上存在着显著性差异。| PDC | 的 F 值所对应的 Sig. 值等于 0.287，比 0.05 大，因此，对于参数 | PDC | 来说，正常语段和抒情语段这两个样本的方差是相等的。所以，我们应该采用 Equal variances assumed 一栏所对应的 t 值和 Sig. 值来解释独立样本 T 检验的结果。可以看到，此时，$t_{(8968)} = 30.579$，而 $p = 0.000$，仍然远小于 0.05。因此，正常语段和抒情语段在 | PDC | 这个发声参数上也存在显著性差异。

最后，我们看 LP_10Hz、$Jitter_{EGG}$、$Shimmer_{EGG}$、HNR_{EGG} 这四发声参数。其统计结果如表 6-5、表 6-6 和图 6-10 所示。从表 6-5 可知，对于这四个发声参数，正常语段各一共有 193 个值进入统计分析，抒情语段各一共有 181 个值进入统计分析。参与统计分析的参数值的数目也

表6－4　　针对 PIC、｜PDC｜的独立样本 T 检验结果

		Levene's Test for Equality of Variances		t-test for Equality of Means					95% Confidence Interval of the Difference	
		F	Sig.	t	df	Sig. (2-tailed)	Mean Difference	Std. Error Difference	Lower	Upper
PIC	Equal variances assumed	48.424	0.000	49.848	8968	0.000	349.38600	7.00903	335.64671	363.12530
	Equal variances not assumed			50.363	8512.927	0.000	349.38600	6.93736	335.78710	362.98491
｜PDC｜	Equal variances assumed	1.134	0.287	30.579	8968	0.000	116.33515	3.80440	108.87767	123.79264
	Equal variances not assumed			30.599	8245.242	0.000	116.33515	3.80195	108.88238	123.78793

比较大，因此，针对此四参数的独立样本 T 检验有比较好的统计效力。从表 6 – 5 和图 6 – 10 还可以看到：抒情语段的 LP_10Hz 平均值比正常语段的要大，65.45 > 64.44；其 $Jitter_{EGG}$ 平均值也明显比正常语段的大，14.59 > 10.07；同样，其 $Shimmer_{EGG}$ 平均值也明显地比正常语段的要大，18.53 > 12.11；但是，其 HNR_{EGG} 平均值却明显小于正常语段，9.98 < 11.3。

表 6 – 5　　　　　两种语段的 LP_10Hz、$Jitter_{EGG}$、

$Shimmer_{EGG}$、HNR_{EGG} 的平均值和标准差

发声参数	语段类别	参数值数目	平均值	标准差
LP_10Hz	正常语段	193	64.44	4.33
	抒情语段	181	65.45	4.07
$Jitter_{EGG}$	正常语段	193	10.07	8.16
	抒情语段	181	14.59	10.71
$Shimmer_{EGG}$	正常语段	193	12.11	8.33
	抒情语段	181	18.53	10.67
HNR_{EGG}	正常语段	193	11.30	4.20
	抒情语段	181	9.98	4.20

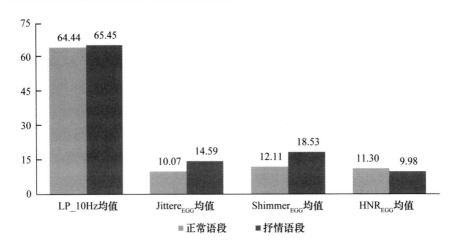

图 6 – 10　两种语段的 LP_10Hz、$Jitter_{EGG}$、$Shimmer_{EGG}$、

HNR_{EGG} 的平均值的柱形图

现在看表 6 - 6。先看 LP_10Hz 参数。对于该参数来说，正常语段和抒情语段这两个样本的方差是相等的（F = 0.305，Sig. = 0.581 > 0.05）。因此，我们应该采用 Equal variances assumed 一栏所对应的 t 值和 Sig. 值来解释独立样本 T 检验的结果。可以看到，此时，$t_{(372)}$ = - 2.343，而 p = 0.02 < 0.05。因此，正常语段和抒情语段在 LP_10Hz 这个发声参数上存在显著性差异。

再看 $Jitter_{EGG}$ 参数。对于这个参数来说，正常语段和抒情语段这两个样本的方差是不相等的（F = 16.999，Sig. = 0.000 < 0.05）。因此，我们必须采用 Equal variances not assumed 一栏所对应的 t 值和 Sig. 值来解释独立样本 T 检验的结果。可以看到，此时，$t_{(335.974)}$ = - 4.564，而 p = 0.000 < 0.05。因此，正常语段和抒情语段在 $Jitter_{EGG}$ 这个发声参数上存在着显著性差异。

再看 $Shimmer_{EGG}$ 参数。对于该参数来说，正常语段和抒情语段这两个样本的方差是不相等的（F = 17.865，Sig. = 0.000 < 0.05）。因此，我们应该采用 Equal variances not assumed 一栏所对应的 t 值和 Sig. 值来解释独立样本 T 检验的结果。可以看到，此时，$t_{(340.345)}$ = - 6.46，而 p = 0.000 < 0.05。因此，正常语段和抒情语段在 $Shimmer_{EGG}$ 这个发声参数上也存在显著性差异。

最后，我们看 HNR_{EGG} 参数。对于这个参数来说，正常语段和抒情语段这两个样本的方差是相等的（F = 0.432，Sig. = 0.511 > 0.05）。因此，我们必须采用 Equal variances assumed 一栏所对应的 t 值和 Sig. 值来解释独立样本 T 检验的结果。可以看到，此时，$t_{(372)}$ = 3.014，而 p = 0.003 < 0.05。同样，正常语段和抒情语段在 HNR_{EGG} 这个发声参数上也存在着显著性差异。

总的来说，抒情语段和正常语段在我们的九个发声参数上都存在统计学意义上的显著性差异，也即，用这九个发声参数就能很好地把抒情语段跟正常语段区分开来。抒情语段的基频均值比正常语段的小，开商均值比正常语段的大，速度商均值比正常语段的小。这一统计结果正好验证了我们的直观感觉，也即，在抒情语段中会大量运用到气嗓音这一特殊的发声类型，而在正常语段中会大量运用到正常嗓音。因为我们知

表 6-6　针对 LP_10Hz、$Jitter_{EGG}$、$Shimmer_{EGG}$、HNR_{EGG} 的独立样本 T 检验结果

		Levene's Test for Equality of Variances		t-test for Equality of Means					95% Confidence Interval of the Difference	
		F	Sig.	t	df	Sig. (2-tailed)	Mean Difference	Std. Error Difference	Lower	Upper
LP_10Hz	Equal variances assumed	0.305	0.581	-2.343	372	0.020	-1.01949	0.43505	-1.87495	-0.16402
	Equal variances not assumed			-2.348	371.999	0.019	-1.01949	0.43417	-1.87323	-0.16575
$Jitter_{EGG}$	Equal variances assumed	16.999	0.000	-4.603	372	0.000	-4.51660	0.98120	-6.44599	-2.58721
	Equal variances not assumed			-4.564	335.974	0.000	-4.51660	0.98961	-6.46322	-2.56998
$Shimmer_{EGG}$	Equal variances assumed	17.865	0.000	-6.510	372	0.000	-6.42051	0.98619	-8.35972	-4.48129
	Equal variances not assumed			-6.460	340.345	0.000	-6.42051	0.99392	-8.37551	-4.46550
HNR_{EGG}	Equal variances assumed	0.432	0.511	3.014	372	0.003	1.31097	0.43499	0.45563	2.16632
	Equal variances not assumed			3.014	370.442	0.003	1.31097	0.43499	0.45561	2.16634

道，与正常嗓音相比，气嗓音的特点就是基频很低，开商很大，速度商
较小（Marasek K.，1997a）。另外，抒情语段的 PIC 均值和｜PDC｜均
值都明显比正常语段的小，这一结果进一步证实了抒情语段多用气嗓音
这一看法。因为我们知道：PIC 和 PDC 的绝对值越大，就表示 EGG 脉冲
的振幅越大，反之亦然；而 EGG 脉冲振幅比正常嗓音小得多是气嗓音的
另一个明显特点。另外，抒情语段的谐波噪声比均值明显小于正常语段，
这可能是因为正常嗓音的 EGG 信号比气嗓音的 EGG 信号有着更多谐波
成分。这可以从另一个角度来验证抒情语段多用气嗓音这一看法。

　　抒情语段的频率抖动百分比均值明显比正常语段的大，这说明，在
一个音节内部，抒情语段比正常语段有着更多的基频变化。抒情语段的
振幅抖动百分比均值也明显比正常语段的大，则说明在一个音节内部，
抒情语段比正常语段有着更多的 EGG 振幅变化。从这两点可以推断出
来，在一个音节内部，抒情语段比正常语段有着更多的发声类型变化。
因为我们知道，发声类型不同，则其 EGG 信号就会表现为三方面的不
同：基频不同，EGG 脉冲振幅不同，开商和速度商不同（Marasek K.，
1997a）。究竟此二语段在一个音节内部都会出现哪些发声类型的变化，
需要通过 EGG 波形比对做进一步的研究。

　　抒情语段的 LP_10Hz 均值比正常语段的大，这可能是因为发音人在
抒情时，由于情绪激昂从而导致了喉头上下移动幅度较大的缘故。

6.4　因子分析

6.4.1　发声参数的调整

　　从上文可知，在正常语段中，$F0_{EGG}$、OQ_{EGG}、SQ_{EGG} 的值各 5405
个，PIC、｜PDC｜的值各 5151 个，而 $Jitter_{EGG}$、$Shimmer_{EGG}$、HNR_{EGG}、
LP_10Hz的值各 193 个。同样，在抒情语段中，$F0_{EGG}$、OQ_{EGG}、SQ_{EGG} 的
值各 4147 个，PIC、｜PDC｜的值各 3819 个，而 $Jitter_{EGG}$、$Shimmer_{EG}$ 和
HNR_{EGG} 及 LP_10Hz 的值各 181 个。很明显，我们的九个发声参数的值在
数目上差别特别大。这种参数值数目的巨大差异会给因子分析带来不便，
并且会严重影响到分析结果的准确性。因此，我们必须对发声参数做一

些调整。也即，把 $F0_{EGG}$、OQ_{EGG}、SQ_{EGG}、PIC、| PDC | 这五个发声参数的值都按音节求平均值，之后，用其平均值做因子分析。这样，此五发声参数的值的数目就会跟 $Jitter_{EGG}$、$Shimmer_{EGG}$、HNR_{EGG}、LP_10Hz 的相同了，因为 $Jitter_{EGG}$ 等也是按音节提取出来的。从 6.2 节所述的参数提取程序可知，由于滤波、标注、按音节切音等步骤的加入，本章的九个发声参数都是从边界相同的音节里提取出来的。因此，这里的按音节求均值就方便多了，不需要另花精力去做音节边界对应了。

但是，将基频、开商、速度商、PIC、| PDC | 这五个发声参数都按音节求平均值会导致产生一个问题。我们知道，情感语段很特殊，也很复杂。在同一个句子中，不同的音节会运用不同的发声类型。即便在同一个音节内部，也经常会出现不同的发声类型。也就是说，由于情感的作用，同一个音节内部会经常出现不同发声类型的变换，这体现为同一音节内部诸发声参数值的不断变化。如果我们把基频、开商、速度商、PIC、| PDC | 按音节求平均值，就会掩盖掉同一音节内的发声参数变化，从而减弱因子分析的效度。鉴于此，我们必须在按音节求这五个发声参数的平均值的同时也计算出各参数在一个音节内的变异系数（coefficient of variance）。变异系数的计算公式如下所示。这里，我们仍然运用之前编写的、在第四章中运用过的 matlab 程序 anyinjiejunzhilisanduF0OQSQ 和 anyinjiejunzhilisanduPICPDC 来实现这一步。该程序可以自动把一句话中的基频、开商、速度商、PIC、| PDC | 按音节计算出平均值和变异系数来。

$$变异系数 = \frac{一个音节内发声参数的标准差\ \delta}{一个音节内发声参数的平均值\ \bar{X}}$$

通过这样的调整，最后进入因子分析的发声参数一共有十四个：按音节求出的频率抖动百分比、振幅抖动百分比、谐波噪声比和 LP_10Hz；按音节求出的基频均值 F0mean 及基频变异系数 F0_CV、开商均值 OQmean 及开商变异系数 OQ_CV，速度商均值 SQmean 及速度商变异系数 SQ_CV，PIC 均值及 PIC 变异系数 PIC_CV 和 | PDC | 均值及 | PDC | 变异系数 PDC_CV。CV 是 coefficient of variance 的缩写形式。这十四个发声参数各有 374 个值，数据齐整，不存在缺失值，也就不需要做缺失值

分析了。

6.4.2　因子分析及其结果

我们做因子分析，目的是将变量降维，从而挖掘出是哪些不可测量的、生理的或心理的潜在因素对两种不同情感语段的发声特征造成了影响，这样才能够触及情感表达的生理或心理机制。本章仍然采用 SPSS 13.0 对十四个发声参数做因子分析。我们的 SPSS 设置如下。

在 Descriptives 模块中，我们选择了 Univariate descriptives、Initial solution、Coefficients、Significance levels 和 KMO and Bartlett's test of sphericity 这五个选项。选择 KMO 和 Bartlett 球形检验是为了验证一下我们的数据是否适合于做因子分析。在 Extraction 模块中，我们选择了 Principal components、Correlation matrix、Unrotated factor solution、Scree plot 和 Number of facotrs 这五个选项。把要求的公共因子个数确定为 5 个。我们选择 Correlation matrix 作为计算公因子的依据，是因为它适用于各变量的度量单位不同时的情况。我们的十四个发声参数的度量单位多有不同，有的是赫兹，有的是比值，有的是分贝，有的是百分比，因此选择相关性矩阵作为提取公共因子的依据比较合适。

在 Rotation 模块中，我们选择了 Varimax 和 Rotated solution 这两个选项。已知，因子旋转分为正交旋转和非正交旋转。在正交旋转下，特殊因子的协方差、公共因子的协方差等都不改变，因此，旋转之后的公共因子仍然是互不相关的。但是，非正交旋转不能保证公共因子之间的不相关性。最大方差法 Varimax 属于正交旋转，它通过旋转来最大化公共因子上变量载荷的方差。为了保证所得公共因子之间的线性无关性，我们这里的因子旋转采用了最大方差法。在 Factor scores 模块中，我们选择了 Save as variables、Regression 和 Display factor score coefficient matrix 这三个选项。这里把每个因子得分都作为一个新变量保存下来，是为了下一步对正常语段和抒情语段的因子得分做比较。在 Options 模块中，我们选择了 Exclude cases listwise 和 Sorted by size 这两个选项。

因子分析的结果如表 6 – 7、6 – 8 和 6 – 9 所示。先看表 6 – 7 中的 KMO 和 Bartlett 球形检验结果。可以看到，KMO 统计量为 0.808，在 0.7

以上，稍微靠近 0.9 一点，所以我们的因子分析是可以做的。另外，表里的 Bartlett 球形检验统计量值也比较大，为 4098.226，它对应的相伴概率值为 0.000，远小于显著性水平 0.05。这说明，我们的十四个发声参数之间存在着显著的相关关系，它们完全适合于做因子分析。

表 6 – 7   KMO 和 Bartlett 球形检验

Kaiser-Meyer-Olkin Measure of Sampling Adequacy.		0.808
Bartlett's Test of Sphericity	Approx. Chi-Square	4098.226
	df	91
	Sig.	0.000

再看表 6 – 8。可以看到，当我们在 Extraction 模块中把要求的公共因子个数确定为五个时，所提取的五个公共因子可以解释原有变量总方差的 81.057%，也即它们能够反映上述十四个发声参数所代表的全部信息的 81.057%。这个比例比较高，能保证不丢失太多的重要信息，因此，可以认为我们的因子分析结果比较好。

最后看表 6 –9，它显示的是旋转后的因子载荷矩阵。我们知道，因子载荷是变量与公共因子的相关系数。对于一个变量来说，载荷绝对值越大的因子与它的关系越密切，也更能代表这个变量。如果公共因子在某一个变量的系数为负值，则说明该变量在该因子上起逆向作用；反之，起同向作用。从表 6 – 9 可知，公共因子一与 PDCmean、PICmean 和 F0mean 这三个参数关系密切，它们的因子载荷依次为 0.884、0.848 和 0.834，三者的绝对值在所有变量中是最大的。同理，公共因子二主要是代表 Jitter、HNR、Shimmer、F0_CV 和 OQ_CV 这五个变量，因子载荷依次为 0.86、– 0.732、0.682、0.653 和 0.585。公共因子三主要跟这三个变量关系密切：PDC_CV、PIC_CV 和 SQ_CV，因子载荷依次为 0.875、0.666 和 0.587。公因子四代表 SQmean 和 OQmean，因子载荷依次为 0.931 和 – 0.584。公因子五主要与 LP_10Hz 关系密切，因子载荷为 0.979。

表6-8　可解释的方差比例

Component	Initial Eigenvalues			Extraction Sums of Squared Loadings			Rotation Sums of Squared Loadings		
	Total	% of Variance	Cumulative %	Total	% of Variance	Cumulative %	Total	% of Variance	Cumulative %
1	6.329	45.207	45.207	6.329	45.207	45.207	3.284	23.458	23.458
2	1.791	12.794	58.001	1.791	12.794	58.001	2.920	20.854	44.312
3	1.423	10.167	68.168	1.423	10.167	68.168	2.480	17.716	62.028
4	0.943	6.735	74.904	0.943	6.735	74.904	1.535	10.967	72.995
5	0.862	6.154	81.057	0.862	6.154	81.057	1.129	8.062	81.057
6	0.718	5.131	86.189						
7	0.510	3.642	89.830						
8	0.407	2.906	92.737						
9	0.294	2.100	94.837						
10	0.240	1.715	96.551						
11	0.177	1.266	97.818						
12	0.166	1.183	99.000						
13	0.107	0.763	99.763						
14	0.033	0.237	100.000						

表6 – 9 　　　　　　　　　　　旋转后的因子载荷矩阵

	Component				
	1	2	3	4	5
PDCmean	0.884	– 0.267	– 0.303	– 0.046	– 0.002
PICmean	0.848	– 0.195	– 0.325	0.252	– 0.017
F0mean	0.834	– 0.268	– 0.257	– 0.213	0.031
Jitter（%）	– 0.156	0.860	– 0.100	– 0.185	0.006
HNR（dB）	0.356	– 0.732	– 0.319	– 0.073	– 0.168
Shimmer（%）	– 0.493	0.682	0.052	– 0.087	0.355
F0_CV	– 0.038	0.653	0.582	0.055	0.046
OQ_CV	– 0.321	0.585	0.357	0.361	– 0.036
PDC_CV	– 0.198	0.058	0.875	0.067	0.007
PIC_CV	– 0.378	0.339	0.666	– 0.147	– 0.045
SQ_CV	– 0.324	0.003	0.587	0.076	– 0.024
SQmean	– 0.057	0.026	0.116	0.931	– 0.047
OQmean	– 0.546	0.306	0.261	– 0.584	0.077
LP_10Hz（dB）	0.013	0.126	– 0.030	– 0.062	0.979

6.4.3　讨论与总结

　　总体来看，本章的因子分析结果跟第四章的因子分析结果虽然稍有出入，但大体上还是一致的。首先，在第四章里，公共因子五代表SQmean 和 OQmean 这两个变量。同样，本章的公共因子四也代表这两个变量。我们知道，EGG 的开商表示在一个基音周期内声门处于打开状态的时长比例，EGG 的速度商表示在声门的闭相内声带接触面积的变化情况，也即从声门打开点到声带接触面积最大点与从声带接触面积最大点到声门关闭点这两段的时长比例。所以，跟第四章相同，我们把本章的公共因子四归结为声门的打开关闭特征。它能很好地区分本章的正常语段和抒情语段。

　　其次，第四章的公共因子一代表的是频率抖动百分比、振幅抖动百分比和谐波噪声比这三个变量。本章的公共因子二除了代表这三个变量外，还代表了音节内基频变异系数 F0_CV 和音节内开商变异系数 OQ_CV。但是，这两个变异系数的因子载荷很明显都比前三个变量的小，因此可以说，本章的公共因子二主要代表的是频率抖动百分比、振幅抖动百分比和谐波噪声比这三个变量。另外，F0_CV 在公共因子三上的载荷为 0.582（见表 6-9），在公共因子二上的载荷为 0.653，虽然前者比后者稍微小了一点点，但前者的值也相当大。因此可以说，F0_CV 也有归入公共因子三的趋势。还有，频率抖动百分比和 F0_CV 都是针对一个音节内的 EGG 信号算出来的。前者的定义是：音节内所有相邻基音周期的差值的绝对值的平均值除以该音节内所有基音周期的平均值。后者的定义是：音节内各个基频值的标准差除以该音节内所有基频值的平均值。我们知道，基音周期和基频互为倒数。因此，频率抖动百分比和 F0_CV 虽然算法有别，但两者之间也隐含着倒数关系。这样看来，把 F0_CV 归入公共因子二也是合理的。总的来说，本章的公共因子二主要代表频率抖动百分比、振幅抖动百分比和谐波噪声比这三个变量，它主要标示的是声带振动不规则度。

再次，在第四章里，公共因子四代表的是 PIC_CV 和 PDC_CV 这两个变量，公共因子二代表的是 SQ_CV、OQ_CV、F0_CV 和 F0mean 这四个变量。在此二公共因子所代表的六个变量里，变量 F0mean 的因子载荷绝对值最小，因此我们把此二公因子合二为一，并认为它主要标示的是音节内的发声变化，本章的公共因子三代表 PDC_CV、PIC_CV 和 SQ_CV 这三个变量。另外，刚才说过，F0_CV 在公共因子三上的载荷为 0.582，载荷绝对值也相当大。因此，F0_CV 也有归入公共因子三的趋势。但总的来说，本章的公共因子三也可以归结为音节内的发声变化，只不过这里的发声变化主要体现为音节内部 PDC 值、PIC 值和速度商值的变化，这可能跟抒情语段的发声特点有关。我们知道，抒情语段多用气嗓音。与正常嗓音相比，气嗓音的特点就是基频低，开商大，速度商小，EGG 振幅很小。在一个音节内部，发声类型从正常嗓音变为气嗓音，就意味着速度商和 EGG 振幅的由大变小。EGG 振幅变小就意味着 PIC 和 PDC 的绝对值变小。

最后，在第四章里，公共因子三代表的是 PDCmean、PICmean 和 RMSeggmean 这三个变量，通过多方面论证，我们把该公共因子归结为声带发声力度。在本章里，公共因子一代表着 PDCmean、PICmean、F0mean 这三个变量，而公共因子五仅代表着 LP_10Hz 这一个变量。我们认为，可以把公因子一和公因子五合二为一，归结为声带发声力度。

原因有二。第一，在此二公共因子所代表的四个变量里，变量 F0mean 的因子载荷绝对值最小。因此，可以认为，合并后的公共因子主要代表的是 PDCmean、PICmean 和 LP_10Hz 这三个变量。第二，RMSeggmean 和 LP_10Hz 这两个参数是等效的。它们都是按音节从低通滤波后的 EGG 信号里提取出来的，代表着频率低于 10Hz 的 EGG 零线漂移，代表着念音节时喉头的上下移动程度，只不过提取的方法有所不同而已。

我们知道，PIC 指的是 EGG 脉冲的微分波形上的最大正峰值除以时间，也即 EGG 波形上的最大正斜率值，它的位置常被看作是声门的关闭时点。PDC 指的是 EGG 脉冲的微分波形上的最小负峰值除以时间，也即 EGG 波形上的最小负斜率值，它的位置常被看作是声门的打开时点。这两个参数的绝对值越大，则 EGG 脉冲就越陡峭，它们不仅与 EGG 振幅大小成正比，更反映了声门打开速度与关闭速度的快慢。另外，在不同的音域或者发声类型中，LP_10Hz 的值会差别很大，也即它的值会随着基频的升高而升高，它可能是声带发声力度变化的伴随现象。总之，我们把本章的公共因子一和五合二为一，归结为声带发声力度，是合理的。

总之，通过以上分析，本章的十四个发声参数可以大体上简化成四个维度：声带发声力度，声带振动不规则度，声门打开关闭特征，音节内发声变化。这四个维度反映的是情感语段发声类型的生理特点。针对由 SPSS 13.0 的算出的因子得分（component score），我们可以做如下处理：把公共因子一和公共因子五的得分加起来，用以量化声带发声力度；公共因子二的得分，用以量化声带振动不规则度；公共因子三的得分，用以量化音节内发声变化；公共因子四的得分，用以量化声门打开关闭特征。这样一来，我们就可以根据这四个生理维度来对比、概括正常语段和抒情语段了。

表 6-10 是此二语段在这四个维度上的得分的最小值、最大值、平均值和标准差。在图 6-11 里，我们又把表 6-10 中的各个因子得分均值做成了柱形图。可以看到，抒情语段在四个生理维度上都明显地不同于正常语段，其发声特征可以用两句话来概括。第一，抒情语段的声带振动不规则度比正常语段的大（0.062 > -0.058），这说明，抒情时往往情绪激昂，所以声带振动没有正常说话时规则。第二，抒情语段在音

274

节内发声变化、声门打开关闭特征和声带发声力度这三个维度上的得分都比正常语段的小：−0.077＜0.072；−0.641＜0.601；−0.331＜0.31。

表6-10 两种语段因子得分的最小值、最大值、平均值和标准差

	语段	最小值	最大值	平均值	标准差
声带振动 不规则度	正常语段	−1.486	3.679	−0.058	0.842
	抒情语段	−1.814	4.039	0.062	1.144
音节内 发声变化	正常语段	−2.044	3.566	0.072	0.991
	抒情语段	−2.559	3.107	−0.077	1.006
声门打开 关闭特征	正常语段	−1.655	3.432	0.601	0.712
	抒情语段	−4.737	2.554	−0.641	0.854
声带发声 力度	正常语段	−4.612	3.234	0.310	1.462
	抒情语段	−3.531	3.047	−0.331	1.285

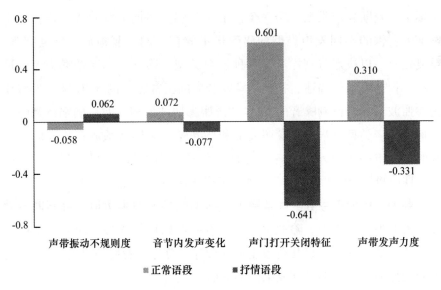

图6-11 两种语段因子得分均值的柱形图

6.5 EGG 波形比对

第 6.3 节的独立样本 T 检验和第 6.4 节的因子分析，都是以发声参数为基础，从全局上观察正常语段和抒情语段的发声特点差异。结论是，本章的九个发声参数都能很好地区分此二语段，此二语段也可以从四个生理维度上予以区分。这样的结论虽然很好，但依然给人以含糊之感。我们知道，发声参数的不同是源自发声类型的不同，发声类型的不同往往体现为 EGG 波形形状的不同。所以，正常语段和抒情语段中究竟运用了哪些发声类型（phonation type）还需要通过 EGG 波形比对做进一步的研究。只有这样才能够弄清楚此二语段的发声参数为何会有显著性差异。另外，前人的研究（John H. Esling，1983；C. Painter，1988；Marasek，1997a）也表明，通过 EGG 波形形状来判断发声类型是可行的。

6.5.1 发声类型的判断标准

跟第五章的做法一样，我们仍然以前人的研究为基础，依照下列三个标准来判断发声类型。第一个标准是听感。即把本章的待判语音样本跟前人提供的不同发声类型的语音样本放在一起反复播放、反复听辨、反复比对，以决定待判样本是哪种发声类型。第二个标准是喉头仪波形形状。根据前人的描述，找到本章发音人的正常嗓音的 EGG 脉冲形状作为参照波形，将待判嗓音的 EGG 波形跟参照波形相比对以确定待判嗓音为何种发声类型。当然，参照波形和待判嗓音波形必须放在相同的振幅和时间分辨率下显示。第三个标准是各种发声参数，比如基频、开商、速度商、PIC、PDC 等。如果根据前两个标准还难以最终抉择，那么就观察待判嗓音的发声参数，并依照前人所提供的发声参数描述来判断待判嗓音为哪种发声类型。除此之外，还有一些辅助性手段。比如，从语音信号的宽带语图上观察其高频能量分布等。总之，我们的原则只有一个，即始终把前人的典型研究成果作为参照。

6.5.2　EGG 波形比对程序

本章仍然利用我们在第五章用过的程序 EggwaveComparison 来进行 EGG 波形比对。不过，我们根据实际情况对该程序做了两点调整，如图 6 – 12 所示。我们知道，该程序界面的右侧有四个长条形方框，它们在长度和高度上完全相同，用以将一个音节内的喉头仪波形逐段进行显示。由于本章所录语料的采样率较高，为 44100 Hz，我们将这些方框的横坐标所标示的时长调整为 80 毫秒：（3528 ÷ 44100）×1000 = 80 毫秒。

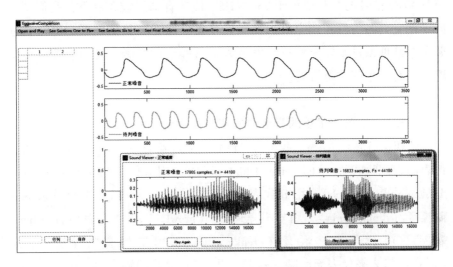

图 6 – 12　EggwaveComparison 的工作界面

还有，本章只有一位发音人，为一男性演员。我们反复听辨他念的所有正常语段，发现其中有一个"柔"字他念得最为饱满清晰。本章就将该字作为标准的正常嗓音音节，他所演绎的情感语段中的各个音节都与这个"柔"字做比较以确定发声类型。从"柔"字的 EGG 信号中所提取出来的基频的最大值为 181.48 Hz，最小值为 95.04 Hz，平均值为 121.69 Hz；开商的最大值为 71.97%，最小值为 53.32%，平均值为 57.39%；速度商的最大值为 875%，最小值为 205.26%，平均值为 463.78%。

我们选择"柔"字作为 EGG 波形比对的标尺，是源于以下三点知识。第一，"柔"字是阳平调，调值为 35。第二，在五度标调法当中，音高层级 5 表示的是说话人正常嗓音音域的最高端；音高层级 3 是说话人音域的中下部，仍属于正常嗓音；音高层级 1 表示的是说话人音域的最低端，男人在层级 1 上常使用气泡音、挤喉音等特殊的发声类型。第三，高音调嗓音和低音调嗓音就跨在说话人正常音域的最高端和最低端上（Kong，2007：63）。根据这些知识，我们大体上就可以这样做判断。第一，如果发音人 EGG 信号的基频值等于或稍微大于 181.48 Hz，即等于或高于音高层级 5，我们就倾向于把它判断为高音调嗓音。第二，如果其 EGG 信号的基频值低于 95.04 Hz，即在音高层级 3 以下，我们就倾向于把它判断为低音调嗓音、挤喉音或者气嗓音，具体判断为哪一种还要参照其他条件来定。第三，发音人正常嗓音的基频、开商、速度商值应该是有一个变化范围的。

6.5.3　本章所出现的音节内发声类型组合

依照第五章的惯例，我们用 M 代表正常嗓音（modal voice），用 H 代表高音调嗓音（modal voice of high pitch），用 L 代表低音调嗓音（modal voice of low pitch）；用 B 代表气嗓音（breathy voice），用 D 代表双音调嗓音（diplophonia），用 G 代表吼音（growl），用 R 代表糙音（harsh voice），用 C 代表挤喉音（creaky voice），用 T 代表紧嗓音（tense voice）；用 Z 来代表无声段（zero），即 EGG 脉冲振幅全部消失、只剩下零线的情况；用 S 代表 stepdown，即 EGG 脉冲振幅突然呈阶梯式下降的情况；用 W 代表耳语（whisper），用 Wc 代表耳语挤喉音（whispery creak），Wc 是本章新出现的一种复合发声类型。下面把本章所出现的音节内发声类型组合方式逐一进行描述。

6.5.3.1　M 类

M 类是指整个音节中只有正常嗓音这一种发声类型。图 6－13 例示了本章发音人的 M 类音节。蓝线是正常语段语句"我轻轻地招手"中"我"字的 EGG 波形图。该字属于 M 类音节，其 EGG 信号分三段依次在第二、三、四列的方框内得以显示，标为"待判嗓音"。顶列方框内的红线是标准正常嗓音音节"柔"的一段 EGG 波形图，标为"正常嗓音"。可以看到，"我"字的 EGG 波形基本上都是正在关闭段很陡峭，所占的时长很短，而正在打开段的坡度要缓得多，所占的时长也长得多，且有一个拐点出现。总之，它跟标准正常嗓音的 EGG 波形很相似，只是在音节末尾才有个别脉冲的形状稍有变形，这是声带振动的惯性造成的，不应该把该脉冲看成是另外一种发声类型。

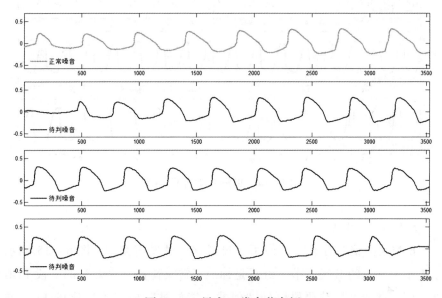

图 6-13 男声 M 类音节实例

6.5.3.2　H 类

H 类是指整个音节中只使用高音调嗓音这一种发声类型。图 6-14 例示了本章发音人的 H 类音节。蓝线是抒情语段语句"在星辉斑斓里放歌"中"斑"字的 EGG 波形图。该字属于 H 类音节，其喉头仪信号分四段依次在第一、二、三、四个方框内得以完整地显示。可以看到一个很明显的特征，就是在 80 毫秒内待判嗓音的脉冲个数比正常嗓音的多很多，也即其基频明显高于正常嗓音。还有就是，待判嗓音的 EGG 波形基本上呈左右对称的三角形形状，左倾程度很小，也即其速度商比正常嗓音的小很多。高音调嗓音在听感上也比正常嗓音要尖利得多。

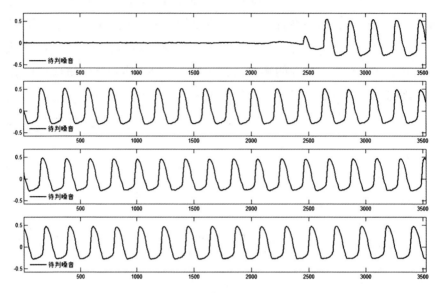

图 6 - 14　男声 H 类音节实例

6.5.3.3　B 类

B 类是指整个音节中只使用气嗓音这一种发声类型。图 6 - 15 例示了本章发音人的 B 类音节。红线是标准正常嗓音音节"柔"的一段 EGG 波形图。蓝线是抒情语段语句"但我不能放歌"中"不"字的 EGG 波

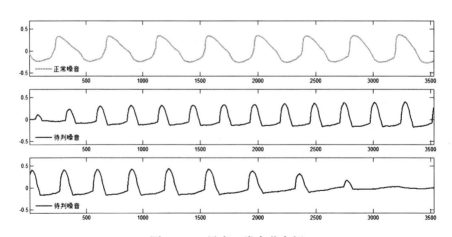

图 6 - 15　男声 B 类音节实例

形图，该字属于 B 类音节。可以看到，这两种 EGG 波形的差别很大。蓝色的 EGG 脉冲都有很长的开相，开相时长远大于基音周期的一半。另外，其 EGG 脉冲的左偏度很小，基频也不高。总之，气嗓音的特点是，基频较低，开商很大，速度商相对较小。

6.5.3.4　C 类

C 类是指在整个音节中只使用挤喉音这一种发声类型。图 6 - 16 是本章发音人的 C 类音节实例。红线是标准正常嗓音音节"柔"的一段 EGG 波形图。蓝线是正常语段语句"我甘心做一条水草"中"草"字的 EGG 波形图，该字属于 C 类音节。可以看到，与正常嗓音相比，C 类音节的喉头仪信号有如下特点：脉冲振幅时大时小，参差不齐；基音周期也是时长时短，但总体上比正常嗓音的基音周期要长。这说明，挤喉音的基频低，并且不稳定，振幅抖动百分比一般较大。此类音节的语音信号听上去有吱吱嘎嘎的感觉。

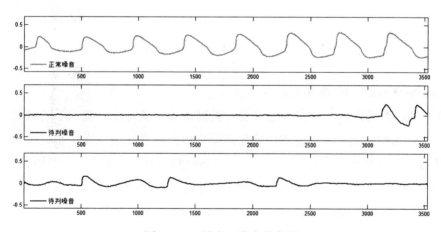

图 6 - 16　男声 C 类音节实例

6.5.3.5　W 类

W 类是指在整个音节中只使用耳语这一种发声类型。图 6 - 17 是本章发音人的 W 类音节实例。蓝线是抒情语段语句"在我的心头荡漾"中"荡"字的 EGG 波形图，该字属于 W 类音节，其 EGG 信号分三段依次显示在第二、三、四列的方框内。该音节中的韵母已几乎完全清化，只有发元音的口腔形状，而声带几乎不振动。因此，它的 EGG 脉冲振幅极小，或者干脆振幅为零。

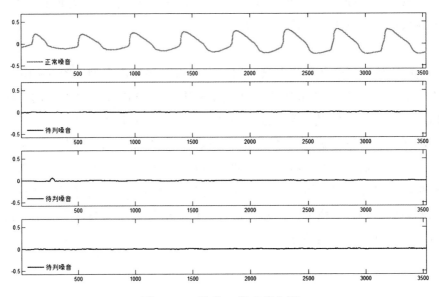

图 6 - 17　男声 W 类音节实例

6.5.3.6　MC 类和 CM 类

MC 类是指在一个音节内部发声类型由正常嗓音逐渐变成了挤喉音，而 CM 类则是指在一个音节内部发声类型由挤喉音逐渐变成了正常嗓音。图 6 - 18 中的蓝线是正常语段语句"轻轻地我走了"中"走"字的 EGG 波形图，该字属于 MC 类音节。可以看到，在该音节的起始阶段，喉头仪波形很规整，属于正常嗓音，之后就逐渐变成了基音周期时长时短、脉冲振幅时大时小、基频又很低的挤喉音。图 6 - 19 中的蓝线则是正常语段语句"轻轻地我走了"中"了"字的 EGG 波形图，该字属于 CM 类音节。在该音节中，EGG 波形的变化过程与图 6 - 18 中的刚好相反。

6.5.3.7　CLB 类

CLB 类是指，在一个音节内部，发声类型首先由挤喉音逐渐变成了低音调嗓音，再由低音调嗓音逐渐变成了气嗓音。图 6 - 20 中的蓝线是抒情语段语句"软泥上的青荇"中"荇"字的 EGG 波形图，该字属于

CLB 类音节。可以看到，在音节"荇"的前三分之二部分，EGG 信号表现为基频低于正常嗓音，并且也不稳定的挤喉音。然而，在这之后的部分，EGG 信号振幅变大了，基频也开始变得稳定起来，但基频值依然比正常嗓音音节"柔"的基频最小值还要小，即发声类型变成了低音调嗓

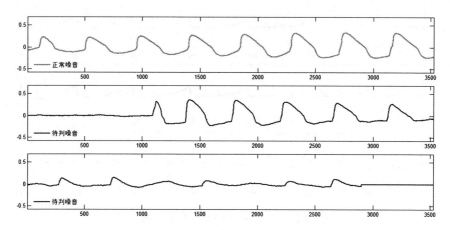

图 6 - 18　男声 MC 类音节实例

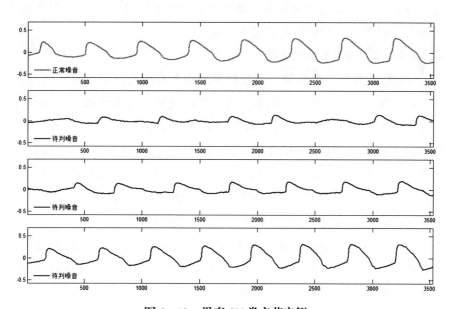

图 6 - 19　男声 CM 类音节实例

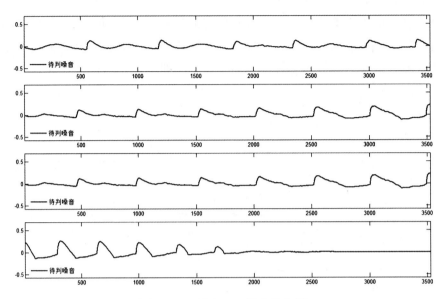

图 6 – 20　男声 CLB 类音节实例

音。再后来，EGG 振幅又开始逐渐变低，速度商开始变小，开商开始变得很大，即发声类型最后又变成了气嗓音。

6.5.3.8　MB 类和 BM 类

MB 类是指在一个音节内部发声类型由正常嗓音逐渐变成了气嗓音，而 BM 类则是指在一个音节内部发声类型由气嗓音逐渐变成了正常嗓音。图 6 – 21 中的蓝线是抒情语段语句"作别西天的云彩"中"天"字的 EGG 波形图，该字属于 MB 类音节。可以看到，其喉头仪信号的前一部分都属于脉冲左偏度较高、开相不大不小的正常嗓音。之后的 EGG 波形就逐渐变成了基频较低、开相很长、脉冲左偏度较小的气嗓音。而图 6 – 22中的蓝线是抒情语段语句"油油的在水底招摇"中第一个"油"字的 EGG 波形图，该字属于 BM 类音节。该字的喉头仪信号的变化过程刚好相反，由基频较低、开商很大、速度商较小的气嗓音逐渐变成了速度商较大、开商不大不小的正常嗓音。

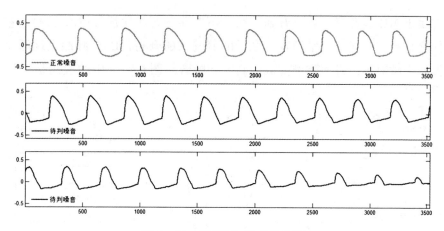

图 6 - 21　男声 MB 类音节实例

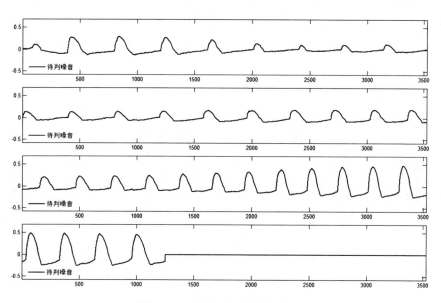

图 6 - 22　男声 BM 类音节实例

6.5.3.9　MH 类和 HM 类

MH 类是指在一个音节内部发声类型由正常嗓音逐渐变成了高音调嗓音，而 HM 类则是指在一个音节内部发声类型由高音调嗓音逐渐变成了正常嗓音。图 6 - 23 中的蓝线是正常语段语句"不是清泉"中"不"字的 EGG 波形图。这个"不"字由于后接去声而变调成了阳平调，所以它属于 MH 类音节。可以看到，在"不"字的起始阶段，EGG 脉冲的左偏度很高，是属于正常嗓音，之后随着基频的升高，EGG 脉冲也逐渐变得越来越对称，发声类型变成了高音调嗓音。图 6 - 24 中的蓝线是正常

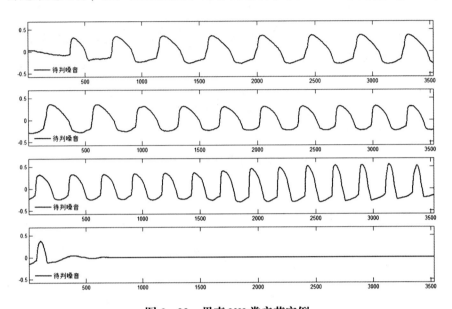

图 6 - 23 男声 MH 类音节实例

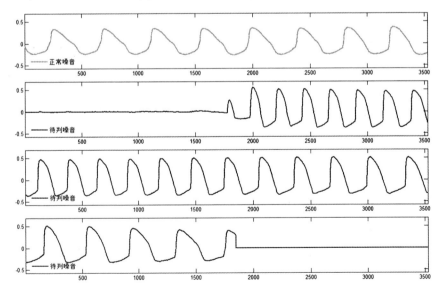

图 6 - 24 男声 HM 类音节实例

语段语句"软泥上的青荇"中"上"字的 EGG 波形图,该字属于 HM
类音节,其喉头仪波形的变化过程跟图 6-23 中的刚好相反。

6.5.3.10 ML 类和 LM 类

ML 类是指在一个音节内部发声类型由正常嗓音逐渐变成了低音调
嗓音,而 LM 类则是指在一个音节内部发声类型由低音调嗓音逐渐变成
了正常嗓音。图 6-25 中的蓝线是正常语段语句"正如我轻轻地来"
中"我"字的 EGG 波形图,该字属于 ML 类音节。在该音节的前一阶
段,喉头仪波形表现为正常嗓音。之后,尽管 EGG 脉冲依然比较规
则,但是基频却在逐渐降低,直到最后降得比标准正常嗓音音节
"柔"的基频最小值还要低些,也即变成了低音调嗓音。图 6-26 中
的蓝线是正常语段语句"正如我悄悄地来"中"如"字的 EGG 波形
图,该字属于 LM 类音节,其喉头仪波形的变化过程与图 6-25 中的
刚好相反。

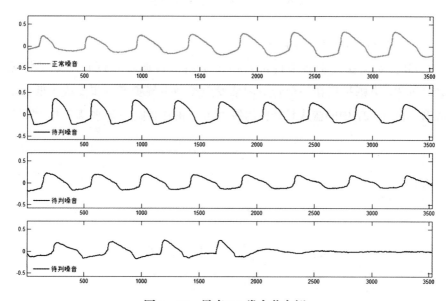

图 6-25 男声 ML 类音节实例

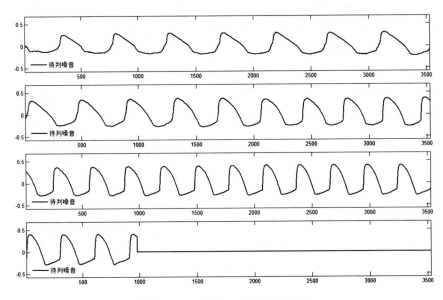

图 6 - 26   男声 LM 类音节实例

6.5.3.11   LB 类和 BL 类

LB 类是指在一个音节内部发声类型由低音调嗓音逐步变成了气嗓音，而 BL 类则是指在一个音节内部发声类型由气嗓音逐步变成了低音调嗓音。图 6 - 27 中的蓝线是抒情语段语句"我甘心做一条水草"中"条"

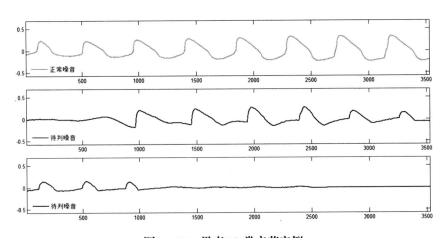

图 6 - 27   男声 LB 类音节实例

字的 EGG 波形图，该字属于 LB 类音节。在该音节的前一阶段，EGG 脉
冲比较规整并且左偏程度很大，但是基频却很低，是属于低音调嗓音。
之后，基频依然很低，开商变得越来越大，EGG 脉冲也越来越左右对
称，发声类型变成了气嗓音。图 6 - 28 中的蓝线是抒情语段语句"满载
一船星辉"中"载"字的 EGG 波形图，该字属于 BL 类音节，其 EGG
波形变化过程跟图 6 - 27 中的刚好相反。

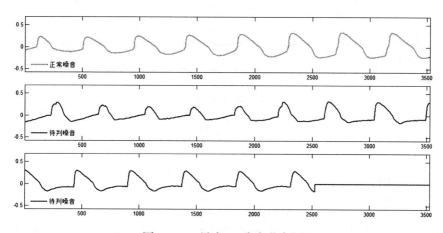

图 6 - 28　男声 BL 类音节实例

6.5.3.12　BC 类和 CB 类

　　BC 类是指在一个音节内部发声类型由气嗓音逐渐变成了挤喉音，而
CB 类则是指在一个音节内部发声类型由挤喉音逐渐变成了气嗓音。
图 6 - 29中的蓝线是抒情语段语句"正如我悄悄地来"中"我"字的
EGG 波形图，该字属于 BC 类音节。在音节"我"里，先出现的是开商
很大、速度商较小、基频较低的气嗓音。之后，基频继续较低，但基音
周期开始变得时长时短，脉冲振幅也变得大小不一，发声类型逐渐变成
了挤喉音。图 6 - 30 中的蓝线是抒情语段语句"是天上虹"中"虹"字
的 EGG 波形图，该字属于 CB 类音节，其 EGG 信号的变化过程跟图
6 - 29 中的刚好相反。

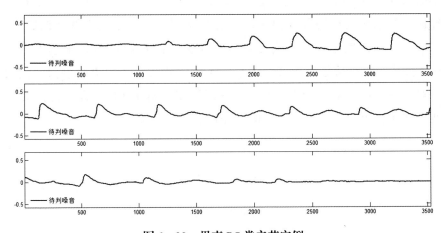

图 6 – 29　男声 BC 类音节实例

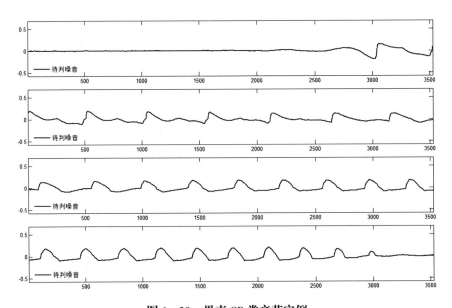

图 6 – 30　男声 CB 类音节实例

6.5.3.13　HB 类

HB 类是指在一个音节内部发声类型由高音调嗓音逐渐变成了气嗓音。图 6 – 31 中的蓝线是抒情语段语句"向青草更青处漫溯"中"更"字的 EGG 波形图，该"更"字属于 HB 类音节。在该音节的前一部分，

EGG 脉冲基本上左右对称，但是，基频比标准正常嗓音音节"柔"的基频最大值还要大，发声类型属于高音调嗓音。之后，EGG 信号的开商就变得越来越大，直到变得非常之大，最后发声类型变成了气嗓音。

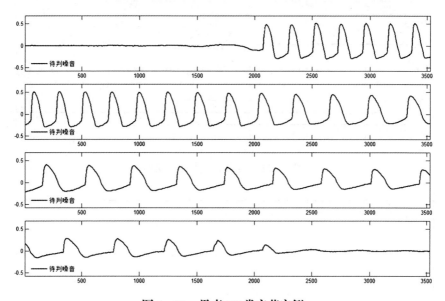

图 6 - 31　男声 HB 类音节实例

6.5.3.14　BW 类

BW 类是指在一个音节内部发声类型由气嗓音逐渐变成了耳语。图 6 - 32 中的蓝线是抒情语段语句"油油的在水底招摇"中"的"字的 EGG 波形图，该字属于 BW 类音节。该音节以开商很大、速度商和基频都较小的气嗓音起始。之后，其 EGG 脉冲振幅越变越小，直到几乎完全消失，变成了只有元音口型而没有声带振动的耳语。图 6 - 32 中用黑色方框圈起来的部分就是耳语部分。因为耳语是在声带不振动的情况下发元音，所以它的语音波形上仍然有明显的噪音振幅，如图 6 - 33 中虚线的右侧所示。

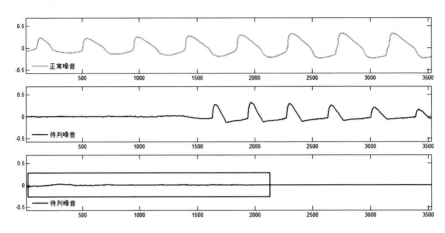

图 6 - 32　男声 BW 类音节实例

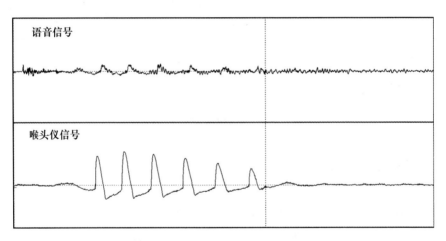

图 6 - 33　用 praat 显示图 6 - 32 中的"的"字的语音信号和 EGG 信号

6.5.3.15　CW 类

CW 类是指在一个音节内部发声类型由挤喉音逐渐变成了耳语。图 6 - 34 中的蓝线是抒情语段语句"悄悄地我走了"中"地"字的喉头仪波形图，该字属于 CW 类音节。可以看到，在该音节的前一部分，喉头仪信号的脉冲振幅时大时小，参差不齐，并且基音周期也是时长时短，但总体上基频比正常嗓音低很多。该段为挤喉音。但在此之后，其 EGG 脉冲振幅就越变越小，直到最后几乎完全消失，变成了只有元音口型而没有声带振动的耳语。图 6 – 34 中用黑色方框圈起来的部分就是耳语这一段，该段所对应的语音波形上仍有明显的噪音振幅。

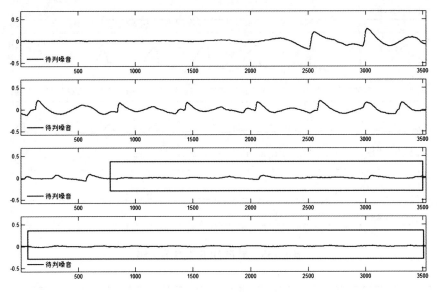

图 6 – 34　男声 CW 类音节实例

6.5.3.16　MSB 类

图 6 – 35 中的蓝线是抒情语段语句"沉默是今晚的康桥"中"康"字的 EGG 波形图，该字属于 MSB 类音节。在图 6 – 36 中，我们又利用 praat 对"康"字未展开的语音信号和 EGG 信号进行了展示。可以看到，在该音节的起始阶段，EGG 脉冲的左偏度很高，脉冲振幅很大，基频不大不小，属于正常噪音。之后，有一段 EGG 振幅突然齐齐地、阶梯式地大幅度下降，但是其周期性却依然存在，这一段我们称之为 stepdown。再后来，EGG 振幅又开始稍稍变大，发声类型逐渐变成了开商很大，速度商很小，基频较低的气噪音。在第五章的 EGG 波形比对中，我们也见到过类似的情况，即女声在表现哽哽咽咽的哭腔时，EGG 信号中常出现 stepdown。同样，这里的"康"字听起来也给人以声音颤抖之感，有点像歌唱中的颤音。

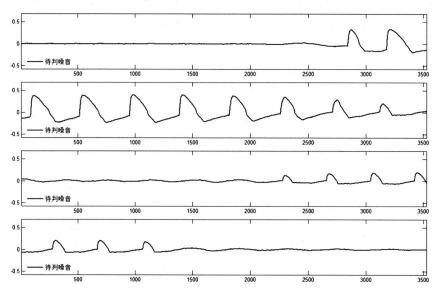

图 6 - 35　男声 MSB 类音节实例

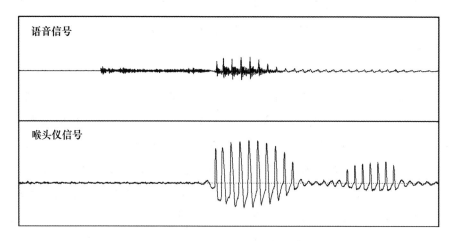

图 6 - 36　用 praat 显示图 6 - 35 中的"康"字的语音信号和 EGG 信号

6.5.3.17　TL 类

TL 类是指在一个音节内部发声类型由紧嗓音逐渐变成了低音调嗓音。图 6 - 37 中的蓝线是抒情语段语句"向青草更青处漫溯"中"溯"字的 EGG 波形图，该字为 TL 类音节。可以看到，"溯"字的起始阶段属于紧嗓音，因为其 EGG 波形有如下特点：基频跟正常嗓音差不多大；但是，在一个基音周期内，闭相所占的比例比开相所占的比例要大得多，也就是说，这一段的接触商比正常嗓音的大，而开商却比正常嗓音的小。然而，在"溯"字的后一阶段，EGG 脉冲虽仍然比较规整，但左偏程度却逐渐变大，开商也逐渐变大，基频也变得低了，即发声类型逐渐变成了低音调嗓音。

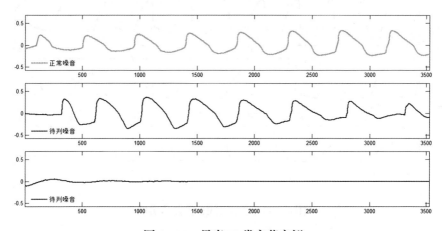

图 6 - 37　男声 TL 类音节实例

6.5.3.18　HML 类

HML 类是指在一个音节内部，发声类型先由高音调嗓音变成了正常嗓音，再由正常嗓音变成了低音调嗓音。图 6 - 38 中的蓝线是正常语段语句"正如我悄悄地来"中"正"字的 EGG 波形图，该字为 HML 类音节。在音节"正"的起始阶段，喉头仪脉冲的左偏度特别小，并且基频很高，比标准正常嗓音音节"柔"的基频最大值还要高，因此发声类型属于高音调嗓音。之后，EGG 脉冲的左偏度开始变大，基频也开始变低，发声类型逐渐变成了正常嗓音。接着，EGG 脉冲的左偏度继续变大，基频继续变低，开商也越来越大。"正"字末段的基频值变得比标准正常嗓音音节"柔"的基频最小值还要小，即发声类型又从正常嗓音滑到了低音调嗓音。

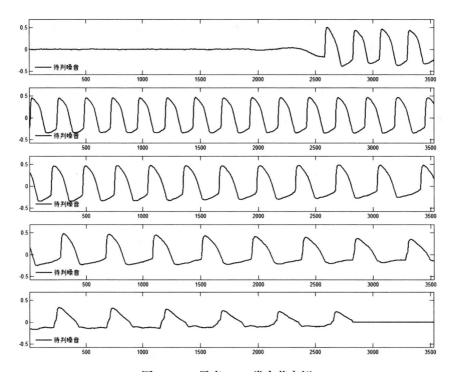

图6-38　男声 HML 类音节实例

6.5.3.19　HMC 类

HMC 类是指在一个音节内部，发声类型先由高音调嗓音变成了正常嗓音，再由正常嗓音变成了挤喉音。图6-39中的蓝线是正常语段语句"软泥上的青荇"中"荇"字的 EGG 波形图，该字为 HMC 类音节。可以看到，在该音节的前一阶段，EGG 波形都表现为速度商很小而基频特别高的高音调嗓音。之后，EGG 脉冲的左偏度逐渐变大，基频也变得越来越低，发声类型变成了正常嗓音。再后来，基频继续降低，EGG 信号又逐渐变成了脉冲振幅大小不一、基频很低且不稳定的挤喉音。

6.5.3.20　MBW 类

MBW 类是指在一个音节内部，发声类型先由正常嗓音变成了气嗓音，再由气嗓音变成了耳语嗓音。图6-40中的蓝线是抒情语段语句"在星辉斑斓里放歌"中"歌"字的 EGG 波形图，该字为 MBW 类音节。音节"歌"的前一半为正常嗓音。在其后一半，EGG 振幅逐渐变低，开商逐渐变大，速度商逐渐变小，发声类型变成了气嗓音。最后，发声类型又变成了几乎没有 EGG 脉冲振幅的耳语，即用黑色方框圈起来的那一部分，但这一部分所对应的语音波形段上仍有很弱的噪音振幅。

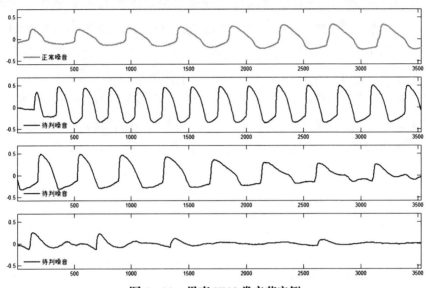

图 6 - 39　男声 HMC 类音节实例

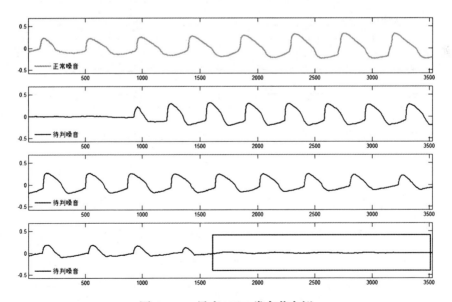

图 6 - 40　男声 MBW 类音节实例

6.5.3.21　BCB 类

BCB 类是指在一个音节内部，发声类型先由气嗓音变成了挤喉音，再由挤喉音变回到气嗓音。图 6 – 41 中的蓝色曲线是抒情语段语句"正如我轻轻地来"中"来"字的喉头仪波形图，该字为 BCB 类音节。在"来"字的前二分之一段，EGG 脉冲振幅很小，速度商很小但开商却很大，基频比正常嗓音音节"柔"的基频最小值还要小，该段的发声类型属于气嗓音。之后，EGG 脉冲振幅开始有所变大，但是，整体上参差不齐，基频也开始变得时大时小，很不稳定，即发声类型变成了挤喉音。但是，在"来"字的最后十分之一段，基频又开始变得虽然低却很稳定，开商又开始变得很大，速度商又开始变得很小，也即发声类型最后又变了回来，成了气嗓音。

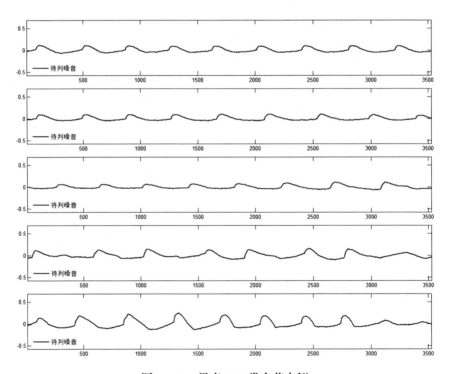

图 6 – 41　男声 BCB 类音节实例

6.5.3.22　CBW 类

CBW 类是指在一个音节内部，发声类型先由挤喉音变成了气嗓音，再由气嗓音变成了耳语嗓音。图 6-42 中的蓝色曲线是抒情语段语句"轻轻地我走了"中"了"字的喉头仪波形图，该字为 CBW 类音节。在"了"字的前五分之一段，EGG 脉冲振幅总体上不大，但振幅时大时小、参差不齐。基音周期也长短不一，即基频低且不稳定。该段属于挤喉音。在随后的五分之一段，EGG 脉冲振幅变得更小了，但基频开始变得低而稳定，开商变得很大且速度商变得很小，这一段的发声类型属于气嗓音。在"了"字的最后五分之三段，即用黑色方框圈起来的部分，EGG 脉冲振幅几乎完全消失了，这是元音清化的表现。但这一段所对应的语音波形上仍有很弱的噪音振幅。也就是说，发声类型在这一段变成了耳语。

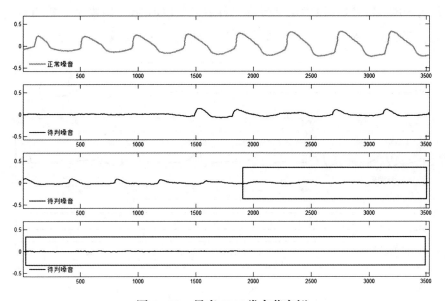

图 6-42　男声 CBW 类音节实例

一个音节内部包含两次发声类型变换的组合方式还有以下 12 种：BCW、BHB、BMB、CMB、CWB、HMB、LMB、MCM、MHM、MCW、MLB、MLW。它们的含义都已不言自明。限于篇幅，这里不再对它们逐一进行描述。下面，我们看一下一个音节内部有三次发声类型变换的实例。

6.5.3.23 CWMB 类

CWMB 类是指在一个音节内部，发声类型先由挤喉音变成了耳语，再由耳语变成了正常嗓音，最后，又由正常嗓音变成气嗓音。图 6-43 中的蓝线是抒情语段语句"不带走一片云彩"中"一"字的 EGG 波形图，该字为 CWMB 类音节。在"一"字的前三分之一段，喉头仪脉冲振幅时大时小，参差不齐。基音周期也长短不一，即基频低且不稳定。该段属于挤喉音。之后，在黑色方框圈起来的那一部分，EGG 脉冲振幅几乎完全消失了，但该段所对应的语音波形上仍有很弱的噪音振幅。也就是说，发声类型在这里变成了耳语。在黑色方框之后，有七八个 EGG 脉冲振幅明显变高了，左偏度也明显变大了，但其开商却不大也不小，大约为 50% 多。这一段为正常嗓音。再后来，EGG 脉冲振幅又开始明显变低，速度商明显变小，开商变得很大，即发声类型变成了气嗓音。

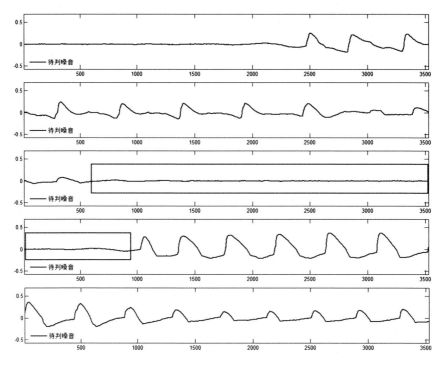

图 6-43　男声 CWMB 类音节实例

6.5.3.24　Wc 类

John Laver（2009：111—118）把所有发声设置区分为三类。第一类包括正常嗓音（modal voice）和假声（falsetto）。它们均可以作为简单发声类型（simple type）单独出现，也可以各自和其他类的成员相结合构成复合发声类型（compound type）。但是，它们两个却不能相互结合。

第二类包括耳语（whisper）和挤喉（creak）。它们可以作为简单发声类型单独出现，也可以一起出现，相互结合，形成耳语挤喉音（whispery creak），也可以与第一类中的每个成员结合形成 whispery voice 和 whispery falsetto 及 creaky voice 和 creaky falsetto。它们还可以一起出现，再加上第一类中的成员形成 whispery creaky voice 和 whispery creaky falsetto。

第三类包括糙嗓（harshness）和气嗓（breathiness）。它们只在复合发声类型中出现，从不作为简单发声类型单独出现。harshness 可以与 modal voice 结合形成 harsh voice，与 falsetto 结合形成 harsh falsetto。breathiness 只能与 modal voice 结合形成 breathy voice，不能与 falsetto 相结合。harshness 和 breathiness 不能与第二类中的发声类型相结合，除非有一个第一类中的成员也同时出现，再加上 breathiness 与 falsetto 之间的互不兼容性，此时可得到的复合发声类型有 harsh whispery voice，harsh whispery falsetto，harsh creaky voice，harsh creaky falsetto，harsh whispery creaky voice，harsh whispery creaky falsetto 六种。为了例示这些发声类型在听感上的差别，John Laver 还利用各个简单及复合发声类型对 "Learning to speak well is an important and fruitful task" 这句话进行了朗读并录了音，以供参考。

本章的 Wc 就是耳语挤喉音 whispery creak 的缩写，这是我们的研究中新出现的一种复合发声类型。图 6-44 中的蓝色曲线是抒情语段语句"在我的心头荡漾"中"我"字的 EGG 波形图，该字为 Wc 类音节。可以看到，该字的 EGG 脉冲振幅时大时小，参差不齐。基音周期也长短不一，也即基频低并且不稳定。单从喉头仪波形上来看，该字跟图 6-16 中所例示的 C 类音节的 EGG 波形很相似，似乎应该属于挤喉音。但是，"我"字所对应的语音信号跟图 6-16 中的"草"字所对应的语音信号却有着明显的差别，如图 6-45 和图 6-46 所示。可以看到，在"我"

字的语音信号上叠加了许多随机噪音，其周期性也因此而变得比较模糊了。而"草"字的语音信号上并没有叠加很多随机噪音，其周期性虽然不是很规则，但是依然很明显。"草"字听起来带着清晰的吱嘎声，但不带有送气声。而"我"字听起来是吱嘎声夹杂着明显的送气声，其听感跟 John Laver 的 whispery creak 的录音很相似，因此，我们把"我"字判定为 Wc 类音节。

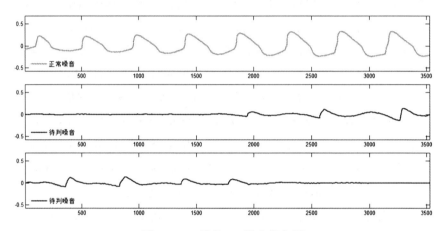

图 6-44　男声 Wc 类音节实例

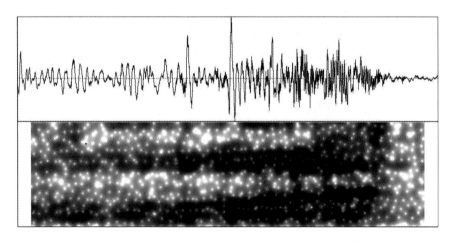

图 6-45　用 praat 显示图 6-44 中的"我"字的语音信号及其三维语图

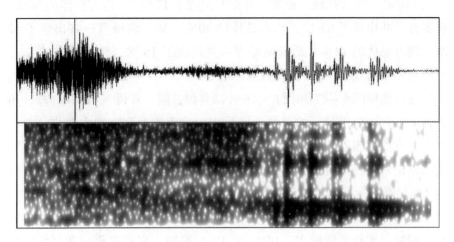

图 6 – 46　用 praat 显示图 6 – 16 中的"草"字的语音信号及其三维语图

6.5.4　总结两种语段中的发声类型

6.5.4.1　抒情语段中所出现的发声类型

本章的抒情语段一共会运用到多少种发声类型？每一种发声类型所占的比重又会是多少呢？为了从总体上把握整个语段的发声特征，我们必须打破音节的界限，对抒情语段中每一种发声类型所出现的频次进行了统计，结果如图 6 – 47 所示。可以看到，气嗓音总共出现了 134 次，约占总体的 36%。正常嗓音总共出现了 101 次，约占总体的 27%。挤喉音一共出现了 64 次，约占总体的 18%。耳语一共出现了 39 次，约占总体的 11%。低音调嗓音一共出现了 19 次，约占总体的 5%。高音调嗓音一共出现了 11 次，约占总体的 3%。紧嗓音一共出现了 1 次，约占总体的 0%。阶降 steptown 一共出现了 1 次，约占总体的 0%。比较一下各种发声类型的所占的比重，我们可以得到这样的结论：在抒发感情时，我们的发音人首先依赖的是气嗓音，其次是正常嗓音、挤喉音和耳语，当然也还需要低音调嗓音、高音调嗓音以及紧嗓音等的配合。

6.5.4.2　正常语段中所出现的发声类型

同样，在打破音节界限的情况下，我们对本章发音人的正常语段的所有发声类型所出现的频次也进行了统计。各发声类型所占比重如图

6-48 所示。可以看到，正常嗓音总共出现了 178 次，约占总体的 58%。挤喉音一共出现了 62 次，约占总体的 20%。高音调嗓音一共出现了 42 次，约占总体的 14%。低音调嗓音一共出现了 16 次，约占总体的 5%。气嗓音一共出现了 11 次，约占总体的 3%。

通过比较图 6-47 和图 6-48 可以看到，同一首诗《再别康桥》，用正常的口气读跟用抒情的口气读所采用的发声类型存在很大差别。总结起来，有以下四点。第一，抒情口气读法以气嗓音为首选；而正常口气读法以正常嗓音为首选，用到的气嗓音非常少，它所占比重也最小，仅为 3%。第二，抒情口气读法中用到的耳语发声也比较多，所占比重约为 11%；而正常口气读法中根本不用耳语发声。第三，正常语段所用的高音调嗓音比抒情语段多：14% > 3%。第四，在正常语段和抒情语段中，挤喉音所占的比重差不多大，20% 对 18%。这跟汉语普通话声调的特点密切相关，因为男性在念上声调（214）和去声调（51）时，他们会为了压低音高而不自觉地在音高层级 1 上使用挤喉音。因此，正常语段中出现一定数量的挤喉音绝对不是由抒情引起的。

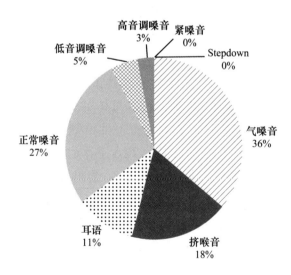

图 6-47　男声抒情语段中各发声类型所占的比重

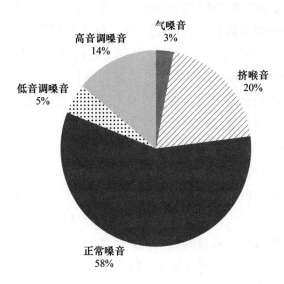

图 6 - 48　男声正常语段中各发声类型所占的比重

6.5.4.3　A 类音节和 AB 类音节

跟第五章相同，我们把正常语段和抒情语段中的音节都区分为两类：如果一个音节中只有一种发声类型出现，没有发声类型的变换，就称为 A 类音节；如果一个音节内有一次以上发声类型的变换，则称为 AB 类音节。本章的正常语段中共有 194 个音节，其中 A 类音节有 91 个，占总数的 46.91%，AB 类音节有 103 个，占总数的 53.09%。本章的抒情语段也共有 194 个音节，其中 A 类音节有 54 个，占总数的 27.84%，AB 类音节有 140 个，占总数的 72.16%。很明显，AB 类音节在抒情语段中所占的比例比其在正常语段中所占的比例要大：72.16% > 53.09%，也即抒情语段比正常语段有着更多的音节内发声类型变化。这似乎跟 6.4 节的以下因子分析结果有矛盾：抒情语段在音节内发声变化这一个维度上的得分比正常语段的小：-0.077 < 0.072。这一矛盾可以参照第 6.5.4.1 节和第 6.5.4.2 节的研究结果来解释。

在 6.4 节里，我们把公共因子三归结为音节内发声变化，它代表的是 PDC_CV、PIC_CV 和 SQ_CV 这三个发声参数。可见，这里的音节内发声变化主要体现为音节内部 PDC 绝对值、PIC 绝对值和速度商值的变

化。我们知道，PIC 和 PDC 绝对值的大小与 EGG 脉冲振幅的大小成正比例关系，它们的绝对值越大，就表示 EGG 脉冲振幅越大，反之亦然。在第四章中，我们曾经请十几名发音人在不同的音高层级上发持续元音/A/，从其音域的最低端一步步攀升到最高端，中间经历的音高层级个数不限，由他们根据自己的嗓音条件自行决定。我们从这些发音人的喉头仪信号里观察到了这样的规律：在发音人音域的最低端，也即容易出现耳语、挤喉音、气嗓音和低音调嗓音的位置，EGG 脉冲的振幅很小，PIC 和 | PDC | 的值也很小；随着基频的线性提高，进入正常嗓音至高音调嗓音的位置时，EGG 脉冲振幅以及 PIC 和 | PDC | 的值也开始逐步增大，并增大到最大值；之后，此三者的值又开始逐步变小，当过了假声音域到达最高层级时，它们的值又恢复到最小。

本章的正常语段以速度商很大、EGG 脉冲振幅也很大的正常嗓音占绝对优势。在一个音节内部，由正常嗓音变成速度商和 EGG 振幅都很小的气嗓音或者变成 EGG 振幅较小的挤喉音和低音调嗓音时，自然会引起 PDC_CV、PIC_CV 和 SQ_CV 这三个参数的大幅度变化。在本章的抒情语段中，正常嗓音所占的比重要小得多，以速度商和 EGG 振幅都很小的气嗓音所占的比重为最大。另外，EGG 振幅较小的挤喉音、低音调嗓音以及 EGG 振幅几乎为零的耳语也占有相当的比例。如果把气嗓音、挤喉音、低音调嗓音和耳语所占的比重加起来，就达到了总体的 70%。所以，在一个音节内部，大多都是 EGG 振幅较小的几个发声类型在相互转化，这自然不会引起 PDC_CV、PIC_CV 的值的大幅度变化。抒情语段在音节内发声变化这一个维度上的得分比正常语段的小，也就是出于这样的原因。

其次，抒情语段在声带发声力度上的得分也比正常语段小：−0.331 < 0.31，这也跟此二语段所运用的发声类型不同有关。在 6.4 节里，我们把公共因子一和五合二为一，归结为声带发声力度，它代表的是 PDC-mean、PICmean、F0mean 和 LP_10Hz 这四个发声参数。我们知道，PIC 和 PDC 的值不仅与 EGG 脉冲振幅的大小成正比，而且还分别标示着声门关闭动作与打开动作速度的快慢，即标示着声门激励力度的强弱，而 EGG 脉冲振幅又随着 F0 的升高而先变大再变小。在正常语段中，EGG

振幅很大、基频又颇高的正常嗓音和高音调嗓音占据绝对优势（58%＋14%＝72%），这必然会导致 PDCmean、PICmean 和 F0mean 的值比较大。而抒情语段中，EGG 振幅较小、基频又颇低的气嗓音、挤喉音、耳语和低音调嗓音占绝对优势（70%），这必然会导致 PDCmean、PICmean 和 F0mean 的值比较小。这就是为什么抒情语段的发声力度会小于正常语段。

再次，在6.4节里，我们把公因子四归结为声门打开关闭特征，它代表的是 SQmean 和 OQmean 这两个发声参数。其中，SQmean 对公因子四起正向作用，也即速度商越大，则公因子四的得分就会越多。而 OQmean 对公因子四起负向作用，也即开商越大反而会导致公因子四的得分越少。在正常语段中，是速度商很大而开商相对较小的正常嗓音和低音调嗓音占了很大的比例（58%＋5%＝63%）。而抒情语段中，却是速度商很小、开商很大的气嗓音占了最大的比重。这必然会导致正常语段的公因子四得分明显大于抒情语段。所以，抒情语段在声门打开关闭特征这一维度上的得分都比正常语段小：-0.641＜0.601。

最后，抒情语段只在声带振动不规则度这一个维度上得分大于正常语段：0.062＞-0.058。这同样是源于此二语段所运用的发声类型差别太大。在6.4节里，我们把公因子二归结为声带振动不规则度，并通过分析认为它主要代表 Jitter、Shimmer、HNR 这三个发声参数。其中，频率抖动百分比 Jitter 和振幅抖动百分比 Shimmer 对公因子二起正向作用，也即：在一个音节内，基频变化越多，EGG 振幅变化越多，则公因子二的得分就越多，反之亦然。谐波噪声比 HNR 对公因子二起负向作用，也即：在一个音节内，EGG 信号所含的谐波成分越多，噪音成分越少，则公因子二的得分就越少，反之亦然。在正常语段里，基频抖动度和振幅抖动度都小，而谐波成分颇大的正常嗓音、高音调嗓音和低音调嗓音加起来占了很大的比重（58%＋14%＋5%＝77%），这必然会导致正常语段的声带振动不规则度比较小。然而，在抒情语段里，AB 类音节特别多。因此，在一个音节内部，常常需要 EGG 振幅较大的正常嗓音和高音调嗓音与 EGG 振幅较小的气嗓音、挤喉音、耳语和 stepdown 的相互转换，这必然会导致音节内基频和振幅的抖动度变大，而谐波的分量降低，从而导致抒情语段的声带振动不规则度比较高。

6.6　抒情语句的合成与感知实验

6.6.1　两类基频、开商、速度商定义

关于基频、开商和速度商，目前常用到两种定义：一种是从喉头仪信号里提取出来的基频、开商、速度商；另一种是从声门气流信号里提取出来的基频、开商、速度商。这两种定义名称相同，但所指并不完全相同。在做言语发声的合成之前，必须把这两种定义的差别理清楚。

图 6–49 是一段声门气流（glottal flow）信号，它表示的是在声门口的位置空气的体积速度（volume velocity）随着时间而变化的情况。图中从 a 到 d 这一段时长表示一个完整的声门周期。其中的 ab 段为闭相，也即在该时间段内声门一直处于关闭的状态。所以，空气的体积速度一直等于零。bd 段为开相，也即在该段时间内声门一直处于打开的状态。声门面积首先由零（声门打开起始点）变到了最大值（声门开度最大点），之后又由最大值变回到了零（声门关闭起始点）。所以，空气的体积速度也首先由零变到了最大值，之后又由最大值变回到了零。bc 段为声门正在打开相，它对应的是从声门打开起始点到声门开度最大点的那一段。cd 段为声门正在关闭相，它对应的是从声门开度最大点到声门关闭起始点的那一段。基频（F0）、开商（OQ）、速度商（SQ）可以根据这几段的时长来下定义：

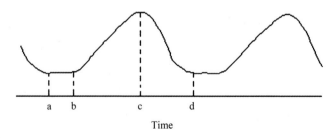

图 6–49　声门气流波形的基频、开商、速度商
（蔡莲红、孔江平，2014：583—584）

基频 ＝ 1/周期 ad

开商 ＝ （开相 bd/周期 ad）×100

速度商 ＝ （声门正在打开相 bc/声门正在关闭相 cd）×100

图 6 - 49 中的声门气流信号是人们利用逆滤波（inverse filtering）技术从录制好的语音信号（speech signal）里得到的。整个过程包括两个步骤。第一步，对语音信号做逆滤波，去除掉语音信号中由口腔共鸣所导致的共振峰（formant）信息。逆滤波后所剩下的残差信号相当于叠加了唇辐射效应（lip radiation）的声门气流信号。对于唇辐射效应，我们可以相当准确地用一阶微分来逼近它（Fant, 1960：44 - 45）。所以，逆滤波后所剩下的残差信号相当于对声门气流信号求一阶微分后所得到的信号。因此，这里的第二步就是对逆滤波后所剩下的残差信号求积分，从而得到声门气流信号。至此，我们可以看到一点：因为图 6 - 49 中的声门气流信号是通过逆滤波从语音信号里得到的，所以由它定义的基频、开商、速度商可以用于语音信号的合成。

图 6 - 50 是一段喉头仪信号，图中从 a 到 d 这一段时长表示一个声门周期。其中的 ac 段为闭相，cd 段为开相，bc 段为声门正在打开相，ab 段为声门正在关闭相。我们的发声参数基频（$F0_{EGG}$）、开商（OQ_{EGG}）和速度商（SQ_{EGG}）也可以根据这几段的时长来下定义：

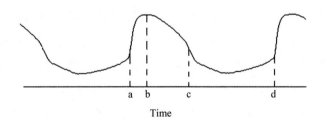

图 6 - 50　EGG 波形的基频、开商、速度商（蔡莲红、孔江平，
2014：583—584）

基频 ＝ 1/周期 ad

开商 ＝ （开相 cd/周期 ad）×100

$$速度商 = （声门正在打开相 bc/声门正在关闭相 ab）\times 100$$

但是，喉头仪测量的是声带打开、关闭时声门电阻抗（electrical impedance）大小的变化情况。贴在喉结两侧的圆形电极板之间可以有很微弱的电流通过。所以，两条声带的接触面积越大，则声门的电阻抗就越小，EGG 振幅也就越大。相反，它们的接触面积越小，则声门的电阻抗就越大，EGG 振幅也就越小。图 6－50 中的 cd 段是 EGG 信号的波谷。在此阶段，声门一直处于打开的状态，两条声带完全没有接触，所以声门电阻抗很大，EGG 振幅很小。ac 段是 EGG 信号的波峰。在此阶段，声门一直处于关闭的状态，两条声带一直相互接触，所以声门电阻抗很小，EGG 振幅很大。a 点的位置是声门关闭起始点。在它之后，两条声带的接触面积逐步增大到了最大值，声门电阻抗逐步减小到了最小值，EGG 振幅也因而变到了最大值即 b 点的位置。从 b 点起，声带接触面积又开始逐步变小，声门电阻抗又开始逐步变大，因而 EGG 振幅也开始逐渐变小，直到到达 c 点（声门打开起始点）为止。

通过比较这两种发声参数定义，可以得到两点结论。第一，图 6－49 中的 ad 段对应于图 6－50 中的 ad 段，图 6－49 中的 ab 段对应于图 6－50 中的 ac 段，图 6－49 中的 bd 段对应于图 6－50 中的 cd 段。因此，从声门气流信号得到的开商和从 EGG 信号得到的开商所指完全相同，二者都是指在一个声门周期内声带处于打开状态所占的时长比例。同样，从此二信号中提取的基频也所指相同，都是指声带在单位时间内振动的周期数。但是，从此二信号中得到的速度商所指就有所不同了。声门气流信号的速度商是在声门周期的开相里计算出来的，而 EGG 信号的速度商是在声门周期的闭相里计算出来的。第二，EGG 信号是利用喉头仪录制的，它反映的是说话时声带接触面积的变化情况。EGG 信号在本质上不同于反映声压变化的语音信号，因此，从 EGG 信号里提取的基频、开商、速度商不能用于合成语音信号。如果再考虑到从此二信号得到的速度商所指又不相同，就更不能利用 SQ_{EGG} 去合成语音信号了。因此，本章的抒情语句合成用的是声门气流信号的基频、开商和速度商。

6.6.2　声门气流的开商与速度商的关系

在第 2.3.2.1 节，我们曾对 Fant 和 Liljencrants 的 LF 模型做过详细的介绍。该模型是以声门气流信号为基础建立的、目前最好的言语发声模型。LF 模型是在声门气流微分波形上定义基频、开商、速度商的，但是，其定义的所指跟图 6 – 49 中的基频、开商、速度商定义完全相同。在 LF 模型中，还有一个最为重要的参数 Ee。如图 6 – 51 的中部所示，它是声门气流微分波形上最大负峰的振幅值，是对声道的主要激励。语音信号整体音强（intensity）的大小主要依赖于参数 Ee 的绝对值的大小。所有共振峰的振幅都跟 Ee 的绝对值成正比例关系。所以，Ee 决定着诸共振峰起伏变动幅度的大小（Fant 和 Fujisaki. H. 等，2004：75）。然而，开商、速度商的大小跟 Ee 值的大小有关系吗？开商跟速度商之间又是什么样的一种关系呢？为了弄清这些问题，我们做了一系列的预试性合成实验，具体合成过程如下。

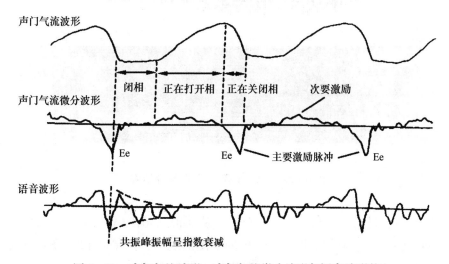

图 6 – 51　声门气流波形、声门气流微分波形与语音波形的
关系（D. G. Childers，2000）

第一步，用 praat 从普通话元音/A/的语音信号中得到其总体共振峰结构。首先，对元音/A/进行重采样，将其采样频率由 44100Hz 降到

16000Hz。重采样的目的是为下一步的 LPC 分析做准备。然后，用 praat 打开重采样之后的/A/的语音信号，在 View & Edit 界面上进行语图设置和共振峰设置。advanced spectrogram setting 选用标准设置。在 spectrogram settings 中，View range（Hz）设为 0 到 8000 赫兹（采样频率的一半），Window length（s）设为 0.005 秒，Dynamic range（dB）设为 70 分贝。advanced formant setting 选用标准设置。在 formant settings 中，Formant ceiling（Hz）选择 8000 赫兹（采样频率的一半），Number of formants 设为 7.5，Window length（s）设为 0.025 秒，Dynamic range（dB）设为 30 分贝，Dot size（mm）设为 1。在这种设置下观察元音/A/的共振峰结构。如图 6 - 52 所示，上述设置可以相当准确地反映出元音/A/的声道共鸣情况，因此，做 LPC 分析时应该选用与上述相同的设置。

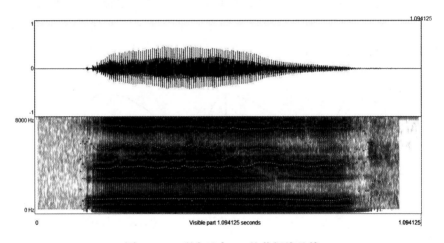

图 6 - 52　观察元音/A/的共振峰结构

最后，进行 To LPC（burg）分析，从而得到元音/A/的声道共鸣特征"LPC 元音 A"。根据对图 6 - 52 中的语图的观察，这里的 LPC 分析应当选用如下设置：Prediction order 即线性预测阶数设为 15，Window length（s）设为 0.025 秒，Time step（s）设为 0.005 秒，Pre-emphasis frequency（Hz）设为 50Hz。在 Praat 的主界面上同时选中"元音 A"和"LPC 元音 A"，再点击 Filter（inverse），即可得到元音/A/的声源即其声门气流的微分形式。如图 6 - 53 所示，在元音/A/的声源信号里，声道的共鸣特征已几乎被完全滤除掉了。

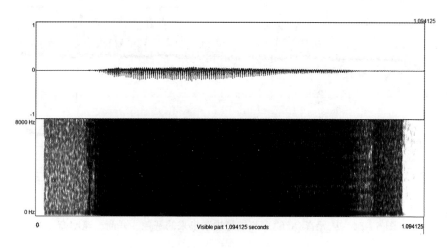

图 6 – 53　逆滤波后得到的元音/A/的声源

接下来，我们又利用 Svante Granqvist 开发的 Sopran 软件从元音/A/的声源信号里提取出了基频、开商、速度商这三个发声参数的值，如图 6 – 54 所示。可以看到，基频在声源的起点位置稍微有点儿抬升，之后基频值就基本保持在了 180Hz 左右，这是因为我们所录的元音/A/是一个平调的持续元音。开商值一直保持在 50% 上下，只是在靠近声源的末端时才开始逐步抬升，升到了 74.04%。速度商最明显的特征是跳点很多，这一点跟从 EGG 信号里提取出来的速度商很相像。总的来说，元音/A/声源的速度商虽然经过了几次起伏，大体上还是呈渐升的趋势。其最大值为 270.7%，最小值为 183.3%，平均值为 191.13%。

我们知道，这里的"LPC 元音 A"包含了 F1，F2，F3，F4，F5，F6 等所有的共振峰，代表的是元音/A/的整体声道共鸣特征。如果在 praat 主界面上同时选中"LPC 元音 A"和元音/A/的声源信号，再点击右侧的 filter，在弹出的界面中不选择 use LPC gain。最后，点击 OK 就又可以合成回来，重新得到逆滤波前的元音/A/。至此，我们不禁会问：如果参照元音/A/的声源信号的基频、开商、速度商值，合成出不同类型的声源信号来，再用这些合成的声源信号跟"LPC 元音 A"做合成，会得

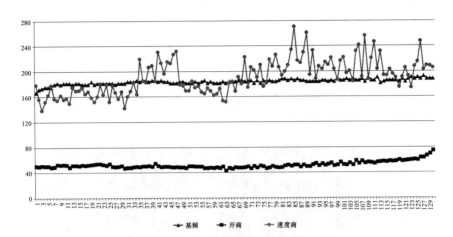

图 6 - 54　从元音/A/的声源信号提取出来的基频、开商、速度商

到什么样的声音效果呢？我们一共做了如下四种尝试。

第一种合成声源：其基频、开商及声门气流脉冲的振幅都完全持平，只有速度商呈升高的趋势。如图 6 - 55 所示，该声源的每个基频值都是 183.63 Hz，每个开商值都是 52.13%，只有速度商值从 87.5% 开始、呈线性上升趋势、逐步攀升到 462.5%。用这种声源信号跟"LPC 元音 A"做合成，其结果如图 6 - 56 所示。图 6 - 56 的上部是根据图 6 - 55 的参数值合成的声门气流信号。可以看到，声门气流脉冲的振幅十分齐平。图 6 - 56 的中部是通过对声门气流信号做微分得到的合成声源信号。可以看到，在基频、开商绝对持平的情况下，随着速度商的增大，声源信号中的参数 Ee 的绝对值也在逐渐增大。图 6 - 56 的下部是利用中部的声源信号跟"LPC 元音 A"做合成得到的元音/A/的语音信号。可以看到，合成的/A/的语音信号的振幅也整体上呈现出由小变大的趋势。这样的语音信号听起来是个清晰的/A/音，只不过声音由小变大，一不小心就会把它听成了上升调。

第二种合成声源：其基频、开商及声门气流脉冲的振幅都完全持平，只有速度商呈下降的趋势。如图 6 - 57 所示，该声源的每一个基频值也都是 183.63 Hz，每一个开商值也都是 52.13%，只有速度商值从 462.5% 开始、呈线性下降趋势、逐步降低到 87.5%。用这样的声源信

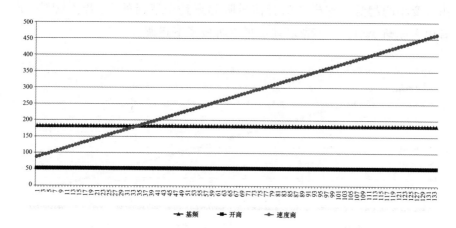

图6-55　第一种合成声源的基频、开商、速度商值

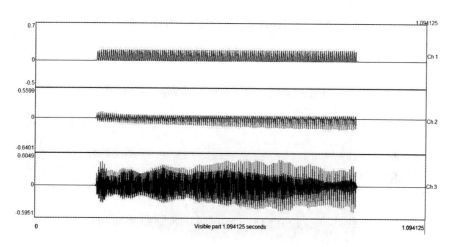

图6-56　用第一种合成声源跟"LPC元音A"合成元音/A/

号跟"LPC元音A"做合成，其结果如图6-58所示。图6-58的上部是根据图6-57中的参数值合成的声门气流信号。可以看到，声门气流脉冲的振幅十分齐平。图6-58的中部是通过对声门气流信号做微分得到的合成声源信号。可以明显看到，在基频和开商绝对持平的情况下，随着速度商的减小，声源信号中的Ee的绝对值也在逐渐减小。图6-58的下部是利用中部的声源信号跟"LPC元音A"做合成得到的元音/A/的语音信号。可以看到，合成的/A/的语音信号的振幅也整体上呈现出由大变小的趋势。这样的语音信号听起来是个清晰的/A/音，只不过声音由大逐渐变小，一不留心就会把它听成了下降调。

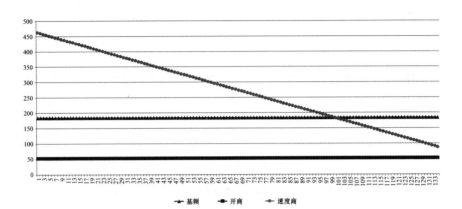

图6-57　第二种合成声源的基频、开商、速度商值

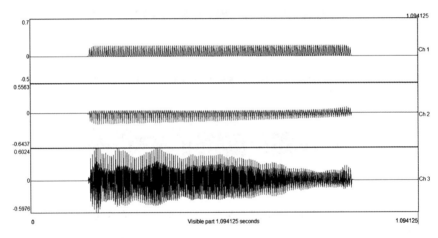

图6-58　用第二种合成声源跟"LPC元音A"合成元音/A/

　　第三种合成声源：其基频、速度商以及声门气流脉冲的振幅都完全持平，只有开商呈上升的趋势。如图6-59所示，该声源的每一个基频值都是183.63Hz，每一个速度商值也都是200%，只有开商值从20%开始、呈线性上升趋势、逐步攀升到85%。用这种声源信号跟"LPC元音A"做合成，其结果如图6-60所示。图6-60的上部是根据图6-59

中的参数值合成的声门气流信号。可以看到，声门气流脉冲的振幅十分齐平。图 6-60 的中部是通过对声门气流信号做微分得到的合成声源信号。可以看到，在基频和速度商绝对持平的情况下，随着开商的逐渐增大，声源信号中的参数 Ee 的绝对值却在逐渐减小。图 6-60 的下部是利用中部的声源信号跟"LPC 元音 A"做合成得到的元音/A/的语音信号。可以看到，合成的/A/的语音信号的振幅也明显呈现出由大变小的趋势。这样的语音信号听起来是个清晰的/A/音，只是声音由大变小，好像是渐渐远去的汽笛声，倒是不会被听成下降调。

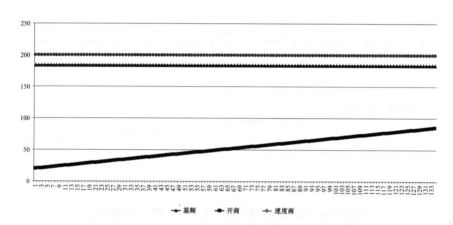

图 6-59　第三种合成声源的基频、开商、速度商值

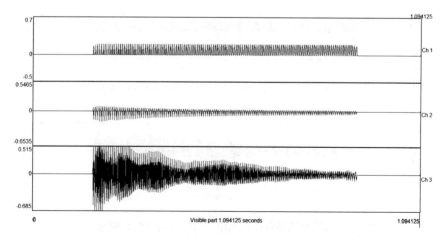

图 6-60　用第三种合成声源跟"LPC 元音 A"合成元音/A/

第四种合成声源：其基频、速度商以及声门气流脉冲的振幅都完全持平，只有开商呈下降的趋势。如图 6 – 61 所示，该声源的每一个基频值也都是 183.63Hz，每一个速度商值也都是 200%，只有开商值从 85% 开始、呈线性下降趋势、逐步减小到 20%。用这样的声源信号跟"LPC 元音 A"做合成，其结果如图 6 – 62 所示。图 6 – 62 的上部是根据图 6 – 61 中的参数值合成的声门气流信号。可以看到，声门气流脉冲的振幅十分齐平。图 6 – 62 的中部是通过对声门气流信号做微分得到的合成声源

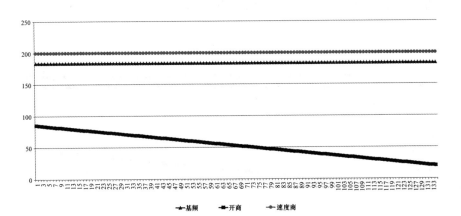

图 6 – 61　第四种合成声源的基频、开商、速度商值

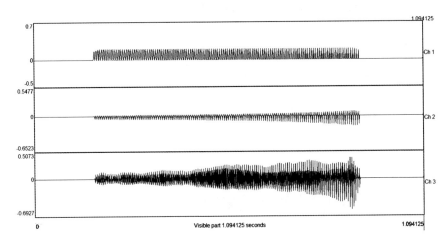

图 6 – 62　用第四种合成声源跟"LPC 元音 A"合成元音/A/

信号。可以清楚地看到，在基频和速度商绝对持平的情况下，随着开商的逐渐减小，声源信号中的 Ee 的绝对值却在逐渐增大。图 6－62 的下部是利用中部的声源信号跟"LPC 元音 A"做合成得到的元音/A/的语音信号。可以看到，合成的/A/的语音信号的振幅也明显呈现出由小变大的趋势。这样的语音信号听起来是个清晰的元音/A/，但是，声音由小逐渐变大，一不小心就会被听成上升调。

从以上四种语音合成的结果，可以得到两点结论。第一，语音信号振幅的大小跟声源信号中参数 Ee 的绝对值大小成正比例关系，是各个共振峰和声源信号的 Ee 值共同决定着语音信号振幅的大小。这正好验证了 Fant 等人（2004）的观点。第二，声门气流速度商的增大会导致声源信号中的 Ee 绝对值增大，反之亦然。声门气流开商的增大反而会导致声源信号中的 Ee 绝对值变小，同样，反之亦然。因此，开商与速度商对 Ee 绝对值的影响似乎是反向的。之前，Johan Sundberg 等人（1993）也曾经得出过相同的研究结论：声音响度变化有一大部分都决定于 Ee 绝对值的大小。若要增大 Ee 绝对值，可以通过以下三种方式来实现：第一，增大声门气流波形的振幅；第二，减小其开商；第三，增大其速度商。图 6－53 是通过逆滤波得到的元音/A/的声源信号，其 Ee 绝对值先由小变大，再由大变小，整体呈橄榄形状。究竟开商与速度商是如何相互作用才导致形成了这样的声源振幅包络形状似乎还是个谜。鉴于此，在合成情感语句时，把开商和速度商放在一起考查，研究此二参数在情感语音中共同所起的作用似乎更为合适。另外，虽然目前可以利用 Sopran 软件从元音的声源信号里提取出基频、开商、速度商值来，但是，通过灵活改变基频、开商、速度商值来合成声源的技术尚不成熟。因此，本章的合成与感知研究将把开商和速度商放在一起考查。

6.6.3 情感语句的合成

我们选择本章发音人用正常口气和抒情口气说的同一句话来做合成研究，所选择的语句是"是天上虹"。从 EGG 波形比对的结果可知，在抒情口气的"是（MBW）天（HB）上（MC）虹（CB）"当中，气嗓音 B 一共出现了 3 次，正常嗓音 M 一共出现了 2 次，挤喉音 C 一共出现

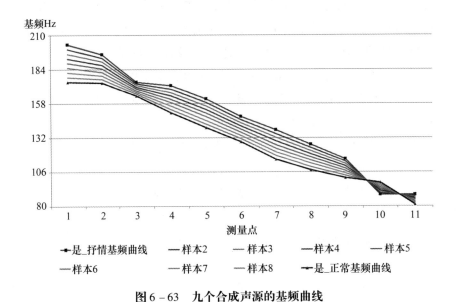

图 6 - 63 九个合成声源的基频曲线

了 2 次，高音调嗓音 H 一共出现了 1 次，耳语 W 一共出现了 1 次。然而，在正常口气的"是（M）天（HM）上（ML）虹（CMB）"当中，正常嗓音 M 一共出现了 4 次，高音调嗓音 H、低音调嗓音 L、挤喉音 C 和气嗓音 B 都是只出现了 1 次。两者所用的发声类型差别很大。也正是因此，前者的抒情意味特别浓烈，而后者却根本不带一点抒情的口吻。这样的语句很适合做合成研究。

我们打算用两种不同的合成方法从抒情语句"是天上虹"逐步合成到正常语句"是天上虹"。第一种方法是，保持抒情语句声源的开商和速度商不变，只将其基频曲线均匀分八步渐变到正常语句的基频曲线。第二种方法是，将抒情语句声源的基频、开商、速度商都均匀分八步同时渐变到正常语句的基频、开商和速度商。接下来，把这些合成声源都跟抒情语句音节的共振峰结构做合成。最后，抒情语句的时长也是均匀分八步逐渐变化到正常语句的时长。总之，我们旨在探究这样一个问题：在其他条件完全相同的情况下，改不改变开商与速度商会不会导致抒情语句和正常语句之间的感知边界出现差异？我们是想通过这样的实验来观察开商、速度商在抒情语音中的作用。

6.6.3.1　只改变基频，不改变开商与速度商的合成

首先，我们把抒情语句和正常语句的语音信号都进行了重新采样，把它们的采样频率从44100Hz降到了16000Hz。之后，又将抒情语句中的四个汉字都一一切分出来并做了如下的命名：是_抒情，天_抒情，上_抒情，虹_抒情。同样，也将正常语句中的四个汉字都切分出来并命名如下：是_正常，天_正常，上_正常，虹_正常。不管是抒情语句还是正常语句，都必须保证切分出来的四个汉字的时长加起来等于切分前的句子时长。接下来的合成是逐字完成的：从是_抒情均匀分八步合成到是_正常，从天_抒情均匀分八步合成到天_正常，从上_抒情均匀分八步合成到上_正常，从虹_抒情均匀分八步合成到虹_正常。最后，把对应的合成样本按顺序连接起来得到九个合成语句。下面我们以是_抒情和是_正常为例详述一下合成的具体过程。

第一步，用Praat打开汉字"是_抒情"的语音信号，并在三维语图上认真观察其共振峰结构，之后根据语图观察的结果选择适当的LPC（burg）分析设置，最后利用Praat中的Filter（inverse）功能从"是_抒情"的语音信号中得到其声源信号。对汉字"是_正常"也做同样的处理。把代表汉字"是_抒情"共振峰结构的LPC分析结果保存下来并将它命名为"是_抒情_LPC"，把汉字"是_抒情"的声源信号用wav格式保存下来并命名为"是_抒情_声源"。同样，把代表汉字"是_正常"共振峰结构的LPC分析结果保存下来并将它命名为"是_正常_LPC"，把汉字"是_正常"的声源信号用wav格式保存下来并命名为"是_正常_声源"。

第二步，用praat中的PSOLA算法从"是_抒情_声源"合成到"是_正常_声源"，如图6-63所示。第一个样本是"是_抒情_声源"的原声，后面的八个样本都是利用PSOLA算法均匀分八步改变"是_抒情_声源"的基频而得来的。我们知道，声源信号的开商和速度商的值都是在声源信号的各个基音周期内部算出来的。如图6-64所示，开商等于tc除以基音周期T0后再乘以100，速度商等于$tp \div (tc - tp) \times 100$（D. G. Childers，2000：313）。所以，开商和速度商都是一个基音周期内部的某段时长与另一段时长的比值。PSOLA算法即基音同步叠加法，它

是一种波形拼接的合成方法，其波形拼接是以基音周期为单元的。比如，它会通过压缩一个基音周期的整体时长来提高其基频值，或者通过拉长一个基音周期的整体时长来降低其基频值。它还会通过剔除某些基音周期来缩短合成语音的时长，或者通过复制添加某些基音周期来延长合成语音的时长。总之，PSOLA算法以完整的基音周期为单位做拼接，它不会改变一个基音周期内部各段的时长比例，也就不会改变原声的开商和速度商值。所以，这一步得到的九个声源样本，虽然其基频曲线一步步从"是_抒情_声源"的基频曲线变成了"是_正常_声源"的基频曲线，但是，九个声源的开商和速度商值还仍然都是"是_抒情_声源"的开商和速度商值。也即，在整个合成过程中，只是改变了原声的基频，却没有改变原声的开商和速度商。

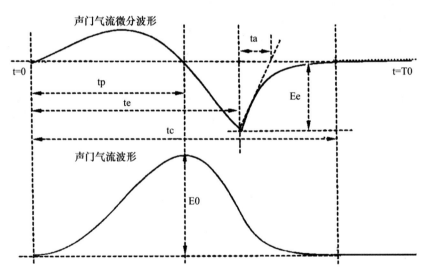

图6-64　声源信号的一个基音周期（D. G. Childers，2000）

这种只改变基频，不改变开商、速度商的合成方法会导致产生一个有趣的现象，如图6-65所示。图6-65展示了10个声源信号，第1个是"是_抒情_声源"的原声，第2—9个是运用POSLA算法均匀分八步改变"是_抒情_声源"的基频而合成的声源信号，第9个的基频值已经跟"是_正常_声源"原声的基频值完全相同了。第10个是"是_正常_

声源"的原声。可以看到，前9个声源的振幅包络形状几乎完全相同，它们的振幅包络形状都不同于"是_正常_声源"的振幅包络形状。也就是说，单单改变"是_抒情_声源"的基频值，而不改变其开商与速度商的值，就不会引起"是_抒情_声源"的振幅包络形状的改变，就不可能合成出"是_正常_声源"的振幅包络形状来。这也不难理解，因为开商与速度商的值都跟声源的 Ee 值密切相关。

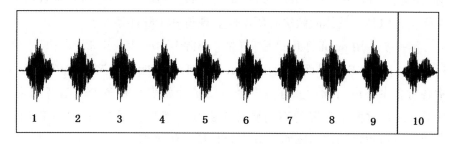

图6-65　把"是_正常_声源"和九个合成声源做比较

　　第三步，用这九个合成声源分别跟"是_抒情_LPC"做合成，得到汉字"是"的九个合成样本，也即，汉字"是"的九个合成样本用的都是音节"是_抒情"的共振峰结构。不难看出，这九个"是"字中的第一个是"是_抒情"的原声，因为它是由"是_抒情_LPC"跟"是_抒情_声源"的原声做合成得到的。接下来是调整这九个"是"字的时长。方法是：第一个"是"字的时长保持不变，第二个至第九个"是"字的时长均匀分八步变到音节"是_正常"的时长，这一过程也是通过 POS-LA 算法完成的。

　　接下来就是重复同样的合成过程。在"天_抒情"和"天_正常"之间做合成，得到"天"字的九个合成样本。在"上_抒情"和"上_正常"之间做合成，得到"上"字的九个合成样本。在"虹_抒情"和"虹_正常"之间做合成，得到"虹"字的九个合成样本。最后，把序号相同的合成音节连接起来，得到句子"是天上虹"的九个合成样本。在这九个句子中，第一句是抒情语句"是天上虹"的原声，第二句至第九句都是在保持开商与速度商不变的前提下，均匀分八步改变原声的基频和时长得来的。

6.6.3.2 同时改变基频、开商、速度商的合成

本节的合成方法与第6.6.3.1节的合成方法在前期工作方面是相同的。两者在第一步之前的工作完全相同，从第二步开始，两者就开始有所不同了。所以，我们从得到"是_抒情_LPC""是_抒情_声源""是_正常_LPC"和"是_正常_声源"之后说起。这里仍然是从"是_抒情_声源"均匀分八步逐渐变到"是_正常_声源"，共得到九个合成声源样本，但是，具体的做法有所不同。现将其步骤详述如下。

第一步，用praat打开"是_抒情_声源"和"是_正常_声源"。之后，在View & Edit界面上运用Praat的Pulses功能求出这两个声源信号中各有多少个声门脉冲，有多少个声门脉冲就表示有多少个基音周期。接着，求出这两个声源的声门脉冲个数比。然后，用Praat中的PSOLA算法，以所求得的声门脉冲个数比为时长比例来缩短"是_正常_声源"的时长，并把这样处理后的声源信号用wav格式保存下来，命名为"是_正常_声源_调时长"。这样操作以后，"是_抒情_声源"和"是_正常_声源_调时长"这两个声源信号中所包含的声门脉冲个数就会相同了，也即它们所包含的基音周期个数就会相同了。如图6-66所示，在此二声源中各有11个基音周期。我们打算一个基音周期对着一个基音周期做合成，也即，把"是_抒情_声源"的第一个基音周期均匀分八步渐变到"是_正常_声源_调时长"的第一个基音周期，把"是_抒情_声源"的第二个基音周期均匀分八步渐变到"是_正常_声源_调时长"的第二个基音周期，其他以此类推。我们以声门气流微分波形上两个相邻最大负峰值的位置作为基音周期的边界，如图6-66中的第六个脉冲所示，这一做法是本人跟恩师孔江平教授反复讨论后确定的。

第二步，如果对应的两个声门脉冲的采样点数不相同，则需要通过重新采样使它们的采样点数变得相同；如果相同，则不需要重新采样。下面以图6-66中的第六对声门脉冲为例予以说明。"是_抒情_声源"的第六个声门脉冲有97个采样点，其基频为165.67Hz，"是_正常_声源_调时长"的第六个声门脉冲有112个采样点，其基频为142.945Hz。它们的采样频率都是16000Hz。因为，16000乘以97再除以112约等于

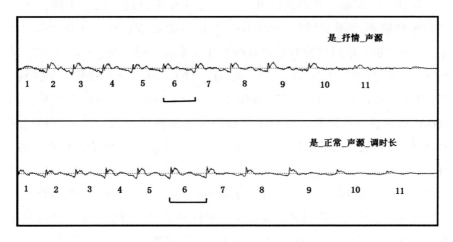

图 6-66　上：是_抒情_声源；下：是_正常_声源_调时长

13857，所以，我们就对"是_正常_声源_调时长"的第六个声门脉冲以 13857 Hz 为采样率做重新采样。这样，它的采样点数就会降到 97 个。虽然采样率由 16000 Hz 降到了 13857 Hz，该脉冲的基频值仍然是 142.945 Hz。

这一步我们是利用 praat 来做的。有的时候，用 praat 做重采样以后，两个脉冲的采样点数还是不相同，会比预想的多一个或者少一个点，这是软件对数据做四舍五入造成的。这时候，就需要我们手动删除或补充一个样点。删除掉或补充上的采样点都是从原声门脉冲里挑出来的、值尽量接近于 0 的采样点，这是为了保证手动调整前后声门脉冲的振幅形状基本上没有改变。

第三步，两个声门脉冲的采样点数变相同以后，我们就可以点对点地在两者之间做如下运算了。"是_抒情_声源"的第六声门脉冲的第一个采样点均匀分八步渐变到"是_正常_声源_调时长"的第六声门脉冲的第一个采样点；"是_抒情_声源"的第六声门脉冲的第二个采样点均匀分八步渐变到"是_正常_声源_调时长"的第六声门脉冲的第二个采样点；"是_抒情_声源"的第六声门脉冲的第三个采样点均匀分八步渐变到"是_正常_声源_调时长"的第六声门脉冲的第三个采样点；其他94 个采样点都以此类推。这一步结束后共得到九个声门脉冲样本。

第四步，对第三步得到的九个声门脉冲样本进行反向重采样，使它们的采样频率重新变回到16000Hz，具体过程如下。首先，将"是＿抒情＿声源"第六声门脉冲的基频值均匀分八步渐变到"是＿正常＿声源＿调时长"第六声门脉冲的基频值：165.670，162.829，159.989，157.148，154.308，151.467，148.626，145.786，142.945。然后，用16000除以这些基频值，再对所得到的商数做四舍五入，从而得到在采样率为16000Hz时这九个声门脉冲样本各自应该有多少个采样点：97，98，100，102，104，106，108，110，112。最后，用这个Matlab函数对这九个声门脉冲样本做重采样：resample（x，p，q，10）。该函数中的x是被重新采样的声门脉冲，p是我们想得到的采样点数，q是声门脉冲原有的采样点数，10是抗混叠低通滤波器的阶数。第三步和第四步，我们是利用自编的Matlab程序完成的。最终的计算结果如图6-67所示。图中的红线代表"是＿抒情＿声源"的第六个声门脉冲，绿线代表"是＿正常＿声源＿调时长"的第六个声门脉冲，其余七条曲线都是蓝色的，代表着两个声门脉冲之间的渐变过程。

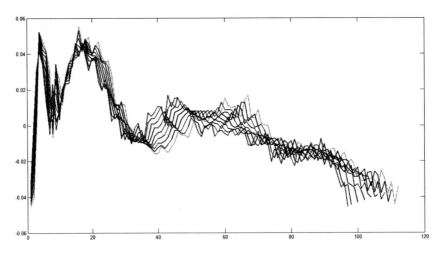

图6-67 "是＿抒情＿声源"的第六个声门脉冲均匀分八步渐变到
"是＿正常＿声源＿调时长"的第六个声门脉冲

"是＿抒情＿声源"和"是＿正常＿声源＿调时长"中的其他10个声

门脉冲对，我们都按照同样方法来操作，并将计算好的数值排好顺序保存在 Excel 表格里面。最后，我们又利用自编的 Matlab 程序 Excelto-Wave. m 把保存在 Excel 表里的数据转变成了九个 wav 格式的声源样本，如图 6 – 68 所示。图 6 – 68 展示了 10 个声源信号，第 1 个是"是_抒情_声源"的原声，第 2 至第 9 个是通过以上步骤从"是_抒情_声源"均匀分八步渐变而来的声源样本，第 10 个是"是_正常_声源_调时长"的原声。可以看到，这里的九个合成声源跟图 6 – 65 中的明显不同。它们的振幅包络经历了一个渐变的过程，振幅由大逐渐变小，形状也从"是_抒情_声源"原声的形状逐渐变成了"是_正常_声源_调时长"原声的形状。第 9 个合成声源样本的振幅包络形状跟第 10 个几乎完全相同。我们这种基音周期对基音周期、在基音周期内部又采样点对采样点的合成方法，不仅能够通过改变基音周期的时长而改变基频，而且还能够通过改变基音周期的内部结构而改变开商和速度商。开商与速度商的变化必然会引起合成声源样本的振幅包络形状的变化。

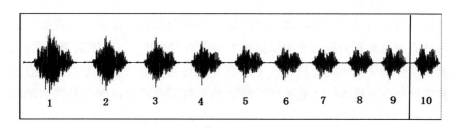

图 6 – 68　把"是_正常_声源_调时长"和九个合成声源做比较

第五步，用这九个合成声源分别跟"是_抒情_LPC"做合成，从而得到汉字"是"的九个合成样本。具体过程是：首先，用 praat 中的 PSOLA 算法把第二至第九个合成声源的时长变得跟第一个也即"是_抒情_声源"原声的时长相同；然后，利用它们分别跟"是_抒情_LPC"做合成，得到汉字"是"的九个合成样本；最后，再利用 praat 中的 PSOLA 算法调整第二至第九个"是"字的时长，使其从"是_抒情"的时长均匀分八步逐渐变到"是_正常"的时长。不难看出，汉字"是"的九个合成样本用的都是音节"是_抒情"的共振峰结构。这九个"是"

字中的第一个是音节"是＿抒情"的原声，因为它是由"是＿抒情＿LPC"跟"是＿抒情＿声源"的原声做合成得到的。

接下来就是重复同样的合成过程。在"天＿抒情"和"天＿正常"之间做合成，得到"天"字的九个合成样本。在"上＿抒情"和"上＿正常"之间做合成，得到"上"字的九个合成样本。在"虹＿抒情"和"虹＿正常"之间做合成，得到"虹"字的九个合成样本。最后，把序号相同的合成音节连接起来，得到句子"是天上虹"的九个合成样本。在这九个句子中，第一句是抒情语句"是天上虹"的原声，第二至第九句都是通过逐步改变原声的基频、开商、速度商和时长得来的。

在第 6.6.3.1 节和第 6.6.3.2 节中，我们通过合成各得到了九个句子，现将这两组句子做一个比较。第一，它们都是从抒情语句"是天上虹"合成到了正常语句"是天上虹"，合成方向相同。第二，它们都是用抒情语句音节的共振峰结构跟合成声源做合成的。第三，它们都是将抒情语句的时长均匀分八步变到了正常语句的时长。第四，它们都是把抒情语句的基频曲线均匀分八步变到了正常语句的基频曲线。第五，两者唯一的不同点是：前者没有改变原声的开商和速度商值，后者把原声的开商与速度商值均匀分八步变到了正常语句的开商与速度商值。总之，其他条件都完全相同，只有改不改变开商与速度商这一点差别。只有利用这样的合成样本，才能通过听辨实验来判断开商与速度商对抒情语气的贡献。

6.6.4 抒情语句的感知实验

6.6.4.1 编写 DmDX 脚本程序

我们知道，言语听辨一般来说有两种方法：一种是辨认测验（identification tests），即每次给出一个语音样本，让被试指出它是两个目的词中的哪一个，两者必选其一；另一种是区分测验（discrimination tests），即以 ABX 的方式给出样本，X 要么是 A，要么是 B，让被试判断 X 到底是 A 还是 B。本章的感知实验选用了第一种方式。我们利用自编的 DM-DX 脚本程序来控制我们的 18 个合成语句。在实验正式开始之前，先让被试听几遍抒情语句"是天上虹"和正常语句"是天上虹"的原声，让他们记住这两个句子的口气差别和音质差别。之后，让他们做一个简短的预试性听辨实验，看他们能不能把抒情语句和正常语句的原声轻易地区分开来，同时也让他们熟悉一下听辨的程序。最后，听辨实验正式开始。18 个合成语句会按照随机顺序在电脑上以大而清晰的音量进行播放。每个句子以 1 秒钟的间隔连续播放三遍之后，电脑屏幕上会立刻出现两个选项：A 正常；B 抒情。被试根据他们听到的句子来决定选 A 还是选 B，两者必选其一，不能漏选，并且一定要在 5 秒钟之内做出选择。选 A 就在电脑键盘上按 A 键，选 B 就在电脑键盘上按 B 键。连续听完 18 个合成语句大概需要四分多钟的时间。

6.6.4.2　听辨人

我们一共请到了 51 名被试参加听辨实验，其中，男性 7 人，女性 44 人。他们的年龄为 17—56 岁，年龄极差为 39 岁，平均年龄为 22.45 岁，年龄标准差为 10.27 岁。他们学习以及运用普通话的时长为 3—50 年，时长极差为 47 年，平均时长为 15.45 年，时长标准差为 7.63 年。他们的职业为高中生、大学生和大学教授。他们都身心健康，普通话标准，符合作听辨人的条件。听辨实验是在作者单位内的一个安静的办公室内完成的。

6.6.4.3　听辨结果

我们将 51 名被试的听辨数据分成两组进行统计。第一组是只改变基频，不改变开商和速度商的九个合成语句，其听辨结果如图 6-69 所示。第二组是同时改变基频、开商、速度商的九个合成语句，其听辨结果如图 6-70 所示。图 6-69 和 6-70 中的折线表示的是各个合成语句被听成抒情语气和正常语气的百分比数。

很明显，两组合成语句的听辨结果差别很大。图 6-69 中的两条折线自始至终都没有交集。随着抒情语句的基频曲线一步一步地变成正常语句的基频曲线，把它听成抒情语句的人数有所减少，把它听成正常语句的人数有所增加。但是，始终都有 60% 以上的听辨人仍然把它听成是抒情语句，不把它听成是正常语句。图 6-70 中的两条折线在第 3 个合成语句和第 4 个合成语句之间发生了交集，交点更靠近第 4 个合成语句一些。这说明，如果把抒情语句的基频、开商、速度商曲线同时一步一步地渐变成正常语句的基频、开商、速度商曲线，那么抒情语句和正常语句之间就会表现为有着明显边界的范畴感知。总体来看，随着抒情语句的基频、开商、速度商值变得越来越接近正常语句的基频、开商、速度商值，把它听成正常语句的人数就呈现出了陡然增多的趋势，把它听成抒情语句的人数就呈现出了陡然减少的趋势。

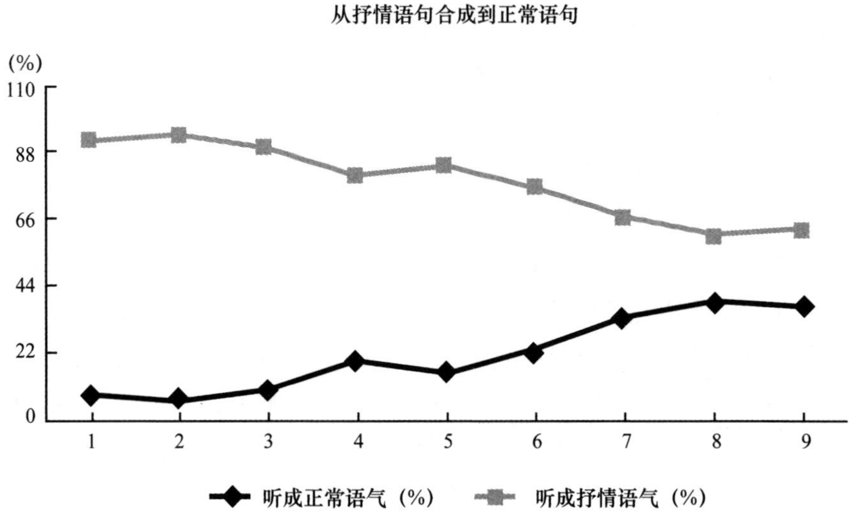

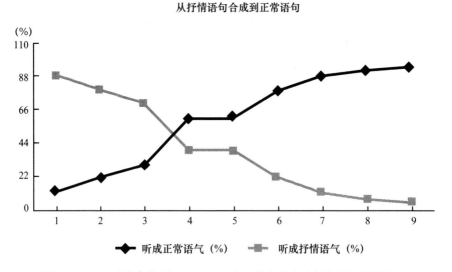

从抒情语句合成到正常语句

图 6 - 69　只改变基频，不改变开商、速度商的九个合成语句的听辨结果

从抒情语句合成到正常语句

图 6 - 70　同时改变基频、开商、速度商的九个合成语句的听辨结果

从上文可知，抒情语句中气嗓音所占的比重最大（33.33%），正常语句中正常嗓音占的比重最大（50.00%）。气嗓音的特点是开商很大，速度商较小，开商越大，则气嗓音的音质就越明显。正常嗓音的特点是开商比较小，速度商大得多（方特等，1994：87；Childers D. G.，2000：315）。两个语句的口气不同主要是由开商与速度商不同造成的。两组合成语句的听辨结果差别很大，也应该归因于这种差异。

我们知道，线性预测是全极点共鸣模型，它不能很好地提取语音信号中的零点，即反共鸣。我们利用 LPC（burg）做逆滤波，所得到的残差信号中可能还会有一些共鸣特征尚未滤除掉。但是，从上文可知，我们在逆滤波前首先在基于傅里叶变换的三维语图上认真观察了每个汉字的共振峰结构，然后才根据观察结果选择了适当的 LPC（burg）参数。这样做就是为了使滤除不掉的共鸣特征最小化。另外，从第 3.2 节的合成实验也可以看到，影响 Ee 值从而影响声源振幅的主要是开商与速度商这两个参数。未滤除掉的共鸣特征对声源振幅的影响非常小，它对感知实验的影响几乎可以忽略不计。

总之，基本上可以这样来归纳我们的感知实验结果：如果不改动抒情语句的开商与速度商，只改动其基频，那么抒情语句的抒情味儿始终都不会大幅度消减。如果逐步改动了抒情语句的开商与速度商，那么抒情语句的抒情味儿就会慢慢地消失。所以，开商和速度商这两个发声参数对表达抒情语气至关重要。

6.7　总结

为了弄清楚发声对表达抒情语气的作用，本章对同一位专业演员所演绎的抒情语段和正常语段进行了一系列的对比研究。首先，从两种语段的 EGG 信号里提取了 9 个发声参数：$F0_{EGG}$、OQ_{EGG}、SQ_{EGG}、$Jitter_{EGG}$、$Shimmer_{EGG}$、HNR_{EGG}、PIC、PDC、LP_10Hz。独立样本 T 检验的结果表明，这九个发声参数都能很好地把抒情语段跟正常语段区分开来。

其次，我们把 9 个发声参数调整为 14 个并进行了因子分析。结果 14 个发声参数简化成了反映声带振动生理特征的 4 个方面：声带发声力度，声带振动不规则度，声门打开关闭特征，音节内发声变化。抒情语段的声带振动不规则度比正常语段的大，但它在音节内发声变化、声门打开关闭特征、声带发声力度这三个方面的得分都比正常语段的小。

为了进一步解释 T 检验和因子分析的结果，我们接下来又对两种语段进行了 EGG 波形比对，以确定它们所运用的发声类型有何不同。比对结果如下。第一，抒情语段中用到的气嗓音最多，占 36%；而正常语段中用到的正常嗓音最多，占 58%，它用到的气嗓音非常之少，所占比重也最小，仅为 3%。第二，抒情语段中用到的耳语发声也比较多，所占比重约为 11%；而正常语段中根本不用耳语发声。第三，正常语段中所用到的高音调嗓音比抒情语段多：14% ＞ 3%。第四，挤喉音在两种语段中所占的比重差不多大：在正常语段中，它占 20%；在抒情语段中，它占 18%。这一发现正好验证了 T 检验和因子分析的结果。

最后，为了弄清楚发声对抒情语气的表达究竟起了什么样的作用，我们又将抒情语句"是天上虹"和正常语句"是天上虹"的语音信号采用两种方法进行了合成与感知研究。结果发现，声门气流信号的开商与速度商对抒情语气的表达起着关键性的作用。

第七章　官腔语段的发声及其
合成与感知研究

官腔在旧社会指的是官场中的门面话。在当今社会，官腔是指不顾实际情况，利用规章制度、繁复手续等进行敷衍、推脱的话语，就是我们常说的"打官腔说话"。它应该是属于"傲"这一情感核心类（蔡莲红、孔江平，2014：856）。官腔在电影、电视剧中很常见，在现实生活中也时有听到。直观感觉是，这种说话方式很特殊，所以，本章选择对这种官腔话语进行研究。

7.1　录音材料、发音人与录音设备

7.1.1　录音材料

在当前的演艺界，演绎官腔最为成功的演员当属范伟先生。他在2013年上映的电影《私人订制》中演绎的官腔话语一直为网友津津乐道，推崇备至，堪称经典。我们从这部电影里截取了一段视频，时长大约为8分35秒，是作为领导的范伟被一家公司请客、送礼、行贿时他们在酒桌上一段对话。在这段视频中，范伟说的每一句话都拿腔拿调、官气十足，很值得研究。我们把范伟先生的台词转写如下，其他演员的台词在此省略。

白总：……
范伟：啊哈哈哈哈……啊哈哈哈哈……
马秘书：……

范伟：啊，他要不介绍，我还以为白总是女明星呢，哈哈哈哈。

白总：……

范伟：唉，你别说，你这个年龄跟我表妹真差不了几岁，啊哈哈哈哈哈哈。

白总：……

范伟：啊，这是咱妹夫啊？

白总：……

范伟：小杨，你好！

杨总：……

范伟：好，哈哈哈哈。

范伟：步一差……只眼现……和脸露……

马秘书：……

范伟：啊，是这么念。悲……鸿，啊，这个话是他说的？

白总：……

范伟：嗯，是过来人的口气。

白总：……

范伟：啊，你爸爸跟悲鸿先生是同学，上个世纪二十年代就留学了，那令尊现在应该是一百三十岁左右吧，你爸生你够晚的。

杨总：……

范伟：唉，小杨这个算法对。

白总：……

范伟：啊……啊……紧点好。

杨总：……

马秘书：……

杨总：……

范伟：啊行行行，工作人员都过来吧！一起合个影，啊哈哈哈哈……，唉嗨……

马秘书（耳语）：……

范伟：唉，马秘书提醒的好，现在这个微博太厉害了，啊哈哈哈……哈哈。

杨总：……

白总：……

范伟：是是是，在你们这儿叫茶道，在我们那儿叫倒茶。

白总：……

范伟：哈哈哈哈。唉，白……石，啊，他还画过羊呢？

白总：……

范伟：啊……啊……啊？

马秘书：……

白总：……

杨总：……

白总：……

范伟：啊哈哈哈……

杨总：……

范伟：剑南春吧，柔。

杨总：……

白总：……

范伟：啊哈哈哈……

白总：……

杨总：……

马秘书：……

范伟：小马啊！我又要批评你嘞，不要把咱们的同志关系搞得很庸俗嘛。

马秘书：……

杨总：……

白总：……

范伟：啊……啊……啊？

范伟：啊，扁豆馅儿的，那你们为什么不把它做成包子啊？

白总：……

范伟：朋友可以交，月饼拿回去，啊。

杨总：……

马秘书：……

杨总：……

范伟：瞅不瞅的……

范伟：你别说，我还真没吃过扁豆馅儿的月饼。

马秘书：……

杨总：……

白总：……

马秘书：……

范伟：唉，你等会儿。你们确定没有事要求我呀？

杨总：……

范伟：你看，既然都叫哥了，也不是外人，就别藏着掖着了，我这个人喜欢有话直说。

白总：……

马秘书：……

范伟：你看看，你看看，我就说有事要求我。啊，你们说说，我听听，只要不违反国家政策的好的项目，该支持的也可以支持嘛，啊。

白总：……

杨总：……

范伟：好事啊，这是。

杨总：……

范伟：啊……嗯。

杨总：……

范伟：你们这个点子非常好，啊，为国家分忧，推进老年事业的发展，嗯。

白总：……

范伟：地都选好了吗？需要我做什么？

杨总：……

范伟：啊，风景好的，这个重元寺旁边有块地，你们觉着怎么样？

7.1.2　录音设备与发音人

因为本章的录音语料跟第六章的录音语料都是在同一个时间、同一个地点、由同一位专业演员演绎并录制下来的，所以录音设备和发音人的信息跟第六章的完全相同，在此不再赘述。本章语料的录制过程如下。

首先，请发音人把范伟的台词在不带任何情感的状态下用普通话朗读一遍，并录音。之后，再请他认真观看了几遍我们从《私人订制》中截取的视频，向他详细地解释了视频中的情感状态，并请他把这种情感状态精准地演绎出来。该演员很擅长模仿范伟、演绎官腔，所以他的演绎很快就达到了要求。整个过程也都录音，并把所录音频保存成 wav 格式。

最后，从录音中择出两个语段用于声学分析。第一段为官腔语段，即从发音人的几遍演绎中经过听辨挑选出来的演得最好的那一遍。第二段为正常语段，即发音人在不带任何情感的状态下朗读的那一遍。本章的目的就是要探究一下，在打官腔和正常说话时，发声参数会有什么不同。

7.2　参数提取

我们从上述两种语段的 EGG 信号中一共提取了九个发声参数：$F0_{EGG}$、OQ_{EGG}、SQ_{EGG}、$Jitter_{EGG}$、$Shimmer_{EGG}$、HNR_{EGG} 和 PIC、PDC、LP_10Hz。这九个参数的含义以及提取它们所运用的软件程序在第六章已有详述，这里不再赘述。总之，从本章的官腔语段中共提取到 $F0_{EGG}$、OQ_{EGG}、SQ_{EGG} 的值各 10990 个，从其正常语段中共提取到这三个参数的值各 12694 个。从本章的官腔语段中共提取到 $Jitter_{EGG}$、$Shimmer_{EGG}$、HNR_{EGG} 和 LP_10Hz 的值各 550 个，从其正常语段中共得到这四个参数的值各 478 个。从本章的官腔语段中共得到 PIC、PDC 的值各 9865 个，从其正常语段中共得到这两个参数的值各 11892 个。

7.3 独立样本的 T 检验

本章的正常语段属于对照组，官腔语段属于实验组。我们仍然运用 SPSS 13.0 中的独立样本 T 检验功能来检验这两个组在九个发声参数上是否存在显著性差异。按默认设置，把 a = 0.05 确定为显著性水平。所以，如果 p < 0.05，则表示某参数的值在两个语段之间存在显著性差异，如果 p > 0.05，则表示它在两语段之间不存在显著性差异。

我们首先看 $F0_{EGG}$、OQ_{EGG}、SQ_{EGG} 这三个发声参数。其统计结果如表 7 - 1、图 7 - 1 和表 7 - 2 所示。从表 7 - 1 可知，正常语段一共有 12694 个基频、开商、速度商值进入统计分析，官腔语段也一共有 10990 个基频、开商、速度商值进入统计分析，参与统计分析的参数值的数目特别巨大，因此，这里的独立样本 T 检验有着很好的统计效力。从表 7 - 1 和图 7 - 1 还可以看到：官腔语段的基频平均值明显比正常语段的要大，178.39 Hz > 133.23 Hz；但其开商平均值比正常语段的小，61.09% < 61.43%，其速度商平均值也明显比正常语段的小，416.49 < 500.83。

表 7 - 1　　　　两种语段的基频、开商、速度商的平均值和标准差

发声参数	语段类别	参数值数目	平均值	标准差
$F0_{EGG}$	正常语段	12694	133.23	37.05
	官腔语段	10990	178.39	39.84
OQ_{EGG}	正常语段	12694	61.43	7.25
	官腔语段	10990	61.09	6.16
SQ_{EGG}	正常语段	12694	500.83	149.98
	官腔语段	10990	416.49	142.21

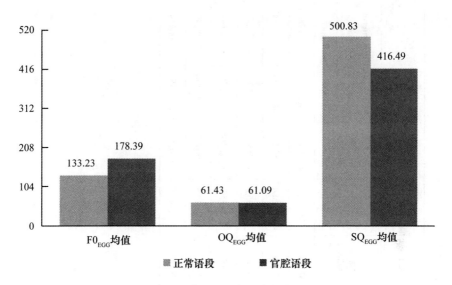

图 7 - 1　两种语段的基频、开商、速度商平均值的柱形图

　　从表 7 - 2 可以看到，基频、开商的 F 值所对应的 Sig. 值都等于 0.000 < 0.05，也即对于此二参数来说，正常语段和官腔语段这两个样本的方差都不相等。因此，我们应该采用 Equal variances not assumed 一栏对应的 t 值和 Sig. 值来解释独立样本 T 检验的结果。可以看到，对于基频和开商来说，Equal variances not assumed 一栏所对应的 Sig.（2-tailed）值都等于 0.000，小于 0.05。因此可以说，正常语段和官腔语段在基频 $[t_{(22624.102)} = -89.862, p = 0.000 < 0.05]$ 和开商 $[t_{(23674.266)} = 4.011, p = 0.000 < 0.05]$ 这两个发声参数上都存在显著性差异。但是，速度商的 F 值所对应的 Sig. 值等于 0.318 > 0.05，也即对于该参数来说，正常语段和官腔语段这两个样本的方差是相等的。因此，我们应该采用 Equal variances assumed 一栏对应的 t 值和 Sig. 值来解释独立样本 T 检验的结果。可以看到，对于速度商来说，Equal variances assumed 一栏所对应的 Sig.（2-tailed）值也等于 0.000，小于 0.05。因此，正常语段和官腔语段在速度商 $[t_{(23682)} = 44.207, p = 0.000 < 0.05]$ 这个发声参数上也存在显著性差异。总之，基频、开商、速度商都能把正常语段和官腔语段区分开来。

表7-2 针对基频、开商、速度商的独立样本 T 检验结果

		Levene's Test for Equality of Variances		t-test for Equality of Means						95% Confidence Interval of the Difference	
		F	Sig.	t	df	Sig. (2-tailed)	Mean Difference	Std. Error Difference		Lower	Upper
$F0_{EGG}$	Equal variances assumed	22.741	0.000	-90.332	23682	0.000	-45.15847	0.49992		-46.13835	-44.17860
	Equal variances not assumed			-89.862	22624.102	0.000	-45.15847	0.50253		-46.14348	-44.17347
OQ_{EGG}	Equal variances assumed	105.078	0.000	3.965	23682	0.000	0.34955	0.08816		0.17676	0.52235
	Equal variances not assumed			4.011	23674.266	0.000	0.34955	0.08714		0.17875	0.52036
SQ_{EGG}	Equal variances assumed	0.997	0.318	44.207	23682	0.000	84.34085	1.90787		80.60130	88.08040
	Equal variances not assumed			44.376	23487.205	0.000	84.34085	1.90059		80.61557	88.06614

下面再看 PIC、｜PDC｜这两个发声参数。其统计结果如表 7 - 3、图 7 - 2 和表 7 - 4 所示。从表 7 - 3 可知，正常语段一共有 11892 个 PIC 和｜PDC｜值进入统计分析，官腔语段一共有 9865 个 PIC 和｜PDC｜值进入统计分析，参与统计分析的参数值的数目也特别巨大，因此针对此二参数的独立样本 T 检验有很好的统计效力。从表 7 - 3 和图 7 - 2 还可以看到：官腔语段的 PIC 平均值明显比正常语段的要小，744.68 < 914.31；其｜PDC｜平均值也明显小于正常语段，286.15 < 325.78。

表 7 - 3　　　　两种语段的 PIC、｜PDC｜的平均值和标准差

发声参数	语段类别	参数值数目	平均值	标准差
PIC	正常语段	11892	914.31	272.18
	官腔语段	9865	744.68	197.94
｜PDC｜	正常语段	11892	325.78	138.59
	官腔语段	9865	286.15	86.91

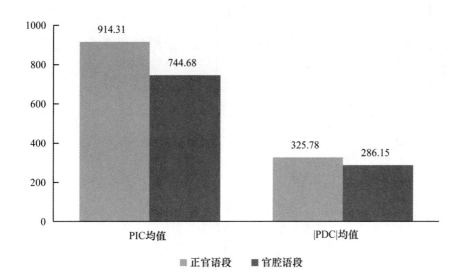

图 7 - 2　两种语段的 PIC 及｜PDC｜平均值的柱形图

表7-4　　针对PIC、|PDC| 的独立样本T检验结果

		Levene's Test for Equality of Variances		t-test for Equality of Means					95% Confidence Interval of the Difference	
		F	Sig.	t	df	Sig. (2-tailed)	Mean Difference	Std. Error Difference	Lower	Upper
PIC	Equal variances assumed	1241.746	0.000	51.607	21755	0.000	169.63049	3.28697	163.18779	176.07319
	Equal variances not assumed			53.111	21400.369	0.000	169.63049	3.19391	163.37018	175.89080
|PDC|	Equal variances assumed	2737.492	0.000	24.661	21755	0.000	39.62749	1.60690	36.47785	42.77712
	Equal variances not assumed			25.683	20329.470	0.000	39.62749	1.54297	36.60315	42.65182

现在我们看表 7 - 4。先看其中的方差齐性检验结果。PIC 和｜PDC｜的 F 值所对应的 Sig. 值都等于 0.000，远小于 0.05，因此，对于此二参数来说，正常语段和官腔语段这两个样本的方差都不相等。所以，我们应该采用 Equal variances not assumed 一栏所对应的 t 值和 Sig. (2-tailed) 值来解释独立样本 T 检验的结果。可以看到：对于参数 PIC 来说，$t_{(21400.369)} = 53.111$，$p = 0.000 < 0.05$；对于参数｜PDC｜来说，$t_{(20329.470)} = 25.683$，$p = 0.000 < 0.05$。因此，正常语段和官腔语段在 PIC 和｜PDC｜这个发声参数上都存在着显著性差异。也就是说，此二参数也能把正常语段和官腔语段很好地区分开来。

最后，我们看看 LP_10Hz、$Jitter_{EGG}$、$Shimmer_{EGG}$、HNR_{EGG} 这四个发声参数。其统计结果如表 7 - 5、图 7 - 3 和表 7 - 6 所示。从表 7 - 5 可知，对于这四个发声参数，正常语段各一共有 478 个值进入统计分析，官腔语段各一共有 550 个值进入统计分析。进入统计分析的参数值的数目也比较大，因此，针对此四参数的独立样本 T 检验有着比较好的统计效力。从表 7 - 5 和图 7 - 3 还可以看到：官腔语段的 LP_10Hz 平均值比正常语段的要大，64.17 > 63.55；其 $Jitter_{EGG}$ 平均值也明显比正常语段的大，17.62 > 9.71；同样，其 $Shimmer_{EGG}$ 平均值也明显地比正常语段的要大，18.50 > 11.35；但是，其 HNR_{EGG} 的平均值却小于正常语段，9.64 < 10.84。

表 7 - 5　　　　　　两种语段的 LP_10Hz、$Jitter_{EGG}$、

$Shimmer_{EGG}$、HNR_{EGG} 的平均值和标准差

发声参数	语段类别	参数值数目	平均值	标准差
LP_10Hz	正常语段	478	63.55	3.96
	官腔语段	550	64.17	4.82
$Jitter_{EGG}$	正常语段	478	9.71	7.16
	官腔语段	550	17.62	12.61
$Shimmer_{EGG}$	正常语段	478	11.35	6.41
	官腔语段	550	18.50	10.26
HNR_{EGG}	正常语段	478	10.84	3.31
	官腔语段	550	9.64	3.85

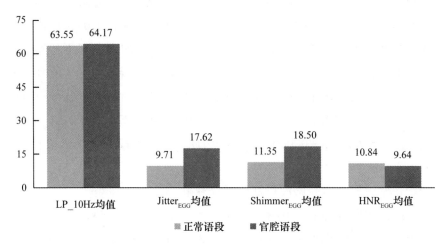

图 7 - 3 两种语段的 LP_10Hz、Jitter$_{EGG}$、Shimmer$_{EGG}$、HNR$_{EGG}$的平均值的柱形图

现在看表 7 - 6。先看其方差齐性检验结果。LP_10Hz、Jitter$_{EGG}$、Shimmer$_{EGG}$ 和 HNR$_{EGG}$ 的 F 值所对应的 Sig. 值分别为：0.000，0.000，0.000、0.003，都小于 0.05。因此，对于这四个参数来说，正常语段和官腔语段这两个样本的方差都不相等。所以，我们应该采用 Equal variances not assumed 一栏所对应的 t 值和 Sig.（2-tailed）值来解释独立样本 T 检验的结果。可以看到：对于参数 LP_10Hz 来说，$t_{(1022.759)} = -2.248$，$p = 0.025 < 0.05$；对于参数 Jitter$_{EGG}$ 来说，$t_{(890.91)} = -12.555$，$p = 0.000 < 0.05$；对于参数 Shimmer$_{EGG}$ 来说，$t_{(935.566)} = -13.59$，$p = 0.000 < 0.05$；对于参数 HNR$_{EGG}$ 来说，$t_{(1025.86)} = 5.37$，$p = 0.000 < 0.05$。因此，正常语段和官腔语段在 LP_10Hz、Jitter$_{EGG}$、Shimmer$_{EGG}$、HNR$_{EGG}$ 这四个发声参数上都存在显著性差异。

总的来说，官腔语段和正常语段在我们的九个发声参数上都存在统计学意义上的显著性差异，也就是说，这九个发声参数都能很好地把官腔语段跟正常语段区分开来。

表 7 – 6　针对 LP_10Hz、Jitter$_{EGG}$、Shimmer$_{EGG}$、HNR$_{EGG}$ 的独立样本 T 检验结果

		Levene's Test for Equality of Variances		t-test for Equality of Means						95% Confidence Interval of the Difference	
		F	Sig.	t	df	Sig. (2-tailed)	Mean Difference	Std. Error Difference		Lower	Upper
LP_10Hz	Equal variances assumed	21.807	0.000	− 2.217	1026	0.027	− 0.615395	0.277531		− 1.159988	− 0.070802
	Equal variances not assumed			− 2.248	1022.759	0.025	− 0.615395	0.273769		− 1.152609	− 0.078181
Jitter$_{EGG}$	Equal variances assumed	110.493	0.000	− 12.112	1026	0.000	− 7.906599	0.652808		− 9.187590	− 6.625607
	Equal variances not assumed			− 12.555	890.910	0.000	− 7.906599	0.629773		− 9.142611	− 6.670586
Shimmer$_{EGG}$	Equal variances assumed	80.893	0.000	− 13.178	1026	0.000	− 7.159460	0.543272		− 8.225511	− 6.093409
	Equal variances not assumed			− 13.590	935.566	0.000	− 7.159460	0.526814		− 8.193334	− 6.125586
HNR$_{EGG}$	Equal variances assumed	8.581	0.003	5.313	1026	0.000	1.1986641	0.225589		0.755973	1.641309
	Equal variances not assumed			5.370	1025.860	0.000	1.198641	0.223213		0.760634	1.636647

7.4　因子分析

7.4.1　发声参数的调整

在本章，我们仍然采用第六章的思路、方法和软件程序把我们的 9 个发声参数调整为 14 个：按音节求出来的 $Jitter_{EGG}$、$Shimmer_{EGG}$、HNR_{EGG} 和 LP_10Hz；按音节求出来的基频均值 F0mean 及基频变异系数 F0_CV、开商均值 OQmean 及开商变异系数 OQ_CV、速度商均值 SQmean 及速度商变异系数 SQ_CV、PIC 均值及 PIC 变异系数 PIC_CV、｜PDC｜均值及｜PDC｜变异系数 PDC_CV。CV 是变异系数 coefficient of variance 的缩写形式。这 14 个发声参数各有 1028 个值，数据齐整，不存在缺失值，因此也不需要做缺失值分析。

7.4.2　因子分析及其结果

本章仍然利用 SPSS 13.0 对 14 个发声参数做因子分析，SPSS 设置如下。

在 Descriptives 模块儿中，我们选择了 Univariate descriptives、Initial solution、Coefficients、Significance levels 和 KMO and Bartlett's test of sphericity 这五个选项。在 Extraction 模块儿里边，我们选择了 Principal components、Correlation matrix、Unrotated factor solution、Scree plot 和 Number of factors 这五个选项，把要求的公因子个数定为五个。选择 Correlation matrix 作为计算公因子的依据，是因为它适用于各变量的度量单位不同时的情况。本章的 14 个发声参数的度量单位多有不同，有赫兹，有比值，有分贝，有百分比等，因此选择相关性矩阵作为提取公因子的依据比较合适。

在 Rotation 模块儿中，我们选择了 Varimax 和 Rotated solution 这两个选项。因为最大方差法 Varimax 属于正交旋转，它通过旋转来最大化公因子上变量载荷的方差，并能保证所得公因子之间的线性无关性，所以这里的因子旋转采用了最大方差法。在 Factor scores 模块儿中，我们选择了 Save as variables、Regression 和 Display factor score coefficient matrix 这三个选项。这里把每个因子得分都作为一个新变量保存下来，是为了下一步对正常语段和官腔语段的因子得分做比较。在 Options 模块儿中，我们选择了 Exclude cases listwise 和 Sorted by size 这两个选项。

　　因子分析的结果如表 7 - 7、7 - 8 和 7 - 9 所示。先看表 7 - 7 中的 KMO 和 Bartlett 球形检验结果。可以看到，KMO 统计量为 0. 707，大于 0. 7，所以我们的因子分析可以接受。从另一方面来看，表里的 Bartlett 球形检验统计量值也特别的大，为 7442. 95，它所对应的相伴概率值为 0. 000，远小于显著性水平 0. 05。这说明，本章的十四个发声参数之间存在着显著的相关关系，它们完全适合于做因子分析。

表 7 - 7　　　　　　　　　　　　KMO 和 Bartlett 球形检验

Kaiser-Meyer-Olkin Measure of Sampling Adequacy.		0. 707
Bartlett's Test of Sphericity	Approx. Chi-Square	7442. 950
	df	91
	Sig.	0. 000

　　再看表 7 - 8。可以看到，当我们在 Extraction 模块儿中把要求的公共因子个数确定为五个时，所提取的五个公共因子可以解释原有变量总方差的 75. 752%，也就是说，它们能够反映上述十四个发声参数所代表的全部信息的 75. 752%。这个比例也不算低，能够保证不丢失太多的重要信息。因此，可以认为本章的因子分析结果比较好。

　　最后，我们来看表 7 -9，它显示的是旋转后的因子载荷矩阵。可以看到，公共因子一跟 $Shimmer_{EGG}$、HNR_{EGG}、$Jitter_{EGG}$ 和 LP_10Hz 这四个发声参数关系密切，它们的因子载荷依次为 0. 833、- 0. 821、0. 787 和 0. 731。公共因子二跟 PDC_CV、OQ_CV、F0_CV、PIC_CV 和 SQ_CV 这五个发声参数关系密切，它们的因子载荷依次为 0. 789、0. 679、0. 666、0. 647 和 0. 516。公共因子三与 PICmean 和 PDCmean 这两个发声参数关系密切，它们的因子载荷依次为 0. 914 和 0. 884。公共因子四跟 SQmean 和 F0mean 这两个发声参数关系密切，它们的因子载荷依次为 - 0. 850 和 0. 823。公共因子五跟 OQmean 这一个发声参数关系密切，它的因子载荷为 0. 835。

表7-8　可解释的方差比例

Component	Initial Eigenvalues			Extraction Sums of Squared Loadings			Rotation Sums of Squared Loadings		
	Total	% of Variance	Cumulative %	Total	% of Variance	Cumulative %	Total	% of Variance	Cumulative %
1	4.167	29.762	29.762	4.167	29.762	29.762	2.927	20.909	20.909
2	2.700	19.288	49.050	2.700	19.288	49.050	2.454	17.527	38.436
3	1.678	11.987	61.037	1.678	11.987	61.037	2.156	15.397	53.832
4	1.173	8.380	69.416	1.173	8.380	69.416	1.896	13.539	67.372
5	0.887	6.336	75.752	0.887	6.336	75.752	1.173	8.380	75.752
6	0.717	5.122	80.873						
7	0.682	4.868	85.742						
8	0.442	3.160	88.901						
9	0.419	2.995	91.897						
10	0.312	2.227	94.124						
11	0.289	2.064	96.188						
12	0.243	1.736	97.924						
13	0.205	1.464	99.388						
14	0.086	0.612	100.000						

表7-9 旋转后的因子载荷矩阵

	Component				
	1	2	3	4	5
Shimmer（%）	0.833	0.024	-0.281	0.131	0.027
HNR（dB）	-0.821	-0.237	0.067	-0.008	-0.159
Jitter（%）	0.787	0.018	-0.185	0.191	0.070
LP_10Hz（dB）	0.731	0.057	0.153	-0.035	-0.050
PDC_CV	-0.103	0.789	-0.089	-0.242	0.209
OQ_CV	0.380	0.679	-0.189	-0.039	-0.198
F0_CV	0.305	0.666	0.189	-0.222	0.161
PIC_CV	-0.078	0.647	-0.374	-0.105	0.344
SQ_CV	0.284	0.516	-0.343	0.473	-0.161
PICmean	-0.174	-0.088	0.914	-0.132	-0.152
PDCmean	-0.070	-0.144	0.884	0.274	-0.099
SQmean	-0.065	0.163	-0.060	-0.850	-0.339
F0mean	0.101	-0.289	0.111	0.823	-0.203
OQmean	0.147	0.205	-0.211	0.057	0.835

7.4.3 讨论与总结

总体来看，本章的因子分析结果跟第四、六两章的因子分析结果虽然稍有出入，但大体上还比较一致。本章的公共因子一代表的是频率抖动百分比、振幅抖动百分比、谐波噪声比和 LP_10Hz。前三者的因子载荷绝对值都比 LP_10Hz 的大，因此似乎可以说，公共因子一主要代表的是前三者。况且，在本书的几次因子分析中，软件 SPSS 13.0 都是把前三者归结到一个公共因子当中。因此，我们仍然把本章的公共因子一归结为声带振动不规则度。

本章的公共因子二代表的是 PDC_CV、OQ_CV、F0_CV、PIC_CV 和 SQ_CV 这五个发声参数。我们知道，CV 指的是变异系数 coefficient of variance。所以，这五个发声参数表示的是基频、开商、速度商、PIC、｜PDC｜此五者在一个音节内部的变化情况。它们的变化就意味着发声类型发生了变化。所以，公共因子二无疑应该被归结为音节内发声变化。

本章的公共因子三代表的是 PICmean 和 PDCmean 这两个发声参数。在本书的几次因子分析中，软件 SPSS 13.0 总是把此二参数归到同一个公因子当中去。我们也反复讨论过，PIC 和 PDC 的绝对值不但与 EGG 脉冲振幅的大小成正比，而且还标志着声门激励力度（excitation strength）的大小。所以，我们把本章的公共因子三归结为声带发声力度。

本章的公共因子四代表的是 SQmean 和 F0mean 这两个发声参数，公共因子五代表的是 OQmean 这一个发声参数。这两个公共因子应该合二为一，因为基频表示的是声带振动速度的快慢，即每秒钟声带开闭了多少次，而开商和速度商表示的是声带振动的方式，即声门的打开关闭状态。随着基频从最低滑到最高，发声类型就会改变，开商和速度商的值也就跟着改变。因此，我们把公共因子四和公共因子五合二为一，归结为声门打开关闭特征。总之，根据以上分析，本章的十四个发声参数也可以大体上简化成四个维度：声带发声力度，声带振动不规则度，声门打开关闭特征，音节内发声变化。这四个维度反映的是正常语段和官腔语段在发声生理上的特征。针对由 SPSS 13.0 算出的因子得分，我们可以做如下处理：公共因子一的得分，用以量化声带振动不规则度；公共因子二的得分，用以量化音节内发声变化；公共因子三的得分，用以量化声带发声力度；把公共因子四和公共因子五的得分加起来，用以量化声门打开关闭特征。这样一来，我们就可以根据这四个生理维度来比较和概括正常语段和官腔语段了。

表 7 - 10　　两种语段因子得分的最小值、最大值、平均值和标准差

	语段	最小值	最大值	平均值	标准差
声带振动不规则度	正常语段	- 2.67	2.27	- 0.30	0.77
	官腔语段	- 2.29	3.92	0.26	1.10
音节内发声变化	正常语段	- 1.87	3.60	0.41	0.95
	官腔语段	- 2.80	3.78	- 0.36	0.90
声门打开关闭特征	正常语段	- 4.19	4.01	- 0.51	1.18
	官腔语段	- 5.66	6.26	0.44	1.45
声带发声力度	正常语段	- 2.80	2.82	0.31	1.09
	官腔语段	- 3.05	2.83	- 0.27	0.82

表 7 - 10 是此二语段在这四个维度上的得分的最小值、最大值、平

均值和标准差。图 7 - 4 是表 7 - 10 中的各个因子得分平均值的柱形图。可以看到，官腔语段在四个生理维度上都明显不同于正常语段，其发声特征可以归结为两点。第一，官腔语段在声带振动不规则度和声门打开关闭特征上的得分比正常语段大（0.26 > - 0.30；0.44 > - 0.51）。第二，官腔语段在音节内发声变化和声带发声力度上的得分都比正常语段小（ - 0.36 < 0.41； - 0.27 < 0.31）。这一结论同我们的直观感觉基本一致。

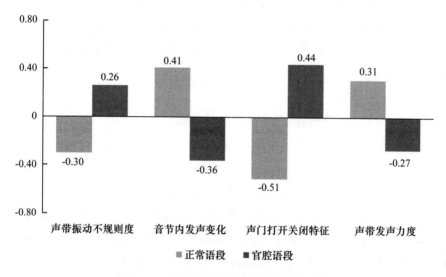

图 7 - 4 两种语段因子得分均值的柱形图

7.5 EGG 波形比对

第 7.3 节的独立样本 T 检验表明，官腔语段和正常语段在我们的九个发声参数上都存在统计学意义上的显著性差异。第 7.4 节的因子分析也表明，官腔语段在四个生理维度上的得分都明显不同于正常语段。为了更深入地了解和解释这样的统计分析结果，我们必须通过喉头仪波形比对做进一步的研究，从而弄清楚在官腔语段和正常语段中究竟运用了哪些不同的发声类型（phonation type）。

7.5.1 发声类型的判断标准和 EGG 波形比对程序

跟第六章的做法完全一样，在本章仍然依照以下三个标准来判断发声类型。第一个标准就是听感。第二个标准就是喉头仪波形形状。第三个标准就是各种发声参数，比如基频、开商、速度商、PIC、PDC 等的值。除此之外，还有一些辅助性的声学分析手段。关于判断标准的详细描述请参看第 6.5.1 节，这里不再赘述。

另外，由于本章的发音人跟第六章的发音人是同一名专业演员，也即，这两章的 EGG 信号都是录自同一个人，所以本章与第六章用的是同一个 EGG 波形比对程序。关于该程序的详细情况请参看第 6.5.2 节，这里也不再赘述。

7.5.2 本章所出现的音节内发声类型组合

跟第五、六两章相似，本章用 M 代表正常嗓音（modal voice），用 H 代表高音调嗓音（modal voice of high pitch），用 L 代表低音调嗓音（modal voice of low pitch），用 B 代表气嗓音（breathy voice），用 C 代表挤喉音（creaky voice），用 D 代表双音调嗓音（diplophonia），用 F 代表假声（falsetto），用 T 代表紧嗓音（tense voice），用 W 代表耳语（whisper），用 Cf 代表挤喉假声（creaky falsetto），Cf 是本章新出现的一种复合发声类型。由于本章跟第六章的 EGG 信号都是录自同一名发音人，所以 EGG 信号的个人差异可以排除。因此，第六章里已经出现过的音节内发声类型组合方式这里不再重述。这里着重描述本章中新出现的一些音节内发声类型组合方式。

7.5.2.1 F 类

F 类是指在一个音节中只出现假声这一种发声类型。图 7-5 例示的是本章发音人的 F 类音节。下面方框中的蓝线是官腔语段语句"哈哈哈哈哈，好事啊这是"中第五个"哈"字的 EGG 波形图，该字属于 F 类音节，其 EGG 信号被标为"待判嗓音"。上面方框内的红线是标准正常嗓音音节"柔"的一段 EGG 波形图，被标为"正常嗓音"。可以清楚地看到，这个"哈"字跟正常嗓音相比有如下特点。第一，其基频特别高，几乎是正常嗓音的三倍。第二，其EGG脉冲左右比较对称，也即其速度商在100%左右。第三，其EGG脉冲振幅特别小。该音节给人的听感是音质单调而又尖利。

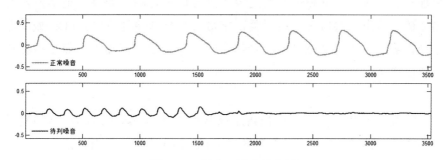

图7-5　男声F类音节实例

7.5.2.2　HFB类

HFB类是指在一个音节内部，发声类型先由高音调嗓音变成了假声，再由假声变成了气嗓音。图7-6例示的是本章发音人的HFB类音节。下面方框中的蓝色曲线是官腔语段语句"啊，风景好的"中"风"字的EGG波形图，该字属于HFB类音节。上面方框中的红色曲线是标准正常嗓音音节"柔"的最末一段的EGG波形图。由于"柔"字是阳平调，

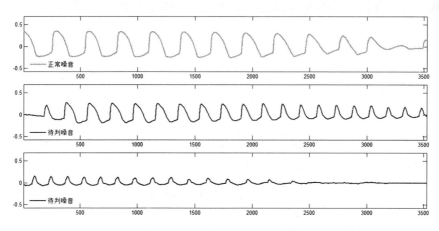

图7-6　男声HFB类音节实例

所以它在这一段基频逐渐达到了最大值。可以看到，在"风"字的起始阶段，EGG 振幅较大而且左偏度较小，其基频值比"柔"字的基频最大值还要大，这一段属于高音调嗓音。之后，EGG 振幅逐渐变小而且变得更加左右对称了，基频也开始变得比高音调嗓音的还要高，也即发声类型变成了假声。再后来，在"柔"字最后几个脉冲的位置，EGG 振幅继续变得更小，变得又小又左右对称，但是开商却变得很大，即发声类型最后又成了气嗓音。

7.5.2.3 Cf 类

Cf 类是指在一个音节中出现了挤喉假声（creaky falsetto）这种复合发声类型。图 7 - 7 例示了本章发音人的 Cf 类音节。下面方框中的蓝色曲线是官腔语段语句"啊啊哈哈哈哈哈哈哈哈"中第五个"哈"字的 EGG 波形图，该字属于 Cf 类音节。上面方框中的红色曲线是标准正常嗓音音节"柔"的最末一段的 EGG 波形图。因为"柔"字是阳平调，所以它在这一段基频逐渐达到了最大值。可以看到，与正常嗓音相比，这个"哈"字有以下特点。第一是它的基频很高，其基频值比"柔"字的基频最大值还要大。第二，它的 EGG 脉冲振幅时大时小，有点参差不齐，但总体上振幅不大。该"哈"字的听感是尖声中夹杂着吱嘎声，给人以干笑或者皮笑肉不笑的感觉。它的听感跟 John Laver 提供的 creaky falsetto 的录音十分相似，因此我们把这个"哈"字确定为 Cf 类音节。

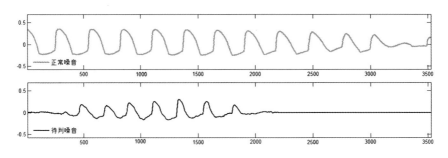

图 7 - 7　男声 Cf 类音节实例

7.5.2.4 Cf B 类

CfB 类是指在一个音节内部发声类型由挤喉假声（creaky falsetto）变

成了气嗓音。图 7-8 例示了本章发音人的 CfB 类音节。下面方框中的蓝色曲线是官腔语段语句"啊啊哈哈哈哈哈哈"中第二个"哈"字的 EGG 波形图，该字属于 CfB 类音节。上面方框中的红色曲线是标准正常嗓音音节"柔"的最末一段的 EGG 波形图。可以看到，在"哈"字的前五分之四段，EGG 脉冲振幅时大时小、参差不齐，但总体上振幅不大，基频却比"柔"字的基频最大值还要大。这一段的听感是尖声中夹杂着吱嘎声，发声类型属于挤喉假声。但是，在"哈"字的最后一两个脉冲处，发声类型变成了开商很大、速度商很小的气嗓音。这一段听起来有送气的感觉。所以，我们把这个"哈"字确定为 CfB 类音节。

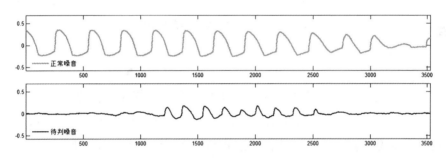

图 7-8 男声 Cf B 类音节实例

7.5.2.5 DHB 类

DHB 类是指在一个音节内部，发声类型先由双音调嗓音变成了高音调嗓音，再由高音调嗓音变成了气嗓音。图 7-9 例示了本章发音人的 DHB 类音节。下面方框中的蓝色曲线是官腔语段语句"啊啊哈哈哈哈哈哈"中第二个"啊"字的 EGG 波形图，该字属于 DHB 类音节。上面方框中的红色曲线是标准正常嗓音音节"柔"的起始段的 EGG 波形图。我们可以看到，在"啊"字的前三分之一段，EGG 信号基本上是小的脉冲和大的脉冲轮流交替出现，前者的振幅比后者的要小。与此相对应，"啊"字的语音波形也是小脉冲和大脉冲轮流交替出现，前者的振幅比后者的要小。这一段在听感上似乎两套基频，属于双音调嗓音。之后，EGG 脉冲振幅稍有变大，并且变得越来越左右对称了，即速度商变小了，但基频比正常嗓音的最大基频值还大，发声类型变成了高音调嗓音。

在"啊"字的最后一两个脉冲的位置，EGG 脉冲振幅又变小了，开商开始变得很大，速度商依然较小，这一段给人以微微送气的感觉，即发声类型最后变成了气嗓音。

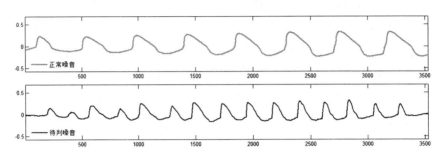

图 7-9　男声 DHB 类音节实例

7.5.2.6　TH 类

TH 类是指在一个音节内部发声类型由紧嗓音变成了高音调嗓音。图 7-10 例示了本章发音人的 TH 类音节。下面方框中的蓝线是官腔语段语句"你别说，我还真没吃过扁豆馅儿的月饼，哈哈哈哈哈哈哈哈"中第四个"哈"字的 EGG 波形图，该字属于 TH 类音节。上面方框中的红线是标准正常嗓音音节"柔"的最末一段的 EGG 波形图。可以看到，"哈"字的前二分之一段属于紧嗓音，因为其 EGG 脉冲振幅较低，波形较扁圆，声门闭相很长，开商很小，基频比正常嗓音的还要高。之后，EGG 脉冲开始变得越来越对称，脉冲振幅也越来越大，基频依然很高，发声类型变成了高音调嗓音。

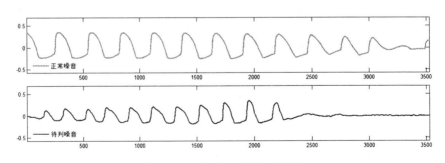

图 7-10　男声 TH 类音节实例

本章出现的音节内发声类型组合方式还有以下 24 种：T，BH，CH，HC，DH，HT，LC，LW，MT，TM，TB，BMC，THB，TMB，MTM，MTC，MTB，MHB，HTB，CTHB，HMHB，HTHB，HTMB，MCMC。它们的含义都已不言自明。限于篇幅，这里就不再对它们逐一进行描述了。

7.5.3　总结两种语段中的发声类型

7.5.3.1　官腔语段中所出现的发声类型

为了从总体上把握整个官腔语段的发声特征，我们打破了音节的界限，对官腔语段中每一种发声类型所出现的频次进行了统计，结果如图 7－11 所示。可以看到，气嗓音总共出现了 292 次，约占总体的 28%。正常嗓音总共出现了 282 次，约占总体的 27%。高音调嗓音一共出现了 282 次，约占总体的 27%。紧嗓音一共出现了 86 次，约占总体的 8%。挤喉音一共出现了 67 次，约占总体的 7%。耳语一共出现了 13 次，约占总体的 1%。低音调嗓音一共出现了 8 次，约占总体的 1%。假声一共出现了 6 次，约占总体的 1%。双音调嗓音一共出现了 2 次，约占总体的 0%。比较一下各种发声类型所占的比重，我们可以得到这样的结论：在

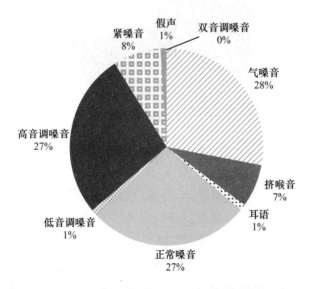

图 7－11　男声官腔语段中各发声类型所占的比重

打官腔时，本章发音人首先依赖的是气嗓音、高音调嗓音、正常嗓音和紧嗓音，当然也还需要挤喉音、耳语、低音调嗓音、假声和双音调嗓音等的配合。

7.5.3.2　正常语段中所出现的发声类型

同样，在打破音节界限的情况下，我们对本章发音人正常语段的所有发声类型所出现的频次进行了统计。各发声类型所占比重如图 7 – 12 所示。可以看到，正常嗓音总共出现了 482 次，约占总体的 67%。挤喉音一共出现了 197 次，约占总体的 28%。高音调嗓音一共出现了 20 次，约占总体的 3%。低音调嗓音一共出现了 16 次，约占总体的 2%。气嗓音一共出现了 2 次，约占总体的 0%。

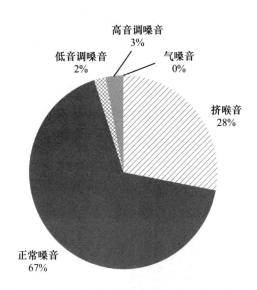

图 7 – 12　男声正常语段中各发声类型所占的比重

通过比较图 7 – 11 和图 7 – 12 可以看到，打官腔跟正常口气说话所采用的发声类型存在很大差别。总结起来，有以下四点。第一，官腔语段中所用到的发声类型以气嗓音、高音调嗓音、正常嗓音和紧嗓音为主，它们合起来占了总体的 90%，这几种发声类型相互配合，把为官者那种洋洋得意的心态表现得淋漓尽致；而正常语段以运用正常嗓音为主，它占总体的 67%。第二，正常语段中用到的挤喉音比官腔语段多，28% >

7%，这可能是因为男人讲普通话时上声调和去声调中经常出现挤喉音，因此跟情感表达无关。第三，官腔语段中还用到了假声、耳语和双音调嗓音，而正常语段中没有。第四，两种语段所用的低音调嗓音都比较少。

7.5.3.3 A 类音节和 AB 类音节

跟第五、六两章相同，我们把正常语段和官腔语段中的音节都区分为两类：如果一个音节中只有一种发声类型出现，没有发声类型的变换，就称为 A 类音节；如果一个音节内有一次以上发声类型的变换，则称为 AB 类音节。本章的正常语段中共有 488 个音节，其中 A 类音节有 269 个，占总数的 55.12%，AB 类音节有 219 个，占总数的 44.88%。本章的官腔语段中共有 586 个音节，其中 A 类音节有 189 个，占总数的 32.25%，AB 类音节有 397 个，占总数的 67.75%。官腔语段的音节总数比正常语段的音节总数多，这是因为我们的演员在演绎官腔语段时根据自己的发挥加入了不少"哈"字。可以看到，AB 类音节在官腔语段中所占的比例比它在正常语段中所占的比例大：67.75% > 44.88%，也即官腔语段比正常语段有着更多的音节内发声类型变化。这似乎跟第 7.4 节的以下因子分析结果有矛盾：官腔语段在音节内发声变化这一个维度上的得分比正常语段的小：-0.36 < 0.41。这一矛盾可以参照第 7.5.3.1 节和第 7.5.3.2 节的研究结果来解释。

在 7.4 节里，我们把公共因子二归结为音节内发声变化，它代表的是 PDC_CV、PIC_CV、F0_CV、OQ_CV、SQ_CV 这五个发声参数。官腔语段的以下几个特点可能会导致公因子二的得分变小。第一，紧嗓音和高音调嗓音的 EGG 脉冲振幅大小比较接近，它们的开商值大小也比较接近，都是比较小，它们主要区别在速度商。所以，音节内部此二发声类型的相互转换会导致 PDC_CV、PIC_CV 和 OQ_CV 值比较小。第二，紧嗓音和正常嗓音的基频值比较接近，它们的主要区别在开商。所以，音节内部此二发声类型的相互转换会导致 F0_CV 的值比较小。第三，高音调嗓音和气嗓音的速度商值比较接近，都是在 100% 左右，它们的主要差别在开商。所以，音节内部此二发声类型的相互转换会导致 SQ_CV 值较小。这几种发声类型在官腔语段里占了 90% 的比例，这必然会导致官腔语段的公因子二得分较小。然而在正常语段里，正常嗓音和挤喉音加起来占总体的95%。我们知道，正常嗓音的EGG脉冲振幅很大，基频和速度商也比较高。而挤喉音的EGG脉冲振幅比较小且参差不齐，基频比较低且抖动得很厉害。所以，音节内部此二发声类型的相互转换必然会导致正常语段的公因子二得分比较大。总之，音节内发声变化这个生理维度可以很好地区分情感语段，但不能简单地认为其得分大就意味着音节内发声类型变化度高。

其次，官腔语段在声带发声力度上的得分比正常语段小（-0.27 < 0.31）。在7.4节里，我们把公因子三归结为带发声力度，它代表的是PICmean和PDCmean这两个发声参数。这两个参数的大小跟EGG脉冲振幅的大小成正比。在官腔语段里，EGG脉冲振幅很大的正常嗓音占的比重较小（27%）。EGG脉冲振幅较小的高音调嗓音、低音调嗓音、双音调嗓音、紧嗓音、挤喉音以及EGG脉冲振幅很小的假声、气嗓音、耳语加起来占总体的73%。这必然会导致官腔语段在声带发声力度上的得分比较小。然而，在正常语段里，EGG脉冲振幅很大的正常嗓音（67%）和EGG脉冲振幅较小的挤喉音占绝对优势（28%），这必然会导致正常语段在声带发声力度上的得分比较大。

再次，官腔语段在声门打开关闭特征上的得分比正常语段大（0.44 > -0.51）。从第7.4节的因子分析结果可知，声门打开关闭特征代表的是SQmean、OQmean和F0mean这三个发声参数。可以从三方面来解释官腔语段在这一维度上的得分为何大于正常语段。第一，高音调嗓音的基频高于正常嗓音。在官腔语段中高音调嗓音占27%，但是，在正常语段中它只占3%。第二，气嗓音的开商比正常嗓音大得多。在官腔语段中气嗓音占28%，但是，在正常语段中它只占0%。第三，正常嗓音的速度商比较大。在官腔语段中正常嗓音占了27%的比重，但是，在正常语段中它的比重却达到了67%。不过，速度商对声门打开关闭特征的得分起的是负向作用。

最后，官腔语段在声带振动不规则度上的得分比正常语段大（0.26 > -0.30）。从第7.4节的因子分析结果可知，声带振动不规则度主要代表$Jitter_{EGG}$、$Shimmer_{EGG}$、HNR_{EGG}这三个发声参数。前两个参数对这一维度的得分起正向作用，第三个参数对这一维度的得分起负向作用。在官腔语段中一共出现了九种发声类型，而且占主导的发声类型还呈现出均势分布的状态，比如高音调嗓音、正常嗓音和气嗓音所占的比重差不多大，挤喉音和紧嗓音所占的比重也差不多大。这些都必然会导致官腔语段的频率抖动百分比和振幅抖动百分比的值都比较大，而谐波噪声比的值比较小。与此不同，正常语段中出现的发声类型比较少，仅五种。况且，占主导的发声类型即正常嗓音呈一家独大的状态。这些都必然会导致正常语段的频率抖动百分比和振幅抖动百分比的值都比较小，而谐波噪声比的值比较大。这样一来，官腔语段在声带振动不规则度上的得分比正常语段大就不难理解了。

总之，EGG 波形比对的结果能很好地解释因子分析的结果。

7.6　官腔语句的合成与感知实验

7.6.1　情感语句的合成

跟第六章相同，我们选择本章发音人用正常口气和官腔口气说的同一句话来进行合成研究，所选择的是一个发笑的句子"啊哈哈哈"。之所以选择这样的句子是因为本章发音人特别擅长演绎这种打官腔时的笑声。从 EGG 波形比对的结果可知，在官腔语句"啊（HB）哈（MB）哈（MB）哈（MB）"当中，气嗓音 B 一共出现了 4 次，正常嗓音 M 一共出现了 3 次，高音调嗓音 H 一共出现了 1 次。然而，在正常语句"啊（MC）哈（HM）哈（M）哈（MC）"当中，正常嗓音 M 一共出现了 4 次，高音调嗓音 H 一共出现了 1 次，挤喉音 C 一共出现了 2 次。此二语句所用的发声类型差别很大。也正是因此，前者的官腔味十足，而后者却根本不带一点打官腔的口吻。这样的语句很适合做合成研究。

跟第六章相同，本章仍然利用两种不同的方法来做合成。不过，这次是从正常语句"啊哈哈哈"逐步合成到了官腔语句"啊哈哈哈"。第一种方法是，保持正常语句声源的开商和速度商不变，只将其基频曲线均匀分八步逐渐变到官腔语句声源的基频曲线。第二种方法是，将正常语句声源的基频、开商、速度商一股脑儿均匀分八步逐渐变到官腔语句声源的基频、开商、速度商。接下来，把这些合成声源都跟正常语句音节的共振峰结构做合成，得到十八个合成语句。最后，正常语句的时长也是均匀分八步逐渐变到了官腔语句的时长。具体合成步骤参看第6.6.3节，这里不再重述。

总之，我们通过第一种合成方法得到了九个合成语句，通过第二种合成方法得到了另外九个合成语句。现将这两组句子的相同点和不同点简述如下。第一，它们都是从正常语句"啊哈哈哈"合成到了官腔语句"啊哈哈哈"，合成方向相同。第二，它们都是利用正常语句音节的共振峰结构跟合成声源做合成。第三，它们都是将正常语句的时长均匀分八步变到了官腔语句的时长。第四，它们都是把正常语句的基频曲线均匀分八步变到了官腔语句的基频曲线。第五，两者唯一的不同点是：前者没有改变正常语句原声的开商和速度商值，而后者把正常语句原声的开商、速度商值均匀分八步变到了官腔语句的开商与速度商值。总之，其他条件都完全相同，只有改不改变开商、速度商这一点差别。本章就是要利用这样的合成样本，通过听辨实验来判断开商与速度商对官腔语气的贡献。

7.6.2 官腔语句的感知实验

7.6.2.1 编写 DmDX 脚本程序

本章仍然选择辨认测验（identification tests）的方式。我们利用自编的 DMDX 脚本来控制我们的 18 个合成语句。在实验开始前，先让被试听几遍官腔语句"啊哈哈哈"和正常语句"啊哈哈哈"的原声，让他们记住这两个句子的口气差别和音质差别。之后，让他们做一个简短的预试性听辨实验，看他们能不能把官腔语句和正常语句的原声轻易地区分开来，同时也让他们熟悉一下听辨的程序。最后，听辨实验正式开始。18 个合成语句会按照随机顺序在电脑上以大而清晰的音量进行播放。每个句子以 1 秒钟的间隔连续播放三遍之后，电脑屏幕上会立刻出现两个选项：A 正常；B 官腔。被试根据他们听到的句子来决定选 A 还是选 B，两者必选其一，不能漏选，并且一定要在 5 秒钟之内做出选择。选 A 就在电脑键盘上按 A 键，选 B 就按 B 键。连续听完 18 个合成语句大概需要四分多钟的时间。

7.6.2.2　听辨人

本章的 51 名被试跟第六章的 51 名被试是同一拨儿人，他们的年龄信息、性别信息、职业信息和学习普通话时长在第六章已有详述，这里不再赘述。本章的听辨实验也是在作者单位内的一个安静的办公室内完成的。

7.6.2.3　听辨结果

我们将 51 名被试的听辨数据分成两组进行统计。第一组是只改变基频，不改变开商和速度商的九个合成语句，其听辨结果如图 7 - 13 所示。第二组是同时改变基频、开商、速度商的九个合成语句，其听辨结果如图 7 - 14 所示。图 7 - 13 和 7 - 14 中的折线表示的是各个合成语句被听成官腔语气和正常语气的百分比数。

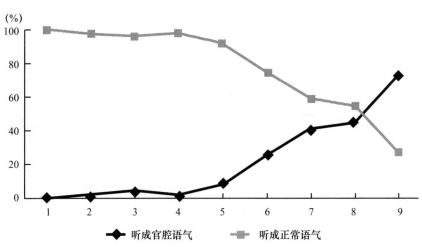

图 7 - 13　只改变基频，不改变开商、速度商的九个合成语句的听辨结果

可以看到，两组合成语句的听辨结果虽然都呈现出了范畴感知的特征，但是，它们的感知边界位置差别很大。图 7 - 13 中的感知边界在第八个合成语句和第九个合成语句之间，但是位置更靠近第八个合成语句。图 7 - 14 中的感知边界几乎刚好跟第五个合成语句的位置相重合。也就是说，前者的感知边界比较靠后，后者的感知边界比较靠前，两者的感知边界位置相差三格多。从图 7 – 13 可以看到，在保持正常语句原声的开商、速度商不变的情况下，只改变其基频曲线，即便到了基频已非常接近官腔语句的第八个合成样本的位置，仍有一半以上的人（54.90%）把它听成是正常语句。图 7 – 14 的情况就大不相同了：在同时改变正常语句原声的基频、开商、速度商的情况下，刚刚到达基频还不很接近官腔语句的第五个合成样本的位置，就已经有将近一半的人（49.02%）开始把它听成是官腔语句了。可见，开商和速度商对官腔语句的感知起着非常重要的作用。

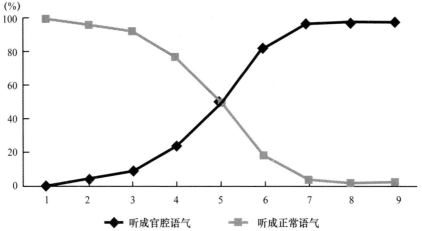

图 7 – 14　同时改变基频、开商、速度商的九个合成语句的听辨结果

7.7　总结

为了弄清楚发声对表达官腔语气的作用，本章对同一位专业演员所演绎的官腔语段和正常语段进行了一系列的对比研究。首先，我们从此二语段的喉头仪信号里提取了九个发声参数：$F0_{EGG}$、OQ_{EGG}、SQ_{EGG}、$Jitter_{EGG}$、$Shimmer_{EGG}$、HNR_{EGG}、PIC、PDC、LP_10Hz。通过独立样本的 T 检验，我们发现：这九个发声参数都能很好地把官腔语段和正常语段区分开来。

之后，我们把 9 个发声参数调整为 14 个并进行了因子分析。结果发现，这 14 个发声参数可以大体简化成声带振动的四方面特征：声带发声力度，声带振动不规则度，声门打开关闭特征，音节内发声变化。官腔语段在声带振动不规则度和声门打开关闭特征上的得分比正常语段大。但是，它在音节内发声变化和声带发声力度上的得分都比正常语段小。

接下来，我们又对此二语段进行了 EGG 波形比对，以确定它们所运用的发声类型有何不同。比对结果如下。第一，官腔语段中所用到的发声类型以气嗓音、高音调嗓音、正常嗓音和紧嗓音为主，它们合起来占 90% 的比重。而正常语段以运用正常嗓音为主，它占总体的 67%。第二，正常语段中用到的挤喉音比官腔语段多（28% ＞7%），但是，这跟情感表达没有关系。第三，官腔语段中还运用到了假声、耳语和双音调嗓音，但是，正常语段中没有运用它们。第四，两种语段所用的低音调嗓音都比较少。EGG 波形比对的结果可以很好地解释和验证因子分析的结果。

最后，为了弄清楚发声对官腔语气的表达究竟起了什么样的作用，我们又将官腔语句"啊哈哈哈"和正常语句"啊哈哈哈"的语音信号采用两种不同的方法进行了合成，又进行了感知试验。结果发现，声门气流信号的开商与速度商对官腔语气的表达起着非常重要的作用。

第八章 太监腔语段的发声及其 合成与感知研究

　　本章研究的太监腔是当下影视剧中经常出现的一种特殊发音方式，它是一种声音高而尖厉的男人声音，但是，却给人一种不男不女的感觉。这其实是影视演员为了凸显人物特征而特意夸大、强调、渲染出来的一种艺术腔调。随着封建社会的结束，太监已不复存在了，所以真正的太监腔是什么样子已不得而知了。本章选择影视剧中的太监腔作为研究对象，是因为它发音很特殊，似乎经常用到假声和高音调嗓音等特殊的发声类型。

8.1　录音材料、发音人与录音设备

8.1.1　录音材料

　　本章的太监腔语段选自宋小宝和杨树林主演的搞笑小品《甄嬛后传》。杨树林在这段小品里扮演太监角色。他虽然是一位年轻演员，但是，他的台词功底很好，总能运用不同的语言形象来塑造不同的人物角色。所以，本章选择该小品中杨树林的台词作为太监腔语段来研究。现在把杨树林的台词转写如下，其他演员的台词在此省略。

　　　　杨树林：肃静！皇上为国操劳，日理万机，批阅奏折，三天三夜都没睡觉。老奴一直陪在身边，我现在都老困了。听说明日皇上要出宫体察民情，微服私访。也不知道明天会带哪位妃子出宫啊！

　　　　丫环：……

杨树林：哎哟！

肥妃：……

丫环：……

杨树林：您就别拿老奴说笑了。给娘娘请安，肥妃娘娘万福金安！

肥妃：……

杨树林：没跪。娘娘，您今日真是容光焕发呀！这美中不足就是眼圈有点发黑啊！

丫环：……

肥妃：……

杨树林：娘娘，昨夜是老奴一直陪在皇上身边，未曾见过您呢。

肥妃：……

杨树林：前天也是老奴陪伴。

肥妃：……

杨树林：上个礼拜也是……

8.1.2　录音设备与发音人

因为本章的录音材料跟第六章、第七章的录音材料都是在同一个时间、同一个地点、由同一位专业演员演绎并录制下来的，所以录音设备和发音人的信息跟第六章的完全相同，在此不再重述。本章语料的录制过程如下。

首先，我们请发音人把杨树林的台词在不带任何情感的状态下用普通话朗读一遍，并录音。之后，再请他认真观看了几遍我们从《甄嬛后传》中截取的杨树林的视频，向他详细地解释了视频中的情感状态，并请他把这种情感状态准确地演绎出来。如果觉得他的演绎还存在不到位的地方，就重新播放一遍视频或者重新解释一下我们所要求的情感状态，让他再重新来一遍，直到他演绎得完全精准为止。整个过程也都录音，并把所录音频保存成 wav 格式。

最后，从录音中择出两个语段用于声学分析。第一段为太监腔语段，即从发音人的几遍演绎中经过听辨挑选出来的演得最好的那一遍。第二段为正常语段，即发音人在不带任何情感的状态下朗读的那一遍。本章的目的就是要探究一下，太监腔语段和正常语段在发声方面有什么差异。

8.2　参数提取

我们从本章两种语段的 EGG 信号中一共提取了九个发声参数：$F0_{EGG}$、OQ_{EGG}、SQ_{EGG}、$Jitter_{EGG}$、$Shimmer_{EGG}$、HNR_{EGG} 和 PIC、PDC、LP_10Hz。这九个参数的含义以及提取它们所运用的软件程序在第六章已有详述，这里不再重述。总之，从本章的太监腔语段中一共提取到 $F0_{EGG}$、OQ_{EGG}、SQ_{EGG} 的值各 10394 个，从其正常语段中一共提取到这三个参数的值各 3785 个。从本章的太监腔语段中一共提取到 $Jitter_{EGG}$、$Shimmer_{EGG}$、HNR_{EGG} 和 LP_10Hz 的值各 152 个，从其正常语段中一共得到这四个参数的值各 153 个。从本章的太监腔语段中一共得到 PIC、PDC 的值各 9520 个，从其正常语段中一共得到这两个参数的值各 3690 个。有一点需要注意：太监腔语段的基频、开商、速度商、PIC、PDC 值的数目比正常语段的多很多。这是因为太监腔语段中的很多音节都由于演绎的需要而被拖长了，因而，其 EGG 脉冲的个数比正常语段多很多。

8.3　独立样本的 T 检验

在本章里，正常语段属于对照组，太监腔语段属于实验组。我们仍然运用 SPSS 13.0 中的独立样本 T 检验功能来检验这两个组在九个发声参数上是否存在显著性差异。按照默认设置，把 a = 0.05 确定为显著性水平。所以，如果 p < 0.05，则表示某参数的值在两个语段之间存在显著性差异；如果 p > 0.05，则表示它在两语段之间不存在显著性差异。

我们首先看 $F0_{EGG}$、OQ_{EGG}、SQ_{EGG} 这三个发声参数。其统计结果如表 8-1、图 8-1 和表 8-2 所示。从表 8-1 可知，正常语段一共有 3785 个基频、开商、速度商值进入统计分析，太监腔语段一共有 10394 个基频、开商、速度商值进入统计分析。进入统计分析的参数值数目特别大，因此，我们的独立样本 T 检验有着很好的统计效力。从表 8-1 和图

8 - 1 还可以看到：太监腔语段的基频平均值明显比正常语段的大得多：241.88Hz > 123.38Hz，前者几乎等于后者的二倍；但其开商平均值比正常语段的小，57.69% < 58.87%，其速度商平均值也明显比正常语段的小，460.10 < 517.11。

表 8 - 1 　　　两种语段的基频、开商、速度商的平均值和标准差

发声参数	语段类别	参数值数目	平均值	标准差
$F0_{EGG}$	正常语段	3785	123.38	34.69
	太监腔语段	10394	241.88	108.57
OQ_{EGG}	正常语段	3785	58.87	10.73
	太监腔语段	10394	57.69	7.65
SQ_{EGG}	正常语段	3785	517.11	182.79
	太监腔语段	10394	460.10	232.61

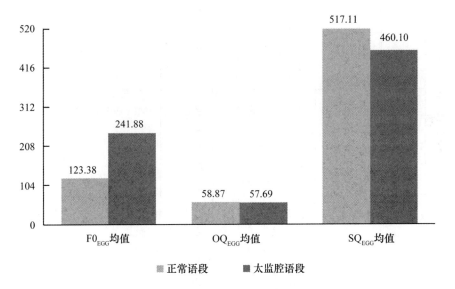

图 8 - 1 　两种语段的基频、开商、速度商平均值的柱形图

从表 8 - 2 可以看到，基频、开商、速度商的 F 值所对应的 Sig. 值都等于 0.000，远远小于 0.05，也即对于这三个参数来说，正常语段和太

表 8 - 2　　　　针对基频、开商、速度商的独立样本 T 检验结果

		Levene's Test for Equality of Variances		t-test for Equality of Means						95% Confidence Interval of the Difference	
		F	Sig.	t	df	Sig. (2-tailed)	Mean Difference	Std. Error Difference		Lower	Upper
$F0_{EGG}$	Equal variances assumed	3626.479	0.000	-65.934	14177	0.000	-118.49941	1.79724		-122.022	-114.977
	Equal variances not assumed			-98.343	14012.282	0.000	-118.49941	1.20497		-120.861	-116.138
OQ_{EGG}	Equal variances assumed	388.418	0.000	7.250	14177	0.000	1.18094	0.16288		0.86168	1.50020
	Equal variances not assumed			6.219	5246.868	0.000	1.18094	0.18989		0.80867	1.55321
SQ_{EGG}	Equal variances assumed	421.808	0.000	13.624	14177	0.000	57.00955	4.18443		48.80751	65.21159
	Equal variances not assumed			15.219	8487.933	0.000	57.00955	3.74606		49.66637	64.35273

监腔语段这两个样本的方差都不相等。因此，我们应该采用 Equal variances not assumed 一栏对应的 t 值和 Sig.（2-tailed）值来解释独立样本 T 检验的结果。可以看到，不管是基频，开商，还是速度商，Equal variances not assumed 一栏所对应的 Sig.（2-tailed）值都等于 0.000，远小于 0.05。因此，可以说，正常语段和太监腔语段在基频 $[t_{(14012.282)} = -98.343, p = 0.000 < 0.05]$，开商 $[t_{(5246.868)} = 6.219, p = 0.000 < 0.05]$ 和速度商 $[t_{(8487.933)} = 15.219, p = 0.000 < 0.05]$ 这三个发声参数上都存在显著性差异。

下面看 PIC、| PDC | 这两个发声参数。其统计结果如表 8 – 3、图 8 – 2和表 8 – 4 所示。从表 8 – 3 可以看到，正常语段一共有 3690 个

表 8 – 3　　　　两种语段的 PIC、| PDC | 的平均值和标准差

发声参数	语段类别	参数值数目	平均值	标准差
PIC	正常语段	3690	995.56	405.75
	太监腔语段	9520	605.09	303.68
| PDC |	正常语段	3690	286.07	143.04
	太监腔语段	9520	223.79	106.34

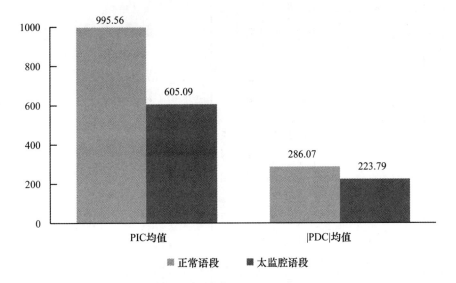

图 8 – 2　两种语段的 PIC 及 | PDC | 平均值的柱形图

表8-4　针对 PIC、|PDC| 的独立样本 T 检验结果

		Levene's Test for Equality of Variances		t-test for Equality of Means					95% Confidence Interval of the Difference	
		F	Sig.	t	df	Sig. (2-tailed)	Mean Difference	Std. Error Difference	Lower	Upper
PIC	Equal variances assumed	649.064	0.000	60.045	13208	0.000	390.46024	6.50275	377.71392	403.20655
	Equal variances not assumed			52.986	5366.815	0.000	390.46024	7.36913	376.01376	404.90671
|PDC|	Equal variances assumed	1066.779	0.000	27.274	13208	0.000	62.27474	2.28334	57.79906	66.75041
	Equal variances not assumed			24.001	5343.921	0.000	62.27474	2.59470	57.18806	67.36141

PIC 和｜PDC｜值进入统计分析，太监腔语段一共有 9520 个 PIC 和
｜PDC｜值进入统计分析，参与统计分析的参数值的数目也很大，因此，
针对此二参数的独立样本 T 检验有很好的统计效力。从表 8 – 3 和图
8 – 2 还可以看到：太监腔语段的 PIC 平均值明显比正常语段的要小，
605.09 < 995.56；其｜PDC｜平均值也小于正常语段，223.79 < 286.07。

再看表 8 – 4。先看表里的方差齐性检验结果。可以看到，PIC 和
｜PDC｜的 F 值所对应的 Sig. 值都等于 0.000，远小于 0.05，因此，对
于此二参数来说，正常语段和太监腔语段这两个样本的方差都不相等。
所以，我们应该采用 Equal variances not assumed 一栏所对应的 t 值和 Sig.
（2-tailed）值来解释独立样本 T 检验的结果。可以看到：对于参数 PIC
来说，$t_{(5366.815)}$ = 52.986，p = 0.000 < 0.05；对于参数｜PDC｜来说，
$t_{(5343.921)}$ = 24.001，p = 0.000 < 0.05。因此，正常语段和太监腔语段在
PIC 和｜PDC｜这两个发声参数上都存在显著性差异。

最后，我们来看看 LP_10Hz、$Jitter_{EGG}$、$Shimmer_{EGG}$、HNR_{EGG} 这四个
发声参数。它们的统计结果如表 8 – 5、图 8 – 3 和表 8 – 6 所示。从
表 8 – 5 可以看到，对于这四个发声参数，正常语段各一共有 153 个值进
入统计分析，太监腔语段各一共有 152 个值进入统计分析。参与统计分
析的参数值的数目也比较大，因此，针对此四参数的独立样本 T 检验也
有比较好的统计效力。从表 8 – 5 和图 8 – 3 还可以看到：太监腔语段的
LP_10Hz 平均值比正常语段的小，62.16 < 67.11；其 $Jitter_{EGG}$ 平均值也比正常
语段的小，8.32 < 9.49；同样，其 $Shimmer_{EGG}$ 平均值也比正常语段的要小，
14.32 < 14.63；只有其 HNR_{EGG} 的平均值比正常语段的大，11.73 > 10.57。

现在看表 8 – 6。先看其方差齐性检验的结果。LP_10Hz、$Shim$-
mer_{EGG} 和 HNR_{EGG} 的 F 值所对应的 Sig. 值分别为：0.151，0.261，0.357，
都大于 0.05。因此，对于这三个参数来说，正常语段和太监腔语段这两
个样本的方差都相等。所以，我们应该采用 Equal variances assumed 一栏
所对应的 t 值和 Sig.（2-tailed）值来解释其独立样本 T 检验的结果。但
是，$Jitter_{EGG}$ 的 F 值所对应的 Sig. 值是 0.009，小于 0.05。因此，对于此
参数来说，正常语段和太监腔语段这两个样本的方差并不相等。所以，
我们应该采用 Equal variances not assumed 一栏所对应的 t 值和 Sig.（2-

tailed）值来解释其独立样本 T 检验的结果。可以看到：对于参数 LP_ 10Hz 来说，$t_{(303)} = 10.29$，$p = 0.000 < 0.05$；对于参数 HNR_{EGG} 来说，$t_{(303)} = -3.048$，$p = 0.003 < 0.05$。因此，正常语段和太监腔语段在 LP_ 10Hz 和 HNR_{EGG} 这两个发声参数上都存在显著性差异。对于参数 $Jitter_{EGG}$ 来说，$t_{(269.311)} = 1.322$，$p = 0.187 > 0.05$；对于参数 $Shimmer_{EGG}$ 来说，$t_{(303)} = 0.337$，$p = 0.737 > 0.05$。因此，正常语段和太监腔语段在 $Jitter_{EGG}$ 和 $Shimmer_{EGG}$ 这两个发声参数上都不存在显著性差异。

表 8 - 5　　　　　两种语段的 LP_10Hz、$Jitter_{EGG}$、
$Shimmer_{EGG}$、HNR_{EGG} 的平均值和标准差

发声参数	语段类别	参数值数目	平均值	标准差
LP_10Hz	正常语段	153	67.11	4.46
	太监腔语段	152	62.16	3.93
$Jitter_{EGG}$	正常语段	153	9.49	9.00
	太监腔语段	152	8.32	6.18
$Shimmer_{EGG}$	正常语段	153	14.63	8.90
	太监腔语段	152	14.32	7.41
HNR_{EGG}	正常语段	153	10.57	3.20
	太监腔语段	152	11.73	3.44

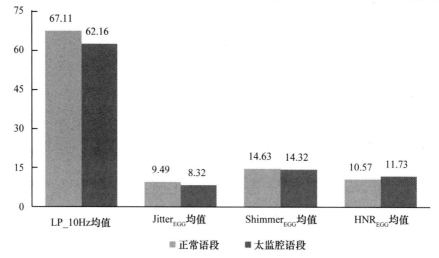

图 8 - 3　两种语段的 LP_10Hz、$Jitter_{EGG}$、$Shimmer_{EGG}$、
HNR_{EGG} 的平均值柱形图

表 8 - 6　针对 LP_10Hz、$Jitter_{EGG}$、$Shimmer_{EGG}$、HNR_{EGG} 的独立样本 T 检验结果

		Levene's Test for Equality of Variances		t-test for Equality of Means					95% Confidence Interval of the Difference	
		F	Sig.	t	df	Sig. (2-tailed)	Mean Difference	Std. Error Difference	Lower	Upper
LP_10Hz	Equal variances assumed	2.071	0.151	10.290	303	0.000	4.953374	0.481395	4.006074	5.900673
	Equal variances not assumed			10.294	298.656	0.000	4.953374	0.481193	4.006414	5.900333
$Jitter_{EGG}$	Equal variances assumed	6.945	0.009	1.320	303	0.188	1.167682	0.884375	-0.572613	2.907976
	Equal variances not assumed			1.322	269.311	0.187	1.167682	0.883329	-0.571427	2.906790
$Shimmer_{EGG}$	Equal variances assumed	1.269	0.261	0.337	303	0.737	0.315722	0.938063	-1.530221	2.161665
	Equal variances not assumed			0.337	293.976	0.737	0.315722	0.937502	-1.529345	2.160789
HNR_{EGG}	Equal variances assumed	0.852	0.357	-3.048	303	0.003	-1.159585	0.380490	-1.908322	-0.410848
	Equal variances not assumed			-3.047	301.168	0.003	-1.159585	0.380579	-1.908516	-0.410654

总的来说，太监腔语段和正常语段在以下七个发声参数上都存在统计学意义上的显著性差异：基频、开商、速度商、PIC、｜PDC｜、LP_10Hz 和谐波噪声比。但是，它们在以下两个发声参数上却不存在统计学意义上的显著性差异：频率抖动百分比和振幅抖动百分比。

8.4 因子分析

8.4.1 发声参数的调整

本章仍然采用第六章和第七章的思路、方法和软件程序把我们的 9 个发声参数调整为 14 个：按音节求出来的 $Jitter_{EGG}$、$Shimmer_{EGG}$、HNR_{EGG} 和 LP_10Hz；按音节求出来的基频均值 F0mean 及基频变异系数 F0_CV，开商均值 OQmean 及开商变异系数 OQ_CV，速度商均值 SQmean 及速度商变异系数 SQ_CV，PIC 均值及 PIC 变异系数 PIC_CV，｜PDC｜均值及｜PDC｜变异系数 PDC_CV。这 14 个发声参数各有 305 个值，数据齐整，不存在缺失值，因此，也不需要做缺失值分析。

8.4.2 因子分析及其结果

我们仍然利用 SPSS 13.0 对 14 个发声参数做因子分析，SPSS 软件设置如下。

在 Descriptives 模块儿中，我们选择了 Univariate descriptives、Initial solution、Coefficients、Significance levels 和 KMO and Bartlett's test of sphericity 这五个选项。在 Extraction 模块里边，我们选择了 Principal components、Correlation matrix、Unrotated factor solution、Scree plot 和 Number of factors 这五个选项，把我们要求的公共因子个数定为七个。在 Rotation 模块中，我们选择了 Varimax 和 Rotated solution 这两个选项。在 Factor scores 模块中，我们选择了 Save as variables、Regression 和 Display factor score coefficient matrix 这三个选项。我们把每个因子得分都作为一个新变量保存下来，是为了下一步对正常语段和太监腔语段的因子得分做比较。在 Options 模块中，我们选择了 Exclude cases listwise 和 Sorted by size 这两个选项。

因子分析的结果如表 8 - 7、8 - 8 和 8 - 9 所示。先看表 8.7 中的
KMO 和 Bartlett 球形检验结果。可以看到，KMO 统计量为 0.744，大于
0.7，所以本章的因子分析可以接受。从另一方面来看，表里的 Bartlett
球形检验统计量值也很大，为 2678.57，它所对应的相伴概率值为
0.000，远小于显著性水平 0.05。这说明，本章的十四个发声参数之间
存在着显著的相关关系，它们完全适合于做因子分析。

表 8 - 7　　　　　　　　　　　　KMO 和 Bartlett 球形检验

Kaiser-Meyer-Olkin Measure of Sampling Adequacy.		0.744
Bartlett's Test of Sphericity	Approx. Chi-Square	2678.570
	df	91
	Sig.	0.000

再看表 8 - 8。很显然，当我们在 Extraction 模块中把要求的公共因子
个数确定为七个时，所提取的七个公共因子可以解释原有变量总方差的
87.232%，也就是说，它们能够反映上述十四个发声参数所代表的全部
信息的 87.232%。这个比例很高，能够保证不丢失太多的重要信息。因
此，可以认为本章的因子分析结果是良好的。

最后，我们来看表 8 - 9，它显示了旋转后的因子载荷矩阵。可以
看到，公共因子一与 PICmean 和 PDCmean 这两个发声参数关系密切，
它们的因子载荷分别为 0.894 和 0.881。公共因子二跟 $Jitter_{EGG}$、
HNR_{EGG} 和 $Shimmer_{EGG}$ 这三个发声参数关系密切，它们的因子载荷依次
为 0.889、- 0.774、0.761。公共因子三跟 F0_CV、SQ_CV 和 OQ_
CV 这三个发声参数关系密切，它们的因子载荷依次为 0.807、0.719、
0.615。公共因子四跟 SQmean 和 F0mean 这两个发声参数关系密切，
它们的因子载荷依次为 - 0.909 和 0.851。公共因子五跟 PDC_CV 与
PIC_CV 这两个发声参数关系密切，它们的因子载荷依次为 0.916 和
0.536。公共因子六跟 OQmean 这一个发声参数关系密切，它的因子载
荷为 0.847。公共因子七跟 LP_10Hz 这一个发声参数关系密切，它的

表 8 - 8

可以解释的方差比例

Component	Initial Eigenvalues			Extraction Sums of Squared Loadings			Rotation Sums of Squared Loadings		
	Total	% of Variance	Cumulative %	Total	% of Variance	Cumulative %	Total	% of Variance	Cumulative %
1	4.938	35.268	35.268	4.938	35.268	35.268	2.365	16.895	16.895
2	2.197	15.692	50.961	2.197	15.692	50.961	2.305	16.463	33.358
3	1.733	12.378	63.338	1.733	12.378	63.338	1.895	13.536	46.894
4	1.293	9.236	72.574	1.293	9.236	72.574	1.846	13.188	60.083
5	0.952	6.800	79.375	0.952	6.800	79.375	1.402	10.012	70.095
6	0.629	4.495	83.870	0.629	4.495	83.870	1.341	9.576	79.670
7	0.471	3.362	87.232	0.471	3.362	87.232	1.059	7.562	87.232
8	0.453	3.237	90.469						
9	0.371	2.652	93.121						
10	0.317	2.262	95.383						
11	0.233	1.662	97.045						
12	0.199	1.422	98.467						
13	0.171	1.220	99.687						
14	0.044	0.313	100.000						

因子载荷为 0.866。

表 8 - 9　　　　　　　　　　　　旋转后的因子载荷矩阵

	Component						
	1	2	3	4	5	6	7
PICmean	0.894	-0.102	-0.168	-0.162	-0.086	-0.167	0.219
PDCmean	0.881	-0.186	-0.109	0.191	-0.132	-0.204	0.134
Jitter（%）	0.030	0.889	0.117	0.028	-0.070	0.154	-0.032
HNR（dB）	0.148	-0.774	-0.322	0.028	-0.276	-0.110	-0.102
Shimmer（%）	-0.372	0.761	0.058	0.124	0.060	0.105	0.353
F0_CV	-0.031	0.273	0.807	0.059	0.241	-0.010	-0.180
SQ_CV	-0.422	0.010	0.719	0.341	0.100	0.018	0.177
OQ_CV	-0.097	0.293	0.615	-0.262	0.203	0.378	0.038
SQmean	-0.169	-0.086	-0.005	-0.909	-0.088	-0.181	0.005
F0mean	-0.212	-0.005	0.103	0.851	-0.123	-0.255	-0.174
PDC_CV	-0.101	0.073	0.250	-0.024	0.916	0.139	0.078
PIC_CV	-0.413	0.101	0.331	0.052	0.536	0.493	-0.007
OQmean	-0.294	0.264	0.056	-0.011	0.166	0.847	0.074
LP_10Hz（dB）	0.315	0.195	-0.035	-0.158	0.077	0.063	0.866

8.4.3　讨论与总结

　　总体来看，本章的因子分析结果跟第四、第六、第七那三章的因子分析结果虽然稍有出入，但大体上还是比较一致的。本章的公共因子二代表的是频率抖动百分比、振幅抖动百分比和谐波噪声比这三个发声参数。在本书的四次因子分析当中，软件 SPSS 13.0 都是把这三个参数归结到一个公共因子当中。因此，我们仍然把本章的公共因子二归结为声带振动不规则度。

　　本章的公共因子三代表的是 F0_CV、SQ_CV 和 OQ_CV 这三个发声参数，公共因子五代表的是 PDC_CV 和 PIC_CV 这两个发声参数。我们知道，CV 是变异系数，这五个发声参数分别表示基频、速度商、开商、｜PDC｜、PIC 此五者在一个音节内部的变化情况。它们的变化标示着音节内部的发声类型发生了变化。所以，我们把公共因子三和五合二为一，归结为音节内发声变化。

　　本章的公共因子一代表的是 PICmean 和 PDCmean 这两个发声参数，

公共因子七代表的是 LP_10Hz 这一个发声参数。我们知道，PIC 和 PDC 的绝对值与 EGG 脉冲振幅的大小成正比，同时还标示着声门激励力度（excitation strength）的大小。在第四章，我们曾经讨论过 RMSeggmean 这个发声参数，认为它可能是发声力度变化所必需的伴随现象。本章的参数 LP_10Hz 跟 RMSeggmean 的含义完全相同。因此，我们把公共因子一和七合二为一，归结为声带发声力度。

本章的公共因子四代表的是 SQmean 和 F0mean 这两个发声参数，公共因子六代表的是 OQmean 这一个发声参数。这两个公共因子应该合二为一，因为基频表示的是声带振动速度的快慢，开商和速度商表示的是声带振动的方式，即声门的打开关闭情况。随着基频从最低到最高的渐变，发声类型就会改变，开商和速度商的值也就跟着发生变化。因此，我们把公共因子四和六合二为一，归结为声门打开关闭特征。

总之，本章的十四个发声参数也可以大体上简化成四个维度：声带发声力度，声带振动不规则度，声门打开关闭特征，音节内发声变化。这四个维度反映的是正常语段和太监腔语段在发声生理上的特征。针对由 SPSS 13.0 算出的因子得分，我们做了如下处理：公共因子二的得分，用以量化声带振动不规则度；把公共因子一和七的得分加起来，用以量化声带发声力度；把公共因子三和五的得分加起来，用以量化音节内发声变化；把公共因子四和六的得分加起来，用以量化声门打开关闭特征。这样一来，我们就可以根据这四个生理维度来比较和概括正常语段和太监腔语段了。表 8 - 10 是此二语段在这四个维度上的得分的最小值、最大值、平均值和标准差。图 8 - 4 是表 8 - 10 中的各个因子得分平均值的柱形图。我们可以看到，太监腔语段在声带振动不规则度（ - 0.07 < 0.07）、音节内发声变化（ - 0.22 < 0.22）、声门打开关闭特征（ - 0.08 < 0.07）、声带发声力度（ - 0.78 < 0.77）这四个维度上的得分都比正常语段小。也即，太监腔语段在这四个生理维度上都明显不同于正常语段。

表 8 – 10　　两种语段因子得分的最小值、最大值、平均值和标准差

	语段	最小值	最大值	平均值	标准差
声带振动 不规则度	正常语段	– 1.60	5.67	0.07	1.10
	太监腔语段	– 1.87	3.03	– 0.07	0.88
音节内 发声变化	正常语段	– 2.32	3.38	0.22	1.36
	太监腔语段	– 2.68	4.51	– 0.22	1.44
声门打开 关闭特征	正常语段	– 3.82	3.83	0.07	1.29
	太监腔语段	– 3.97	4.33	– 0.08	1.53
声带发声 力度	正常语段	– 2.5	3.95	0.77	1.34
	太监腔语段	– 3.08	1.79	– 0.78	1.00

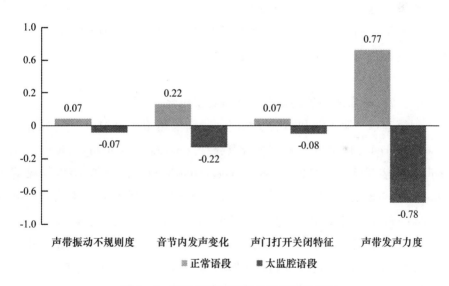

图 8 – 4　两种语段因子得分均值的柱形图

8.5　EGG 波形比对

　　第 8.3 节的独立样本 T 检验表明，太监腔语段和正常语段在七个发声参数上存在统计学意义上的显著性差异，在两个发声参数上不存在统计学意义上的显著性差异。第 8.4 节的因子分析表明，太监腔语段在四

个生理维度上的得分都不同于正常语段。为了更深入地理解这些统计分析结果，我们必须通过 EGG 波形比对做进一步的研究，从而弄清楚在太监腔语段和正常语段中究竟用了哪些不同的发声类型（phonation type）。

8.5.1 发声类型的判断标准和 EGG 波形比对程序

跟第六、七两章的做法完全一样，在本章还依照以下三个标准来判断发声类型：第一个标准是听感；第二个标准是喉头仪波形形状；第三个标准就是各种发声参数，比如基频、开商、速度商等的值。除此之外，还有一些辅助性的声学分析手段。关于判断标准的详细描述请参看第6.5.1 节，这里不再赘述。

另外，由于本章的发音人跟第六、七两章的发音人是同一名专业演员，也即，这三章的 EGG 信号都是录自同一个人，所以，本章与第六章、第七章用的是同一个 EGG 波形比对程序。关于该程序的详细情况请参看第6.5.2 节，这里也不再赘述。

8.5.2 本章所出现的音节内发声类型组合

跟第五章、第六章和第七章相同，我们依然用字母 M 代表正常嗓音（modal voice），用字母 H 代表高音调嗓音（modal voice of high pitch），用字母 L 代表低音调嗓音（modal voice of low pitch），用 B 代表气嗓音（breathy voice），用 C 代表挤喉音（creaky voice），用 D 代表双音调嗓音（diplophonia），用 F 代表假声（falsetto），用 T 代表紧嗓音（tense voice），用 W 代表耳语（whisper），用 Cf 代表挤喉假声（creaky falsetto）。因为本章跟第六、七两章的 EGG 信号都是录自同一名专业演员，所以 EGG 信号的个人差异可以排除掉。因此，第六章和第七章里已经出现过的音节内发声类型组合方式这里不再重述。这里着重描述本章中新出现的一些音节内发声类型组合方式。

8.5.2.1 CfF 类

CfF 类是指在一个音节内部发声类型由挤喉假声变成了假声。图 8-5 例示了本章发音人的 CfF 类音节。下面方框中的蓝色曲线是太监腔语段语句"听说明日皇上要出宫体察民情微服私访"中"说"字的 EGG

波形图，该字属于 CfF 类音节。上面方框中的红色曲线是标准正常嗓音音节"柔"的第一段的 EGG 波形图。可以看到，这个"说"字的前五分之二段有以下特点：第一，其基频很高，基频值几乎是正常嗓音的三倍；第二，其 EGG 脉冲振幅时大时小，参差不齐，但总体上振幅不大。该段听起来是尖声中夹杂着吱嘎声，听感跟 John Laver 提供的 creaky falsetto 的录音十分相似，因此，该段的发声类型属于挤喉假声。但是，在"说"字的后五分之三段，情况有所改变：第一，基频依然特别高，是正常嗓音的三倍以上；第二，EGG 脉冲变得比较左右对称了；第三，EGG 脉冲振幅特别小，但变得比较齐平了。该段给人的听感是音质单调而又尖利，但没有夹杂吱嘎声。所以，这一段的发声类型属于假声。

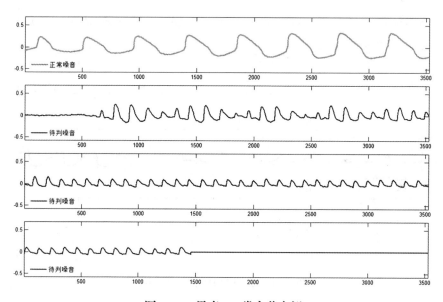

图 8 - 5 男声 CfF 类音节实例

8.5.2.2 FCfM 类

FCfM 类是指在一个音节内部，发声类型先由假声变成了挤喉假声，再由挤喉假声变成了正常嗓音。图 8 - 6 例示了本章发音人的 FCfM 类音节。方框中的蓝色曲线是太监腔语段语句"前天也是老奴陪伴"中"是"字的 EGG 波形图，该字属于 FCfM 类音节。可以看到，在"是"

字的前九分之一段，发声类型属于假声，因为这一段的 EGG 波形有如下
三个特点：基频特别高，几乎是正常嗓音的三倍；EGG 脉冲左右比较对
称；EGG 脉冲振幅特别小，但是比较齐平。可是，在接下来的九分之六
段，发声类型变成了挤喉假声，因为该段的 EGG 波形变了：基频虽然还
是较高，但也有点降低；EGG 脉冲振幅变得时大时小、参差不齐，但总
体上振幅不大；该段听起来是尖声中夹杂着吱嘎声。最后，在"是"字
的最后九分之二段，EGG 脉冲振幅明显变大了，脉冲的左偏度也越来越
大，基频也明显变低了，降到了正常嗓音的范围内，也即发声类型变成
了正常嗓音。

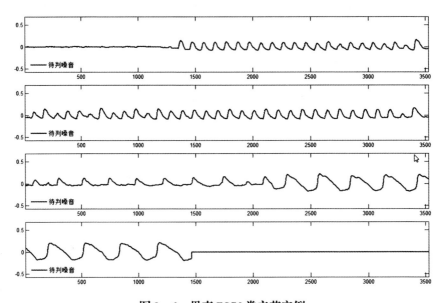

图 8 – 6　男声 FCfM 类音节实例

8.5.2.3　MHF 类

MHF 类是指在一个音节内部，发声类型先由正常嗓音变成了高音调
嗓音，再由高音调嗓音变成了假声。图 8 – 7 例示了本章发音人的 MHF
类音节。方框中的蓝色曲线是太监腔语段语句"娘娘，昨夜是老奴一直
陪在皇上身边"中"直"字的 EGG 波形图，该字属于 MHF 类音节。
"直"字的 EGG 信号天然分为两段；前一半的 EGG 脉冲振幅明显较大；

后一半的 EGG 脉冲振幅明显小很多；两段之间有两三个 EGG 脉冲振幅稍微有些抖动，那可能就是换声区的位置。在第一段，EGG 信号以基频较低、脉冲左偏程度很大的正常嗓音起始。接着，随着基频的升高，EGG 脉冲振幅逐渐变小，脉冲也变得越来越左右对称。直到该段的最后三四个脉冲时，发声类型完全变成了高音调嗓音。这一段听起来声音不是很尖利。在音节"直"的后一半，发声类型最终变成了假声。因为这一段的基频更高，EGG 脉冲左右比较对称，EGG 脉冲振幅特别小又比较齐平。这一段听起来声音特别尖利。音节"直"是阳平调。读阳平调时，如果起始点基频太高，就会不由自主地升高到假声音域。

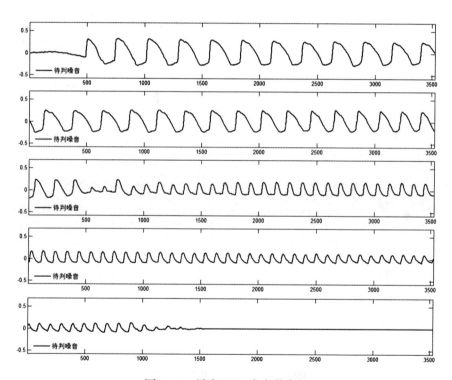

图 8 - 7　男声 MHF 类音节实例

8.5.2.4　DF 类

DF 类是指在一个音节内部发声类型由双音调嗓音变成了假声。图 8 - 8 例示了本章发音人的 DF 类音节。方框中的蓝色曲线是太监腔语段语句"这美中不足就是眼圈有点发黑啊"中"圈"字的 EGG 波形图，该字属于 DF 类音节。先看"圈"字的前五分之一段，该段的开头处有几个 EGG 脉冲稍微有点凌乱。之后的情况是：大 EGG 脉冲和小 EGG 脉冲轮流交替出现，EGG 脉冲振幅总体上比较小，基频特别高。这一段听起来好像有两个基频，发声类型大体上属于双音调嗓音。在"圈"字的后五分之四段，发声类型转变成了假声，因为这一段的 EGG 波形具有如下几个特点：基频特别高，在 470Hz 左右，几乎是标准正常嗓音音节"柔"字的基频最大值的三倍；EGG 脉冲左右比较对称；EGG 脉冲振幅特别小，但是却比较齐平。这一段听起来声音特别尖利。

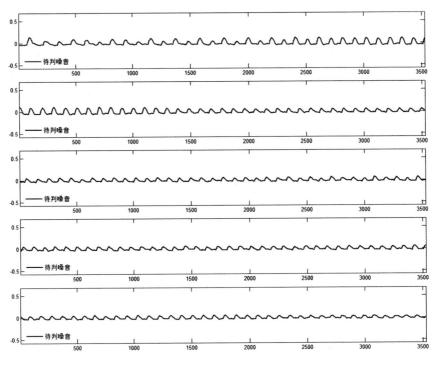

图 8－8　男声 DF 类音节实例

本章出现的音节内发声类型组合方式还有：TM，ML，MHM，MC，MCM，MH，C，Cf，CH，CL，CM，CMC，H，HCM，HM，HMC，HMH，HML，HT，L，LC，LM，M，F，MB，TMC，W，CfHM，FCf，

FDH，FHCf，FHM，FM，FTM，HF，HFH，HMHCf，MHFM，MTH，MTM，CfMH 等。它们当中有的在第六章或第七章已被描述过，有的含义已不言自明了。限于篇幅，这里就不再对它们逐一进行描述了。

8.5.3 总结两种语段中的发声类型

8.5.3.1 太监腔语段中所出现的发声类型

为了从总体上把握太监腔语段的发声特征，我们打破了音节的界限，对太监腔语段中每一种发声类型所出现的频次进行了统计，结果如图 8-9 所示。可以看到，正常嗓音总共出现了 115 次，约占总体的 39%。高音调嗓音一共出现了 91 次，约占总体的 30%。假声一共出现了 51 次，约占总体的 17%。挤喉音一共出现了 30 次，约占总体的 10%。紧嗓音一共出现了 7 次，约占总体的 2%。低音调嗓音一共出现了 3 次，约占总体的 1%。双音调嗓音一共出现了 2 次，约占总体的 1%。比较一下各种发声类型所占的比重，我们可以得到这样的结论：在演绎太监腔的时候，本章发音人主要依赖的是正常嗓音、高音调嗓音、假声和挤喉音，它们合起来占总体的 96%；当然紧嗓音、低音调嗓音和双音调嗓音也起到了一定的配合作用。

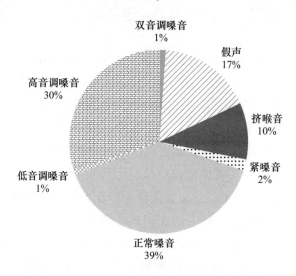

图 8-9 男声太监腔语段中各发声类型所占的比重

8.5.3.2 正常语段中所出现的发声类型

同样，在打破音节界限的情况下，我们对本章正常语段的所有发声类型所出现的频次也进行了统计。各发声类型所占比重如图8-10所示。可以看到，正常嗓音总共出现了132次，约占总体的54%。挤喉音一共出现了88次，约占总体的36%。高音调嗓音一共出现了10次，约占总体的4%。低音调嗓音一共出现了10次，约占总体的4%。气嗓音一共出现了2次，约占总体的1%。耳语一共出现了2次，约占总体的1%。紧嗓音一共出现了1次，约占总体的0%。

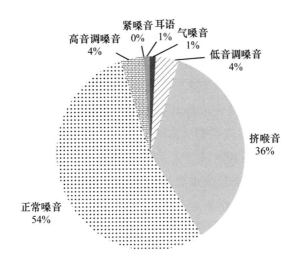

图8-10 男声正常语段中各发声类型所占的比重

通过比较图8-9和图8-10可以看到，太监腔语段跟正常语段所采用的发声类型存在很大的差别。总结起来，有以下几点。第一，太监腔语段中用到了很多高音调嗓音和假声，这两种基频特高的发声类型合起来约占总体的47%。而正常语段中没有用到假声，且高音调嗓音所占比重也很小，仅为4%。第二，正常语段中以正常嗓音占绝对优势：54%。而太监腔语段中正常嗓音所占的比例就小得多了：39%。第三，正常语段中所用到的挤喉音比太监腔语段多：36% > 10%。这是因为在男人讲普通话时上声和去声中经常会出现挤喉音，这跟情感表达无关。第四，正常语段中还用到了少量耳语和气嗓音，但是，太监腔语段中根本没有。

第五，太监腔语段中用到了少量的双音调嗓音，但是正常语段中没有。第六，两种语段都用到了少量的紧嗓音和低音调嗓音。

8.5.3.3　A 类音节和 AB 类音节

这里跟第五章、第六章和第七章相同，我们把正常语段和太监腔语段中的音节都区分为两类：如果一个音节内部只出现了一种发声类型，不存在发声类型的变换，就称为 A 类音节；如果一个音节内部有一次以上发声类型的变换，则称为 AB 类音节。本章的正常语段中共有 157 个音节，其中 A 类音节有 76 个，占总数的 48.41%，AB 类音节有 81 个，占总数的 51.59%。在本章的太监腔语段中一共有 159 个音节，其中 A 类音节有 67 个，占总数的 42.14%，AB 类音节有 92 个，占总数的 57.86%。可以看到，AB 类音节在太监腔语段中所占的比例比它在正常语段中所占的比例大：57.86% ＞ 51.59%，也即太监腔语段比正常语段有着更多的音节内发声类型变化。但是，第 8.4 节的因子分析结果是：太监腔语段在音节内发声变化这一个维度上的得分比正常语段的小：－0.22＜0.22。这一矛盾可以参照第 8.5.3.1 节和第 8.5.3.2 节的研究结果来解释。

在第 8.4 节里，我们把公共因子三和五合二为一，归结为音节内发声变化，它代表的是 PDC_CV、PIC_CV、F0_CV、OQ_CV、SQ_CV 这五个发声参数。太监腔语段的以下两个特点可能会导致它在该维度的得分较小。第一，该语段中运用了大量的高音调嗓音和假声，合起来占总体的 47%。我们知道，此二发声类型的主要区别是：高音调嗓音的 EGG 脉冲振幅比假声的大得多。但是，它们都是基频很高，开商很小，EGG 脉冲振幅左右比较对称。因此，音节内此二发声类型的相互转化会导致 F0_CV、OQ_CV、SQ_CV 的值较小。第二，在太监腔语段中，高音调嗓音、低音调嗓音和挤喉音合起来占总体的 41%。此三发声类型的主要区别在基频、开商、速度商。但它们的共同点是 EGG 脉冲振幅大小差不多。因此，音节内此三发声类型的相互转化会导致 PDC_CV、PIC_CV 的值较小。然而在正常语段中，EGG 脉冲振幅很大的正常嗓音占总体的 54%，挤喉音、高音调嗓音和低音调嗓音合起来占总体的 44%。正常嗓音与后三者在基频、开商、速度商、PIC、PDC 这五个方面都差别很大。

因此，在一个音节内部，正常嗓音与后三者的相互转化会导致 PDC_CV、PIC_CV、F0_CV、OQ_CV、SQ_CV 的值都较大。所以，太监腔语段在音节内发声变化这一维度上的得分比正常语段小。

太监腔语段在声带振动不规则度上的得分也比正常语段小：$-0.07 < 0.07$。我们在第 8.4 节里把公共因子二为归结为声带振动不规则度，它代表的是 $Jitter_{EGG}$、HNR_{EGG}、$Shimmer_{EGG}$ 这三个发声参数。我们知道，挤喉音的特点是：EGG 脉冲振幅时大时小，参差不齐；基音周期也是时长时短，基频不稳定、抖动得厉害；其频率抖动百分比和振幅抖动百分比一般比较大，而其谐波噪声比一般比较小。正常语段中的挤喉音所占的比率明显比太监腔语段中的大得多：$36\% > 10\%$。这可能就是前者的声带振动不规则度得分比后者稍大的原因。

太监腔语段在声带发声力度上的得分也比正常语段小：$-0.78 < 0.77$。在第 8.4 节里，我们把公共因子一和七合二为一，归结为声带发声力度，它代表的是 PICmean、PDCmean 和 LP_10Hz 这三个发声参数。我们知道，PIC、PDC 绝对值的大小与 EGG 脉冲振幅的大小成正比例关系。太监腔语段在声带发声力度上的得分比正常语段小，可能是出于两个原因。第一，就是 EGG 脉冲振幅很大的正常嗓音在前者中所占的比重明显比后者小：$39\% < 54\%$。第二，前者中有很多 EGG 脉冲振幅特别小的假声，而后者中根本没有。

最后，太监腔语段在声门打开关闭特征上的得分也比正常语段小：$-0.08 < 0.07$。在第 8.4 节里，我们把公共因子四和公共因子六合二为一，归结为声门打开关闭特征，它代表的是 F0mean、OQmean 和 SQmean 这三个发声参数。其中，F0mean 和 OQmean 对该维度的得分起正向作用，SQmean 对该维度的得分起负向作用。太监腔语段在该维度上的得分比正常语段稍小，可能是出于以下两个原因。第一，在太监腔语段中，开商很小的高音调嗓音占了 30% 的比重。而在正常语段中，开商较大的正常嗓音竟占了 54% 的比重。这可能会导致前者的 OQmean 值较小。第二，我们知道，正常嗓音的速度商还很大，并且速度商对该维度的因子得分起负向作用。但是，在两种语段中，正常嗓音都占了相当大的比重，所以 SQmean 的这种负向作用被抵消了不少。

　　总之，知道了两种语段中都用了哪些发声类型，就比较容易理解和解释上文的因子分析结果了。

8.6　太监腔语句的合成与感知实验

8.6.1　情感语句的合成

　　跟第六章和第七章相同，我们选择本章发音人用正常口吻和太监腔口吻所说的同一句话来进行合成研究。所选择的是一个二字短句"没跪"。从 EGG 波形比对的结果可知，在太监腔语句"没（H）跪（HMC）"当中，挤喉音 C 一共出现了 1 次，正常嗓音 M 一共出现了 1 次，高音调嗓音 H 一共出现了 2 次。然而在正常语句"没（LM）跪（MC）"当中，正常嗓音 M 一共出现了 2 次，低音调嗓音 L 一共出现了 1 次，挤喉音 C 一共出现了 1 次。此二语句所用的发声类型差别很大：一个多用高音调嗓音；一个多用正常嗓音。所以，它们的听感差别很大。这样的语句很适合做合成研究。

　　跟第七章相似，本章是从正常语句"没跪"逐步合成到了太监腔语句"没跪"。我们仍然利用两种不同的方法来合成声源。第一种方法是：保持正常语句声源的开商和速度商不改变，只将其基频曲线均匀分八步逐渐变到太监腔语句声源的基频曲线，从而得到九个合成声源。第二种方法是：将正常语句声源的基频、开商、速度商值均匀分八步逐渐变到太监腔语句声源的基频、开商和速度商值，又得到九个合成声源。接下来，把这两组合成声源都跟正常语句音节的共振峰结构做合成，共得到两组合成语句。最后，每一组合成语句的时长也都是均匀分八步从正常语句时长逐渐变到太监腔语句时长。详细的合成步骤请参看第6.6.3节。

　　总之，我们最终得到了两组合成语句，每组九个句子。现将这两组句子的相同点和不同点简述如下。第一，它们都是从正常语句"没跪"合成到了太监腔语句"没跪"，合成方向相同。第二，它们都是利用正常语句音节的共振峰结构跟合成声源做合成的。第三，它们都是从正常语句时长均匀分八步变到了太监腔语句时长。第四，它们都是把正常语句的基频曲线均匀分八步变到了太监腔语句的基频曲线。第五，两者只有一个不同点：前者没有改变正常语句原声的开商和速度商值，而后者把正常语句原声的开商、速度商值均匀分八步变到了太监腔语句的开商与速度商值。总之，其他条件都完全相同，只有改不改变开商和速度商这一点差别。

8.6.2 太监腔语句的感知实验

8.6.2.1 编写 DmDX 脚本程序

这里仍然选用辨认测验（identification tests）的方式。我们利用自编的 DMDX 脚本来控制这 18 个合成语句。在实验开始前，先让被试听几遍太监腔语句"没跪"和正常语句"没跪"的原声，让他们记住这两个句子的语气和音质的差别。然后，让他们做一个简短的预试性听辨实验，看他们能不能把太监腔语句和正常语句的原声轻易地区分开，同时也让他们熟悉一下听辨的程序。最后，听辨实验正式开始。18 个合成语句会按照随机顺序在电脑上以大而清晰的音量进行播放。每个句子以 1 秒钟的间隔连续播放三遍之后，电脑屏幕上会立刻出现两个选项：A 正常；B 太监腔。被试根据他们听到的句子来决定选 A 还是选 B，两者必选其一，不能漏选，并且一定要在 5 秒钟之内做出选择。选 A 就在电脑键盘上按 A 键，选 B 就按 B 键。连续听完 18 个合成语句大概需要四分钟的时间。

8.6.2.2 听辨人

本章的 51 名被试跟第六章和第七章的 51 名被试是同一拨人，他们的年龄、性别、职业以及学习普通话时长等信息在第六章已有详述，这里不再赘述。本章的听辨实验也是在作者单位内的一个安静的办公室内完成的。

8.6.2.3 听辨结果

我们把 18 个合成语句分开进行统计并作图。第一组是只改变基频，不改变开商和速度商的 9 个合成语句，其听辨结果如图 8-11 所示。第二组是同时改变基频、开商、速度商的 9 个合成语句，其听辨结果如图 8-12 所示。图 8-11 和 8-12 中的折线表示的是各个合成语句被听成官腔语气和正常语气的百分比数。

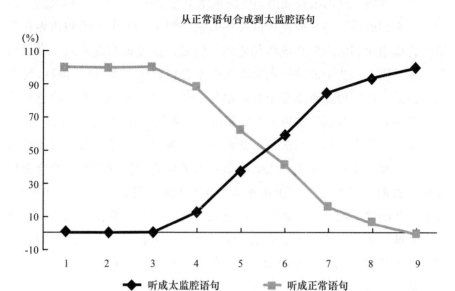

图 8 - 11　只改变基频，不改变开商、速度商的九个合成语句的听辨结果

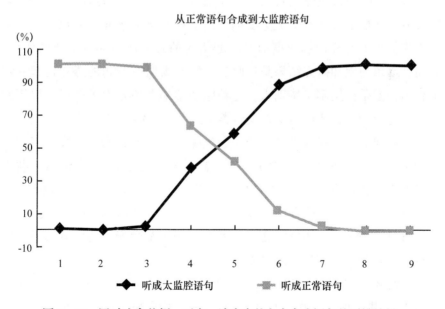

图 8 - 12　同时改变基频、开商、速度商的九个合成语句的听辨结果

可以看到，这两组合成语句的听辨结果都呈现出了范畴感知的特征，但是，它们的感知边界位置稍微有些差别。图 8-11 中的感知边界在第五个合成语句和第六个合成语句之间，但是，位置更靠近第六个合成语句一些。图 8-12 中的感知边界在第四个合成语句和第五个合成语句之间，但是，位置更靠近第五个合成语句一些。也就是说，前者的感知边界有些靠后，后者的感知边界有些靠前，两者的感知边界位置相差一格。从图 8-11 可以看到，在保持正常语句原声的开商和速度商不改变的情况下，只将其基频曲线朝着太监腔语句的方向改变，到了第五个合成样本的位置时，仍有半数以上的被试（62.75%）把它听成是正常语句。图 8-12 的情况则不同：在把正常语句原声的基频、开商、速度商同时朝着太监腔语句的方向改变的情况下，到第五个合成样本的位置时，就已经有半数以上的人（58.82%）把它听成是太监腔语句了。可见，开商和速度商对太监腔语句的感知也起了一定的作用。但是，我们也必须看到，基频对太监腔语句的感知所起的作用更大。

第六章的感知研究表明：声门气流信号中的开商与速度商这两个参数对表达抒情语气起着至关重要的作用。第七章的感知研究也表明：声门气流信号中的开商和速度商对官腔语句的感知起着非常重要的作用。然而，本章的感知研究结果是：此二参数对太监腔语句的感知也起一定的作用，但是作用不是特别大。这种感知结果上的差别可能得归因于此三章所选择用于合成的句子在发声类型上存在差别。

在抒情语句"是天上虹"当中，气嗓音 B 一共出现了 3 次，正常嗓音 M 和挤喉音 C 各一共出现了 2 次，高音调嗓音 H 和耳语 W 各一共出现了 1 次。在正常语句"是天上虹"当中，正常嗓音 M 一共出现了 4 次，高音调嗓音 H、低音调嗓音 L、挤喉音 C 和气嗓音 B 都是只出现了 1 次。可见，前者多运用气嗓音，后者多运用正常嗓音，此两者似乎主要体现为气嗓音和正常嗓音的对立。

在官腔语句"啊，哈哈哈"当中，气嗓音 B 一共出现了 4 次，正常嗓音 M 一共出现了 3 次，高音调嗓音 H 一共出现了 1 次。在正常语句"啊，哈哈哈"当中，正常嗓音 M 一共出现了 4 次，高音调嗓音 H 一共出现了 1 次，挤喉音 C 一共出现了 2 次。可见，前者也是多运用气嗓音，后者也是多运用正常嗓音，此两者似乎也是主要依靠气嗓音和正常嗓音来构成对立的。

在太监腔语句"没跪"当中，高音调嗓音 H 一共出现了 2 次，挤喉音 C 和正常嗓音 M 各一共出现了 1 次。在正常语句"没跪"当中，正常嗓音 M 一共出现了 2 次，低音调嗓音 L 和挤喉音 C 各一共出现了 1 次。可见，前者多用高音调嗓音，后者多用正常嗓音，此两者似乎主要体现为高音调嗓音和正常嗓音的对立。

孔江平（1995：56—64）在研究藏语拉萨话声调时曾提出：一个声调的感知范畴并不是固定的，它取决于声调系统中所对立的声调。从我们的情感语句感知研究中似乎也可以看到这一点。对于不同的正常语句—情感语句对立对，感知范畴也有差别。声门气流信号的开商和速度商对它们感知边界的影响也不相同。我们知道，气嗓音的特点是基频较低、开商很大、速度商很小。它跟正常嗓音相对立时，可能开商与速度商对感知的贡献会更大。而高音调嗓音的特点是基频很高、开商很小、速度商也较小。它跟正常嗓音相对立时，可能基频对感知的贡献会更大。至少，我们的直观感觉是这样的。

8.7　总结

本章对同一位专业演员所演绎的太监腔语段和正常语段进行了一系列的对比研究，旨在探讨发声对演绎太监腔所起的作用。我们首先从此二语段的 EGG 信号里提取了九个发声参数：$F0_{EGG}$、OQ_{EGG}、SQ_{EGG}、$Jitter_{EGG}$、$Shimmer_{EGG}$、HNR_{EGG}、PIC、PDC、LP_10Hz。通过独立样本的 T 检验，我们发现：太监腔语段和正常语段在以下七个发声参数上都存在统计学意义上的显著性差异：$F0_{EGG}$、OQ_{EGG}、SQ_{EGG}、PIC、｜PDC｜、LP_10Hz、HNR_{EGG}。但是，它们在以下两个参数上却不存在统计学意义上的显著性差异：$Jitter_{EGG}$、$Shimmer_{EGG}$。

然后，我们把这九个发声参数调整为十四个，并进行了因子分析。结果发现，这十四个发声参数可以大体简化成声带振动的四个生理维度：声带发声力度，声带振动不规则度，声门打开关闭特征，音节内发声变化。太监腔语段在这四个维度上的得分都比正常语段小。

接下来，我们又对此二语段进行了 EGG 波形比对。结果发现，此二语段所运用的发声类型差别很大。第一，太监腔语段中用到了很多高音调嗓音和假声，这两个发声类型合起来约占总体的 47%。然而，正常语段根本没有用到假声，用到的高音调嗓音也很少，仅占总体的 4%。第二，在正常语段中，正常嗓音占总体的 54%。然而，在太监腔语段中，正常嗓音所占的比重较小：39%。第三，正常语段所用的挤喉音比太监腔语段多：36% > 10%，但是，这跟情感表达无关。第四，正常语段还用到了少量的耳语和气嗓音，但是，太监腔语段没有。第五，太监腔语段用到了少量的双音调嗓音，但是，正常语段没有。第六，两种语段都用到了少量的紧嗓音和低音调嗓音。

最后，为了弄清楚发声对太监腔口吻的表达究竟起了怎样的作用，我们又将太监腔语句"没跪"和正常语句"没跪"的语音信号采用两种不同的方法进行了合成，并做了感知实验。结果发现，声门气流信号的开商与速度商对太监腔口吻的表达起了一定的作用，但是，没有基频所起的作用大。

第九章　结语

前人对普通话情感语音的研究，多是从基频、时长、音强、共振峰以及由它们衍生而来的参数入手，力求找到能区分不同情感类型的声学特征。也有专家从跨文化多模态的角度来研究普通话情感语音，他们的探索都颇有成就。但是，从发声角度探索普通话情感语音的尝试却少之又少。发声参数能不能有效地区分不同的情感类型，能不能有效地区分喜、怒二情感呢？如果能，在不同的情感类型语段中又会运用到哪些不同的发声类型呢？能不能通过合成与感知实验来探讨一下发声在情感表达中所起的作用呢？本书的情感语音研究就是围绕着这三个问题环环相扣、层层展开的。

本书的第三章和第四章着重探讨第一个问题。

第三章是一项预试性研究。我们请两位专业演员用喜、怒、中、惧、哀这五种情感来演绎相同的句子。之后，从所录制的喉头仪信号中一共提取出了十个发声参数：基频、开商、速度商、$Jitter_{EGG}$、$Shimmer_{EGG}$、HNR_{EGG}、PIC、｜PDC｜、VAT、VRT。通过方差分析，我们发现：第一，绝大多数的情感对之间都存在着基频、开商、速度商的显著性差异，但是此三参数对女声喜、怒二情感的区分不够理想；第二，PIC 和｜PDC｜在各对情感之间都存在显著性差异，可以有效区分各对情感；第三，$Jitter_{EGG}$、$Shimmer_{EGG}$、HNR_{EGG}倾向于把悲伤跟喜、怒、中、惧区分开来；第四，VAT、VRT 对情感类型的区分度较弱，但是，它们也倾向于把悲伤跟喜、中、怒区分开来。可见，各组发声参数联合起来，完全能把这些基本情感有效地区分开来，虽然它们在区分能力上有些差别。为了探究发声参数背后所隐藏的生理和心理机制，我们还进行了因子分

析。结果发现，这十个发声参数可以简化为四个生理维度：第一，声带振动不规则度，代表 $Jitter_{EGG}$、$Shimmer_{EGG}$、HNR_{EGG}；第二，声带发声力度，代表 PIC 和 | PDC |；第三，声门打开关闭特征，代表开商和速度商；第四，声带振动的速度与惯性特征，代表 VAT、VRT 和基频。从这四个生理维度入手，再结合方差分析的结果，就可以把五种情感语句的特点理清楚。

但是，第三章的研究有两个缺点。第一，让演员用五种不同的情感演绎相同的句子，这对演员来说有点难度。虽然我们给句子的每种情感都设定了语境，但是，这种假设的语境还是不够具体，难以撑得起我们所要求的情感状态。这样，演员演起来就有点为难。第二，对于每个句子，我们只能从句首提取到一个 VAT 值，从句末提取到一个 VRT 值。与其他发声参数相比，此二参数值的数目太少，这不利于做因子分析。况且，VAT、VRT 对情感类型的区分度也比较弱。

为了避免第三章中的第一个缺点，从而得到更真实的情感语料，我们在第四章中要求两位专业演员在了解剧情并观看视频后再演绎视频中的电视剧片段。通过这种方法，第四章共得到十个情感语段，其长度为一百字至三百多个字。十个语段分别属于以下十种情感类型：男声暴怒，男声惊喜，男声害怕，男声伤心，男声温和稍显摆；女声愤怒，女声惊喜，女声害怕，女声伤心，女声温柔的关切。为了避免第三章中的第二个缺点，第四章不再运用 VAT 和 VRT 这两个参数，而是加入了一个新的发声参数 RMSeggmean。RMSeggmean 指的是 EGG 信号基线漂移的方均跟值，它可能标示着说话时喉头上下移动幅度的大小。我们利用自编程序来提取 RMSeggmean。

这样一来，从第四章的 EGG 信号中一共提取出了九个发声参数：基频、开商、速度商、$Jitter_{EGG}$、$Shimmer_{EGG}$、HNR_{EGG}、PIC、| PDC | 和 RMSeggmean。方差分析显示：第一，几乎所有的情感语段之间都存在基频、开商、速度商的显著性差异；第二，PIC、| PDC | 对诸情感语段都有很强的区别力；第三，男发音人的 $Jitter_{EGG}$、$Shimmer_{EGG}$ 和 HNR_{EGG} 倾向于把害怕跟其他四类情感区分开来，女发音人的这三个参数倾向于把害怕、伤心跟其他情感类型区分开来；第四，RMSeggmean 对绝大多数情感

类型对都有很强的区别力。为了使因子分析更加的准确和方便，我们把九个发声参数调整为十四个：F0mean、OQmean、SQmean、F0_CV、OQ_CV、SQ_CV、Jitter$_{EGG}$、Shimmer$_{EGG}$、HNR$_{EGG}$、PICmean、PDCmean、PIC_CV、PDC_CV 和 RMSeggmean。因子分析的结果显示，根据以下四个生理维度的因子得分就可以把男女声各情感语段的特点理清楚：第一个是声带振动不规则度，它代表 Jitter$_{EGG}$、Shimmer$_{EGG}$ 和 HNR$_{EGG}$；第二个是声带发声力度，它代表 PICmean、PDCmean 和 RMSeggmean；第三个是声门打开关闭特征，它代表 OQmean 和 SQmean；第四个是音节内发声变化，它代表的是 F0_CV、OQ_CV、SQ_CV、PIC_CV、PDC_CV 和 F0mean。

对比第三、四两章的研究结果，我们可以得到如下几点看法。第一，不管是第三章中的十个发声参数，还是第四章中的九个发声参数，它们都是从不同的侧面对喉头仪波形进行了刻画。这就意味着第五章中的 EGG 波形比对是完全有必要的。第二，尽管所用的发声参数略有不同，这两章的方差分析结果却基本一致。这说明，发声参数确实能有效区分不同的情感类型，能有效区分喜和怒这两种情感，两者的主要差别在于发声力度的不同。第三，这两章的因子分析结果也基本一致，得出了基本相同的发声生理维度。第四章中的男、女五情感虽然彼此对应，但是并不是完全相同的情感类型。尽管如此，我们仍然能够从声带振动不规则度、声带发声力度、声门打开关闭特征、音节内发声变化这四个方面予以区分。这更说明了发声参数在情感区分中的稳健性。

本书的第五章着重回答第二个问题，对第三个问题也略微有些尝试。

在第五章，我们首先运用自编程序 Eggwave Comparison，根据听感、EGG 波形形状和发声参数这三个标准，并参照次谐波等发声特征，对第四章诸语段中各个音节的发声类型进行了确定。主要发现了五种情况：第一，一个音节内只有一种发声类型，如 M 类音节、B 类音节等；第二，一个音节内有一次发声类型的变换，如 TH 类音节、HT 类音节、CM 类音节和 MC 类音节等；第三，一个音节内有两次发声类型的变换，比如 HMC 类音节等；第四，一个音节内有三次或者三次以上发声类型的变换，如 HMLB 类音节等；第五，女声哭腔的特殊发声组合，如 CMCLC

类音节等。之后，我们又打破音节界限，对十个情感语段中各种发声类
型所出现的频次和比例进行了统计分析。结果如下。第一，男声暴怒以
高音调嗓音和吼音为主要特征，女声愤怒以高音调嗓音、糙音和紧嗓音
为主要特征。第二，男声惊喜以正常嗓音和高音调嗓音为主，女声惊喜
以正常嗓音、高音调嗓音和紧嗓音为主，另外，其中还夹杂了少量的糙
音。第三，男声伤心以运用正常嗓音、气嗓音和耳语为主，女声伤心以
运用正常嗓音、气嗓音、低音调嗓音、挤喉音和耳语为主。第四，男人
在害怕时以运用气嗓音、高音调嗓音、低音调嗓音和耳语为主，而女人
在害怕时以运用耳语、正常嗓音、气嗓音和低音调嗓音为主，二者有很
大的相似之处。最后，看男声温和稍显摆和女声温柔的关切，此二语段
均以运用正常嗓音和低音调嗓音为主，两种发声类型所占的比重之和在
男、女声中都是70%。此二语段的最大差别就在于正常嗓音和低音调嗓
音各自在其中所占的比例：在温和稍显摆语段中，正常嗓音所占的比重
特别大，而低音调嗓音所占的比重却很小；但是，在温柔的关切语段中，
二者的悬殊相对较小。

对比第四、五两章的研究结果，可以得到如下两点。第一，把男、
女声对比着看。第四章中的男、女五情感虽然彼此对应、名称也大同小
异。但是，它们并不是完全相同的情感类型，因为它们所运用的发声类
型是有差别的，也即男、女声在表达同类情感时所用的发声手段是会有
差异的。第二，把男、女分开，只看男声或者女声。各对情感语段在大
多数发声参数上都有显著性差异，这是因为它们所运用的发声类型不同，
它们的喉头仪波形总体上有差异。总之，第五章中的波形比对基本上印
证了第四章中的方差分析和因子分析的结果，进一步深化了我们对情感
语段发声特征的认识。

我们知道，EGG 参数不能用于合成语音信号。所以，在第五章，我
们又运用语音信号进行了 PSOLA 合成和参数合成。结果如下。第一，在
女声柔媚的语句中，并没有用到多么特殊的发声类型，只需要把基频整
体提高一点，或者时长整体拖长一点，或者两者并用，就可以使女性话
语柔媚动听。第二，男人在暴怒时用到吼音，吼音的特点是声门气流脉
冲参差不齐、时大时小，这是由于杓会厌襞参与振动造成的。如果把声

门气流脉冲修整得很齐平，吼音粗声粗气的音色就会完全消失。可见，只有通过合成与感知实验才能弄清楚发声在情感表达中的作用。

本书的第六、第七、第八章在承接前几章成功研究经验的基础上又着重探讨了第三个问题：普通话情感语音的合成与感知研究。与前几章相比，这三章的进步之处有以下四点。第一，研究设计有所改进。首先，我们请发音人把情感语段的台词在不带任何情感的状态下用普通话朗读一遍，并录音。这个作为正常语段。之后，再请他认真观看几遍我们从网上截取的情感语段视频，向他详细地解释了视频中的情感状态，并请他把这种情感状态准确无误地演绎出来。这次也录音，并作为情感语段。这样，情感语段和正常语段的台词是相同的，只有情感不同，这样的语料更有利于做发声对比研究。

第二，调整了提取基频、开商、速度商的程序，从而使得从同一个音节里提取出来的基频，开商、速度商值和 PIC、PDC 值能够相互参照比对。第三，编写了新的脚本程序，从而使得 $Jitter_{EGG}$、$Shimmer_{EGG}$、HNR_{EGG} 和 LP_10Hz 这四个发声参数能同时从同一个音节里提取出来。LP_10Hz 跟第四章中的 RMSeggmean 含义完全相同，指的是 EGG 信号基线漂移的方均跟值，它标示着说话时喉头上下移动幅度的大小。

第四，我们还编写了情感语句的合成程序，使得我们能够运用两种不同的方法来合成情感语句。第一种是只改变语句声源的基频，而不改变其开商和速度商的合成方法。第二种是同时改变语句声源的基频、开商和速度商的合成方法。当然，我们这里指的是声门气流信号的基频、开商和速度商。利用这两种方法在情感语句和正常语句之间均匀分八步做合成，就可以得到两组合成语句，每组中有九个句子。这两组句子在基频、时长、共振峰等方面完全相同，它们之间只有改不改变开商和速度商这一点差别。用这两组句子做听辨实验，就可以探讨开商和速度商在情感表达中的作用了。

第六章对同一位专业演员所演绎的抒情语段和正常语段进行了一系列对比研究。首先从它们的喉头仪信号里提取了九个发声参数：基频、开商、速度商、$Jitter_{EGG}$、$Shimmer_{EGG}$、HNR_{EGG}、PIC、PDC、LP_10Hz。统计结果显示，此二语段在这九个发声参数上都存在显著性差异。之后，我们又通过因子分析得到了反映声带振动生理特征的四个维度：声带发声力度，声带振动不规则度，声门打开关闭特征，音节内发声变化。抒情语段的声带振动不规则度比正常语段大，但是，它在音节内发声变化、声门打开关闭特征、声带发声力度这三个维度的得分都比正常语段小。接下来，我们又通过 EGG 波形比对发现此二语段所运用的发声类型差别很大：第一，抒情语段中用到的气嗓音最多（36%）；而正常语段中用到的正常嗓音最多（58%），用到的气嗓音非常之少（3%）。第二，抒情语段中用到的耳语发声也比较多（11%）；而正常语段中根本不用耳语发声。第三，正常语段中用到的高音调嗓音比抒情语段多（14% > 3%）。第四，挤喉音在此二语段中所占的比重差不多大。最后，我们又将抒情语句"是天上虹"和正常语句"是天上虹"的语音信号采用两种方法进行了合成并做了感知实验。结果发现，声门气流信号的开商与速度商对抒情语气的表达起着关键性的作用。

第七章对同一位专业演员所演绎的官腔语段和正常语段进行了一系列对比研究。首先从此二语段的喉头仪信号里提取了九个发声参数：FO_{EGG}、OQ_{EGG}、SQ_{EGG}、$Jitter_{EGG}$、$Shimmer_{EGG}$、HNR_{EGG}、PIC、PDC、LP_10Hz。统计结果显示，此二语段在这九个发声参数上都存在显著性差异。然后，本章又通过因子分析得到了声带振动的四方面特征：声带发声力度，声带振动不规则度，声门打开关闭特征，音节内发声变化。官腔语段在声带振动不规则度和声门打开关闭特征上的得分比正常语段大。但是，它在音节内发声变化和声带发声力度上的得分都比正常语段小。接下来，我们又通过 EGG 波形比对发现此二语段所运用的发声类型差别很大。第一，官腔语段所用的发声类型以气嗓音、高音调嗓音、正常嗓音和紧嗓音为主，它们合起来占总体的90%；而正常语段以运用正常嗓音为主，它占总体的67%。第二，正常语段用到的挤喉音比官腔语段多（28% > 7%），但这跟情感表达没有关系。第三，官腔语段还用到了假声、耳语和双音调嗓音，但是，正常语段没有运用它们。第四，两种语段所用的低音调嗓音都比较少。最后，我们将官腔语句"啊哈哈哈"和正常语句"啊哈哈哈"的语音信号采用两种不同的方法进行了合成与感知实验。结果发现，声门气流信号的开商与速度商对官腔语气的表达起着非常重要的作用。

第八章对同一位专业演员所演绎的太监腔语段和正常语段进行了一系列对比研究。我们首先从这两个语段的喉头仪信号里提取了九个发声参数：$F0_{EGG}$、OQ_{EGG}、SQ_{EGG}、$Jitter_{EGG}$、$Shimmer_{EGG}$、HNR_{EGG}、PIC、PDC、LP_10Hz。统计结果显示，此二语段在 $Jitter_{EGG}$ 和 $Shimmer_{EGG}$ 这两个参数上不存在显著性差异。但是，它们在其他七个参数上都存在显著性差异。之后，我们又通过因子分析得到了声带振动的四个生理维度：声带发声力度，声带振动不规则度，声门打开关闭特征，音节内发声变化。太监腔语段在这四个维度上的得分都比正常语段小。接下来，我们又通过 EGG 波形比对发现，此二语段所运用的发声类型差别很大。第一，太监腔语段用到了很多高音调嗓音和假声，这两个发声类型合起来占 47% 的比重。然而，正常语段根本没有用到假声，它用到的高音调嗓音也很少，仅占总体的 4%。第二，在正常语段中，正常嗓音占总体的54%。然而，在太监腔语段中，正常嗓音所占的比重较小：39%。第三，正常语段用到的挤喉音比太监腔语段多：36% > 10%，但这跟情感表达无关。第四，正常语段还用到了少量的耳语和气嗓音，但太监腔语段没有。第五，太监腔语段用到了少量的双音调嗓音，而正常语段没有。第六，两种语段都用到了少量的紧嗓音和低音调嗓音。最后，我们又将太监腔语句"没跪"和正常语句"没跪"的语音信号采用两种不同的方法进行了合成与感知实验。结果发现，声门气流信号的开商与速度商对太监腔口吻的表达也起了一定的作用，但是，没有基频所起的作用大。

总体来看，本书的研究有如下几个创新点。第一，将 PIC、PDC 这两个发声参数用于情感语音研究，取得了很好的效果。第二，把 LP_10Hz 作为一个发声参数用于情感语音研究，并取得了良好的效果。该参数就是把喉头仪信号低频成分的能量按音节求平均值，它反映的是说话时喉头上下移动的程度。第三，提出从声带振动不规则度、声带发声力度、声门打开关闭特征、音节内发声变化这四个发声生理维度入手来区分不同的情感类型。并认为，单靠基频、开商、速度商这三个参数来区分所有的情感类型恐怕有难度。第四，根据听感、EGG 波形形状和发声参数值这三个标准，对情感语段中各个音节的发声类型进行了判定，并编写了相应的波形比对程序。同时，根据判定结果总结了不同情感语段的发声特点。第五，编写了情感语句的合成程序，并通过合成与感知实验，探索了声门气流信号的开商和速度商在不同的情感表达中所起的作用。

参考文献

Adrian Fourcin (2000), "Precision Stroboscopy, Voice Quality and Electrolaryngography", Reprinted from Cahper 13 of *Voice Quality Measurement* (2000), Kent R. D. and Ball M. J. (eds), Singular Publishing Group, San Diego.

Aicha Bouzid, Noureddine Ellouze (2004), "Glottal Opening Instant Detection from Speech Signal", In *Proceedings of the 12th European Siganl Processing Conference (EUSIPCO' 04)*, Vienna, Austria, pp. 729 – 732.

Aijun Li, Qiang Fang, Jianwu Dang (2011), "Emotional Intonation in a Tone Language: Experimental Evidence from Chinese", *ICPhS'*, pp. 1198 – 1201.

Aijun Li, Qiang Fang, Yuan Jia, Jianwu Dang (2012a), "Successive Addition Boundary Tone in Chinese Disgust Intonation", *NACCL 24*, San Francisco.

Aijun Li, Qiang Fang, Yuan Jia, Jianwu Dang (2012b), "More Targets? Simulating Emotional Intonation of Mandarin with PENTA," *ISCSLP*.

Aijun Li, Qiang Fang, Jianwu Dang (2012), "Emotional Expressiveness of Successive Addition Boundary Tone in Mandarin Chinese", *Speech Prosody*, Shanghai.

Aijun Li, Yuan Jia, Qiang Fang, Jianwu Dang (2013), "Emotional Intonation Modeling: a Cross-language Study on Chinese and Japanese", *APSIPA*, Taiwan.

Aijun Li (2015), *Encoding and Decoding of Emotional Speech-A Cross-Cultural and Multimodal Study between Chninese and Japanese*, Springer Heidelberg New York Dordrecht London.

Ben C. Watson, Rick M. Roark, R. J. Baken (2012), "Vocal Release Time: A Quantification of Vocal Offset", *Journal of Voice*, Vol. 26 No. 6, pp. 682 – 687.

Ben C. Watson, R. J. Baken, Rick M. Roark, Stephanie Reid, Melissa Ribeiro, Weilyn Tsai (2013), "Effect of Fundamental Frequency at Voice Onset on Vocal Attack Time", *Journal of Voice*, Vol. 27, No. 3, pp. 273 – 277.

Ben C. Watson, R. J. Baken, Rick M. Roark (2015), "Effect of Voice Onset Type on Vocal Attack Time", *Journal of Voice*, Vol. 30, No. 1, pp. 11 – 14.

Christer Gobl, Ailbhe Ni Chasaide (2003), "The Role of Voice Quality in Communicating Emotion, Mood, and Attitude", *Speech Communication*, Vol. 40, pp. 189 – 212.

Christian Herbst (2004), "Evaluation of Various Methods to Caculate the EGG Contact Quotient", *Diploma Thesis in Music Acoustics*, KTH Speech, Music, and Hearing.

Christine M. Sapienza, Elaine T. Stathopoulos, Christopher Dromey (1998), "Approximations of Open Quotient and Speed Quotient from Glottal Airflow and EGG Waveforms: Effects of Measurement Criteria and Sound Pressure Level", *Journal of Voice*, Vol. 12, No. 1, pp. 31 – 43.

Coleman R. F., Wendahl R. W. (1967), "Vocal Roughness and Stimulus Duration", *Speech Monographs*, Vol. 34, pp. 85 – 92.

C. Painter (1988), "Electroglottogram Waveform Types", *Arch Otorhinolaryngol*, Vol. 245, pp. 116 – 121.

C. Painter (1990), "Electroglottogram Waveform Types of Untrained Speakers", *Eur Arch Otorhinolaryngol*, Vol. 247, pp. 168 – 173.

David M. Howard, Geoffrey A. Lindsey, Bridget Allen (1990), "Toward the Quantification of Vocal Efficiency", *Journal of Voice*, Vol. 4, No. 3, pp. 205 – 212.

David M. Howard (1995), "Variation of Electrolaryngographically Derived Closed Quotient for Trained and Untrained Adult Female Singers", *Journal of Voice*, Vol. 9, No. 2, pp. 163 – 172.

D. G. Childers (2000), *Speech Processing and Synthesis Toolboxes*, John Wiley and Sons, Inc, New York.

Estella P. -M. Ma, R. J. Baken, Rick M. Roark, P. -M. Li (2011), "Effect of Tones on Vocal Attack Time in Cantonese Speakers", *Journal of Voice*, Vol. 26, No. 5, pp. 670. e1 – 670. e6.

Edwin M. -L. Yiu (2013), *International Perspectives on Voice Disorders*, Multilingual Matters, Bristol. Buffalo. Toronto.

Fant (1960), *Acoustic Theory of Speech Production*, The Hague: Mouton and Co.

Fant (1982), "The Voice Source-Acoustic Modeling", *STL-OPSR*, Vol. 23, No. 4, 1982, pp. 28 – 48.

Fant, Liljiencrants, lin (1985), "A Four-parameter Model of Glottal Flow", *French-Swedish Seminar*, Grenoble, France, April 22 – 24.

Fant, Lin (1987), "Glottal Source-vocal Tract Acoustic Interaction", *STL-QPSR 1*, pp. 13 – 17.

Fant, Kruckenberg (2004), "A Integrated View of Swedish Prosody. Voice Production, Perception and Synthesis", In Gunnar Fant, *Speech Acoustics and Phonetics*, Kluwer Academic Publishers, pp. 249 – 300.

Fant, Fujisaki. H., Cao. J., Xu. Y. (2004), *From Traditional Phonology to Modern Speech Processing*, Beijing: Foreign Language Teaching and Research Press.

Frokjaer-Jensen B., Prytz S. (1976), "Registration of Voice Quality", *Bruel and Kjaer Technical Review*, Vol. 3, pp. 3 – 17.

Haibo Wang, Aijun Li, Qiang Fang (2005), "F0 Contour of Prosodic Word in Happy Speech of Mandarin", *Affective Computing and Intelligent Interaction Lecture Notes in Computer Science*, Vol. 3784, pp. 433 – 440.

Ingo R. Titze (1990), "Interpretation of Electroglottographic Signal", *Journal of Voice*, Vol. 4, No. 1, pp. 1 – 9.

Ingo R. Titze (2000), *Principles of Voice Production*, National Center for Voice and Speech Iowa City IA 522422. Printed in the United States of America.

Jianhua Tao, Yongguo Kang, Aijun Li (2006), "Prosody Conversion from Neutral Speech to Emotional Speech", *IEEE Transactions on Audio, Speech and Language Processing*, Vol. 14, No. 4, pp. 1145 – 1154.

Jiangping Kong (2007), *Laryngeal Dynamics and Physiological Models-High Speed Imaging and Acoustical Techniques*, Peking University Press, Beijing.

Jiangping Kong & Ruifeng Zhang (2017), "VAT of the Lexical Tones in Mandarin Chinese", *Journal of Chinese Linguisitcs*, Vol. 45, No. 2, pp. 275 – 289.

Johan Sundberg, Ingo R. Titze and R. Scherer (1993), "Phonatory Control in Male Singing: A Study of the Effects of Subglottal Pressure, Fundamental Frequency, and Mode of Phonation on the Voice Source", *Journal of Voice*, Vol. 7, No. 1, pp. 15 – 29.

Johan Sundberg, Sona Patel et al. (2011), "Interdependencies Among Voice Source Parameters in Emotional Speech", *IEEE Transactions on Affective Computing*, 2/3, pp. 162 – 174.

John H. Esling (1983), "A Laryngographic Investigation of Phonation Type and LaryngealConfigurations", *Working Papers of the Linguistics Circle*, Vol. 3, No. 1, pp. 14 – 36.

John H. Esling (2013), "Voice and Phonation", *The Bloomsbury Companion to Phonetics*, edited by Mark J. Jones and Rachael-Anne Knight, Bloomsbury Academic, An imprint of Bloomsbury Publishing Plc.

John Laver (2009), *The Phonetic Description of Voice Quality*, Cambridge University Press, Cambridge.

Kaplan H. M. (1960), *Anatomy and Physiology of Speech*, McGraw-Hill, New York.

Ken-Ichi Sakakibara, Leonardo Fuks, Hiroshi Imagawa, Niro Tayama

(2004), "Growl Voice in Ethnic and Pop Styles", *Proceedings of the International Symposium on Musical Acoustics (ISMA 2004)*, Nara, Japan.

Ken-Ichi Sakakibara, Miwako Kimura, Hiroshi Imagawa, Seiji Niimi, Niro Tayama (2004), "Physiological Study of the Supraglottal Structure", *ICVPB 2004*, Marseille.

Klatt, D. H., Description of the Cascade/Parallel Formant Synthesizer, Chapter 3 of a book in preparation.

Landes B. A. (1953), An Investigation of the Relationships between Vocal Harmonics and Listeners' Discrimination of Fundamental Pitch, M. A. thesis, Purdue University.

Ladefoged P. (1971), *Preliminaries to Linguistic Phonetics*, University of Chicago Press.

Li Dong, Johan Sundberg, Kong Jiangping (2014), "Formant and Voice Source Properties in Two Male Kunqu Opera Roles: A pilot Study", *Folia Phoniatr Logop*, pp. 1 – 9.

Marasek K. (1996), "Glottal Correlates of the Word Stress and Tense/lax Opposition in the German Vowels", *Proc of ICSLP*-96, pp. 1573 – 1577.

Marasek K. (1997a), The EGG Waveform and Voice Qualities, University of Stuttgart: web pp. by K. Marasek (in English).

Marasek K. (1997b), Electroglottography and Linguistic Prominence in German, University of Stuttgart: web pp. by K. Marasek (in English).

Mathalie Henrich et al. (2004), "On the Use of the Derivative of Electroglottographic Signals for Characterization of Nonpathological Phonation", *Journal of Acoustic Society of America*, Vol. 115, No. 3, pp. 1321 – 1332.

Martin Rothenberg (1979), "Some Relations between Glottal Air Flow and Vocal Fold Contact Area", *Proceedings of the Conference on the Assessment of Vocal Pathology*, ASHA Reports, No. 11, pp. 88 – 96.

Martin Rothenberg, James J. Mashie (1988), "Monitoring Vocal Fold Abduction Through Vocal Fold Contact Area", *Journal of Speech and Hearing Research*, Vol. 31, September, pp. 338 – 351.

Michaud（2004），A Measurement from Electroglottography：DECPA，and its Application in Prosody，ISCA speech prosody.

Monsen R. B.，Engebretson A. M.（1977），"A Study of Variations in the Male and Female Glottal Wave"，*Journal of the Acoustical Society of America*，Vol. 62，pp. 981 – 993.

Murray，Arnott（1993），"Toward the Simulation of Emotion in Synthetic Speech：A Review of the Literature on Human Vocal Emotion"，*Journal of The Acoustical society of America*，Vol. 93，No. 2，pp. 1097 – 1108.

Paavo Alku（2011），"Glottal Inverse Filtering Analysis of Human Voice Production-A Review of Estimation and Parameterization Methods of the Glottal Excitation and their Applications"，*Indian Academy of Sciences*，Vol. 36，Part 5，pp. 623 – 650.

Patricia Muller-Liu（2006），"Signaling Affect in Mandarin Chinese-the Role of Utterance-final non-lexical Edge Tones"，*Proc. 5th of Speech Prosody*，PS6 – 3 – 0048.

Paul Boersma（2009），"Should Jitter be Measured by Peak Picking or by Waveform Matching"，*Folia Phoniatr Logop*，Vol. 61，No. 5，pp. 305 – 308.

Paul Boersma，David Weenink（2011），"Source-filter Synthesis 4. Using Existing Sounds"，*Praat manual*.

Plotkin W. H.（1964），"Ventricular Phonation：A Clinical Discussion of Etiology，Symptoms and Therapy"，*American Speech and Hearing Association Convention Abstracts*，Vol. 6，p. 409.

Per-Ake Lindestad，Maria Sodersten，Bjorn Merker，Svante Granqvist（2001），"Voice Source Characteristics in Mongolian 'Throat Singing' Studied with High-Speed Imaging Technique，Acoustic Spectra，and Inverse Filtering"，*Journal of Voice*，Vol. 15，No. 1，pp. 78 – 85.

Rick M. Roark，Ben C. Watson，Ron Baken（2011），"A Figure of Merit for Vocal Attack Time Measurement"，*Journal of Voice*，Vol. 26，No. 1，pp. 8 – 11.

Rick M. Roark, Ben C. Watson, Ron Baken, Darnell J. Brown, Jennifer M. Thomas (2011), "Measures of Vocal Attack Time for Healthy Young Adults", *Journal of Voice*, Vol. 26, No. 1, pp. 12 – 17.

Robert F. Orlikoff, Dimitar D. Deliyski, Ron Baken, Ben C. Watson (2009), "Validation of a Glottographic Measure of Vocal Attack", *Journal of Voice*, Vol. 23, No. 2, pp. 164 – 168.

Robert L. Whitehead, Dales E. Metz, Brenda H. Whitehead (1984), "Vibratory Patterns of the Vocal Folds during Pulse Register Phonation", *Jouranl of Acoustical Society of America*, Vol. 75, No. 4, pp. 1293 – 1297.

Romain E. Kania, Stephane Hans, Dana Hartl, Philippe Clement, Lise Crevier-Buchman, Daniel F. Brasnu (2004), "Variability of Electroglottographic Glottal Closed Quotients-Necessity of Standardization to Obtain Normative Values", *Arch Otolaryngiol Head Neck Surg*, Vol. 130, pp. 349 – 352.

Ron Baken, Robert F. Orlikoff (1998a), Vocal Fold Adduction Time Estimated from Glottographic Signals, Presented at: the 25th Mid-Winter Meeting of the Association for Research in Otolaryngology, St. Petersburg, FL.

Ron Baken Robert F. Orlikoff (1998b), "Estimating Vocal Fold Adduction Time from EGG and Acoustic Records", In: Schutte H. K., Dejonckere P., Leezenberg H., Mondelaers B., Peters H. F., eds., *Programme and Abstract Book*: 24th IALP congress, Amsterdam, p. 15.

Ruifeng Zhang, Ron Baken, Jiangping Kong (2015), "Vocal Attack Time of Different Pitch Levels and Vowels in Mandarin", *Journal of Voice*, Vol. 29, No. 5, pp. 542 – 547.

Ruifeng Zhang (2021), "Vocal Release Time of Mandarin Vowels at Different Pitch Levels", *Journal of Voice*, Vol. 35, No. 5, p. 804. el.

Scherer, K. R. (1986), "Vocal Affect Expression: A Review and a Model for Future Research", *Pychological Bulletin*, Vol. 99, No. 2, pp. 143 – 165.

Sheila V. Stager, Rebecca Neubert, Susan Miller, Joan Roddy Regnell, Steven A. Bielamowicz (2003), "Incidence of Supraglottic Activity in Males and Females：A Preliminary Report", *Journal of Voice*, Vol. 17, No. 3, pp. 395 – 402.

Sona Patel, Klaus Scherer et al. （2011）, "Mapping Emotions into Acoustic Space：The Role of Voice Production", *Biological Phschology*, Vol. 87, No1, pp. 93 – 98.

Tom Johnstone, Klaus R. Scherer （1999）, "The Effects of Emotions on Voice Quality", *Proceedings of the 14th International Conference of Phonetic Sciences*, pp. 2029 – 2032.

Tom Johnstone （2001）, *The Effect of Emotion on Voice Production and Speech Acoustics*, PhD Thesis of Psychology Department, The University of Western Australia.

Van Dusen C. R. （1941）, "A Laboratory Study of the Metallic Voice", *Journal of Speech Disorders*, Vol. 6, pp. 137 – 140

Wendahl R. W. （1963）, "Laryngeal Analog Synthesis of Harsh Voice Quality", *Folia Phoniatrica*, Vol. 15, pp. 241 – 250.

Yuanren Chao （1933）, "Tone and Intonation in Chinese", *BIHP*, Vol. 4, Part 2.

Yuanren Chao （1968）, *A Grammar of Spoken Chinese*, University of California Press, Berkeley, CA.

Zhen Ren, Xia zhou, Lian Ma, & Jiangping Kong （2018）, "Comparison Study of Vocal Attack Time in Patients with Cleft Palate with and without Glottal Stop in Mandarin", *Journal of Voice*, Vol. 33, No. 5, pp. 803. e15 – 803. e21.

蔡莲红、孔江平：《现代汉语音典》，清华大学出版社 2014 年版。

陈怀琛编著，柴政、陈怀琛修订：《数字信号处理教程——MATLAB 释义与实现》（第 3 版），电子工业出版社 2013 年版。

陈静：《汉语喜悦情绪语调研究》，硕士学位论文，暨南大学，2012 年。

陈立江、毛峡、Angelo Compare：《结合电声门图的语音合成研究》，第十二届全国人机语音通讯学术会议，2013 年。

杜强、贾丽艳编著：《SPSS 统计分析从入门到精通》，人民邮电出版社

2011 年版。

方特：《嗓音声源研究》，《声学学报》1988 年第 2 期。

胡航编著：《现代语音信号处理》，电子工业出版社 2014 年版。

胡琼、赵春宇：《利用逆滤波和相平面获取高自然声门波的研究》，《电声技术》2011 年第 5 期。

蒋丹宁、蔡莲红：《基于韵律特征的汉语情感语音分类》，《第一届中国情感计算及智能交互学术会议论文集》，2003 年。

孔江平：《藏语（拉萨话）声调感知研究》，《民族语文》1995 年第 3 期。

孔江平：《论语言发声》，中央民族大学出版社 2001 年版。

李爱军：《情感句重音模式》，《中国语音学报》2008 年第 1 集。

李爱军：《友好语音的声学分析》，《中国语文》2005 年第 5 期。

李爱军、张利刚、李洋、孟昭鹏、王霞：《汉语口语对话中姿态与语音信息关系初探》，《清华大学学报》（自然科学版）2008 年第 S1 期。

李爱军、邵鹏飞、党建武：《情感表达的跨文化多模态感知研究》，《清华大学学报》（自然科学版）2009 年第 S1 期。

李德高编著：《社会科学研究方法解读——SPSS 常用技术介绍》，暨南大学出版社 2010 年版。

李洪成、姜宏华编著：《SPSS 数据分析教程》，人民邮电出版社 2012 年版。

李向伟、方强、李爱军、王红：《情感语音的嗓音参数提取与分析》，第十二届全国人机语音通讯学术会议，2013 年。

刘海霞：《汉语普通话情感语调实验研究》，硕士学位论文，上海师范大学，2009 年。

刘艳：《普通话的情感语音韵律分析》，硕士学位论文，南京师范大学，2011 年。

马广惠编著：《外国语言学及应用语言学统计方法》，西北农林科技大学出版社 2003 年版。

彭柏、许刚：《利用改进的 LF 模型进行语音嗓音源合成》，《语音技术》2006 年第 5 期。

任鹏辉：《情感语音合成系统的研究与实现》，硕士学位论文，太原理工大学，2013年。

任蕊：《基于Fujisaki模型的情感语音信号分析与合成》，硕士学位论文，北京交通大学，2008年。

任蕊、苗振江：《基于PSOLA算法的情感语音合成》，《系统仿真学报》2008年第S1期。

宋廷山、王坚、姜爱萍主编：《应用统计学——以Excel为分析工具》，清华大学出版社2012年版。

苏庄銮：《情感语音合成》，博士学位论文，中国科学技术大学，2006年。

陶建华、许晓颖：《面向情感的语音合成系统》，《第一届中国情感计算及智能交互学术会议论文集》，2003年。

陶建华、谭铁牛：《语音和人脸表情同步的双模态情感表达研究》，《第一届中国情感计算及智能交互学术会议论文集》，2003年。

陶建华、康永国：《基于多元激励的高质量语音合成声学模型》，《中文信息学报》2004年第3期。

王磊：《情感语音合成中的声源以及基频抖动的分析与建模》，硕士学位论文，天津大学，2006年。

王宇轩：《基于汉民族思维模式的情感计算》，硕士学位论文，大连理工大学，2010年。

谢蕾蕾、宋志刚、何旭洪主编：《SPSS统计分析实用教程》（第2版），人民邮电出版社2013年版。

尹基德：《汉语韵律的嗓音发声研究》，博士学位论文，北京大学，2010年。

张立华、杨莹春：《情感语音变化规律的特征分析》，《清华大学学报》（自然科学版）2008年第1期。

张文彤主编，董伟副主编：《SPSS统计分析高级教程》（第2版），高等教育出版社2013年版。

张雪英编著：《数字语音处理及MATLAB仿真》，电子工业出版社2010年版。

张雄伟、陈亮、杨吉斌编著：《现代语音处理技术及应用》，机械工业出版社 2003 年版。

张莹：《普通话的态度语音韵律研究》，硕士学位论文，南京师范大学，2011 年。

赵元任：《语言问题》，商务印书馆 1980 年版。

郑鲁：《情感语音发音机理的研究》，硕士学位论文，山东师范大学，2011 年。

周斌、凌震华、邓志伟、王仁华：《基于逆滤波和 LF 声源建模的语音合成器研究》，《第七届全国人机语音通讯学术会议（NCMMSC 7）论文集》，2003 年。

周洁、赵力、邹采荣：《情感语音合成的研究》，《电声技术》2005 年第 10 期。

［瑞典］G. 方特、J. 高奋：《言语科学与言语技术》，张家禄等译，张家禄校稿，商务印书馆 1994 年版。